Kaupp / Bußmann / Lob / Thalheimer (Hg.)

Handbuch Schulpastoral

GRUNDLAGEN THEOLOGIE

Handbuch Schulpastoral

Für Studium und Praxis

Herausgegeben von Angela Kaupp,
Gabriele Bußmann, Brigitte Lob,
Beate Thalheimer

HERDER

FREIBURG · BASEL · WIEN

MIX
Papier aus verantwor-
tungsvollen Quellen
FSC® C083411
www.fsc.org

© Verlag Herder GmbH, Freiburg im Breisgau 2015
Alle Rechte vorbehalten
www.herder.de

Umschlaggestaltung: Finken & Bumiller, Stuttgart
Satz: Barbara Herrmann, Freiburg im Breisgau
Herstellung: CPI books GmbH, Leck

Printed in Germany

ISBN 978-3-451-31205-2

Inhalt

2. Schulseelsorgerinnen und Schulseelsorger

3. Entwicklungslinien

4. Profile

5. Strukturen und Rahmenbedingungen

6. Anhang

Geleitwort

Bischof Dr. Franz-Josef Bode,
Vorsitzender der Pastoralkommission der DBK

Schule ist ein wichtiger Lebensort für viele Menschen. Immer mehr junge Leute gehen länger zur Schule und treten später ins Berufsleben ein. Der Trend zur Ganztagsschule lässt Schülerinnen und Schüler mehr Lebenszeit ihrer Jugend in der Schule verbringen. Ein nicht minder wichtiger Lebensort ist Schule für alle, die dort arbeiten: Lehrerinnen und Lehrer, Schulsozialarbeiterinnen und -arbeiter, Mitarbeiterinnen und Mitarbeiter, die Kinder mit Beeinträchtigungen begleiten und pflegen, alle, die im organisatorischen Bereich einer Schule tätig sind, ehrenamtliche Helferinnen und Helfer, Eltern …

Nicht nur, aber auch in Schulen fragen die dort Lehrenden und Lernenden – mal zuversichtlicher, mal ängstlicher – »nach der heutigen Entwicklung der Welt, nach Stellung und Aufgaben des Menschen im Universum, nach dem Sinn seines individuellen und kollektiven Schaffens, schließlich nach dem letzten Ziel der Dinge und Menschen« (GS 3). Aufgabe der Kirche und ihrer Mitglieder ist es, darüber immer wieder mit den Menschen das Gespräch zu suchen in der Absicht, die Person zu heilen und die Gesellschaft zu erneuern – auch in Schulen. Diese Aufgabe von Pastoral nach der vor 50 Jahren angenommenen Pastoralkonstitution »Gaudium et spes« ist die Basis für das Engagement von Christinnen und Christen in der Schule – über den Religionsunterricht hinaus. Schulpastoral will erreichen, dass »die froh und heil machende Wirkung des christlichen Glaubens im Lern- und Lebensraum Schule erfahrbar werden kann« (Schulpastoral – der Dienst der Kirche im Handlungsfeld Schulen, Kommission für Erziehung und Schule der DBK, Bonn 1996, 13).

Wer in Schulpastoral tätig ist, nimmt teil am Evangelisierungsauftrag aller getauften und gefirmten Christen und leistet einen wichtigen Dienst in der Nachfolge Christi. Denn »in der

Treue zum Vorbild des Meisters ist es lebenswichtig, dass die Kirche heute hinausgeht, um an allen Orten und bei allen Gelegenheiten ohne Zögern, ohne Widerstreben und ohne Angst das Evangelium zu verkünden« (Papst Franziskus, Evangelii Gaudium 23). Der pastorale Einsatz in Schulen ist ein Hinausgehen zu den Menschen neben anderen kategorialen Diensten in Krankenhäusern, Gefängnissen, Caritas-Einrichtungen oder der Notfallseelsorge.

Hinausgehen kann nur, wer einen Ort hat, von dem er herkommt. Dieser Ort ist für Christen die Gemeinschaft von Christen, meist eine Pfarrgemeinde. Darum ist es mir auch wichtig, die Verbindung zwischen Schulpastoral und Gemeindepastoral bewusst zu gestalten. Schulpastoral braucht Pfarrgemeinden, Pfarrgemeinden brauchen Schulpastoral.

Wer nie hinausgeht, verliert den Kontakt mit den Menschen. Pfarrgemeinden werden deshalb nur Zukunft haben, wenn sie sich für Menschen an deren Lebensorten einsetzen. Nicht alle Gemeinden haben auf ihrem Gebiet die oben genannten Einrichtungen kategorialer Seelsorge, aber doch immer eine Schule in der Nähe. So bietet Schulpastoral eine gute Chance, »ohne Zögern, ohne Widerstreben und ohne Angst das Evangelium zu verkünden« (Papst Franziskus, Evangelii Gaudium 23), indem wir zu und bei den Menschen in die Schule gehen.

Dankbar bin ich allen, die sich in der Schulpastoral einsetzen, sei es in ihrer Schule – oft ehrenamtlich über das bezahlte Engagement etwa als Religionslehrer und -lehrerin hinaus –, sei es in der Konzeption von Schulpastoral und in der Ausbildung und Begleitung von Schulseelsorgerinnen und -seelsorgern, sei es in der wissenschaftlichen Reflexion dieses an Bedeutung und Herausforderungen zunehmenden Handlungsfeldes. Ich freue mich über dieses Handbuch, weil es das Nachdenken über zeitgemäßes pastorales Engagement in Schule bündelt und weiter anregt.

Einführung

Die Herausgeberinnen

Schulpastoral hat sich in den zurückliegenden Jahren zunehmend profiliert. Das haben wir zum Anlass genommen, den Blick auf eine grundsätzliche theoretische Standortbestimmung der Schulpastoral zu richten und sie systematisch darzustellen.

Das Buch wendet sich an theoretisch wie praktisch interessierte Menschen, die sich umfassend über Grundlagen, Selbstverständnis und Anliegen der Schulpastoral informieren wollen. Es dient der Selbstvergewisserung und Rechenschaft für Vertreter/innen der Kirche und Schule, möchte die Zusammenarbeit beider fördern und weitere Perspektiven für eine zukünftige Kooperation aufzeigen.

Schulpastoral hat viele Gesichter und wird in den einzelnen Bistümern verschieden realisiert, organisiert und etabliert. Unser Anliegen ist es, das Gemeinsame in den einzelnen Bistümern herauszustellen, ohne die Unterschiede zu negieren. Gleichwohl war es uns wichtig, auf Mindeststandards hinzuweisen. In manchen Kapiteln haben wir diese Unterschiedlichkeit deutlich hervorgehoben. Sie ist im Team der Herausgeberinnen repräsentiert und spiegelt sich in der Auswahl der Autorinnen und Autoren wider.

Im *ersten Kapitel* werden die theoretischen Grundlagen unter theologischer und pädagogischer Perspektive dargestellt. Es geht um eine Verhältnisbestimmung von Schulpastoral, Kirche, Schule und Gesellschaft.

Im *zweiten Kapitel* stehen die Schulseelsorger/innen im Vordergrund. Thematisiert werden ihr Selbstverständnis, Qualitätskriterien für schulpastorales Handeln und die spirituelle Dimension, die diesem Handeln zugrunde liegt.

Das *dritte Kapitel* liefert einen geschichtlichen Abriss unter Einbeziehung gegenwärtiger Entwicklungslinien, die in der Gesellschaft zunehmend unter dem Anspruch weltanschaulicher und religiöser Pluralität stehen.

Das *vierte Kapitel* gibt einen Überblick über die zahlreichen Ansätze von Schulpastoral und stellt exemplarisch einige Konzeptionen vor.

Im *fünften und letzten Kapitel* werden die strukturellen und rechtlichen Rahmenbedingungen, der Bezug zum Religionsunterricht und die Kooperationspartner dargestellt. Weitere Themen sind die Darstellung ausgewählter Bistumskonzeptionen sowie die Personal- und Organisationsentwicklung.

Der Zeitpunkt, zu dem dieses Handbuch erscheint, ist nicht beliebig gewählt. Wir möchten damit die Aufmerksamkeit auf die Veröffentlichung der Kommission für Erziehung und Schule der Deutschen Bischofskonferenz zur Schulpastoral: »Schulpastoral – der Dienst der Kirche an den Menschen im Handlungsfeld Schule« lenken, die im Jahr 2016 zwanzig Jahre alt wird. Dieses Schreiben erscheint uns noch immer maßgebend für die Begründung der Schulpastoral und richtungsweisend in Hinblick auf ihre Weiterentwicklung. Denn seine Konsequenzen sind bei Weitem noch nicht ausgeschöpft

Die Herausgeberinnen danken allen, die an der Entstehung des Bandes aktiv und beratend mitgewirkt haben für ihr Engagement: insbesondere den Autorinnen und Autoren für ihre Beiträge und Bischof Dr. Franz-Josef Bode für das Geleitwort. Für Korrekturarbeiten danken wir den studentischen Mitarbeiterinnen Antonia Führ und Lisa Sobioch. Insbesondere danken wir dem Verlag Herder für die Aufnahme des Bandes in die Reihe »Grundlagen der Theologie« und dem Lektorat für die angenehme Zusammenarbeit. Zu wünschen ist, dass dieses Handbuch sowohl die theoretische Reflexion als auch die Praxis der Schulpastoral inspiriert.

November 2014

Angela Kaupp, Koblenz
Gabriele Bußmann, Münster
Brigitte Lob, Mainz
Beate Thalheimer, Rottenburg

1. Grundlagen

1. Grundlagen

1.1 »Schulpastoral – der Dienst der Kirche an den Menschen im Handlungsfeld Schule«

Beate Thalheimer

1996 erarbeitete die Kommission für Erziehung und Schule der deutschen Bischofskonferenz die erste Erklärung zur Schulpastoral[1]. Mit dieser Verlautbarung wurde eine Diskussions- und Orientierungsgrundlage zur Verfügung gestellt, die in den letzten beiden Jahrzehnten den in der Schulpastoral Verantwortlichen und Aktiven als Ausgangsbasis diente. In wesentlichen Zügen werden die Grundlagen, Anliegen, Formen und Aufgaben dieser Leitlinien zur Schulpastoral vorgestellt.

Gegen Ende des letzten Jahrhunderts zeichneten sich sowohl im schulischen als auch im kirchlichen Bereich die Auswirkungen angestoßener Reformbewegungen ab. Schulen hatten ihr Bildungsverständnis weiter entwickelt, z. B. Standards und Kompetenzorientierung in Bildungspläne eingeführt, sich für Kooperationen mit außerschulischen Trägern geöffnet und Ganztagsschulformen ausgeweitet. Das kirchliche Selbstverständnis hatte sich durch das Zweite Vatikanische Konzil und die Synode der Bistümer in der Bundesrepublik Deutschland in Würzburg ebenfalls weiterentwickelt. Die Wahrnehmung von gesellschaftlichen Veränderungen erforderte eine Neuausrichtung in vielen Feldern der Pastoral bzw. Seelsorge.

Der Blick auf Kinder, Jugendliche und Lehrpersonal, deren nachlassende kirchliche Bindung, die Veränderung ihrer Verweildauer in Schulen und der Rückgang traditioneller Formen kirchlicher Jugendarbeit, verbunden mit der Frage nach der Gestaltung des Religionsunterrichts, erforderte eine Reihe von Re-

---

[1] Die deutschen Bischöfe – Kommission für Erziehung und Schule: »Schulpastoral – der Dienst der Kirche an den Menschen im Handlungsfeld Schule«, hg. v. Sekretariat der Deutschen Bischofskonferenz, Bonn 1996.

flexionen. Erstmals wurde die bereits profilierte Arbeit im Bereich Schulpastoral in einigen wenigen Diözesen Deutschlands bewusst wahrgenommen. Entdeckt wurden dabei vielfältige Formen schulpastoralen Handelns. In Schulen in katholischer Trägerschaft, im Bereich der schulbezogenen Arbeit der kirchlichen Jugend(verbands)arbeit und bei der Kirchlichen Arbeitsstelle für Fernstudien in Würzburg waren bereits zahlreiche Initiativen und schulpastorale Maßnahmen entwickelt und durchgeführt worden. Die Zeit für eine bundesweite Standortbestimmung der Schulpastoral war reif.

1. Vorwort und Einleitung

Im Vorwort[2] zur Erklärung Schulpastoral fasst Bischof Manfred Müller, der zu diesem Zeitpunkt Vorsitzender der Kommission Erziehung und Schule der Deutschen Bischofskonferenz war, zentrale Aussagen der Erklärung zusammen und weist darauf hin, dass sie sich an alle wende, die Verantwortung im Bereich der Schule und Schulpastoral tragen. Mit der Erklärung solle die Bedeutung der pastoralen Dimension in der Schule aufgezeigt und ihre Realisierung stimuliert werden. Bischof Müller geht im Vorwort zudem davon aus, dass die Schulpastoral durch »Gravissimum educationis«[3], der Erklärung des Zweiten Vatikanischen Konzils zu Themen der Erziehung, und durch den Beschluss »Schwerpunkte kirchlicher Verantwortung im Bildungsbereich« der Würzburger Synode[4] »besondere Wachstumsimpulse« erhalten habe.

---

[2] Die deutschen Bischöfe: Schulpastoral, 5–6.

[3] Vgl. Vatikanum II: Die Erklärung über die christliche Erziehung »Gravissimum educationis«, in: Rahner, Karl / Vorgrimler, Herbert (Hg.): Kleines Konzilskompendium, 18. Aufl., Freiburg i.Br. 1985, 335–348.

[4] Vgl. Gemeinsame Synode der Bistümer in der Bundesrepublik: »Schwerpunkte kirchlicher Verantwortung im Bildungsbereich« 1975, in: Bertsch, Ludwig u. a. (Hg.): Gemeinsame Synode der Bistümer in der Bundesrepublik: Beschlüsse der Vollversammlung. Offizielle Gesamtausgabe I, Freiburg/Basel/Wien 1976, 518–548, hier: 539–540.

Der erste Satz der Einleitung liest sich wie ein Programm: »Schulpastoral ist ein Dienst, den Christen aus ihrer Glaubensüberzeugung heraus für das Schulleben leisten mit der Absicht, so zur Humanisierung der Schule beizutragen.«[5] Charakteristisch für pastorales Handeln sei dabei eine theoretisch-theologische Begründung, die sich mit dem schulischen Erziehungs- und Bildungsauftrag so verbinde, dass die spezifischen pädagogischen, sozialen und kulturell dynamischen Bedingungen dabei berücksichtigt werden können. Die Überlegungen der Schulpastoralkonzeption seien darauf angelegt, diejenigen zu ermutigen, die sich in Schulen engagieren und andere einzuladen, »sich als Christen in der Schule beanspruchen zu lassen«. Zum anderen gehe es darum, »Begriffe, Grundkategorien und Beziehungen« zu klären, damit eine gute Weiterentwicklung der Schulpastoral ermöglicht werde.

2. Zur Situation von Schulpastoral

Im ersten Kapitel erfolgt eine Bestandsaufnahme, die sich auf gesellschaftliche Erwartungen und der Präsenz des Christlichen im Handlungsbereich Schule bezieht und Schulpastoral als Herausforderung beschreibt.[6]

Hingewiesen wird auf die gewachsenen Anforderungen, die sich am Ende des letzten Jahrhunderts aus den Schulentwicklungsprozessen ergeben hatten. Neben die »Vermittlung von Wissen« sei die Notwendigkeit getreten, eine Einsicht in »die Erfahrungs- und Urteilsfähigkeit junger Menschen« zu erlangen, diese Fähigkeiten zu stärken und den Kindern und Jugendlichen zu einem »Selbst– und Weltverständnis« zu verhelfen, das ein »sinnvolles Leben« ermögliche. Dabei gerate die Schule unter den »Problemdruck der Gesellschaft«, »konträre Lebenskulturen und Wertvorstellungen«, eine »zunehmende Individualisierung von Lebenslagen und die Pluralität der Lebensformen wie

---

[5] Die deutschen Bischöfe: Schulpastoral, 7.
[6] Ebd., 8–10.

auch gegenläufige Erwartungen bezüglich der Funktionsziele von Schule« in einer »humanen Schule« zu bewältigen. Eine neue »Kultivierung des Schullebens« sei notwendig. Gleichzeitig wird darauf hingewiesen, dass nicht nur die Lehrkräfte bereits an ihre physischen und psychischen Grenzen gestoßen seien, sondern dass auch Schulen nicht in der Lage seien, die neuen »Herausforderungen wirklich annehmen« zu können.

Die Präsenz des Christlichen in der Schule wird in den Ausführungen in dreifacher Weise deutlich: Die Schule befinde sich in einer Gesellschaft, die »wesentlich« durch die »Überlieferung, Sitte und Kultur«, durch »Normen und Rechtsempfinden vom christlichen Glauben und von christlicher Tradition mitbestimmt« sei. Dem entspreche die Verankerung des konfessionellen Religionsunterrichts im Grundgesetz. Darüber hinaus gewinne allerdings die dritte Weise der Präsenz des Christlichen an den Schulen an Bedeutung. Die personale Dimension komme durch Schülerinnen und Schüler, Lehrer/innen und Eltern in »unterschiedlicher Intensität« in je eigenem »Maß an Christlichkeit« zum Ausdruck.

Nachdem Formen christlicher Präsenz im Blick auf öffentliche Schulen und Schulen in katholischer Trägerschaft in den Blick genommen wurden, endet das Teilkapitel mit der Formulierung des eigenen Anspruchs: Schülerinnen und Schülern soll die »Begegnungen zwischen Kultur und Glaube« ermöglicht und »ein christlich begründetes Wertespektrum« angeboten werden. Darüber hinaus sei beabsichtigt, »die Institution Schule bewusst pädagogisch mitzugestalten«. Schulpastoral könne also zu einer neuen Herausforderung werden: »Als kirchliche Diakonie im Lebensraum Schule« könne Schulpastoral verstanden werden. Sie sei in der Lage, Glauben und Leben miteinander so zu verbinden, dass sie einen Beitrag zu leisten vermag, damit Menschen in der Schule menschenwürdig leben können. Institutionelle und personale Aspekte können dabei relevant werden. Konkret sei deswegen vorgesehen, dass »Christen mithelfen, bewährte wie auch neuartige Lern- und Bildungsprozesse in Gang zu setzen«. Daneben wird darauf hingewiesen, dass »vor dem Hintergrund des eigenen gelebten

Glaubens«, gesellschaftlich oder aus der Lebensgeschichte heraus entstandene individuelle, soziale und religiöse »Lebensfragen« der Mitmenschen zu Ausgangspunkten für eine »helfende und heilende Zuwendung aus dem Glauben« heraus erfahren werden können. Dabei gehe es nicht um die Kompensation der gesellschaftlich verloren gegangenen Christlichkeit oder eine kirchliche Einflussnahme.

3. Grundlagen der Schulpastoral[7]

Nach der Feststellung, dass es kein einheitliches Verständnis von Schulpastoral gebe und auch der Sprachgebrauch zwischen Schülerseelsorge, Schulseelsorge und Schulpastoral sowie deren Inhalte variabel seien, wird in einem ersten Schritt die *Entwicklung von der Schülerseelsorge zur Schulseelsorge* nachgezeichnet. Hervorzuheben sei der enge Bezug zwischen dem Religionsunterricht und einer Schulseelsorge, die sich als Ergänzung verstehe. Die Weiterentwicklung des Selbstverständnisses des Religionsunterrichts hin zu einer Schülerorientierung begünstige die Weiterentwicklung der Schülerseelsorge zu einem schulbezogenen Dienst bzw. Angebot als »Lebenshilfe aus dem Glauben« für alle unter der »Sammelbezeichnung« Schulseelsorge. Auch die Anbahnung von »neuen Beziehungen zwischen Pfarrgemeinde und Schule« sollten damit vor allem auch im Kontext von Schulen in katholischer Trägerschaft erreicht werden. Eine wahrnehmbare Fremdheit zwischen den beiden Orten und Kulturen gelte es zu überwinden.

Prinzipien der Schulseelsorge hätten sich herauskristallisiert, teilweise durch die Kooperation mit der kirchlichen Jugendarbeit und der Erwachsenenbildung: »Freiwilligkeit, Partnerschaft, Bedeutung des Emotionalen« sowie eine »ökumenische Gestaltung des Glaubensvollzugs«.

Der Begriff Schulpastoral werde vermehrt verwendet, um die »differenzierter gewordene Einsicht in das äußerst komplexe

---

[7] Die deutschen Bischöfe: Schulpastoral, 10–15.

Handlungsfeld kirchlicher Diakonie im Lern- und Lebensraum Schule« zu bezeichnen. Er subsumiere zudem das Bewusstsein und Zutrauen in »die Verantwortung der Christen, die in der Schule und deren Umfeld leben und arbeiten.«Das Ziel, untereinander und für andere »im gelebten Miteinander des Glaubens die heilsame Präsenz des Christlichen« erfahrbar zu machen und dadurch zu helfen, eine vernünftige Selbstbestimmung des Einzelnen in Gemeinschaft mit anderen zu erreichen, werde ergänzt durch die Absicht, andere einzuladen und anzuleiten, »in diakonischem Geist Verantwortung für die humane Gestaltung des Schullebens zu übernehmen«.

Hier können sich die schulpädagogischen Anliegen mit Intentionen einer *schulpädagogischen Grundlegung* verbinden. Der Schulpädagogik seien demnach folgende Aufgaben zugeordnet: Sie sei dem »individuellen und gesellschaftlichen Zuwachs an Humanität verpflichtet« und habe »alle Formen schulischen Bildens und Erziehens in ein Schulleben einzubetten, das in der Spur dieser Zielangabe gestaltet und von der Handlungsbereitschaft aller am Lern- und Lebensraum Schule Beteiligten getragen« werde. Der Schulpastoral komme hier nicht die Funktion eines Allheilmittels zu. Sie sei vielmehr in der Lage, Möglichkeiten zu nutzen, Schule als »soziales und humanes Erfahrungsfeld« zu gestalten.

Die *Theologische Grundlegung* bezieht sich wesentlich auf den »Communio-Begriff«[8] des Zweiten Vatikanischen Konzils. Damit verbunden werde »die Vision von einer Kirche, in der alle Gläubigen zum lebendigen Glaubenszeugnis bereit und fähig sind«. Wo dies möglich werde, »können Menschen in ihrer Zuwendung zueinander und zur Mitwelt dieses Wesen Gottes selbst Wirklichkeit werden lassen«[9]. Indem Menschen »in Sorgen und Leid zu Bruder und Schwester werden und indem sie politisch und gesellschaftlich Verantwortung übernehmen« sei es möglich,

---

[8] Die deutschen Bischöfe: Schulpastoral, 14.
[9] Dieser Gedanke entspricht im Text der Ebenbildlichkeit Gottes, die im Licht des Glaubens erkennbar werden kann. Die deutschen Bischöfe: Schulpastoral, 14.

»im Geist Christi neue Lebensräume« zu gestalten – »Menschwerdung in Solidarität« im Lern- und Lebensraum Schule.

4. Anliegen und Handlungsfelder der Schulpastoral

Vier zentrale Anliegen und Handlungsfelder[10] werden genannt:

Schulpastoral engagiere sich für eine humane Schule: »Die humane Mitgestaltung aller Dimensionen von Bildung und Erziehung, von Lehren, Lernen und Leisten in der Schule ist der Weg der Schulpastoral schlechthin.« Es gehe darum, differenziert nach Situationen, Schulstufen und -arten, Personengruppen festzustellen, wo in der Schule Humanität gefährdet sei, aufmerksam wahrzunehmen und »entsprechende Antworten und Hilfen zu entwickeln«.

Elemente humanen Lebensvollzugs sollen als Grundmuster des Christlichen erschlossen werden. Zu den Aufgaben von Schulpastoral gehöre demnach, in menschliche Erfahrungen, die mit Freuden und Leiden verbunden sein können, »einen Beitrag zur Lebensdeutung aus dem Glauben« zu leisten, indem »Grundmuster christlicher Wertorientierung und Lebensgestaltung« entdeckt werden können.

Schulpastoral folge dem Anliegen, Erlebnis- und Erfahrungsräume für das Leben- und Glaubenlernen bereit zu stellen. Dabei sollen der »Verstand« und das »Empfindungsvermögen«, »Körper und Sinne, Beziehungsfähigkeit und Phantasie« – der Mensch in all seinen Dimensionen – die Möglichkeit zur Entfaltung erhalten.

Schließlich könne die Schulpastoral Möglichkeiten bieten, Lern- und Lebensräumen des Glaubens durch Kooperation mit außerschulischen kirchlichen Trägern zu nutzen. Kooperationspartner in den Kirchengemeinden, im Bereich der kirchlichen Jugendarbeit, der Sozialarbeit, mit Eltern und Lehrkräften seien in der Lage, Menschen z. B. in Kontakt mit einer Gemeinschaft von Glaubenden zu bringen.

---

[10] Die deutschen Bischöfe: Schulpastoral, 15–17.

5. Konkrete Formen der Schulpastoral[11]

Schulpastorale Aktivitäten müssen »vereinbar sein mit schulrechtlichen und schulorganisatorischen Vorgaben, mit allgemein geltenden Regelungen sowie relativ stabilen Übereinkünften und Gewohnheiten an einzelnen Schulen.[12] Insofern stelle sich zuerst die Frage nach dem (Religions-)Unterricht und dann die Frage nach der Art und Weise, wie sich die Grundfunktionen der Kirche in der Schule realisieren lassen.

Der Religionsunterricht sei weder eine Funktion noch eine Maßnahme der Schulpastoral, sondern folge auch zukünftig seinen verfassungsrechtlichen Aufgaben und Funktionen im Rahmen des schulischen Erziehungs- und Bildungsauftrages. Gleichwohl könne der Religionsunterricht als »Ferment der Schulpastoral«[13] bezeichnet werden, wenn es hier gelinge, dass durch die »intensive Bezogenheit von Sachlichkeit und Emotionalität, von Unterrichtsgegenstand und persönlicher Einstellung aufgrund biographischer, gesellschaftlicher und anderer Prägungen« an der Lebensdeutung aus dem Glauben gelernt werden könne.

Im Blick auf die Realisierungsformen von Schulpastoral verweist die Erklärung der Bischöfe auf die vier Grundfunktionen der Kirche: »*diakonia* – Leben und Glauben ermöglichen«, »*martyria* – Leben und Glauben zusprechen«, »*leiturgia* – Leben und Glauben feiern« und »*koinonia* – Weggemeinschaft im Leben und Glauben«[14]. Die Grundfunktionen werden einzeln in ihrer Bedeutung und im Bezug zu ihren grundsätzlichen und konkreten Realisierungsformen im Bereich der Schulpastoral dargestellt.

Auch schulstufenbezogene Aufgaben werden unterschieden. Dabei werden die Primarstufe, die Sekundarstufen I und II und ihre spezifischen schulpädagogischen Herausforderungen und stufenspezifischen Aufgaben der Schulpastoral beschrieben.

---

[11] Die deutschen Bischöfe: Schulpastoral, 25–27.
[12] Vgl. ebd., 18–21.
[13] Ebd., 18.
[14] Ebd., 19–21.

Abschließend erfolgt der Hinweis auf qualifizierende Maßnahmen für Träger und Adressaten der Schulpastoral. Hier
wird betont, dass die Schulpastoral »wesentlich« davon lebt,
»dass Christen im Lebensraum Schule ihre originäre Sende-
kompetenz entfalten und sich aus pastoraler Gesinnung nach
ihren ganz unterschiedlichen Möglichkeiten und Fähigkeiten
für die Gestaltung des Schullebens engagieren«[15]. Den neben-
und hauptberuflichen Schulseelsorgerinnen und Schulseelsor-
gern kommen demnach vorrangig die Aufgaben der Koordination und Planung, der Vertretung gegenüber Schulleitung und
Kirchengemeinden sowie der Aufbau eines Mitarbeiterkreises
an der Schule zu.

Eine kirchliche Beauftragung für Schulseelsorgerinnen und
Schulseelsorger führe nicht nur zu einer »wahrnehmbaren und
quasi institutionellen Einrichtung«[16] von Schulpastoral, sondern sei verbunden mit Aufgaben- und Zuständigkeitsbeschrei-
bungen.

»Das Engagement in der Schulpastoral erfordert ein hohes
Maß an fachlicher Kompetenz und gelebter Spiritualität«[17],
die eine »dementsprechende Begleitung, Förderung und Vertiefung« erforderlich mache. Dem Hinweis auf die Entwicklung
eines Weiterbildungsangebotes, das an der kirchlichen Stelle
für Fernstudien der Domschule Würzburg entwickelt werde,
folgen Anregungen, die Schulträger, Erwachsenenbildungsein-
richtungen ermuntern, entsprechende Angebote zu machen.
Auch im Bereich der Spiritualität sollen Angebote den an der
Schulpastoral Beteiligten helfen, »das eigene Glaubensleben zu
fördern und zu vertiefen«[18].

---

[15] Ebd., 25–26.
[16] Ebd., 26.
[17] Ebd., 26.
[18] Ebd., 27.

Eine abschließende Bemerkung

Zusammenfassend kann festgestellt werden, dass die Erklärung zur Schulpastoral in ihrer profilierten pastoraltheologischen Grundlegung wesentliche Impulse für die Weiterentwicklung der Schulpastoral in Deutschland geleistet hat. Gleichzeitig ergeben sich für die Zukunft immer noch Impulse, die auf ihre Realisierung warten.

1.2 Schulpastoral und ihre Beobachtungen von Schule und Gesellschaft

Gundo Lames

Schulpastoral wird von ihren Beobachtungen her entwickelt. Beobachtungen vollziehen heißt im Kontext der Systemtheorie, Unterscheidungen zu treffen, z. B. die Unterscheidung zwischen System und Umwelt des Systems. Was ereignet sich, wenn eine so verstandene Schulpastoral beobachtet und welche Konsequenzen ergeben sich daraus für ihre wirksame Präsenz in der Schule? Neben den gesellschaftlichen Herausforderungen, die Kirche und Schule zu bewältigen haben, werden die sachlichen, zeitlichen und sozialen Beobachtungsdimensionen der Schulpastoral skizziert und zum Schluss Empfehlungen für ihre praktischen Konzepte skizziert.

1. Vergewisserung – Vom Blick zur Beobachtung

Der Titel dieses Beitrages spricht vom ›Blick‹ der Schulpastoral auf die Schule. Dieser Blick ist gerichtet auf gesellschaftliche Veränderungen in den Bereichen von Bildung, Schulpolitik, Schulentwicklung und Schulsystem.

Der gewählte Ausgangspunkt ist damit Beobachtung, also dass und wie Schulpastoral auf Schule ›blickt‹. Dieser Blick – systemtheoretisch gewendet – heißt, Schulpastoral trifft Unterscheidungen aufgrund ihrer Beobachtungen. Aber welche sind das? Von welchem Standpunkt aus stellt sie ihre Beobachtungen an? Das ist zugleich die Frage danach, wie sich Schulpastoral generiert und welche sozialen, zeitlichen und sachlichen Strukturen sie aktualisiert.

Formal betrachtet ist davon auszugehen, dass Schulpastoral selbst ein andauerndes und sich weiter entwickelndes Ergebnis von gesellschaftlichen Veränderungen ist, die Bildung und

Schule sowie Religion und Kirche betreffen[1], (was u. a. durch dieses Handbuch belegt wird). Neben den Religionsunterricht tritt Schulpastoral, d. h. mit ihr entsteht eine ›Variation‹ von ›Kirche sein‹ in der Schule aufgrund ›zufälliger‹ Kombinationen schulischer und kirchlicher Veränderungsprozesse in Verbindung mit gesellschaftlicher Ausdifferenzierung. Schulpastoral selektiert, was zu ihr gehören soll und was nicht, um sich abzugrenzen, um zu wissen, was sie ist und was sie nicht ist. Solch eine ›Selektion‹ führt z. B. zur Herausgabe des Schreibens der deutschen Bischöfe von 1996 mit dem Titel »Schulpastoral – Der Dienst der Kirche an den Menschen im Handlungsfeld Schule«.[2] Dieses Schreiben markiert eine Orientierung in den kirchlichen und auch in den schulischen Kontext, indem es beschreibt, was Schulpastoral sein kann. Es ist zugleich ein Schritt in Richtung einer Stabilisierung schulpastoralen Handelns. Damit wird der Weg frei für eine in den Diözesen beginnende Rahmensetzung, so dass sich in der Folge Schulpastoral organisieren kann und Programme entwickelt werden können. Im Trend bedeutet das, dass aus den anfänglichen schulpastoralen (Such-)Bewegungen vor Ort in den Schulen organisierte Schulpastoral entsteht, insofern Ansätze und Konzepte der Schulpastoral in entstehenden Abteilungen oder Referaten in den Ordinariaten unterstützt, kritisiert, generalisiert oder gar mit Genehmigungsvorbehalten versehen werden. Zugleich kommen neue Rollen ins Spiel, Ausbildungen / Qualifizierungen zur Schulpastoral werden aufgelegt, die Publikationen wissenschaftlicher und didaktisch-methodischer Art nehmen zu.[3] Ähnliche Prozesse durchläuft auch die evangelische Schulseelsorge.[4]

---

[1] Vgl. Lames, Gundo: Schulseelsorge als soziales System. Ein Beitrag zu ihrer praktisch-theologischen Grundlegung, Stuttgart 2000.

[2] Die deutschen Bischöfe – Kommission für Erziehung und Schule: »Schulpastoral – der Dienst der Kirche an den Menschen im Handlungsfeld Schule«, hg. v. Sekretariat der Deutschen Bischofskonferenz, Bonn 1996.

[3] Vgl. Schmitz, Stefan: Schulpastoral kontrovers, Berlin 2006.

[4] Vgl. Koerrenz, Ralf / Wermke, Michael (Hg.): Schulseelsorge – Ein Handbuch, Göttingen 2008.

Der vorliegende Artikel ist in drei Abschnitte gegliedert. Zunächst geht es um einen generellen Blick auf die gesellschaftlichen Herausforderungen. Zweitens soll deutlich werden, wie Schulpastoral Bildung und Schule sowie Religion und Kirche beobachtet. Drittens können von daher Empfehlungen für das Herangehen an die Herausforderungen von Schulpastoral markiert werden.

2. Gesellschaftliche Herausforderungen – Kirche und Schule unter Veränderungsdruck

Die moderne Gesellschaft entlässt die Kirche aus der Rolle einer monopolartigen Schulbildungsorganisation. Die Kirchen sichern sich in Deutschland zwar den grundgesetzlich verbrieften Religionsunterricht als ordentliches Lehrfach. Sie treten auch als private Träger eigener Schulen auf. Die Kirchen verlieren dennoch die Schulaufsicht und die Hoheit über die Lerninhalte außerhalb des Religionsunterrichtes.

Atemberaubender technologischer und sozialer Fortschritt revolutionieren Unterrichtsinhalte und Methoden. Ein Beispiel dafür sind digitale Möglichkeiten, Unterricht zu gestalten. Der Kanon dessen, was Allgemeinbildung ist, zerfranst. Wirtschaft und Forschung stellen permanent Ansprüche an die schulische Ausbildung. Das verändert die Schullandschaft sowie die Bildungsgänge an den Hochschulen. Es irritiert aber auch die Lehrer und Lehrerinnen, die selbst wieder zu Lernenden werden. Es berührt zugleich auch die Frage nach der Begründung des Religionsunterrichts, etwa dergestalt, ob er zu viel schulische Zeit in Anspruch nehme.

In der individualisierenden Gesellschaft entwickeln sich neue Milieus und neue Muster der Moral-, Werte- und Religionsbindung. Jugend- und Milieuforschung[5] machen darauf auf-

---

[5] Die bekanntesten Milieustudien der letzten Jahre wurden von dem Markt- und Sozialforschungsinstitut Sinus Sociovision entwickelt. Sie werden regelmäßig fortgeschrieben. Erhoben werden soziodemografische Daten (Alter,

merksam, dass die sogenannte Normalbiografie den ›Wahlbiografien‹ weicht. Das führt zu Veränderungen in der Identitätsbildung und in den Formen der Glaubensweitergabe. Aus kirchlicher Sicht gilt es den Verlust vormals sicherer sozialisatorischer Verankerungen konfessioneller Glaubensbindung zu verkraften, ohne dabei machtvoll in die Dynamik der Multioptionsgesellschaft eingreifen zu können. Die Trias von Schule, religiöser Bindung in der Pfarrei und der Familie ist unumkehrbar irritiert. Auch wenn insbesondere die Grundschule am jeweiligen Ort alle vorhandenen Milieus zusammenführt, so ergeben sich keine nachhaltigen Trends, die etwa Milieus vereinheitlichen könnten. Ob diese überhaupt wünschenswert wären, darüber ist eigens nachzudenken. Jedenfalls kann dies heute nicht mehr als unhinterfragtes Bildungsziel gelten. Zugleich beklagen Schulen, dass die erzieherischen Vorleistungen der Familie zur Gewährleistung einer guten Schullaufbahn kaum noch ausreichen. Schulen beschreiben sich oft als Kompensationsanstalt für ausfallende familiäre Erziehung.

Die Prozesse der Internationalisierung und Globalisierung in Verbindung mit erweiterten Mobilitätsoptionen führen einerseits zu Wettrennen um vermeintliche Spitzenplätze im internationalen Vergleich, andererseits eröffnen sie Lernchancen für die Entwicklung z. B. von Bildungsorganisationen, zur Verbesserung menschenwürdiger gesellschaftlicher Verhältnisse. Das zeigen zumindest die prosperierenden Forschungen zu den glücklichsten Nationen, den besten Schulsystemen (siehe Pisa und die Folgen), den Gesundheits- und Politiksystemen. Damit steht Schule ebenso wie Kirche unter einer Dauerbeobachtung hinsichtlich ihrer Leistungen und der ökonomisierten Nutzenerwägungen in der heutigen Gesellschaft.

Geschlecht, Bildung, Einkommen), geographische, verhaltensbezogene und lebensweltliche Variablen. Die Sinus-Milieus werden u. a. von den Kirchen für die Entwicklung einer zielgruppenadäquaten Pastoral genutzt. Vgl. Calmbach, Marc u. a. (Hg.): Wie ticken Jugendliche 2012? Lebenswelten Jugendlichen im Alter von 14–17 Jahren in Deutschland, Düsseldorf 2012.

Konfessionelle Religion als katholische oder als evangelische Kirche befindet sich in Deutschland jeweils in einer Minderheitenposition unter gleichzeitiger Beibehaltung ihres durchaus einflussreichen und vernetzten Establishments. Die islamische Religion erhält zurzeit Lehrstühle für die Ausbildung von Lehrern und Lehrerinnen für einen islamischen Religionsunterricht.[6] Der demografische Wandel sowie die Wirkungen der Multioptionsgesellschaft sind die Treiber solcher Entwicklung. Die katholische Kirche steht zudem unter dem Verdacht, nicht mehr glaubwürdig zu sein und unternimmt Anstrengungen, verloren gegangenes Vertrauen durch Programme zurückzugewinnen, die dem Evangelium gemäß sind. Hier möchte sie als nach wie vor wichtige gesellschaftliche Bildungsagentur eine positive Rolle einnehmen und das Verhältnis zum Bildungs- und Schulsystem insgesamt positiv gestalten.

3. Schulpastoral – selbst Ergebnis kirchlicher Beobachtung – beobachtet Kirche und Schule

Den vorgenannten Thesen können feinere Beobachtungen zugeordnet werden. Ausgangspunkt dafür ist, dass die Kirchen in ihrem gesellschaftlichen Gestaltungsauftrag und -willen zugleich Erlebende der Entwicklungen und auch Handelnde darin sind. Das ermöglicht ihnen Reflexionen, die zu Entscheidungen führen, die wiederum Ziele und Programme variieren.

Zunächst sollen drei thesenartige Stichworte die Herausforderungen für die Schullandschaft illustrieren. Dann folgt ein Blick auf die sich verändernden kirchlichen Programme in der Schule und wie sich dabei Schulpastoral ausdifferenziert.

Die Volksschule gibt es nicht mehr. Die Hauptschule ist zur Restschule geworden. Der Trend zur komplexen Zweigliedrigkeit scheint sich fortzusetzen.[7] Die Bildungsabschlüsse der Mittleren Reife und der Hochschulreife liegen heute in der Al-

---

[6] Vgl. in diesem Band: Kaupp: Religionsunterricht (5.3).

[7] Vgl. auch zu den folgenden Punkten: Länderberichte der Bertelsmann-

tersgruppe der 25–30 Jährigen bei mehr als 70 %, in der Altersgruppe der 60–65 Jährigen unter 48 %.[8]

Aufgrund des demografisch-gesellschaftlichen Wandels nehmen die sozialen und migrationsspezifischen Disparitäten zu. Fast 30 % aller Schüler und Schülerinnen haben einen Migrationshintergrund.[9] Zugleich sinken die Schülerzahlen. Im Stadt-Landvergleich geht es auch um die Sicherung von Schulstandorten und damit um die Etablierung von Bildungszentren, die auch zur Attraktivität für Wohn- und Arbeitsorte beitragen.[10]

Der sekundäre und tertiäre Bildungsbereich hat eine enorme Ausdifferenzierung erfahren. Die Aus- und Bildungsprogramme folgen dabei dem Versuch, Chancengleichheit und Bildungsgerechtigkeit herzustellen. Das geht einher mit Ganztagsschulangeboten. Schule beansprucht Zeit und wirkt sich zugleich auf das Freizeitverhalten ihrer Akteure massiv aus.

Damit ist deutlich, dass das Schul- und Bildungssystem Teil des gesellschaftlichen Wandels ist. Es wird zudem deutlich, welche Anstrengungen notwendig sind, um gegen ihn oder mit ihm handlungsfähig zu sein. Das zeigt sich in den Problemen, Leh-

---

stiftung – http://www.bertelsmann-stiftung.de/cps/rde/xchg/bst/hs.xsl/nachrichten_98435.htmgl (Zugriff: 18.12.13).

[8] Vgl. http://de.statista.com/statistik/daten/studie/3385/umfrage/bevoelkerung-nach-migrationshintergrund-und-schulabschluss/ (Zugriff: 18.12.13).

[9] Vgl. ebd., (Zugriff: 18.12.13).

[10] Vgl. die Schlagzeile: www.fuerth.de/…in…/Erfreuliche-Entwicklung-der-Schullandschaft.aspx (Zugriff: 13.09.2013): »Erfreuliche Entwicklung der Schullandschaft. Während im gesamten Freistaat die Schülerzahlen einen Negativtrend verzeichnen, kann die Stadt Fürth mit leicht steigenden Zahlen von rund 900 ABC-Schützen aufwarten. Das zeigt: auch zum neuen Schuljahr ist die Kleeblattstadt ein attraktiver Schulstandort. Enorme Investitionen von rund 100 Millionen Euro in Sanierung, Pausenhofgestaltung und Erweiterungsbauten von 15 Schulgebäuden in den vergangenen zehn Jahren ermöglichen zeitgemäße Bedingungen für eine optimale Lernsituation. Um auch den gesellschaftlichen Entwicklungen mit zwei berufstätigen Elternteilen Rechnung zu tragen, wurden heuer zudem 100 zusätzliche Betreuungsplätze eingerichtet. Somit können ab sofort 3421 Kinder und Jugendliche auch nach Unterrichtsschluss angemessen versorgt werden, ein absoluter Höchststand in der Stadtgeschichte.«

rer und Lehrerinnen zu gewinnen, Schulen bereitzustellen und ihre didaktisch-methodischen Materialien zu generieren, die Rolle des Lehrenden weiter zu entwickeln, Lehrer und Lehrerinnen pädagogisch und fachspezifisch weiter zu qualifizieren (Inputorientierung) sowie angesichts der bereits erwähnten zunehmenden vergleichenden nationalen und internationalen Studien die Leistungsfähigkeit der Schulen (Outputorientierung) zu steigern. Begleitet wird das von der Auseinandersetzung um adäquate Bildungsinvestitionen zur Sicherung des ›Standortes‹ Deutschland, die aufgrund der föderalen Konzeption zugleich auch eigene Konkurrenzen / Wettbewerbe hervorruft, z. B. immer dann, wenn zwischen den Ländern in der Konferenz der Schul- und Bildungsminister die Ranglisten zum Schul- und Bildungswettbewerb diskutiert werden. Wenn Schulpastoral solche Entwicklungen mit ›ihren Augen‹ betrachtet, ist die Frage berechtigt, was sie damit macht, worin sie ihren Ansatz sucht. Wird sie zu einem Krisenbewältigungsangebot unausgegorener schulischer Entwicklung, für das sie nicht primär Verantwortung trägt, in dem sie Seelsorge denen anbietet, die mit solchen Entwicklungen als Menschen in der Schule Probleme haben?[11]

Auf dieser Ebene des gesellschaftlichen Wandels der Schul- und Bildungslandschaft kann sich Kirche aufgrund ihrer Bildungsideen durch die katholischen Büros als Kontaktstellen zum politischen System stark machen. Zudem können die Schulabteilungen der Diözesen sich mit Stellungnahmen zu Wort melden. Kirchen bleiben dabei aber lediglich eine von vielen, wenn auch (noch) einflussreichen gesellschaftlichen Kräften. Dann geht es darum, im Politiksystem für entsprechende Mehrheiten für eine entsprechende Bildungspolitik einzutreten. Auf dieser Ebene zeigt Kirche ihre Sorge um Schule bzw. für die Menschen in der Schule. Doch sie kann Schule nicht (mehr) bestimmen.

---

[11] Vgl. Lames, Gundo: Kirche im Kontext des Systems Schule. Zum Ansatz einer Schulpastoral, in: Trierer Theologische Zeitschrift (2000), H. 4, 295–307.

Wenn sie es könnte, müsste sie Schulpolitik verantworten und man dürfte gespannt sein, welche Probleme schulischer Entwicklung unter gegebenen gesellschaftlichen Herausforderungen sie besser lösen würde als das gegebene System. Auch die Schulen in kirchlicher Trägerschaft, deren Plätze in der Regel über das vorhandene Angebot hinaus nachgefragt werden, sind orientiert an den Refinanzierungsstandards der Bildungsministerien und an dem jeweils herrschenden Privatschulgesetz, so dass selbst hier kaum schulpädagogisch experimentiert wird. In diesem kommunikativen Spiel der unterschiedlichen an Schule und Bildung interessierten Kräfte differenziert Kirche Schulpastoral (oft und nicht trennscharf »Schulseelsorge«) aus als ein pastorales Programm auf der Ebene von Schulen.

Hier fällt auf, dass es sich nicht um einen neuen Schultyp in den Veränderungen der Bildungslandschaft handelt auch nicht um ein neues Unterrichtsfach etwa in Ergänzung des Religionsunterrichtes, sondern um ein Angebot, das doppelt freiwillig ist. Zuerst generieren die Kirchen aus freien Stücken und ohne Anspruch auf Refinanzierung ein Angebot, das den Schulen und ihren Akteuren zu Gute kommen kann, wenn diese es denn selbst auch wiederum freiwillig annehmen und die Umsetzung in der jeweiligen Schule erlauben, befürworten, unterstützen.

Kirche variiert also ihre schulbezogenen Angebote. Sie reagiert in praktisch-theologischer Art und Weise vor allem auch auf eine sie selbst tief betreffende Entwicklung. Das Bildungswesen ist ihr gänzlich aus den Händen geglitten. Die Kirchen- und Glaubensbindung generierende Vermittlung ihrer Botschaft durch die Schule bzw. durch den Religionsunterricht ist empfindlich irritiert. Die noch bis in das letzte Drittel des vorigen Jahrhunderts in das kirchliche Engagement in der Schule – vor allem in Bezug auf den Religionsunterricht – gesetzten binnenkirchlichen Leistungserwartungen, erfüllen sich nicht im Hinblick auf reproduzierbare Kirchenbindung, wohl aber zum Teil im Blick auf die Bildung religiöser und sozialer Kompetenz.[12] So kommt Schulpastoral nicht umhin, auf einer noch konkreteren Ebene, dort also, wo sie handelt, die entsprechenden

Herausforderungen in den Blick zu nehmen. Zu zeigen ist nun, wie und was Schulpastoral beobachtet.

4. Schulpastoral beobachtet

Beobachten bedeutet systemtheoretisch betrachtet, Unterscheidungen zu treffen. Schulpastoral als ein noch recht junges Handlungsfeld der Kirche in der Schule kommuniziert in struktureller Koppelung mit dem System der Kirche und dem der Schule geistlich. Geistliche Kommunikation markiert die Anwesenheit von Religion oder eines ihrer organisierten Systeme aufgrund der Sinnofferten, die sich zwischen ›Transzendenz‹ und ›Immanenz‹ bzw. zwischen ›glauben‹ und ›nicht glauben‹ ergeben (können). Ihr Kommunikationsmedium ist Glaube, ihre Kontingenzformel ist Gott.[13] Die Kommunikation von Schulpastoral ist befreit von schulischer, also primär unterrichtlicher Kommunikation und kann deshalb anderes wahrnehmen oder beobachten als die Schule oder der Religionsunterricht.[14] Wie tut sie das und was sieht sie, wenn sie im Sinne geistlicher Kommunikation beobachtet? Im Wesentlichen eröffnet sie drei Beobachtungsdimensionen: eine soziale, eine zeitliche und eine sachliche.

---

[12] Vgl. Bucher, Anton A.: Religionsunterricht zwischen Lernfach und Lebenshilfe, Stuttgart 2000.

[13] Vgl. zu dieser Fragestellung die Auseinandersetzung zwischen Theologie und Systemtheorie; u. a. Oberdorfer, Bernd: Kontingenzformel »Gott«. Der christliche Gottesgedanke unter systemtheoretischer Beobachtung – trinitätstheologisch beobachtet, in: Thomas, Günter / Schüle, Andreas (Hg.): Luhmann und die Theologie, Darmstadt 2006, 107–116; in Auseinandersetzung mit Niklas Luhmann: Luhmann, Niklas: Die Religion der Gesellschaft, Frankfurt a.M. 2000.

[14] Vgl. Lames, Gundo: Schulseelsorge als soziales System, in: Büttner, Gerhard / Scheunpflug, Annette / Eisenbast, Volker (Hg.): Zwischen Erziehung und Religion, Berlin 2007, 232–242, hier: 238.

Sozial. Schulpastoral unterscheidet Lehrer und Lehrerinnen von Seelsorgern und Seelsorgerinnen, sie sieht auch nicht primär Schülerinnen und Schüler, sondern Menschen – Personen in der Schule. Sie sieht diese Menschen als Personen in ihrer Systemrelevanz für das schulische System und damit in ihren organisierten Rollen. Das heißt nicht, dass Lehrerinnen und Lehrer nicht auch in der Rolle von Seelsorgenden sein können, doch mit Schulpastoral wird ein Unterschied eingetragen zwischen den Rollen, die Personen wahrnehmen. Sie nimmt wahr, wie sich die Akteure in der Schule in ihren Rollen und dadurch festgelegten Erwartungen begegnen. Wenn Eltern in der Schule nach Rat fragen, dann fragen sie primär danach, wie sich ihr Kind schulisch im Sinne von Verhalten oder Leistung verbessern kann, um das Schulziel zu erreichen, die Begabungen optimal zu fördern. Sie fragen in der Regel nicht, was bei psychischen Problemen getan werden kann. Dafür verweist die Schule selbst auf mit ihr lose gekoppelte Spezialrollen, wie im Übrigen die Kirche mit ihren Lebens- und Erziehungsberatungsstellen auch. Eltern fragen also primär Personen in der Lehrer- oder Lehrerinnenrolle. Und umgekehrt: Die Lehrenden begegnen den Eltern als Eltern und primär nicht in deren beruflichen Rollen.

Das macht aber aufmerksam dafür, dass andere Rollen oder jeweilige Erwartungsbündel, die die Personen in anderen Systemen einnehmen, die Interaktionen in der Klasse, in den Beratungssituationen der Schule, im Unterricht usw. aufgrund vorhandener sozialer Voreinstellungen beeinflussen dürften. Schulpastoral beobachtet das und koppelt sich damit lose an die Konzepte zur Schulkultur und zum Schulklima oder zur Bildungsgerechtigkeit und zur Chancengleichheit an. Damit unterscheidet sie im Sinne ihrer geistlichen Kommunikation Benachteiligungen und Bevorzugungen, indem sie Konzepte der Gerechtigkeit Gottes einbringt, etwa nach dem Beispiel der Talente, der Arbeiter im Weinberg oder dem barmherzigen Vater. Sie ist dabei immer teilnehmende Beobachtung und auf Reflexion angewiesen, damit sie nicht blind wird. Das gilt ganz besonders für das Teilnahmeverhalten unter den Gesichtspunkten von

Inklusion und Exklusion, z. B. im dreigliedrigen Schulsystem, für Lob und Tadel, für Anerkennung und Nichtanerkennung in unterrichtlicher Kommunikation, die leistungsgerecht selektieren muss, und der jeweiligen Wirkungen auf die Identitätsbildung schulischen Handelns.

Sie kann deshalb auf die in der Schule mitlaufende doppelte Kontingenz aufmerksam machen. So etwa auf das, was durch die Erwartungsbündel der Organisation Schule in deren Rollengefüge keinen Platz haben soll, aber sich trotzdem Platz macht, etwa die Bevorzugungen und die Benachteiligungen aufgrund sozialer Herkunft und sozialer Rollen, oder etwa aufgrund von Geschlechterdiskriminierung oder der Disparitäten aufgrund von Migration. Sie weiß dabei auch um ihre eigene Voreingenommenheit, ihre mitgebrachten kirchlichen Normen und Motive und hat zumindest auf dieser Seite eine Ahnung von ihren eigenen blinden Flecken. Spannend wird es dann, wenn sie vor der Frage steht, was sie selbst mit diesen Beobachtungen macht, also wie sie diese wieder in die geistliche Kommunikation einführt.

Sachlich. Schulpastoral bewegt sich oft in der Nähe des Religionsunterrichtes. In der Regel handeln auch Religionslehrer und Religionslehrerinnen schulpastoral. Hier sieht Schulpastoral die sachliche Notwendigkeit, Schulpastoral und Religionsunterricht zu trennen, zumindest sie vom unterrichtlichen Modus zu befreien. Deshalb braucht sie auch andere didaktisch-methodische Zugänge in ihren Programmen, da z. B. versetzungsrelevante Leistungsüberprüfungen nicht vorgesehen sind. Sachlich geht es ihr nicht unmittelbar um das Erreichen schulischer Lernziele, nicht primär um das Ziel der Versetzung, obwohl sie es sehr wohl für die Schüler und Schülerinnen wünschen kann. Sie entdeckt stattdessen, wie die sachlichen Auseinandersetzungen zur Differenzierung der sozialen Dimension führen, wo geistliche Kommunikation Mut und Trost zu spenden in der Lage sein soll, wenn die schulischen Mittel nicht ausreichen. Hier zeigt sich dann ein funktionaler Aspekt von Schulpastoral. Sie ›transformiert‹ schwierige und unabgeschlossene Situationen schulischer Kommunikation mittels geistlicher Kommunikation in Formen sichereren Handelns. Sie aktualisiert die unbedingte Zuwendung Gottes zu den Menschen am Ort der Schule. Ihre Unterscheidung führt den Menschen als eine »transzendentale Mitteilung Gottes« (Karl Rahner) in die Schule ein und legt Wert darauf, dass schulische Kommunikation die Würde des Menschen nicht verletzt. Sie erscheint in der Schule dann als paradoxe Intervention, wenn sie den Menschen im Kontext schulischer Kommunikation in die Mitte stellt – nicht nur die besten Schüler und Schülerinnen oder die einflussreichsten Eltern. Sie beobachtet dann, ob Unterricht Spontaneität und Kreativität fördert, Gemeinsinn bei gleichzeitiger Anerkennung milieuspezifischer und kognitiver Stärken und Schwächen unterstützt. Hier beobachtet sie unter Bezugnahme auf das Vorbild Jesu und ist selbstverpflichtet, fürsorgend, heilend und tritt vor allem für die Schwachen stärkend in der Schule auf. Das ist zweifellos ein sachlich hoher Anspruch.

Zeitlich. Schule hat trotz Variationen des Stundentaktes und einer Rhythmisierung des Tagesablaufs ein klares zeitliches Schema, das den ordnungsgemäßen Verlauf des schulischen Alltags sichert. Das Angebot von Lehren und Lernen geschieht in der Regel nicht interessengeleitet oder spontanen, kreativen Einfällen folgend, sondern es gibt curricular abgesicherte Themen vor, die in didaktischen Schleifen erschlossen werden sollen. Darin zeigt sich sachlich wie zeitlich die Zielstellung von Schule und in den meisten Fällen eine Übereinstimmung von Eltern und Lehrern und Lehrerinnen. Die Schuljahre und die zeitlichen Übergänge von der Grundschule zur Sekundar I- und zur Sekundar II-Phase sind zugleich gekoppelt an die generalisierten Erwartungen in Bezug auf die kognitiven, emotionalen und motorischen Entwicklungsphasen der Schüler und Schülerinnen. Schulpastoral bietet demgegenüber andere Zeitvorstellungen, beobachtet ggf. andere kognitive und sozial-emotionale Entwicklungsphasen als die vorgesehenen des curricularen Unterrichts. Zeitlich Passendes und Unpassendes werden hier unterscheidbar, damit zugleich die Folgen für die Akteure: z. B. schneller lernen, langsamer lernen, die Langsamen mitnehmen, binnendifferenziert vorgehen. Schulpastoral kann davon selbst nicht absehen, doch sie kann darauf aufmerksam machen. Hier ist sie zeitlich und sachlich selbst herausgefordert. Denn um es ansichtig zu machen, braucht sie Zeit, etwa zur Beratung, etwa zur Kooperation mit der Schulsozialarbeit oder dem schulpsychologischen Dienst. Schulpastoral ist befreit von der Dauer einer Schulstunde. Ihr Tempo ist kein taktgesteuertes. Insofern stellt Schulpastoral eine Unterscheidung der Zeit zur Verfügung.

Wenn Schulpastoral diese Unterscheidungen macht, durchkreuzt sie zuweilen die zeitlichen, sachlichen und sozialen Vorgaben von Schule. Was heißt das für ihre konkrete Arbeit, ihre Programme in der Schule? Wie werden die Unterscheidungen der Schulpastoral nun wirksam in der Schule?

5. Schulpastoral-Empfehlungen

Schulpastoral als freiwilliger Dienst der Kirche in der Schule oder auch an der Schule kommt durch ihre Beobachtungen schulischer und kirchlicher Herausforderungen nicht umhin, mit diesen Beobachtungen zu arbeiten. Das geschieht in einer doppelten Art und Weise. Sie regen die Selbstreferenz sowie die Fremdreferenz an.

In der Selbstreferenz agiert Schulpastoral als Teil des kirchlichen Engagements in der Schule, in der zuweilen Kirche im Sinne geistlicher Kommunikation gar nicht unmittelbar erkennbar ist. Das trifft sehr oft für Angebote zu, die z. B. einen erlebnispädagogischen Ansatz haben, etwa bei ›Prima-Klima-Wochen‹. Sie ist darin aber mit ihrer eigenen Sinnfrage konfrontiert, wofür sie überhaupt existiert. Das wiederum führt zu weiteren Reflexionen, was ihr eigentliches Proprium als Kirche in der Schule ist. Das ist die von innen her kommende Frage, wie die innerkirchlichen Leistungserwartungen erfüllt werden sollen. Es ist die Frage nach ihrer Funktion, die fremdreferenziell durch die Weise der

Annahme des freiwilligen Angebotes, seiner Ablehnung oder aber der Gleichgültigkeit diesem gegenüber bestätigt wird. Diese selbstreferenzielle Figur tritt natürlich auch auf, wenn es sich um gottesdienstliche oder andere glaubensverkündigende Angebote handelt. Immer geht es darum, Interferenzen zu kommunizieren, geistliche und unterrichtliche Kommunikation mit ihren strukturellen Koppelungsmöglichkeiten in konkrete Maßnahmen im Kontext der Schule zu transformieren. Dazu ist es notwendig, dass Schulpastoral ihre Angebote eindeutig macht. Sie tut das in Form unbedingter Zuwendung und erhält darauf Resonanz.[15] Mit diesem Ansatz führt sie ihre Beobachtungen in die jeweiligen Schulsysteme ein und macht damit deutlich, wer sie ist und woher sie kommt. Das hilft den Akteuren in der Schule, sich ihr gegenüber zu verhalten und ihre Angebote zu wählen.

»Schulseelsorge interveniert im Kontext Schule, insofern sie ihre Wahrnehmungen, z. B. als Programmangebote, in der Öffentlichkeit der Schule mitteilt und darauf Resonanz erhält. Durch diesen kommunikativen Kontakt kann sie mit den unterschiedlichen Personen und Gruppen in der Schule auch unterschiedliche Verabredungen treffen, die zu primär mystagogischen, in den Glauben einführenden, oder zu primär diakonischen, die persönlichen sowie sozialen Lebensbedingungen in der Schule verbessernden Angeboten entwickelt werden können.«[16]

Literatur zum Weiterlesen:
Lames, Gundo: Schulseelsorge als soziales System. Ein Beitrag zu ihrer praktisch-theologischen Grundlegung, Stuttgart 2000.
Luhmann, Niklas: Die Religion der Gesellschaft, Frankfurt a.M. 2000.
Oberdorfer, Bernd: Kontingenzformel »Gott«. Der christliche Gottesgedanke unter systemtheoretischer Beobachtung – trinitätstheologisch beobachtet, in: Thomas, Günter / Schüle, Andreas (Hg.): Luhmann und die Theologie, Darmstadt 2006, 107–116.

---

[15] Zum Konzept der unbedingten Zuwendung als Spezifizierung ihrer geistlichen Kommunikation, vgl. Lames: Schulseelsorge als soziales System, 251–255.
[16] Vgl. Lames: Kirche im Kontext des Systems Schule, 307.

1.3 Schulpädagogische Begründung von Schulpastoral

Angela Kaupp

Eine schulpädagogische Begründung von Schulpastoral setzt voraus, dass die Aufgaben von Schule und die Zielsetzung von Schulpastoral eine gemeinsame Schnittmenge haben. Vor dem Hintergrund der Funktionen und Aufgaben von Schule wird dargestellt, inwieweit Schulpastoral an diesen Funktionen und Aufgaben partizipiert bzw. wo sie ein Gegengewicht bildet.

Schulpastoral ist kirchliches Engagement, findet jedoch im Kontext von Schule und unter schulischen Rahmenbedingungen statt. In einer weltanschaulich und religiös pluralen Gesellschaft ist es notwendig, diesen Dienst nicht nur kirchlich und theologisch, sondern auch schulpädagogisch zu begründen. Dies ist umso wichtiger, da in einer staatlichen Schule Mitgliederwerbung oder -gewinnung kein (vorrangiges) Ziel sein kann, wenn sich Schulpastoral nicht dem Vorwurf kirchlicher Vereinnahmung aussetzen will.[1] Die Zielsetzung von Schulpastoral an kirchlichen Schulen kann sich ggf. davon unterscheiden, da sich die Eltern explizit für eine religiös orientierte Schule entschieden haben.[2]

›Wozu ist die Schule da?‹ – auf diese Frage gibt es vermutlich fast so viele Antworten wie Antwortende, denn jede/r hat Schulerfahrungen und speist hiermit ein bestimmtes Bild von Schule: wie sie erlebt wurde oder wie sie sein sollte. Die Antworten unterscheiden sich auch, je nachdem ob ein Elternteil,

---

[1] Vgl. zur schultheoretischen Fundierung von Schulpastoral auch Roth, Kristina: Sinnhorizonte christlich gestalteter Schule. Eine schulpädagogische Begründung der Schulpastoral an staatlichen Schulen, Hamburg 2012.

[2] Vgl. in diesem Band die Beiträge zur Schulpastoral an kirchlichen Schulen: Kollig: Kirchliche Schulen (5.2) und die Ansätze von Görtz / Molzberger: Ignatianische Schulpastoral (4.2) und Roeger: Mystagogische Schulpastoral (4.3).

eine Lehrkraft, ein/e Vertreter/in der Wirtschaft, ein/e Erziehungswissenschaftler/in oder ein/e Schüler/in sie gibt. Diese Vielfalt spiegelt sich ebenfalls in zahllosen Schultheorien, die im Laufe der Jahrhunderte und in verschiedenen Disziplinen erarbeitet wurden und stets abhängig von Zeit und Kultur formuliert sind.[3]

Werner Wiater definiert Schule als »staatlich eingerichteter und historisch-gesellschaftlich-kulturell bedingter Ort für die Bildung und Erziehung der heranwachsenden Gesellschaftsmitglieder durch Unterricht und Schulleben«[4].

Im Folgenden wird Schule zunächst von ihren Funktionen und Aufgaben her beschrieben. Angesichts gesellschaftlicher Veränderungsprozesse entwickelt sich eine Didaktik, deren Ziel Kompetenzerwerb ist und Schule wird nicht nur als Ort von Unterricht verstanden, sondern als Lern- und Lebensort. Aus schulpädagogischer Perspektive kann Schulpastoral einen Beitrag zu Funktionen und Aufgaben der Schule leisten.

1. Der soziologische Zugang: Die Funktionen von Schule für die Gesellschaft und das Individuum

Schule als gesellschaftliches Subsystem übernimmt wichtige Funktionen für die Gesellschaft. Nach Werner Wiater sind Funktionen die »Leistungen, die die Schule in Abhängigkeit

---

[3] Zum Überblick vgl. Gerstner, Hans-Peter / Wetz, Martin: Einführung in die Theorie der Schule, Darmstadt 2008, 30–121; Fend, Helmut: Neue Theorie der Schule. Einführung in das Verstehen von Bildungssystemen, 2. Aufl., Wiesbaden 2008, 85–97; Wiater, Werner: Theorie der Schule. Prüfungswissen – Basiswissen Schulpädagogik, 5.überarb. Aufl., Donauwörth 2012; Wiater, Werner: Das Schulsystem in Deutschland und internationale Einflüsse auf die Schule, in: Kansteiner-Schänzlin, Katja (Hg.): Schule im gesellschaftlichen Spannungsfeld. Professionswissen für Lehrerinnen und Lehrer, Bd. 5, Baltmannsweiler 2011, 61–70.

[4] Wiater, Werner: Aufgaben und Funktionen von Schule, in: Kansteiner-Schänzlin, Katja (Hg.): Schule im gesellschaftlichen Spannungsfeld. Professionswissen für Lehrerinnen und Lehrer Bd. 5, Baltmannsweiler 2011, 19–32, hier: 19.

von der Gesellschaft und für diese erbringt«[5]. Aus diesen erwachsen Aufgaben für die Gestaltung von Lehr-/Lernprozessen.

Gesellschaft – Schüler/innen und Bildungssystem stehen also miteinander in Wechselwirkung und das Bildungssystem hat eine »Doppelfunktion«[6] wahrzunehmen, denn es dient sowohl der gesellschaftlich-kulturellen Reproduktion als auch der Innovation. Im Dienst der verschiedenen Subsysteme, in welche die Gesellschaft untergliedert ist, hat das Bildungssystem die Aufgabe, Bildungsprozesse so zu gestalten, dass die (Lern-)Ergebnisse für die Subsysteme von Nutzen sind. Im Dienst der nachwachsenden Generation ist es nötig, dass Bildungsprozesse die Handlungsfähigkeit der Schüler/innen erweitern. Indirekt wirkt das Bildungssystem hierdurch auf die gesellschaftlichen Systeme zurück. In der Mitte des Wechselwirkungsprozesses stehen daher die Schüler/innen, denn von der einen Seite wirken gesellschaftlichen Subsysteme und ihre Erwartungen auf die nachwachsende Generation, auf der anderen Seite wirkt die Art und Weise wie Bildungsprozesse im Rahmen von Schule gestaltet werden. Diesen Zusammenhang veranschaulicht die Grafik auf der S. 42.

a) Die Funktionen von Schule für die Gesellschaft

Die moderne Gesellschaft unterstützt das Schulwesen und entbindet die Heranwachsenden von Erwerbsarbeit, da sie bestimmte gesellschaftlich notwendige Aufgaben an die Institution ›Schule‹ delegiert:

Schule bemüht sich um die *allgemeinbildende und fachliche Qualifikation* der nachwachsenden Generation und die Gesellschaft weist ihr weitere Funktionen zu:

Sozialisation: Die Schule soll gesellschaftlich erwünschtes Verhalten vermitteln, das auch die Integration in die Gesellschaft fördert.

---

[5] Wiater: Theorie der Schule, 137.
[6] Fend: Neue Theorie der Schule, 53.

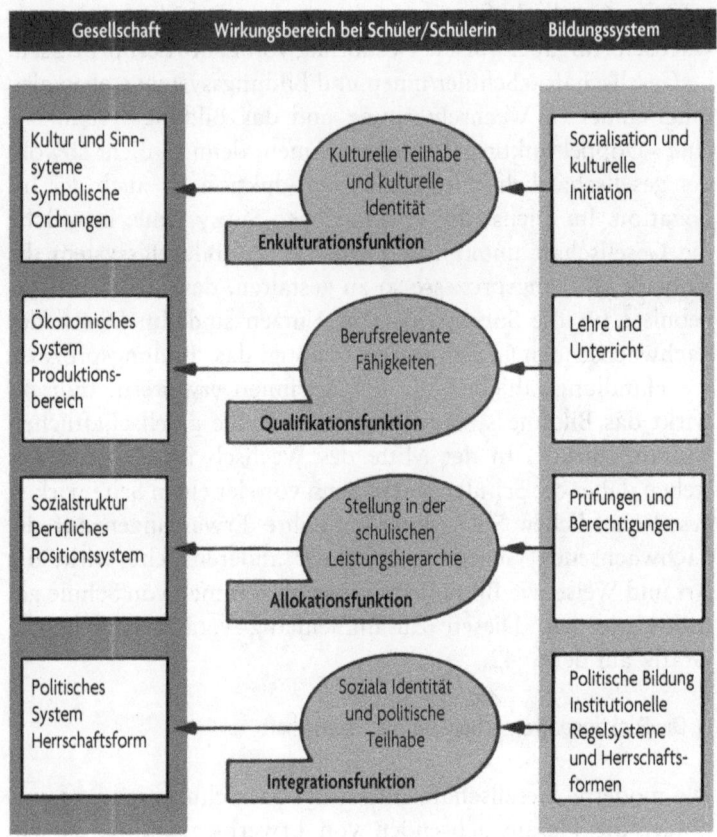

Abb. 1.3: Fend, Helmut: Neue Theorie der Schule. Einführung in das Verstehen von Bildungssystemen, 2. Aufl. Wiesbaden 2008, 51.

Enkulturation: Die Schule unterstützt das Kennenlernen und die Übernahme von Sprache, Symbolen, Feierformen etc. einer Kultur.

Legitimation: Die Schule vermittelt gesellschaftliche Grundwerte, die zur Sicherung von (staatsbürgerlicher) Loyalität beitragen.

Allokation (= Zuweisung eines Status) bzw. *Selektion*: Die Schule schätzt Heranwachsende je nach ihrer Leistungsfähigkeit ein und weist ihnen durch entsprechende Schulabschlüsse zumindest vorläufige soziale Positionen zu. Dies erfordert entsprechende Überprüfungen (Noten) und führt auch zu einer Wettbewerbsorientierung in der Schule.[7]

b) Die Funktionen von Schule für die Schüler/innen

Schule hat die Aufgabe, die Kinder und Jugendlichen durch den Erwerb von Kompetenzen handlungsfähig zu machen. »Den gesellschaftlichen Funktionsleistungen entsprechen jeweils individuelle Handlungs- und Entwicklungschancen. Der gesellschaftlich-kulturellen Reproduktion entspricht die individuelle Funktion der Herstellung von Handlungsfähigkeit, die sich in Qualifikationserwerb, Lebensplanung, sozialer Orientierung und Identitätsbildung entfaltet«.[8]

Die Schüler/innen sollen durch den Besuch der Schule in der Lage sein, ihre individuelle und soziale Identität zu entwickeln, an der gesellschaftlichen Kultur (aktiv) teilzunehmen, Verantwortung für das Gemeinwohl zu übernehmen und am politischen System der Gesellschaft aktiv teilzuhaben. Die Schule hat dafür zu sorgen, dass die jungen Menschen am Ende der Schulzeit die Qualifikationen haben, um einen Beruf zu erlernen und auszuüben. Insgesamt dient die Schule damit auch der individuellen Lebensplanung, da die Schüler/innen ihre Stärken und Schwächen kennenlernen und so eine eigene Lebensperspektive entwickeln.

2. Der pädagogische Zugang: Aufgaben von Schule

Aus den Funktionen, die die Schule in Abhängigkeit von der Gesellschaft hat und für diese erbringt, erwachsen nach Werner Wiater zentrale pädagogische Aufgaben.[9] Diese umfassen mehr

---

[7] Vgl. Fend: Neue Theorie der Schule, 49–55; vgl. auch Wiater: Theorie der Schule, 51–61.

[8] Fend: Neue Theorie der Schule, 53.

[9] Vgl. Wiater: Aufgaben und Funktionen, 25–30.

als Unterrichten und haben das Ziel den Schüler/innen eine Teilhabe an Kultur und Gesellschaft zu ermöglichen, indem sie sowohl die Lebenslagen der Schüler/innen als auch die gesellschaftlichen Entwicklungen berücksichtigen.

Aufgaben von Schule sind:

Unterrichten: Im Lichte reflektierter didaktischer Entscheidungen und organisatorischer Maßnahmen wird Unterricht als zentrale Aufgabe vom personalen Engagement der Lehrkräfte einer Schule getragen.

Integrieren: Schulische Integration begründet sich aus dem Gleichwertigkeitsanspruch aller Menschen. Sie betrifft vor allem sozial oder individuell benachteiligte Schüler.

Interkulturelles Lernen ermöglichen. Die kulturelle Pluralität unserer Gesellschaft ist als Bereicherung wahrzunehmen. Lernende unterschiedlicher kultureller Herkunft lernen miteinander und voneinander.

Fördern, Kompensieren und Betreuen: Fördermaßnahmen setzen bei spezifischen Bedürfnissen Einzelner an. Kompensatorisch versucht Schule dort zu wirken, wo Schüler/innen Defizite haben. Daraus resultiert häufig ein erhöhter Betreuungsaufwand.

Beraten: Beratungsaufgaben beziehen sich auf die Lern- und Laufbahnberatung. Sie sind aber auch in Konfliktfällen und bei der Beratung von Eltern in Erziehungsfragen notwendig.

3. Der didaktische Zugang: Kompetenzorientierung

Das Paradigma der Kompetenz- und Standardorientierung hat seit Anfang dieses Jahrtausends die vorrangige Inhaltsorientierung schulischen Lernens abgelöst. »Kompetenzmodelle konkretisieren Inhalte und Stufen der allgemeinen Bildung. Sie formulieren damit eine pragmatische Antwort auf die Konstruktions- und Legitimationsprobleme traditioneller Bildungs- und Lehrplandebatten.«[10] Zentrales Anliegen ist, dass Schüler/

---

[10] Klieme, Eckhard u. a.: Zur Entwicklung nationaler Bildungsstandards. Eine Expertise, hg. v. Bundesministerium für Bildung und Forschung, Berlin

innen nicht nur Wissen erwerben, sondern auch Fähigkeiten, um lebenslang mit neuen Informationen und Herausforderungen angemessen umgehen zu können. Nach Franz E. Weinert ist die individuelle Ausprägung von Kompetenz von folgenden Facetten geprägt: Fähigkeit, Wissen, Verstehen, Können, Handeln, Erfahrung und Motivation.[11] Kompetenz wird als die Verbindung von Wissen und Können verstanden und »ist als Befähigung zur Bewältigung von Situationen bzw. von Aufgaben zu sehen«[12], d. h. Kompetenzen dienen der Identitätsbildung und der gesellschaftlichen und kulturellen Teilhabe der Schüler/innen. Kompetenzorientierung fordert, dass die Lernenden im Mittelpunkt stehen: Lernprozesse sollten selbstgestaltet sein, d. h. weniger Vermittlung durch die Lehrenden als vielmehr Aneignung durch die Lernenden. Lehrer/innen sollten nicht mehr »vorrangig Wissensvermittler« sein, sondern »Lernberater« und »Lernhelfer«[13].

4. Das Ideal: Schule als ›Lern- und Lebensraum‹

Schule soll nicht länger allein Ort von Unterricht sein, sondern ein »Haus des Lehrens und Lebens«.[14] Das Bild von »Schule als

---

2003, 9. Zur Übersicht über die unterschiedlichen und z.T. auch widersprüchlichen Kompetenzbegriffe vgl. Sajak, Clauß Peter (Hg.): Bildungsstandards für den Religionsunterricht – und nun? Perspektiven für ein neues Instrument im Religionsunterricht, Berlin 2007; Obst, Gabriele: Kompetenzorientiertes Lehren und Lernen im Religionsunterricht, 3. Aufl., Göttingen 2010.
[11] Vgl. Weinert, Franz E.: Vergleichende Leistungsmessung in Schulen – eine umstrittene Selbstverständlichkeit, in: Weinert, Franz E. (Hg.): Leistungsmessungen in Schulen, Weinheim und Basel 2001, 17–31, hier: 27–28.
[12] Klieme: Entwicklung nationaler Bildungsstandards, 73.
[13] Bildungskommission NRW: »Zukunft der Bildung – Schule der Zukunft«. Denkschrift der Kommission beim Ministerpräsidenten des Landes Nordrhein-Westfalen, Neuwied u.a 1995, 85.
[14] So der Untertitel bei Winkel, Rainer: Theorie und Praxis der Schule. Oder: Schulreform konkret – im Haus des Lebens und Lernens, Baltmannsweiler 1997.

Haus des Lernens« prägte die Bildungskommission NRW bereits 1992 und sie beschrieb dieses Haus folgendermaßen: Es
- »ist ein Ort, an dem alle willkommen sind, die Lehrenden wie die Lernenden in ihrer Individualität angenommen werden, die persönliche Eigenart in der Gestaltung von Schule ihren Platz findet,
- ist ein Ort, an dem Zeit gegeben wird zum Wachsen, gegenseitige Rücksichtnahme und Respekt vor einander gepflegt werden,
- ist ein Ort, dessen Räume einladen zum Verweilen, dessen Angebote und Herausforderungen zum Lernen, zur selbsttätigen Auseinandersetzung locken,
- ist ein Ort, wo intensiv gearbeitet wird und die Freude am eigenen Lernen wachsen kann,
- ist ein Ort, an dem Lernen ansteckend wirkt.

Im ›Haus des Lernens‹ sind alle Lernende, in ihm wächst das Vertrauen, dass alle lernen können. Diese Schule ist ein Stück Leben, das es zu gestalten gilt.«[15]

Diese Schule der Zukunft wird als ›Lebensraum‹ verstanden und macht Angebote, die der Begegnung und Integration dienen und zur Verantwortung erziehen. Lernen soll vor allem der Identitätsfindung dienen und soziale Erfahrungen ermöglichen.

Im Gefolge von Ganztagsschule, den Überlegungen zu Schulkultur und Schulklima, didaktischen Veränderungen aufgrund der Kompetenzorientierung etc. rückt das Idealbild von Schule als Ort, an dem nicht nur gelernt, sondern auch gelebt wird, in den Vordergrund. Gefordert wird eine »humane Schule«, die nach Karl Klauer durch folgende Aspekte gekennzeichnet ist: Sie

1. »bemüht sich um eine ›ganzheitliche Erziehung‹,
2. [...] trägt zur Humanisierung und Demokratisierung der Gesellschaft bei,
3. [...] ist ein Ort des freundlichen Umgangs miteinander und des förderlichen Lernklimas,

---

[15] Bildungskommission NRW: »Zukunft der Bildung – Schule der Zukunft«, 86.

4. [...] trägt der Unterschiedlichkeit der Menschen Rechnung«.[16]

Die humane Schule und die Schule als Lebensraum sind pädagogische Ideale, an denen sich die Realität von Schule auszurichten hat.

5. Die schulpädagogische Begründung von Schulpastoral

Vor dem Hintergrund der Aufgaben von Schule muss sich Schulpastoral daran messen lassen, inwieweit sie die Aufgaben von Schule im Dienst der jungen Menschen und der Gesellschaft unterstützt bzw. inwieweit sie sich Fehlentwicklungen entgegenstellt, die einem humanen Miteinander widersprechen.

a) Schulpastoral fördert die Kultur einer »Schule als Lern- und Lebensraum«

Ein Schwerpunkt schulpastoralen Handelns als diakonischer Dienst der Kirche liegt in ihrem Einsatz für eine humane Schulkultur, wie die Bischöfe 1996 in ihrer schulpädagogischen Begründung von Schulpastoral betonen:

»Insofern Schulpastoral sich in diesem Lern- und Lebensraum Schule bewegt, tut sie das innerhalb der Rahmenbedingungen, die ihr von der Schulpädagogik vorgegeben sind. Dabei ist zu beachten: Auch die beste Schulpädagogik kann alleine nicht all das leisten, was den Mitgliedern unserer Gesellschaft insgesamt, und darin besonders den Familien aufgetragen ist: Das richtige und gute Leben lernen (Comenius). Auch die Schulpastoral kann nicht alle gesellschaftlichen Defizite ersetzen und Desiderate einlösen; sie ist kein Allheilmittel. Es gilt jedoch, alle Möglichkeiten zu nutzen, die Schule für ein soziales und humanes Erfahrungsfeld bietet.«[17]

---

[16] Klauer, Karl: Über das Konzept einer humanen Schule, in: Olechowski, Richard / Garnitschnig, Karl (Hg.): Humane Schule, Frankfurt a.M. 1999, 21–37, hier: 22.

[17] Die deutschen Bischöfe – Kommission für Erziehung und Schule: »Schulpastoral – der Dienst der Kirche an den Menschen im Handlungsfeld Schule«, hg. v. Sekretariat der Deutschen Bischofskonferenz, Bonn 1996, 15.

Schulpastoral setzt sich ein für eine Humanisierung der Schule entsprechend dem Modell einer humanen Schule. Ethische Fragen stehen in der Schule ständig zur Debatte und es gehört zum schulischen Auftrag, Kinder und Jugendliche zu befähigen, eigenständige Werturteile zu fällen. Schulpastoral bietet hierzu auf christlicher Basis Wertorientierungen und Lösungsstrategien an. Das Sinnangebot der Schulpastoral beschreibt Joachim Burkard in vier Dimensionen: Sie leistet einen Beitrag zur Konflikt- und Versöhnungskultur, zur Kultur des Miteinanders, zur Fest- und Feierkultur und zur Kultur der Aufmerksamkeit.[18] Angesichts der Pluralität heutigen Schullebens ist diese Kultur eine, die sich auf die Begegnung mit fremden Kulturen wertschätzend einlässt.[19]

b) Schulpastoral unterstützt die Funktionen des Schulsystems vor dem Hintergrund des Evangeliums

Schulpastoral setzt einen Schwerpunkt auf die Förderung der individuellen Handlungs- und Entwicklungschancen, ohne die gesellschaftliche Verantwortung aus dem Blick zu verlieren und trägt so dazu bei, dass Schule ihre gesellschaftlichen und individuellen Funktionen erfüllen kann. Schulpastoral unterstützt die Schule jedoch vor dem Hintergrund des Evangeliums und steht daher einer Funktionalisierung von Schule aus gesellschaftlichen oder wirtschaftlichen Interessen kritisch gegenüber.

Die Unterstützung der Funktionen des Schulsystems durch Schulpastoral sei anhand der von Helmut Fend (s.o.) beschriebenen Funktionen von Schule verdeutlicht:

Qualifikationserwerb: Schulpastoral fördert allgemeinbildende Qualifikationen, indem neue Kompetenzen erworben

---

[18] Vgl. Burkard, Joachim: Die Mitgestaltung der Schulkultur als Aufgabe der Kiche, in: Burkhard, Joachim / Wehrle, Paul (Hg.): Schulkultur mitgestalten. Pastorale Anregungen und Modelle, Freiburg 2005, 10–34, hier: 13–19.

[19] Vgl. in diesem Band: Verburg / Abdel-Rahman: Christliche Schulpastoral in Schulen mit religiös pluraler Schülerschaft (3.3), Cimşit: Seelsorge aus islamischer Sicht (3.4) und Kumher: Pluralitätssensible Schulpastoral (4.4).

werden, wie z. B. Leitungs- und Organisationskompetenzen. Diese werden weniger durch Unterricht gelernt als vielmehr durch erfahrungsorientierte Formen der Aneignung, die stärker von den Interessen und Fähigkeiten der Kinder und Jugendlichen ausgehen. Im Bereich von Religion unterstützt Schulpastoral auch fachliche Qualifikationen ohne sie direkt anzuzielen.

Soziale Orientierung und Identitätsbildung: Die Ziele und Veranstaltungsformen von Schulpastoral unterstützen Sozialisations- und Integrationsprozesse, fördern jedoch im Idealfall auch eine kritische Reflexion des gesellschaftlich erwünschten Verhaltens. Der Bildungstheoretiker Jürgen Baumert hebt hervor, dass Philosophie und Religion als Formen der rationalen Auseinandersetzung mit Sinnfragen unverzichtbar für das Subjekt sind.[20] Schulpastoral als Form der Auseinandersetzung mit diesen Sinnfragen lässt sich also aufgrund seiner bildenden Funktion legitimieren. Die Auseinandersetzung mit religiösen Sprach- und Feierformen dient der Inkulturation. Neben diesen Aspekten dient die Beschäftigung mit religiösen und anthropologischen Fragen der Identitätsbildung von Kindern und Jugendlichen.

Lebensplanung: Die Lebensplanung wird durch Angebote der Schulpastoral und durch Gesprächsmöglichkeiten gefördert. Die eigenen Fähigkeiten und Grenzen werden oft erst durch die Kommunikation mit anderen deutlich. Die Lebensplanung kommt auch in individuellen Beratungsprozessen zur Sprache.

Würde des Einzelnen vor Selektion: Da Schulpastoral nicht die Aufgabe von Benotung und Beurteilung hat, kann sie hier aus christlichem Geist ein kritischer Gegenpol zur Selektionsfunktion der Schule sein. Sie nimmt eine Option ein als Anwalt der Schwächeren und ihrer Würde in Schule und Gesellschaft.

---

[20] Vgl. Baumert, Jürgen: Deutschland im internationalen Bildungsvergleich; in: Killius, Nelson / Kluge, Jürgen / Reisch, Linda (Hg.): Die Zukunft der Bildung, Frankfurt a.M. 2002, 100–150; vgl. dazu in diesem Band: Kaupp: Religionsunterricht (5.3).

c) Schulpastoral fördert den Kompetenzerwerb durch Bildungsanlässe

Kompetenzen können zwar nur vom Einzelnen erworben werden, kommen aber nicht nur individuell, sondern auch sozial zum Tragen. Schulpastoral unterstützt im Rahmen außerunterrichtlicher Settings den Zuwachs von Kompetenzen. Diese beziehen sich nicht nur auf den Bereich der Religion.[21] Der Kompetenzerwerb kann fachlich, persönlich, sozial oder methodisch sein, um nur einige Dimensionen anzudeuten. Da sich Schulpastoral mit ihrem Angebot an alle in der Schule Tätigen richtet, fördert sie auch den Kompetenzgewinn aller: Nicht nur Schüler/innen lernen z. B. durch ein religiöses Angebot, sondern auch die Lehrkraft oder die Eltern, die sich mit religiösen Fragen auseinandersetzen oder die Öffentlichkeitsarbeit einer Veranstaltung übernehmen. Kompetenzzuwachs ist – im Unterschied zum Unterricht – nicht direkt angezielt, sondern entspricht eher einem beiläufigen Lernen durch Bildungsanlässe, die Hartmut von Hentig anhand von »zehn ganz normale[n] Lebenstätigkeiten«[22] beschreibt: Geschichten, Gespräche, Sprache und Sprachen, Theater, Naturerfahrung, Politik, Arbeit, Feste feiern, Musik und Aufbruch.[23] Diese lassen sich jeweils auch religiös buchstabieren.

d) Schulpastoral ist ein Beitrag zur Schulentwicklung

Schulen stehen heute im Wettbewerb um Schüler/innen und Lehrer/innen und müssen sich mit Hilfe eines spezifischen Schulcurriculum und Schulprogramms profilieren. Neben einem guten Schulklima und einem qualifizierten Unterrichtsangebot spielt das Spektrum von außerunterrichtlichen Angeboten der jeweiligen Schule eine nicht unbedeutende Rolle: vom Sport über Musik und Theater bis zu Angeboten der

---

[21] Vgl. zu den im Bereich von Religion angezielten Kompetenzen in diesem Band: Kaupp: Religionsunterricht (5.3).
[22] Hentig, Hartmut von: Bildung. Ein Essay, Weinheim Basel 1999, 99.
[23] Vgl. Hentig: Bildung, 99–135.

Schulpastoral. Nicht nur in kirchlichen Schulen trägt daher Schulpastoral zur Schulentwicklung bei.

Wie Kristina Roth in sechs Aspekten herausarbeitet,[24] leistet Schulpastoral einen Beitrag zur Schulentwicklung durch

a) »Wahrnehmung (schul-)politischer Optionen«,[25] die einer Funktionalisierung der Schule entgegenwirken;

b) »die bewusste Individualisierung und Bedürfnisorientierung mit Blick auf alle Menschen im Kontext Schule. Auf diese Weise vermittelt sie Wertorientierung«[26];

c) »ihre partizipatorische Ausrichtung«[27] wodurch alle mitgestalten und auch verschiedene Rollen einnehmen können;

d) »ihre auf den ganzen Menschen hin ausgerichtete Gestaltung«,[28] die Bildung in einem umfassenden Sinn versteht;

e) das »Prinzip des situativen Ansatzes«[29], das sowohl den Bedürfnissen des Einzelnen wie auch der Schule Rechnung trägt;

f) »die Ermöglichung einer Auseinandersetzung mit Religion und Religiosität«,[30] unter der Annahme, dass diese Möglichkeit ein wesentlicher Aspekt von Menschsein ist.

Zusammenfassend ist festzustellen, dass sich Schulpastoral als Engagement der Kirche im Dienst und im Interesse aller in der Schule Tätigen pädagogisch begründen lässt.

---

[24] Vgl. Roth, Kristina: Sinnhorizonte christlich gestalteter Schule. Eine schulpädagogische Begründung der Schulpastoral an Staatlichen Schulen, Hamburg 2013, 321–326.

[25] Ebd., 321. (Im Original z.T. Fettdruck).

[26] Ebd., 322. (Im Original z.T. Fettdruck).

[27] Ebd., 323. (Im Original z.T. Fettdruck).

[28] Ebd., 324. (Im Original z.T. Fettdruck).

[29] Ebd., 325. (Im Original z.T. Fettdruck).

[30] Ebd., 326. (Im Original z.T. Fettdruck).

Literatur zum Weiterlesen:

Fend, Helmut: Neue Theorie der Schule. Einführung in das Verstehen von Bildungssystemen, 2. Aufl., Wiesbaden 2008.

Obst, Gabriele: Kompetenzorientiertes Lehren und Lernen im Religionsunterricht, Göttingen 2010.

Roth, Kristina: Sinnhorizonte christlich gestalteter Schule. Eine schulpädagogische Begründung der Schulpastoral an Staatlichen Schulen, Hamburg 2013.

Wiater, Werner: Theorie der Schule. Prüfungswissen – Basiswissen – Schulpädagogik, 5. Aufl., Donauwörth 2012.

1.4 Schule als Lebensraum

Brigitte Lob / Tom Schneider / Beate Thalheimer

›Schule als Lebensraum‹ zählt zu den zentralen schulpastoralen Begriffen, wenngleich seine Verwendung oft eher alltagssprachlich geprägt ist. Aspekte, die mit diesem Terminus verbunden sind, lassen erkennen, dass vielfältige Intentionen über ›Schule als Lebensraum‹ transportiert werden. Der Ansatz einer lebensraumorientierten Seelsorge als humanwissenschaftlich gestützte Theorie für die Praxis wird vorgestellt, in Bezug zu schulpastoralen Aktivitäten konkretisiert, sodass er schließlich zu einer Qualitätsentwicklung von Schulpastoral im Lebensraum Schule beitragen kann.

Seit sich die Verweildauer von Kindern, Jugendlichen, jungen Erwachsenen und Lehrkräften in den Schulen zunehmend ausweitet, ist der Wunsch gewachsen, dass Schulen nicht nur Lernorte sind, sondern vielmehr auch zu einem Lebensraum für alle Anwesenden werden. Hinweise darauf, dass Schulen bereits zu Lebensräumen geworden sind, lassen sich nach der Ausweitung von Ganztagsschulen unter anderem dort feststellen, wo das Mittagessen gemeinsam in der Schule bzw. in der angeschlossenen Mensa eingenommen wird, eine Hausaufgabenbetreuung für die Entlastung der außerschulischen Freizeit sorgt, Arbeitsgemeinschaften und Freizeitangebote die verbleibende Zeit gestalten. Ein erhöhtes Koordinations- und Kommunikationsaufkommen ist seither erforderlich, um den verlängerten Schulalltag gemeinsam zu bewältigen. Mit ›Schule als Lebensraum‹ ist zunächst also eine Absichtsbekundung verbunden, Schule als Lebens- und als Lernort zu verstehen und gestalten zu wollen.

1. Problemanzeigen

1.1 In der Alltagsprache wird Schulleben bzw. Schule als Lebensraum »als unscharfer Sammelbegriff für das Leben und Lernen gebraucht, welches sich im schulischen Zusammenhang vollzieht«[1]. Sowohl in der Schulpädagogik als auch in der Literatur zur Schulpastoral wird ›Schule als Lebensraum‹ als sich selbst erklärender Begriff verwendet. In eben beschriebenen Zusammenhängen erscheint der Ausdruck ›Lebensraum Schule‹ eindeutig, auch wenn er in verschiedensten Kontexten[2] benutzt wird. Da zudem ein Mangel an Theorien zu Schulleben und zum Lebensraum Schule deklariert werden kann, bleibt es in der Folge nicht selten unklar, was konkret als Lebensraum Schule definiert ist und auf welche Bereiche des

---

[1] Wittenbruch, Wilhelm: Theorie des Schullebens – Schule als Lebensraum, in: Böhm, Winfried u. a. (Hg.): Handbuch der Erziehungswissenschaft, Band II/1 Schule, Paderborn, u. a. 2009, 521–539, hier: 521.

[2] Vgl. Die deutschen Bischöfe – Kommission für Erziehung und Schule: »Schulpastoral – der Dienst der Kirche an den Menschen im Handlungsfeld Schule«, hg. v. Sekretariat der Deutschen Bischofskonferenz, Bonn 1996, 5, 9,10, 12, u. a.; vgl. Schneider, Tom / Fuchs, Ottmar: Atmende Zwischenräume, Schulpastoral als lebensraumorientierte Seelsorge, in: Katechetische Blätter 132 (2007), H. 2, 132–139; vgl. Referat Schulpastoral, Diözese Rottenburg-Stuttgart (Hg.): Schule als Lebensraum mitgestalten, 2007; vgl. Bistumskonzeptionen zur Schulpastoral der Diözesen, z. B.: Bischöfliches Generalvikariat Osnabrück (Hg.): Konzept einer Schulpastoral, o.J., 6, in: http://schulabteilung-os.de/fix/files/607/doc/schulpastoral-konzept_web.pdf (Zugriff: 06.10.2014); Bischöfliches Generalvikariat Aachen (Hg.): Schulpastoral im Bistum Aachen. Rahmenordnung, Aachen 2013, 6; Bischöfliches Generalvikariat Trier (Hg.): Leitlinien für die Schulpastoral im Bistum Trier, 2011, 5; Erzbischöfliches Generalvikariat Köln: Grundlagen, Ziele, Impulse. Rahmenkonzept Schulpastoral im Erzbistum Köln, 2006, in: http://www.erzbistum-koeln.de/kultur_und_bildung/schulen/schulpastoral/grundlagen/rahmenkonzept/ 7 (Zugriff: 06.10.2014); Rüttiger, Gabriele (Bearb.): Standortbestimmung zur Schulpastoral, München und Freising 2009, in: http://www.erzbistum-muenchen.de/Page003932.aspx (Zugriff: 06.10.2014). Konferenz der bayerischen Referent/-inn/en für Schulpastoral (Hg.) vgl. in diesem Band: Thalheimer / Bußmann / Geißler: Bistumskonzeptionen (5.9).

Schullebens sich Maßnahmen beziehen, die die Schule als Lebensraum gestalten wollen.[3]

1.2 Auch verwandte Begriffe wie Lebenswelt, Lebensfelder, Handlungsfeld usw. werden für die Bezeichnung des Lebensraums Schule gebraucht und tragen nicht zu einer differenzierten Beschreibung bei. Nahezu synonym werden die Begriffe Sozialraum, sozialer Nahraum und Lebensraum verwendet, um das schulische Bezugssystem von Kindern und Jugendlichen zu beschreiben.[4] Darüber hinaus ist der Begriff ›Lebensraum‹

---

[3] Vgl. Wittenbruch: Theorie des Schullebens, 535.

[4] Zur Differenzierung der Begriffe z. B.: Ebertz, Michael N. / Ullrich, Peter-Otto: Lebensraum, sozialer Nahraum und Organisationsraum, in: Ebertz, Michael N. / Fuchs, Ottmar / Sattler, Dorothea (Hg.): Lernen, wo die Menschen sind. Wege lebensraumorientierter Seelsorge, Mainz 2005, 121–142; Lewin, Kurt: sozialpsychologische Feldtheorie: »Jedem Individuum entspricht zu einem bestimmten Zeitpunkt ein […] psychologisches Feld, das wir den Lebensraum eines Individuums nennen. Es schließt sowohl die Person wie die Umwelt ein, und zwar die Umwelt, wie sie das Individuum sieht.« (Lewin, Kurt: die Feldtheorie in der Psychologie, vermutl. 1944; in: Lewin, Kurt: Werkausgabe, Bd. IV: Feldtheorie, hg. v. Graumann, Carl Friedrich, Bern – Stuttgart 1982, 25).
Soziologische Begriffsverwendung: Der Lebensraumbegriff orientierte sich früher am Modell des wohnungszentrierten einheitlichen und überschaubaren Raumes. Vgl. Zeiher, Helga: Die vielen Räume der Kinder. Zum Wandel räumlicher Lebensbedingungen seit 1945, in: Preuss-Lausitz, Ulf u. a. (Hg.): Kriegskinder, Konsumkinder, Krisenkinder. Zur Sozialisationsgeschichte seit dem Zeiten Weltkrieg, Weinheim/Basel 1983, 176–194, hier: 187.
Abgrenzung zum Begriff ›sozialer Nahraum‹: »Der soziale Nahraum als »lokalisierbares Orientierungs- und Bezugsnetz, das sich über die Unmittelbarkeit des Sozialen […] aufbaut« (Pankoke, Eckart: Polis und Regio. Sozialräumliche Dimension kommunaler Kultur; in: Sociologiainternationalis 15 (1977), H. 1/2, 31–61, hier: 58) wird verdrängt durch die Funktionsräume der modernen ›Organisationsgesellschaft‹ und ersetzt durch den »umfassenden nahräumigen Zugang der Gesamtbevölkerung zu den global und national selektiv ausdifferenzierten Funktionssystemen« (Hohm, Hans-Jürgen: Urbane soziale Brennpunkte, Exklusion und soziale Hilfe, Opladen 2003, 12) – so die moderne Definition der großstädtischen Kommune aus systemtheoretischer Sicht.« (Ebertz / Ullrich: Lebensraum, 137f.).
Abgrenzung zum Begriff ›Organisationsraum‹: die Raumeinteilung, die Organisationen wie Staat, Kommunen, Verwaltungen, Behörden, Kirchen etc.

durch den Sprachgebrauch in Zeiten des Nationalsozialismus bei vielen Erwachsenen vorbelastet.[5]

2. Eine schulpädagogisch begründete Annäherung an ›Schule als Lebensraum‹

Wilhelm Wittenbruch bietet eine Differenzierung der ›Felder‹ des Schullebens an:

a) Schule kann demnach als *Lebensform* verstanden werden, in der die Gesellschaft tragende Werte und Normen in gemeinsamen Erfahrungen lebendig sind und kultiviert werden können.[6]

b) Die wachsende Bedeutung der Lerninhalte, die dem ›Selbst- und Weltverständnis der Lernenden‹ dienen, bestimmt zunehmend die *schulische Lernkultur*.[7]

c) In den Bereichen der Kultur-, Freizeit- und Spielpädagogik, am Übergang von Schule zu Beruf, im Bereich der Schule in einer Ganztagsform haben *sozialpädagogische Initiativen* in der Schule ihren Platz und leisten einen Beitrag, Verbindungen zwischen der Schule und der Schulumwelt zu schaffen.[8]

---

gemäß ihren eigenen Bedürfnissen und Plausibilitäten bilden (z. B. Polizeireviere, Finanzämter, …). Nach diesem Prinzip bilden auch die Kirchengemeinden einen Organisationsraum.« (Nikolay, Jürgen: Mitten unter den Menschen. Adressatenorientierung, in: Hilberath, Bernd Jochen / Kohl, Johannes / Nikolay, Jürgen (Hg.): Grenzgänge sind Entdeckungsreisen. Lebensraumorientierte Seelsorge und kommunikative Theologie im Dialog: Projekte und Reflexionen, Mainz 2011, 36–42, hier: 38.

[5] Zur Geschichte des Begriffs und seine Bezüge zur Soziologie, Pädagogik, Theologie und Schulpastoral vgl. Roth, Kristina: Sinnhorizonte christlich gestalteter Schule. Eine schulpädagogische Begründung der Schulpastoral aus staatlicher Sicht, Hamburg 2013, 309–328.

[6] Vgl. Wittenbruch: Theorie des Schullebens, 535f.

[7] Vgl. ebd., 536.

[8] Vgl. ebd., 537.

3. Alltagssprachliche Konnotationen und Assoziationen zu ›Schule als Lebensraum‹ im Kontext von Schulpastoral

Bevor die lebensraumorientierte Seelsorge als profilierter Ansatz der Schulpastoral entwickelt wurde[9], wurde der Lebensraumbegriff bereits im Zweiten Vatikanischen Konzil in »Gravissimum educationis« für die katholischen Schulen verwendet.[10] 1996 war im Kommissionspapier der Deutschen Bischofskonferenz von Schulpastoral als »kirchlicher Diakonie im Lebensraum Schule«[11] die Rede.

Seither sind im alltagssprachlichen Umgang im Kontext von Schulpastoral diverse Merkmale mit dem Begriff ›Lebensraum Schule‹ verbunden. Aus den entsprechenden Äußerungen ergibt sich in Anlehnung an die von Wittenbruch vorgeschlagenen Differenzierungen der Eindruck, dass die Wahrnehmung von Schule als Lebensraum sich nicht nur auf die drei genannten Bereiche der *Lebensform,* der *schulischen Lernkultur* und der *sozialpädagogischen Initiativen* bezieht, sondern sich als Ausgangspunkt und Orientierungsmerkmal wesentlich und maßgeblich am christlichen Menschenbild ausrichtet.[12]

– Der Ausgangspunkt schulpastoralen Handelns ist mit der Wahrnehmung des Lebens und seiner Bedingungen, in unmittelbaren Begegnungen und in wechselseitigen Lernprozessen in der Schule verankert.

– Mit dem von den Bischöfen eingeführten weiten diakonischen Grundverständnis, dem Bezug zur konkreten Situation, dem personalen Angebot und der Sichtweise auf Schule als sozialem Netzwerk geht ein Bemühen einher, das eigene Handeln

---

[9] Vgl. Schneider / Fuchs: Atmende Zwischenräume, 132–139.

[10] Vatikanum II: Die Erklärung über die christliche Erziehung »Gravissimum educationis«, in: Rahner, Karl / Vorgrimler, Herbert (Hg.): Kleines Konzilskompendium, 18. Aufl., Freiburg i.Br. 1985, 335–348, hier: 343; vgl. Roth: Sinnhorizonte, 99.

[11] Die deutschen Bischöfe: Schulpastoral, 10.

[12] Die folgenden Aspekte ergeben sich aus der Verlautbarung der deutschen Bischöfe von 1996, aus der schulpastoralen Literatur und auch aus den Schulpastoralkonzepten der Diözesen.

im Licht des Evangeliums immer wieder neu am Anspruch einer Kultur der Menschlichkeit und der diakonischen Selbstverpflichtung zu schärfen, also auf einer identitätsbildenden Ebene. Schulpastoral lebt davon, den Blick auf die befreiende und erlösende Nähe Gottes zu richten und von ihr auszugehen.

– Das Agieren in einem höchst fluiden und komplexen Netzwerk, wie sie ein Lebensraum Schule unter den heutigen Bedingungen darstellt, erfordert ein systemisches Denken, das prozessorientiert und multiperspektivisch ist und erkennbar christliche Identität mit einer großen Anschluss- und Kooperationsfähigkeit vereint.

– Der Vielgestaltigkeit der Lebenswelt entspricht eine Vielgestaltigkeit der Angebote und Ausdrucksformen der Schulpastoral, die einer größtmöglichen Abstimmung im Feld der multiprofessionellen Zusammenarbeit mit anderen Institutionen und Akteuren bedarf.

– Schule als Lebensraum zu verstehen, kann zur Folge haben, dass das Gefälle zwischen professioneller Dienstleistung und ihren Empfängern (z. B. Lehrkräfte, Kinder/Jugendliche) aufgebrochen und hin zu einer gemeinsam getragenen Verantwortung für die Gestaltung des Lebensraums entwickelt wird, also Partizipation und demokratisches Bewusstsein gefördert werden. Gleichzeitig bleibt jedoch in konkreten Situationen wie dem Umgang mit Krisen, Leid, Tod, Gewalt usw. die Erfordernis eines professionellen seelsorglichen Handelns bestehen.

– Schulpastorales Handeln ist geprägt durch den institutionellen Rahmen, der den Lebensraum Schule definiert. Hier werden Unterschiede in Deutschland wahrgenommen, je nachdem, ob Schulpastoral in Schulen in katholischer Trägerschaft oder an öffentlichen Schulen verwirklicht wird. Darüber hinaus werden schulartspezifische schulpastorale Profile entwickelt.

– Der Lebensraum Schule wird als ein eigenständiger pastoraler Ort verstanden, der aufgrund seines Eingebundenseins in die Systeme Kirche und Schule spezifischen Regeln folgt. In einer Schule bewegen sich christlich motivierte Akteure im öffentlichen Raum, d. h. sie sind nicht in der Rolle der Gastgeberin, sondern bewegen sich als Gast in einer eigenständigen,

bisweilen fremden Welt[13], deren Spielregeln und Funktions-
weise sie nicht selbst bestimmen können. Angezielt ist eine
›Weggemeinschaft auf Zeit‹, die bewusst fragmentarische Perspektiven von Begegnungen und Erfahrungen ›en passant‹ als
wertvoll annimmt. An die Stelle institutioneller Absicherung
kirchlicher Binnenräume treten Suchbewegungen und kommunikative Lernprozesse der Vergewisserung, die von beständi-
ger Praxisreflexion begleitet werden.

4. Lebensraumorientierte Schulpastoral

Im Bereich der Pastoral wurde in den vergangenen Jahren ein lebensraumorientierter Ansatz entwickelt, der humanwissenschaftlich gestützt und differenziert pastorales Handeln anleiten
kann. Zunächst wird dieser Ansatz dargestellt und in einem
zweiten Schritt auf den Bereich der Schulpastoral übertragen.

4.1 Lebensraumorientierte Seelsorge (›LOS‹)

Im Dekanat Mainz-Stadt haben Haupt- und Ehrenamtliche
1997 ein Seelsorge-Projekt unter dem Titel ›lebensraumorientierte Seelsorge‹ begonnen. Mittlerweile ist es zu einem Prozess
geworden, der weit über die Dekanats- und Bistumsgrenzen
hinausgeht.[14]

»Die Ausdehnung des Lebensraums weit über den sozialen
Nahraum hinweg gilt heute sogar für immer mehr Menschen
im ländlichen Bereich, selbst für Jugendliche und Kinder«.[15]

---

[13] Ottmar Fuchs verweist darauf, dass »die Ehrfurcht vor dem Mysterium
Gottes [...] nicht nur seine Transzendenz meint, sondern auch seine vielfältigen, immer wieder unbekannten und fremden Erscheinungsformen in der
Geschichte« (Ebertz / Fuchs / Sattler (Hg.): Lernen, wo die Menschen sind,
80). Der lebensraumorientierte Ansatz bietet große Chancen, diesen Um-
kehrprozess immer wieder auch im Sinne einer Fremdprophetie zu deuten.
[14] Vgl. Ebertz / Fuchs / Sattler: Lernen, wo die Menschen sind; vgl. Hilberath / Kohl / Nikolay (Hg.): Grenzgänge.
[15] Ebertz / Ullrich: Lebensraum, 140.

Bei Kindern und Jugendlichen ist es bereits ein »verinselter Lebensraum«[16]. Durch eine erhöhte Mobilität leben die meisten Menschen auf mehreren ›Inseln‹, die räumlich nicht verbunden sind (Wohnung, Schule, Freizeit, Sport, Wohnort der Freunde), das bedeutet, dass sie eine z.T. ländlich u. z.T. städtische Existenz gleichzeitig führen. Ihr Leben findet nicht mehr in einem Bereich statt, der als sinnliche Einheit erfahren wird, sondern nur in Teilräumen erlebt wird.[17] Dieser ständig veränderbare Lebensraum lässt sich kaum begrenzen oder festlegen. »In einer hochgradig strukturell pluralisierten Gesellschaft ist er auch Raum ständiger Grenzüberschreitungen zwischen den ausdifferenzierten Daseinsbereichen«[18]. Innerhalb der lebensraumorientierten Seelsorge bezeichnet der Begriff des Lebensraums einen individuellen Raum, der eine Vielzahl von Räumen (Orte, ›Inseln‹) beinhaltet. Aufgrund digitalisierter Kommunikation bewegen sich Menschen nicht mehr nur in materialisierten, sondern auch in medial vermittelten Räumen: WhatsApp, Facebook, Twitter, YouTube oder Web-Foren. »Diese individuellen oder mit anderen aufgesuchten Orte ergeben zusammen den je eigenen, ganz persönlichen Lebens- oder Relevanzraum«.[19]

LOS hat Standards und Kriterien entwickelt, die ihren Prozess kennzeichnen:[20]

---

[16] Zeiher: Die vielen Räume der Kinder, 187.

[17] Vgl. ebd., 188.

[18] Ebertz / Ullrich: Lebensraum, 140.

[19] Nikolay: Mitten unter den Menschen, 38.

[20] Kohl, Johannes: Gott kommt nahe: Botschaftsorientierung, in: Hilberath / Kohl / Nikolay: Grenzgänge, 31–35; Nikolay: Mitten unter den Menschen, 36–42; Nikolay, Jürgen: Differenziert, vernetzt, zielgerichtet und an den Ressourcen orientiert: vier weitere LOS-Standards, 43–48 in: Hilberath / Kohl / Nikolay: Grenzgänge, 39; Fuchs, Ottmar: Botschaftsorientierung: »Um unserer Hoffnung willen insbesondere zu denen zu gehen, die einer besonderen Hoffnungslosigkeit ausgesetzt sind«, in: Zwischenräume. Projektzeitung – Lebensraumorientierte Seelsorge in Mainz, 1 (2003),12.

– Adressatenorientierung
»Nur wenn wir die Lebensgefühle, Lebensentwürfe, Lebensräume und existentielle Fragen der Menschen wahrnehmen, können wir die Botschaft, die wir zu überliefern haben, so ausdrücken, dass sie mit der Lebenspraxis der Menschen, ihren Transzendenz- und Sinnerfahrungen in Berührung kommen kann.«[21]

Um diesen Ansatz zu konkretisieren wurden u. a. die Lebensraumorientierung, die Milieu- und die Kasusdifferenzierung[22] beachtet:

– Lebensraumorientierung: die Pastoralstruktur als Geh-Struktur muss die Menschen dort ansprechen, wo sie sich aufhalten und sie befragen nach dem, was sie brauchen und was ihnen gut tut.[23] Dies beschreibt eine Aufforderung an die Gemeindepastoral und andere kirchliche Einrichtungen, ihre Adressaten nicht unbedingt nur an den Wohnorten anzusprechen, sondern auch ihren Arbeitsplatz, ihr Einkaufszentrum u. a. Lebensräume aufzusuchen.

– Milieu-Differenzierung: die Pastoral sucht »neue Anschlusschancen der kirchlichen Kommunikation der Frohen Botschaft. Dies kann nur gelingen, wenn Kirche ihre Botschaft in die individuellen Lebensphasen und -situationen des Einzelnen hinein verkündet.«[24] Dazu hat LOS die Untersuchungsergebnisse des Heidelberger Instituts Sinus\rSociovision aufgegriffen, wonach Gruppen nach Ähnlichkeit in Wertevorstellungen, Lebensstil, Lebenshaltung und -zielen, etc. zusammengefasst werden. Die jeweiligen sozialen Milieus unterscheiden sich z. B. durch ihre Umwelt (Beziehungen), ihren Konsum, ihren Musikgeschmack, ihre Kultur, ihr soziales Engagement oder ihren Leitwert.[25]

---

[21] Nikolay: Mitten unter den Menschen, 36.
[22] Kasusdifferenzierung meint eine Pastoral, die in besonderen Lebenssituationen (z. B. Einschulung, Schulversagen, Trennung, Trauer, u. a.) ein adäquates Angebot machen kann.
[23] Vgl. Nikolay: Mitten unter den Menschen, 38.
[24] Ebd., 38.
[25] Vgl. ebd., 39.

Grundlagen

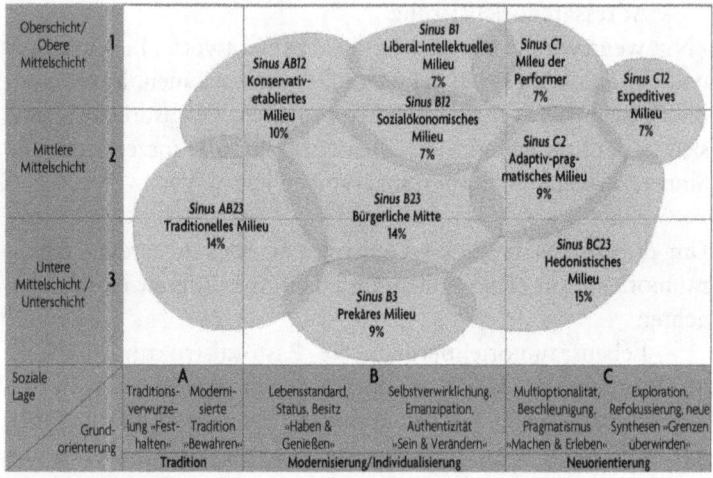

Abb. 1.4a: Sinus-Milieu\r-Studie 2014, Düsseldorf, 2014
Abdruck mit freundlicher Genehmigung des SINUS-Instituts

Für Kinder und Jugendliche gibt es das SINUS-Lebensweltenmodell U18:

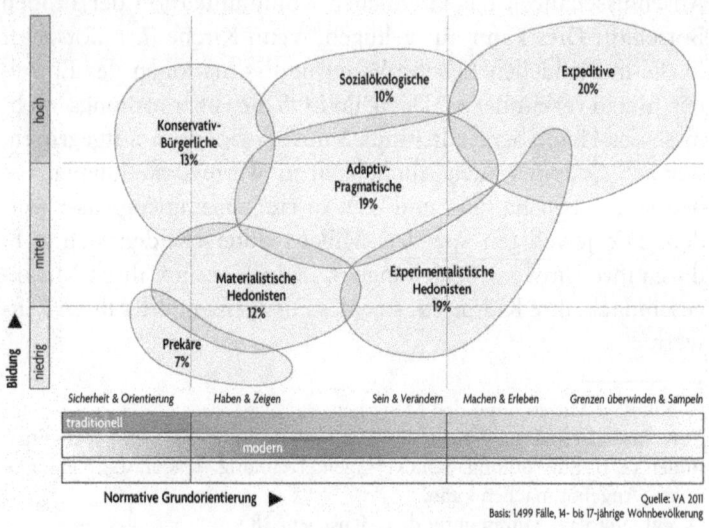

Abb. 1.4b: Calmbach, Marc, u. a.: Wie ticken Jugendliche? Düsseldorf 2012
Abdruck mit freundlicher Genehmigung des SINUS-Instituts

Die verschiedenen Milieus, differenziert nach Bildung und normativer Grundorientierung, werden z.T. wie die Erwachsenen betitelt: Konservativ(-Bürgerliche), Prekäre, Sozialökologische, Adaptiv-Pragmatische, (Experimentalistische) Hedonisten und Expeditive. Oder als neue Milieus identifiziert: Materialistische Hedonisten.

Um die eigene Wahrnehmung zu schulen, braucht es die Erkenntnisse dieser Studie und die ›neue‹ Art des umfassenden Sehens: die unterschiedliche Ästhetik, die so ganz andere Lebensgestaltung: alles, was fremd erscheint, kann irritieren oder Emotionen wecken.

– Kasusdifferenzierung: Anlässe und besondere Lebenssituationen sind Kontaktmöglichkeiten mit Kirche.

– Botschaftsorientierung: Der Ausgangspunkt von LOS ist die Frohe Botschaft, die Botschaft Jesu vom Reich Gottes, von seiner Nähe. Mit biblischen Bildern und Modellen werden Transformationen auf das Projekt, die eigene Arbeit und Spiritualität geleistet. Eine Konsequenz daraus ist in Anlehnung an den Propheten Jeremia, sich einzusetzen für das Wohl der Stadt und ihrer Menschen und sich ermutigen zu lassen von der Verheißung, dass Gott sich jedem Menschen zuwenden und in allen Lebenssituationen mit den Menschen gehen will.«[26]

– Differenzierung und Profilierung: Durch unterschiedliche Angebote und Spezialisierungen einzelner Pfarreien können sich alle auf diese Weise ergänzen und insgesamt ein breites Angebotsspektrum erstellen.[27]

– Kooperation und Vernetzung: Mit intensiver Informationsarbeit, gegenseitigen Verweisen auf die Angebote der anderen, mit Absprachen über Spezialisierung, Termine und Kooperationen sind Voraussetzungen geschaffen für konstruktive, vernetzte Arbeit.

---

[26] Kohl, Johannes: Gott kommt nahe, 33.
[27] Zu diesen und den folgenden drei Punkten vgl. Nikolay: Differenziert, 43–48.

– Zielorientierung: Nach einer Analyse der differenzierten Lebenswelten der Adressatengruppe und der erfolgten Schwerpunktsetzung (Option) werden ein konkretes Ziel und erreichbare Ergebnisse benannt.

– Ressourcenorientierung: Die Botschaft, die Adressaten und die Mitarbeitenden sind Ressourcen, ebenso wie finanzielle Mittel und Räume.

– Diakonischer Ansatz: Diakonie wird hier als durchgängige Dimension verstanden: Sie verbindet die Adressatenorientierung mit der Botschaftsorientierung, was in vielen LOS-Projekten ablesbar ist.

4.2 Lebensraumorientierte Seelsorge als Paradigma in der Schulpastoral

Der kirchliche Dienst der Schulpastoral zielt auf selbstständige und eigenverantwortliche Lebensgestaltung in Gemeinschaft mit anderen.[28] Für Kinder, Jugendliche, Lehrer/innen sowie die Angestellten in der Schule ist der gemeinsam zu gestaltende Lebensort die Schule. »Das macht das Konzept der Lebensraumorientierten Seelsorge anschlussfähig an die schulpastorale Arbeit, denn auf diese Weise greift sie die Tradition seelsorglichen Handelns vergangener Jahrhundert[e] und das Modell Jesu selbst auf, sich an die Lebensorte der Menschen zu begeben und in diesen Lebensräumen präsent zu sein.«[29]

Die Kriterien und Standards aus LOS finden sich auch in den Qualitätskriterien der Schulpastoral wieder.[30] Ihre Denkweise und ihr Ansatz geben Anstöße zur Vertiefung der Grundlagen und zur Weiterarbeit in praktischer Hinsicht.

---

[28] Vgl. Die deutschen Bischöfe: Schulpastoral, 13.

[29] Roth: Sinnhorizonte, 318; vgl. Seibt, Markus: Schulpastoral an berufsbildenden Schulen des dualen Schulsystems. Eine qualitativ-empirische Untersuchung zur Entwicklung von Qualitätskriterien für eine gelingende Schulpastoral an Berufsschulen, Berlin 2008, 77.

[30] Vgl. in diesem Band: Lob: Haltungen und Qualitätskriterien (2.2).

Impulse aus LOS für die Schulpastoral:

a) »Lass mich dich lernen, dein Denken und Sprechen, dein Fragen und Dasein, damit ich daran die Botschaft neu lernen kann, die ich dir zu überliefern habe.«[31] Dieser zentrale Gedanke von Bischof Hemmerle verlässt den Standpunkt des Wissenden und begibt sich auf die Suche nach den Lebenseinstellungen und Fragen der Adressaten in der Seelsorge. Dies ist für viele Lehrende im System Schule und für viele Seelsorger/innen im System Kirche noch kein Grundprinzip ihres Handelns. In praktischer Hinsicht kann es u. a. Folgendes bedeuten:

b) Milieudifferenzierung: Konflikte im Kollegium oder zwischen Schüler/innen beruhen z.T. auf diesen Tatsachen. Mangelnde Resonanz bei Angeboten liegt evtl. an der Missachtung der vorhandenen Milieus. Spannend wird es, wenn Schulseelsorger/innen unter dem Milieu-Aspekt die Personen in der Schule in den Blick nehmen, um die Analyse noch genauer vorzunehmen.[32]

c) Betrachtung von Schule als ›Lebensrauminsel‹: Es bedarf des systemischen Blicks auf die Lebensbezüge der Personen, sei es die Familie oder die Klasse, bei Einzelgesprächen mit Schüler/innen, seien es die Lebensumstände oder das Kollegium bei Gesprächen mit einer Lehrkraft. Ebenfalls mit in den Blick genommen werden müssen die *social media* als virtuelle Lebensrauminsel, die von Schülerseite eng mit dem Schulleben verknüpft wird.

Eine Entgrenzung geschieht dort, wo z. B. Compassion-Projekte die Schüler/innen in andere Lebenswelten führen, oder wo Schulpastoral Angebote außerhalb der Schule für Eltern, Lehrer/innen, Angestellte oder Schüler/innen macht.

---

[31] Hemmerle, Klaus: Was fängt die Jugend mit der Kirche an? Was fängt die Kirche mit der Jugend an?, in: Göllner, Reinhard / Trocholepczy, Bernd (Hg.): Spielräume Gottes und der Menschen. Beiträge zu Ansatz und Schwerpunkt kirchlichen Handeln (ausgewählte Schriften IV), Freiburg i.Br. 1996, 329.

[32] Vgl. in diesem Band: Thalheimer / Lob: Fort- und Weiterbildung (5.8).

d) Kasusdifferenzierung: Die schulische Trauer- und Krisenbegleitung, die Aufarbeitung von Konflikt- und Mobbingsituationen mit einer Versöhnungskultur, die Gestaltung von Feiern zu Schuljahresanfang und -ende und zu anderen Anlässen sind zentrale Handlungsfelder der Schulpastoral. Hier könnten zielgenauer Angebote geschaffen werden, z. B. Gruppen für Kinder aus Trennungsfamilien oder Väter-Abende für pubertierende Töchter.

e) In der Kooperation und Vernetzung ist noch vieles denkbar, was bislang nur von einzelnen ausprobiert wird: mit kulturellen Trägern: z. B. Zusammenarbeit mit Tanz- und Theaterwerkstätten, Projekte mit Museumspädagog/inn/en; mit medizinischen Einrichtungen, z. B. Kontakt zur nächstgelegenen Ambulanz für Kinder- und Jugendpsychiatrie; mit politischen Trägern: z. B. Kooperation mit NGO-Gruppen zu Themen aus Weltgesellschaft und Weltpolitik, mit amnesty international zu Flüchtlingsfragen; mit sozialen Trägern: z. B. Obdachlosenunterstützung, Tafel, Second-Hand-Projekte; mit kirchlichen Trägern: z. B. Projekte der »WERDE Welt-FAIRänderer«[33] in den Schulalltag integrieren; mit schulischen Trägern: z. B. Kooperation mit Schulen aus dem Umfeld für spezialisierte Angebote, um nur einige Beispiele zu nennen.

Eine lebensraumorientierte Schulpastoral versteht sich als zukunftsfähige Präsenzweise von Kirche im öffentlichen, gesellschaftlichen Raum.

Literatur zum Weiterlesen:

Ebertz, Michael N. / Fuchs, Ottmar / Sattler, Dorothea (Hg.): Lernen, wo die Menschen sind. Wege lebensraumorientierter Seelsorge, Mainz 2005.

Hilberath, Bernd Jochen / Kohl, Johannes / Nikolay, Jürgen (Hg.): Grenzgänge sind Entdeckungsreisen. Lebensraumorientierte Seelsorge und kommunikative Theologie im Dialog, Mainz 2011.

Katholische Arbeitsstelle für missionarische Pastoral (Hg.): Milieus fordern heraus, Erfurt 2013.

---

[33] http://www.bistummainz.de/bistum/menschen/jugend/bdkj/themen_projekte/Schule/WERDE_WeltFAIRaenderer/ index.html (Zugriff: 30.4.2014).

1.5 Theologische Begründung von Schulpastoral

Gabriele Bußmann / Brigitte Lob

Die Zielsetzung des folgenden Beitrages ist es, die grundlegenden biblisch-theologischen Linien zu skizzieren, die ein pastorales Engagement in der Schule nachvollziehbar und plausibel machen: Schöpfung – Inkarnation – bleibende Präsenz. In der Schulpastoral als ›Kommunikation des Evangeliums im Raum der Schule‹ ist Kirche als dienende Kirche in der Gesellschaft von heute präsent.

Mit ihrem Angebot der Schulpastoral realisiert Kirche sich im Raum der Schule als *lernende und dienende* Kirche (vgl. »Gaudium et spes« [GS]). Denn Schule ist mit ihren verschiedenen Menschen und deren Lebensentwürfen, Träumen, Hoffnungen und Ängsten ein Ort der Interkommuni(kati)on: Als hörende und wahrnehmende Kirche erfährt sie, was die Menschen (Schüler und Schülerinnen, Lehrer und Lehrerinnen und Eltern) in der Schule bedrückt, was sie erfreut, worauf sie ihr Vertrauen setzen, woran sie zweifeln und (manchmal auch) verzweifeln, wo sie Hilfe brauchen. Diese ganz unterschiedlichen Lebensäußerungen wahrzunehmen und da zu sein im Sinne qualifizierter *»kritischer Zeitgenossenschaft«*[1] ist das Anliegen von Schulpastoral als ›*Kirche in der Schule*‹.[2] Die Katholische Kirche

---

[1] Kaufmann, Franz-Xaver: Wie überlebt das Christentum?, Freiburg i.Br. 2000, 109.

[2] Schulpastorales Handeln kann dann auch bedeuten, um der Menschen und des Evangeliums willen auf eine umfassende Selbstdarstellung zu verzichten. Zu der Frage, inwiefern Schulpastoral sich selbst explizieren muss, ist folgender Gedanke eine hilfreiche Orientierung: »Außerdem darf praktizierte Nächstenliebe nicht Mittel für das sein, was man heute als Proselytismus bezeichnet. Die Liebe ist umsonst; sie wird nicht getan, um damit andere Ziele zu erreichen. Wer im Namen der Kirche karitativ wirkt, […] weiß, dass die Liebe in ihrer Reinheit und Absichtslosigkeit das beste Zeugnis für den Gott ist, dem wir glauben und der uns zur Liebe treibt. Der Christ

bietet sich als Kooperationspartnerin zur Gestaltung einer vielfältigen zeitgemäßen Bildungslandschaft an und versucht nicht, verloren gegangene kirchliche Einflussnahme in anderen Bereichen zu kompensieren.[3]

Zu einer profilierten Kooperation gehört die Vergewisserung über die biblisch-theologischen Grundlagen, die das pastorale Engagement in der Schule nachvollziehbar machen und erklären: von Schöpfung über Inkarnation bis hin zur bleibenden Präsenz.

Das Verständnis von Kirche als *communio* und darin das selbstverantwortliche Engagement von Christen in ihrem jeweiligen Umfeld, nimmt das Bischofspapier von 1996 zum Ausgangspunkt seiner theologischen Überlegungen zur Schulpastoral. Die Rückbindung an das Zweite Vatikanische Konzil, die Ebenbildlichkeit Gottes, die Menschwerdung Gottes in Jesus Christus und seine Wirksamkeit im Heiligen Geist sind die Grundlagen theologischer Argumentation. Die Konkretion in die gesellschaftlich-politische Wirklichkeit und die persönliche Verantwortung solidarisch und freiheitsfördernd zu arbeiten, sind Konsequenzen dieser theologischen Reflexion, die ihre Gültigkeit heute noch genauso behauptet wie 1996.

1. Schöpfung und Gottebenbildlichkeit

Die Bibel spricht von Gott als Schöpfer und Erhalter des Lebens. Die Schöpfungserzählungen sind Bekenntnisse zu Gott als einem menschenfreundlichen Gott. Christen deuten die

---

weiß, wann es Zeit ist, von Gott zu reden, und wann es recht ist, von ihm zu schweigen und nur einfach die Liebe reden zu lassen.« (Papst Benedikt XVI.: Enzyklika »Deus Caritas est« – An die Bischöfe, an die Priester und Diakone, an die gottgeweihten Personen und an alle Christgläubigen über die christliche Liebe, 2006; hg. v. Sekretariat der deutschen Bischofskonferenz, Bonn 2008, Nr. 31c).

[3] Vgl. Die deutschen Bischöfe – Kommission für Erziehung und Schule: »Schulpastoral – der Dienst der Kirche an den Menschen im Handlungsfeld Schule«, hg. v. Sekretariat der Deutschen Bischofskonferenz, Bonn 1996, 10.

Welt als Schöpfung, als von Gott geschenkten Lebensraum, den es zu bewahren und zu kultivieren gilt. Mit der Menschwerdung ist Gott den Menschen nahe gekommen. In Jesus Christus hat er nicht irgendetwas, sondern sich selbst mitgeteilt. Auf Grund der Menschwerdung Gottes in Jesus Christus gilt: »Was ihr getan habt einem von diesen meinen geringsten Brüdern, das habt ihr mir getan.« (Mt 25,40). Die Menschwerdung Gottes begründet die Einheit von Nächsten- und Gottesliebe. Gott ist Vater (Schöpfer) – Sohn (Erlöser) und Hl. Geist (in der Gegenwart wirkende Kraft). Diese drei sind eine Beziehung – damit ist Gott Beziehung, die in Beziehung geht. Beziehung ist folglich nichts, was Gott lediglich von außen zukommt, sondern es gehört zu seinem Sein. Gott schafft die Welt nicht aus Langeweile, sondern weil er ein liebender Gott ist, der sich nach Mit-Liebenden sehnt (»*deus vult alios habere condiligentes*«[4]). Er entlässt den Menschen in Freiheit bis hin zur Freiheit sich gegen ihn zu entscheiden.

Die biblische Botschaft sagt: »Gott schuf also den Menschen als sein Abbild; als Abbild Gottes schuf er ihn. Als Mann und Frau schuf er sie« (Gen 1,27). Nach biblischem Verständnis ist der Mensch Ebenbild Gottes; darin sind seine Würde und sein Wert begründet, die nicht aus seiner Lebensführung und Leistung resultieren, sondern eine – kontrafaktische – Wesensbestimmung sind: Zusage Gottes an jeden Menschen. Mit der Gottebenbildlichkeit, die dem Menschen mit dem Segen von Gott gegeben sind, ist der Auftrag zur Mitgestaltung der Schöpfung verbunden. Der Mensch ist Geschöpf – er verdankt sich nicht sich selbst und er hat den Auftrag, die Schöpfung durch seine Tätigkeit mitzugestalten (vgl. dazu Psalm 8). Der Mensch ist ein auf Zukunft hin offenes Wesen und dementsprechend fähig zur Bildung. Die deutschen Mystiker des 13. und 14. Jahrhunderts wie Eckhart, Seuse und Tauler haben den Begriff der Bildung aus der Schöpfung des Menschen abgeleitet und inter-

---

[4] Duns Scotus, Johannes: Ordinatio III, d. 32, q, unica, n. 6, in: Hoffmann, Veronika (Hg.): Die Gabe: ein »Urwort« der Theologie? Frankfurt a.M. 2009, 32.

pretiert. Diese Bildung vollzieht sich das ganze Leben hindurch. Die Aufklärung greift auf diesen Bildungsbegriff zurück und säkularisiert ihn. Das Motiv der Ebenbildlichkeit ist ein häufig verwendeter Gedanke, wenn es um die Grundlegung eines christlich verantworteten und theologisch reflektierten Bildungsbegriffes geht. Der Mensch ist dazu bestimmt die ihm geschenkte Freiheit zu ergreifen und seine ihm von Gott gegebenen Begabungen und Fähigkeiten zu entfalten und in die Gestaltung der Welt einzubringen. Für einen diakonischen Ansatz der Schulpastoral bedeutet das, daran mitzuwirken, Schule als einen Lebensraum zu gestalten, in dem alle, die in der Schule sind (Schüler/innen, Lehrende, Eltern, Angestellte) dieses Bild vom Menschen in der Weise ihres Zusammenlebens erfahren und entfalten. Es bedeutet, Schüler/innen zu befähigen, sich mit der Berufung ihrer eigenen Lebensgeschichte auseinanderzusetzen, damit sie immer mehr die Menschen werden können, als die sie von Gott her gemeint sein *könnten*.

Die deutschen Bischöfe haben 1996 das Anliegen der Schulpastoral in allen Schulen als einen »*Beitrag zur Humanisierung der Schule*«, als »*Kultivierung des Schullebens*« und als das »*Bemühen, die Institution Schule aus pastoraler Perspektive bewusst pädagogisch mitzugestalten*« gekennzeichnet.

Sie definieren das Anliegen und den Zweck der Schulpastoral als »›*Menschwerdung in Solidarität‹, damit in einem ganzheitlichen Wachstumsprozess der junge Mensch in seiner unverfügbaren Würde und Freiheit gefördert wird und einen lebendigen Sinn für seine Verantwortung für gesellschaftliche und politische Prozesse entwickelt.*«[5] Mit dieser Ausrichtung ist die Schulpastoral an einem emphatischen Bildungsbegriff orientiert: Bildung ist ein unverfügbarer und offener Prozess, der über bloße Befähigung hinaus geht und eine solidarische Perspektive hat. Schulpastoral beansprucht die Schulkultur insgesamt mitzugestalten – ihre Erziehungs-, Lern-, Kommunikations-, Feier- und Organisationskultur.

---

[5] Die deutschen Bischöfe: »Schulpastoral«, Zitate in der Reihenfolge 7, 9, 10, 15.

Christen glauben an die Selbstmitteilung Gottes, an den »einen Gott, der die Welt und jede einzelne Kreatur in ihr als seine Schöpfung will, bejaht, ernährt und erhält.«[6]

Unter diesem Aspekt ist Schule als Lebensraum aufmerksam wahrzunehmen: Ob die Kinder und Jugendlichen sich dort entfalten und wachsen können, ob sie ihre Talente entdecken und ob sie sich ihrem Alter entsprechend selbstbestimmt, ganzheitlich, verantwortungsbewusst und offen entwickeln können und dabei unterstützt werden. Für die Erwachsenen im Lebensraum Schule gilt ebenso, dass sie an ihrem Arbeitsplatz weiter wachsen und in solidarischer und wertschätzender Atmosphäre arbeiten und Neues entdecken können.

Schulpastoral sieht ihre Aufgabe darin, bei persönlichen oder schulischen Problemen und Krisen, neue Lebensmöglichkeiten aufzuzeigen. Menschen wenden sich stellvertretend einander zu, um andere zu ermutigen, zu stärken und gemeinsam eine dauerhaft tragende Perspektive zu finden. Das gelingende Leben in einer Gruppe benötigt Unterstützung und Leitung. Die Menschen sollen so kommunizieren, dass es zu helfenderheilender Gemeinschaft führt. Dies ist Antrieb für die Schulpastoral, die Schulgemeinschaft auch als Ganzes immer wieder in den Blick zu nehmen und mit dort herrschenden Haltungen und Prozessen zu konfrontieren, die Leben und Entfaltung verhindern.

2. Der Mensch gewordene Gott

Im Glauben an den Gott, »der in Jesus Christus Fleisch, Mensch, Erde wurde, der Freude und Hoffnung, Trauer und Angst der Menschen bis in den Tod hinein solidarisch geteilt

---

[6] Hilberath, Bernd Jochen: Der dreieine Gott als Orientierung menschlicher Kommunikation angesichts der Kommunikationswelten »Weltgesellschaft« und »Weltkirchen«, in: Hilberath, Bernd Jochen / Kraml, Martina / Scharer, Matthias (Hg.): Wahrheit in Beziehung. Der dreieine Gott als Quelle und Orientierung menschlicher Kommunikation, Mainz 2003, 73.

hat, obwohl er dadurch selbst zum Opfer wurde«[7], begründet die Schulpastoral ihre Aufgabe. Auf diese Weise realisiert und konkretisiert die Schulpastoral, was das Konzil von der Kirche als solcher sagt: In Christus, in Gottes Solidarität mit der gesamten Menschheit, ist sie Zeichen und Werkzeug für diese Solidarität Gottes wie für die Solidarität von konkreten Menschen untereinander (vgl. Lumen gentium).

Das Verhalten Jesu gegenüber den Menschen, sein freier und befreiender Umgang mit ihnen prägt in der Schulpastoral die Weise der bedingungslosen Zuwendung. Um das Reich Gottes mitzugestalten und das Gebot der Nächstenliebe umzusetzen, werden die Menschen in der Schule unterstützt, die die Zuwendung am meisten benötigen, weil sie fremd, hilflos oder trauernd sind (Option für Benachteiligte). Das mitmenschliche Handeln, die aufmerksame Beachtung der Menschen im Lebensraum Schule hat eine große Wirkkraft, da sie immer mehr Menschen einbindet in die Ermöglichung einer Humanisierung.

In dieser Perspektive geht es gemäß der Pastoralkonstitution des Zweiten Vatikanischen Konzils »um die Rettung der menschlichen Person« und »den rechten Aufbau der menschlichen Gesellschaft« (GS 3).

3. Gottes Geist, der die Fixierung auf die Angst aufbricht

Schulpastoral ist pneumatologisch ausgerichtet und entwickelt kreative Formen und Rituale.

Der gute Geist, der da wirkt, ist die Gegenwart Gottes im Schulalltag. Unter seiner Überschrift können die Erfahrungen mit den Menschen anders gedeutet werden. Dieser Geist wird geschenkt, um anderen zu nützen »denn Gott hat uns nicht einen Geist der Verzagtheit gegeben, sondern den Geist der Kraft, der Liebe und der Besonnenheit« (2 Tim 1,7). Die Bereitschaft zum Engagement mit den je unterschiedlichen Talenten und Gaben von Schüler/innen, Lehrer/innen und Eltern kann für

---

[7] Hilberath: Der dreieine Gott, 73.

die Kultur einer Schule wesentlich sein. Es ist der Glaube an »den Gottesgeist, der in ihnen und unter ihnen die Fixierung auf die Angst aufbricht, es ihnen ermöglicht, sich auf eine solidarische Kommunikation und Communio einzulassen, der sie erfahren lässt, dass aus Tod Leben werden kann und das Leben die Verheißung der Fülle in sich trägt.«[8]

4. Gemeinschaft, die von Gottes Menschenliebe erzählt

Für die Grundlegung der Schulpastoral kommt dem Zweiten Vatikanischen Konzil eine herausragende Bedeutung zu. Allen Menschen soll das Evangelium an ihren jeweiligen Lebensorten verkündet werden (LG 31,1). Dafür haben alle Getauften den Auftrag, »von Gottes ungebrochener Menschenliebe zu erzählen im Dienst an konkreten Menschen«[9]. In der dogmatischen Konstitution über die Kirche »Lumen gentium« (LG) wird die Kirche als das sichtbare Sakrament, als das Ursakrament oder Grundsakrament bezeichnet. Als solche ist sie Trägerin des heilschaffenden Wortes, der Selbstzusage Gottes an die Welt. Die Kirche hat bzw. ›verwaltet‹ dementsprechend nicht sieben Sakramente, *wirksame Zeichen der heilsamen Nähe Gottes*, sondern sie ist vor allem selbst Zeichen und Werkzeug des Heiles, »welches das Geheimnis der Liebe Gottes zu den Menschen zugleich offenbart und verwirklicht.« (LG 45). Die Pastoralkonstitution »Gaudium et spes« (GS) hat dem kirchlichen Dienst in der Schule eine Grundlage gegeben. Sie entfaltet die Selbstverpflichtung zum Dienst an den Menschen in zweierlei Hinsicht: Als Dienst an der Rettung der menschlichen Person und als Aufbau der menschlichen Gesellschaft. Unter den beiden Leitmotiven vom ›Dienst‹ und ›Dialog‹ lässt sich am besten beschreiben, worin sich Kirche-Sein realisiert und worin die »Vollzugsweisen des Kircheseins«[10]

---

8 Hilberath: Der dreieine Gott, 73.
9 Van Hooff, Anton: Zur Grundlegung der Schulpastoral, in: RU heute 1 Mainz (2005), 10–15, hier: 10.
10 Lehmann, Karl Kardinal: 40 Jahre Konzilsbeschluss »Gravissimum

bestehen. Entsprechend muss auch Schulpastoral als kirchliches Handeln diese heilsame Nähe Gottes und seine Liebe zu den Menschen spüren und erfahren lassen, indem sie an den Sorgen und Nöten der Menschen Anteil nimmt (vgl. GS 1).

Mit der Beachtung der Zeichen der Zeit und der Anliegen der jeweiligen Generation stellt »Gaudium et spes« die Kirche vor diese Aufgabe: »Es gilt also, die Welt, in der wir leben, ihre Erwartungen, Bestrebungen und ihren oft dramatischen Charakter zu erfassen und zu verstehen« (GS 4). Achtsamkeit auf die veränderten Bedürfnisse, die Wahrnehmung und Bearbeitung von Konflikten und Krisen gehören zu den Qualitätskriterien der Schulpastoral. So erfüllt sie als kategoriale Pastoral ihren kirchlichen Auftrag in der Schule.

5. Helfende und heilende Zuwendung

Für die Schule realisiert sich diese dogmatische Begründung aus der Sakramentalität der Kirche in einem diakonischen Ansatz: »Was willst du, das ich dir tun soll!« (Lk 18,41). Schulpastorales Handeln in diesem Sinne erfolgt aus einer Haltung, die die Menschen in der Schule als von Gott gewollt und geliebt wahrnimmt und sie dahingehend bildet, dass sie sich selbst und andere in ihrer besonderen Würde wahrnehmen können. Das bedeutet zunächst, dass die Kirche mit ihrer Option für die Schulpastoral das Anliegen der Schule unterstützt. Eine diakonische Orientierung rückt den Menschen in das Zentrum der Schule. Sie realisiert sich für die Menschen im Lebensraum Schule als helfende und heilende Zuwendung aus dem Glauben. Dabei widmet sie den Subjekten und deren persönlichen Biographien hohe Aufmerksamkeit. Es geht darum, den Menschen, seine Herkunft, seinen Werdegang und seine Zukunft als Bezie-

educationis« – Perspektiven und Auftrag für die katholischen Schulen, in: Pollak, Gertrud / Sajak, Clauß Peter: Katholische Schule heute. Perspektiven und Auftrag nach dem Zweiten Vatikanischen Konzil, Freiburg i.Br. 2006, 32–54, hier: 35.

hungsgeschichte mit Gott wahrzunehmen und zu deuten. Im Vertrauen darauf, dass Gott in der Schule da ist und in den Menschen wirkt, ist sie zugleich mystagogisch und sensibilisiert für die Spuren Gottes im alltäglichen Leben.

Es geht ihr nicht um Belehrung, sondern um die Ermöglichung von Erfahrungen, die solches aufscheinen lassen und plausibel machen. Denn »der Mensch unserer Zeit glaubt [...] mehr der Erfahrung als der Lehre, mehr dem Leben und den Taten als den Theorien. Das Zeugnis des christlichen Lebens ist die erste und unersetzbare Form der Mission.«[11]

Schulpastoral Handelnde sind aufgefordert, die vorhandene schulische Wirklichkeit im Licht der christlichen Botschaft wahrzunehmen, zu deuten und zu verändern. Das bedeutet, dass Schulpastoral in der Schule auch eine politische bzw. eine kritische Funktion hat.[12]

6. Kommunikation des Evangeliums

Der Mensch ist eine Sprache, in die Gott übersetzt werden kann! Dieser Gedanke in Anlehnung an Romano Guardini kann für die Schulpastoral eine Orientierung bieten. Als *Kommunikation des Evangeliums im Raum der Schule* vollzieht sich Schulpastoral in den Dimensionen von Liturgie, Martyrie und Diakonie, wobei der gemeinschaftsbezogene Aspekt (Koinonie) in allen präsent ist. So realisiert sich Schulpastoral »in der Gesamtheit dieser Bezüge [...] als wahrhaft ekklesialer Vollzug«[13]:
– Der Liturgie entspricht die Kommunikation im Modus gemeinschaftlichen Feierns (die unterschiedlichen Formen gottesdienstlichen Feierns)

---

[11] Papst Johannes Paul II: »Redemptoris missio«, Nr. 42.
[12] Vgl. Kollig, Manfred: Schulpastoral an Katholischen Schulen. Wenn ja, warum nicht?, in: engagement. Zeitschrift für Erziehung und Schule (2009), H. 4, 342–349, hier: 347.
[13] Van Hooff, Anton: Zur Grundlegung der Schulpastoral, 13.

- der Martyrie entspricht die Kommunikation im Modus gemeinschaftlichen Lehrens und Lernens (Tage religiöser Orientierung, religiöse Projekte)
- der Diakonie entspricht die Kommunikation des Helfens
  und der Unterstützung bei Lebensproblemen (Beratung, Kri-
  sen- und Trauerbegleitung, Anti-Mobbing-Projekte, Eine-
  Welt-Arbeit). Die Gesamtheit dieser kirchlichen Grundvollzüge der Kommunikation mit Gott, über Gott und von
  Gott her machen das Wesen der Schulpastoral aus.[14]

Diese Grundvollzüge aktualisieren sich in die Lebenswelt und
in die lebenskulturelle Ästhetik von Kindern, Jugendlichen und
Erwachsenen hinein. Denn Schule ist ein Lebens- und Sozialraum von Menschen unterschiedlicher kultureller Milieus, zu
denen die Kirche über ihre klassische Pastoral kaum noch Zugang hat. Dieser Lebensraum erfordert von der Kirche, sich
selbst verändern zu lassen und sich einzulassen auf spezifische
Formen von Ästhetik, auf neueFormen der Vergemeinschaftung
(digitale Netzwerke) und Kommunikation (mediale Kommunikation) sowie auf neue Problemlagen. Nur auf dem Weg einer
solchen Öffnung ist Schulpastoral nicht lediglich ein Ort der
Tradierung (des immer schon Gewussten und Geglaubten), sondern kann auch ein Ort der Transformation der christlichen
Botschaft und auch ein Ort der Transformation der Kirche sein.

Literatur zum Weiterlesen:

Hilberath, Bernd Jochen: Der dreieine Gott als Orientierung mensch-
  licher Kommunikation angesichts der Kommunikationswelten
  »Weltgesellschaft« und »Weltkirchen«, in: Hilberath, Bernd Jochen
  / Kraml, Martina / Scharer, Matthias (Hg.): Wahrheit in Beziehung.
  Der dreieine Gott als Quelle und Orientierung menschlicherKom-
  munikation, Mainz 2003, 71–78.
Kaufmann, Franz-Xaver: Kirchenkrise. Wie überlebt das Christentum?
  Freiburg i.Br. [3]2011.
Van Hooff, Anton: Zur Grundlegung der Schulpastoral, in: RU heute 1,
  Mainz (2005), 10–15.

---

[14] Zur Unterscheidung der verschiedenen Kommunikationsmodi vgl.
Grethlein, Christian: Praktische Theologie, Berlin / Boston 2012, 367–373.

1.6 Resümee: Bildungsallianz von Schule und Kirche

Gabriele Bußmann

Der gesellschaftliche Kontext von Schule ist durch einen beschleunigten Wandel gekennzeichnet, der durch folgende Stichworte markiert werden kann: offene Gesellschaft, dynamische und flexible Gesellschaft, plurale Gesellschaft, sich globalisierende Gesellschaft (wirtschaftliche, kommunikative, ökologische, kulturelle Globalisierung), Primat der Ökonomie, dem auch das Bildungssystem unterliegt, Informationsgesellschaft. Dieser gesellschaftliche Wandel erfordert von der Schule, dass sie hinsichtlich ihrer Leistungen anschlussfähig bleiben muss. Das führt dazu, dass sich die Schule insgesamt, sowohl die Lernordnung als auch die Lernprozesse verändern.

Schule ist mehr als Unterricht. Sie ist ein immer wichtiger werdender Lebens-, Lern- und Arbeitsort für Lernende und Lehrende. Die Verweildauer in der Schule ebenso wie ihre Aufgaben haben in den letzten Jahren sowohl für Lernende als auch für Lehrende zugenommen. Sie ist ein Lebens- und Lernraum, in dem es nicht nur um die Vermittlung von ›Anwendungswissen‹, sondern auch von ›Orientierungswissen‹ und letztlich um die Vermittlung von umfassendem ›Lebenswissen‹ geht.

Die Anforderung an Schule und schulische Bildung verschärfen sich noch, wenn man sie im Kontext weltweiter Entwicklungen betrachtet. »Eine [...] Herausforderung [für Bildung, G. B.] schließlich sehe ich im Anstieg der Ungleichheit zwischen den reichen und den armen Ländern, sowie in der zunehmenden sozialen Zerklüftung innerhalb der reichen Länder. [...] So wichtig es deshalb ist, die Jugend auf den wirtschaftlichen Wettbewerb vorzubereiten, und ihr den Geist der Initiative einzuhauchen, so wesentlich wird es sein, ihr künftig in viel stärkerem Maße auch die Fähigkeit zu Kooperation, Solidarität und Verantwortung zu vermitteln.«[1]

Will Schule vor dieser ethischen Herausforderung bestehen, muss sie sich an einem umfassenden Bildungsanspruch im Sinne von Persönlichkeitsbildung als Hilfe zur Selbstwerdung in Mitmenschlichkeit und (universaler) Solidarität orientieren. Gegenläufig zu diesem Anspruch stehen gegenwärtig Tendenzen einer Unterordnung von Bildung unter Ansprüche des ökonomischen Systems und damit eine Funktionalisierung und Instrumentalisierung von Bildung u. a. im Interesse von Wirtschaftsverbänden zur Rekrutierung von Facharbeitskräften. Indikatoren hierfür sind z. B. eine Zeitverdichtung in der Schule durch die Einführung des Abiturs in acht Jahren. Weitere gegenwärtige Herausforderungen sind die mangelnde Bildungsgerechtigkeit, d. h. die Abhängigkeit der Bildungschancen bei Kindern und Jugendlichen vom sozialen Status der Eltern und der Umgang mit Heterogenität in Schule. Das deutsche Bildungssystem hat diese Probleme (bisher) nicht konstruktiv gelöst. Eine weitere große Aufgabe stellt zudem der inklusive Umbau des Schulsystems dar. Kurz gesagt: Schule ist eine Großbaustelle, die vor Innovationsanforderungen unter Ressourcenknappheit steht.

Zur Bewältigung dieser Aufgaben ist sie angewiesen auf das Zusammenwirken vieler gesellschaftlicher Kräfte, denn »It takes a village to raise a child.«[2] Schule braucht Bildungsallianzen! Erziehung und Bildung haben nie ohne solche Allianzen funktioniert. Mit der Schulpastoral bietet die Kirche der Schule eine Bildungsallianz an, um dabei mitzuwirken das »*richtige und gute Leben zu lernen*« (Johan Amos Comenius)[3]. In die Gestaltung dieses Bildungsprozesses kann Schulpastoral durch die Kommunikation des Evangeliums Orientierungen und Poten-

---

[1] Goeudevert, Daniel: Der Horizont hat Flügel. Die Zukunft der Bildung, München 2001, 216–217.

[2] Ein afrikanisches Sprichwort.

[3] Die deutschen Bischöfe – Kommission für Erziehung und Schule: »Schulpastoral – der Dienst der Kirche an den Menschen im Handlungsfeld Schule«, hg. v. Sekretariat der Deutschen Bischofskonferenz, Bonn 1996, 14.

tiale einspielen, die humanisierende Wirkung haben, indem sie Haltungen, mentale Strukturen und Verhalten bilden: soziale Achtsamkeit und Bereitschaft zur Solidarität – nicht-partikulare Wertorientierungen – die Bereitschaft zu lebenslangem Lernen – Sinnpotential und Kompetenz für Offenheit und den Umgang mit Unsicherheit.

2. Schulseelsorgerinnen und Schulseelsorger

2.1 Rolle und Identität

Ulrich Geißler / Helga Neudert

Das Rollengefüge in der Schulpastoral ist komplex. Die Akteure werden mit sehr unterschiedlichen Rollenerwartungen konfrontiert. Dies erfordert eine lebenslange Identitätsarbeit, um eine persönliche und berufliche Identität zu entwickeln. Hinzu kommt, dass Schulpastoral aufgrund gesellschaftlicher und schulischer Veränderungsprozesse ständig mit neuen Herausforderungen konfrontiert ist und sich die Rollenerwartungen an die Akteure der Schulpastoral wandeln.

Akteure der Schulpastoral sind mit vielfältigen Erwartungen konfrontiert, die mit verschiedenen Rollen verknüpft sind. Eine Lehrkraft bzw. ein/e Seelsorger/in steht vor der lebenslangen Aufgabe an der eigenen Identität zu arbeiten und benötigt besondere Qualifikationen für ihr schulpastorales Wirken. Ferner werden neue Rollen beschrieben, die für die Beauftragten der Schulpastoral in Zukunft von Bedeutung sein werden.

1. Im Spannungsfeld unterschiedlichster Erwartungen

Wer im Rahmen von Schule und Kirche schulpastoral wirkt, sieht sich vielfältigen Erwartungen ausgesetzt.
– Ein/e Schulleiter/-in erwartet z. B., dass die Lehrkräfte vielfältige Aktivitäten entwickeln und dies auch in der Öffentlichkeit darstellen.
– Kollegen und Kolleginnen an der Schule wünschen sich z. B. Unterstützung in ihren Bemühungen oder Entlastung in ihren Frustrationen.
– Eltern erwarten z. B., dass ihre Kinder Unterstützung und qualifizierte Betreuung erleben, für den späteren Beruf ›Schlüsselqualifikationen‹ erwerben oder dass möglichst

vielfältige Angebote zur beaufsichtigten Freizeitgestaltung gemacht werden.

- Die Vertreter des Staates erwarten z. B., dass Werteerziehung geleistet wird sowie Grenz- und Sinnfragen beantwortet werden.
- Die Verantwortlichen der Kirche erwarten z. B. Übereinstimmung mit den Grundsätzen der katholischen Kirche sowie eine daran ausgerichtete persönliche Lebensgestaltung. Der nachfolgenden Generation soll ›Glaubenswissen‹ vermittelt werden. Dabei wird die persönliche Vorbildfunktion der Lehrkraft bzw. des pastoralen Mitarbeiters hervorgehoben.
- Der zuständige Gemeindepfarrer erwartet z. B., dass die Religionslehrerin und der Religionslehrer einen Bezug zur Gemeinde haben und dass sie Schüler an den Gottesdienst der Gemeinde heranführen.
- Schüler und Schülerinnen erwarten z. B. persönliche Glaubwürdigkeit und Verständlichkeit, Verständnis für ihre Probleme und sie erhoffen sich, dass Schule einfach mehr Spaß und Unterhaltung bietet. In einer neueren Studie benennen Bildungsforscher, was sich Jugendliche in der Schule von heute wünschen: Sie möchten Gemeinschaft mit Freunden und Freundinnen erleben. Sie wollen von zuhörenden Erwachsenen als Persönlichkeiten wahrgenommen und ernst genommen werden. Sie wünschen sich einladende Räume und (Lern)Situationen, die an ihrer Lebenswelt anknüpfen.[1]

Zu den Erwartungen, Anforderungen und Wünschen, die von außen herangetragen werden, kommen noch die eigenen Erwartungen und Idealbilder der Person an sich selbst. Mit dieser Vielfalt sollen Religionslehrer/innen und pastorale Berufe im Kontext von Religionsunterricht und Schulpastoral umgehen. Damit sind auch Rollen angesprochen, die dabei wahrgenommen werden und es sind implizit Qualifikationen benannt, die es für die schulpastorale Arbeit braucht.

---

[1] Vgl. Knoke, Andreas / Wichmann, Maren (Hg.): Bildungserfolge an Ganztagsschulen, Schwalbach/Ts 2013, 15–16.

2. Der Zusammenhang von Rolle und Identität

Im Kontext der Schulpastoral darf es nicht zu verallgemeinerten Rollenfestlegungen kommen. Die Erwartungshaltungen von Staat, Kirche, Schüler(inn)en und anderen Bezugsgruppen sind viel zu unterschiedlich.

Diese und andere (sich teilweise widersprechende) Rollen sollen im Idealfall realisiert werden: Seelsorger/in, Berater/in, Entertainer/in, Tröster/in, Manager/in, Lehrer/in, Pädagoge/in, Theologe/in, Psychologe/in, Coach, Prozessbegleiter/in, Journalist/in, Glaubenszeuge/in ...

Je nach Schulsituation und eigenen Neigungen bzw. Kompetenzen werden die zu spielenden Rollen von jeder agierenden Person unterschiedlich gestaltet und gewichtet. Wer den Schwerpunkt auf die Gestaltung von spirituellen Angeboten legt, nimmt eine andere Rolle ein als jemand, der vor allem seelsorgliche Gespräche führt oder als jemand, der Eine-Welt-Projekte durchführt.

Je nach Schwerpunktsetzung ergeben sich unterschiedliche Rollen. Die Grundfunktionen der Kirche – *diakonia, martyria, leiturgia und koinonia* – bilden einen sinnvollen inhaltlichen Rahmen. Die Ausgestaltung und Gewichtung wird von den agierenden Verantwortlichen in der Schulpastoral geprägt.

Die persönliche Identität und der eigene Glaube sind dabei grundlegende Basis für den Umgang mit Erwartungen und Rollen. Das Gelingen des Religionsunterrichts und der Schulpastoral wird entscheidend mit der agierenden Person verknüpft. Religion und Glaube sind ja nicht nur Gegenstand des Unterrichts, sondern bilden auch den Standort derjenigen, die ihn erteilen. Wer Religion unterrichtet oder schulpastoral tätig ist, der braucht eine Identität, die in Worten und Taten erkennbar ist.

Identität und Glaube ›fallen nicht vom Himmel‹, sondern wachsen in einem lebenslangen Prozess. Dies zeigt die alltägliche Lebenserfahrung und spiegelt sich auch in der begrifflichen Klärung und Entwicklung des Begriffes ›Identität‹. Erik H. Erikson verwendete den Begriff der Identität als Erster im Zusammenhang mit der Beschreibung des Jugendalters als Zeit der psychosozialen Reifungskrise.[2] Er skizzierte einen Grundplan der menschlichen Entwicklung, in dem die psychosexuelle und psychosoziale Epigenese ineinandergreifen. Sowohl das Wachstum der Persönlichkeit als auch das Wachsen des Organismus lassen sich daraus erklären.

Der Begriff ›Identität‹ ist nicht leicht zu fassen. Zum einen lässt er sich nach Erikson mit gewonnener Ich-Stärke beschreiben, die eine Übereinstimmung all dessen vollbringt, was im menschlichen Organismus und speziell der Psyche vorgeht. Die Möglichkeit, seine Identität zu finden, ist auch bedingt durch soziale Anerkennung und vollzieht sich angesichts biologischer Vorgänge, kindlicher Sozialisationserfahrungen sowie Wert- und Rollenvorstellungen.[3]

Inzwischen wird der Begriff der Identität in unterschiedlichen Zusammenhängen als ›Schlüsselbegriff‹ verwendet. Auf dem Hintergrund der gesellschaftlichen Analyse hängt nach Herbert Zwergel »das Gelingen des Lebens ganz wesentlich von Balanceleistungen und Identitätsarbeit der beteiligten Subjekte« ab.[4] Im Begriff der Identität »scheint auf, wie Menschen sein wollen und auch sein sollen. Dieser Wunsch des Menschen nach Integration, Ganzheit und Heilsein, nach aktiver Gestaltung und gelingenden Beziehungen, nach Lebensperspektive und Verankerung in gelungenen Erfahrungen«[5] ist eine große Triebkraft für die menschliche Entwicklung.

Lothar Krappmann sieht als Entwicklungsziel eine »balancierende Identität«[6],

---

[2] Vgl. Erikson, Erik H.: Identität und Lebenszyklus. (Engl. Originalausg. 1959), Frankfurt a.M. 2003.

[3] Vgl. ders., 107.

[4] Zwergel, Herbert: Christinnen und Christen im Dienst der Schule. Selbstverständnis und Spiritualität, in: Kirchliche Arbeitsstelle für Fernstudien/ Theologie im Fernkurs bei der Domschule Würzburg e.V. (Hg.): Schulpastoral. Befähigung zum Dienst von Christinnen und Christen in der Schule. Lehrbrief 10, Würzburg 1999, 23.

[5] Zwergel: Christinnen und Christen, 24.

[6] Krappmann, Lothar: Soziologische Dimensionen der Identität. Struktu-

»d. h. eine Identität, die aus ständiger Anstrengung um neue Vermittlung entsteht. Diese Identität ist nicht durch bestimmte Inhalte geprägt, sondern durch die Art, das Verschiedenartige, Widersprüchliche und Sich-Verändernde wahrzunehmen, es mit Sinn zu füllen und zusammenzuhalten. [...] Identität wird demnach nicht als Wesensbeschreibung verstanden, sondern es werden die vielfältigen Formen von Identitätskonstruktionen als alltägliche Identitätsarbeit in den unterschiedlichen Domänen der Lebenswelt dargestellt«[7].

Im Anschluss an Erving Goffmann sind nach Krappmann zwei verschiedene Identitäten zu unterscheiden:[8]

- Die personale Identität ist die Kombination von Eigenschaften (biographisch und aktuell), die nur auf ein Individuum zutreffen. Im Sinne der personalen Identität ist man also ›wie kein anderer‹.
- Die soziale Identität hingegen orientiert sich an den Erwartungen an eine gewisse Position, also Stellung in der Gesellschaft. Von Individuen in Positionen (Dieb, Schaffner, Schüler ...) wird erwartet, dass sie sich verhalten ›wie alle anderen‹ in dieser Position auch.

Die Balance zwischen diesen beiden ist die Ich-Identität; also sowohl den Erwartungen anderer zu entsprechen als auch eigene Bedürfnisse in gewissem Maße durchzusetzen.[9] Der lebenslange Prozess in der eigenen Identität weiterzuwachsen, beinhaltet die Bereitschaft, an sich selbst zu arbeiten und die eigene Persönlichkeit in Frage stellen zu lassen. Für eine/n Religionslehrer/in, einen Priester, einen Diakon, eine/n Pastoral- oder Gemeindereferenten/in, der oder die in der Schulpastoral tätig ist, sind dabei Identität und Glaube keine Begriffe, die unverbunden nebeneinander stehen. Glaube spielt hier in der Identitätssuche eine zentrale Rolle.

---

relle Bedingungen für die Teilnahme an Interaktionsprozessen, Stuttgart 2000, 70.
[7] Krappmann, Lothar: Die Identitätsproblematik nach Erikson in einer interaktionistischen Sicht, in: Keupp, Heiner / Höfer, Renate (Hg.): Identitätsarbeit heute. Klassische und aktuelle Perspektiven der Identitätsforschung, Frankfurt a.M. 1998, 66–92, hier: 81.
[8] Vgl. Krappmann: Soziologische Dimension, 73–78.
[9] Vgl. ebd., 79.

»In dieser Aufgabe kommen alle in der Schule zum Wohl der Kinder Tätigen überein: Wer Halt geben will, muss selbst Halt haben. Wer die eigene Identitätsarbeit nicht scheut, vermag jene wichtige Balance zwischen Ablösung/Widerspruch und zuverlässigem In-der-Nähe-bleiben zu leisten.«[10]

3. Qualifikationen als Voraussetzung für die Rollengestaltung

In der Auseinandersetzung mit Erwartungen, der eigenen Rolle und der Suche nach Identität werden auch implizit Kompetenzen und Qualifikationen angesprochen, die es für die schulpastorale Arbeit braucht.

Hans Georg Ziebertz sieht für Religionslehrer/innen folgende Kompetenzen als notwendig an: pädagogisch-didaktische Kompetenzen (didaktische Kompetenz, Leitungskompetenz, soziale Kompetenz), theologisch-religionspädagogische Kompetenzen (theologische Kommunikationsfähigkeit, religionsdidaktische Kompetenz) sowie personale Kompetenzen.[11]

Wer in der Schulpastoral tätig ist, füllt neben der ›typischen‹ Lehrerrolle auch die Rolle des Seelsorgers bzw. der Seelsorgerin aus. Dieser Rollenwechsel macht die alltägliche Arbeit komplexer und abwechslungsreicher. Ein/e Schulseelsorger/in sollte sich fragen: Was macht meine Identität als Seelsorger/in aus und wie fülle ich diese Identität mit Leben? Wie präge ich meine Rollen an meiner Schule?

Dazu gehört ebenso die Abgrenzung gegenüber der Arbeit von Schulsozialarbeitern(innen), Erziehern/innen in der Ganztagsschule sowie Schulpsychologinnen und Schulpsychologen. Die Übergänge sind manchmal fließend. Aber nicht alles ist Schulpastoral, was in der Schule über den Unterricht hinausgeht.

---

[10] Zwergel: Christinnen und Christen, 30–31.
[11] Vgl. Ziebertz, Hans-Georg: Wer initiiert religiöse Lernprozesse? Rolle und Person der Religionslehrerinnen und -lehrer, in: Ders. / Hilger, Georg / Leimgruber, Stephan (Hg.): Religionsdidaktik, München 2010, 212–226.

Auch der- und diejenige, der/die schwerpunktmäßig in Zusammenarbeit mit anderen Kolleginnen und Kollegen und der Schulleitung Prozesse der Schulentwicklung initiiert und moderiert, benötigt spezielle Kompetenzen, die für den normalen Unterricht nicht im Vordergrund stehen.

In der Schulpastoral agierende Personen setzen unterschiedliche Akzente, je nach Schulsituation sowie eigenen Neigungen und Talenten. Es braucht jedenfalls noch weitere Fähigkeiten und Qualifikationen, um die besondere eigene Rolle auszufüllen. Dazu gehören z. B. Teamfähigkeit, Kooperationsfähigkeit und Kommunikationsfähigkeit, Fähigkeit zur strukturellen Analyse der Schule als System, Achtsamkeit und Empathie, psychologisches Basiswissen, Offenheit, Kontaktfähigkeit, Organisationsfähigkeit und Begeisterungsfähigkeit etc. Es ist ein weites und spannendes Arbeitsfeld und Verantwortliche in der Fortbildung für Schulpastoral bieten entsprechend vielfältige Qualifizierungsmöglichkeiten an: von Gesprächsführung über Schulanalyse und Schulentwicklung zu Methodenschulung, Moderationstechnik und Projektmanagement spannt sich der Bogen zu Kommunikationstraining, Gruppendynamik, Erlebnispädagogik, Entspannungsübungen, Trauerbegleitung und liturgischer Präsenz.

Verantwortliche vor Ort orientieren sich an der Frage: Welche Qualifikationen brauche ich (noch), um meine Rollen sinnvoll zu gestalten?

Um jedoch auf Dauer von diesen unterschiedlichen Ansprüchen nicht überfordert oder orientierungslos zum Opfer des ›Burn-out‹ zu werden, kommt neben fachlichen, didaktischen, pädagogischen und personalen Kompetenzen noch die zentrale Bedeutung spiritueller Kompetenz hinzu.[12] Spirituelle Kompetenz meint in diesem Zusammenhang die Fähigkeit, die jeweilige Situation im alltäglichen Schulleben sinnvoll zu deuten und entsprechend zu handeln. Dabei spielen die Schule als System, der konkrete Mensch gegenüber, meine eigenen Möglichkeiten und Grenzen sowie die Orientierung an der christlichen

---

[12] Vgl. in diesem Band: Bußmann: Spiritualität (2.3).

Botschaft eine Rolle. Dauerhafte spirituelle Aufgabe in der Gestaltung des Schullebens ist es, diese unterschiedlichen Pole in Balance zu halten und in ›gelassenem Engagement‹ die notwendigen Schwerpunkte zu setzen, um die eigenen Talente zum Wohl der Menschen in der Schule ins Spiel zu bringen, ohne sich selbst zu überschätzen oder völlig zu verausgaben.

Aus den Quellen des christlichen Glaubens lassen sich Perspektiven des Handelns gewinnen und Optionen treffen. Der Optionsbegriff ist dabei kein Leistungsbegriff, sondern ein Entscheidungs- und Begrenzungsbegriff. Er lenkt den Blick auf das wirklich Wichtige und berücksichtigt die vorhandenen Möglichkeiten und Grenzen.[13]

Orientiert am Evangelium lassen sich mit den beiden Eigenschaftswörtern ›befreiend‹ und ›heilend‹ zwei wesentliche Aspekte des christlichen Gottesbildes zusammenfassen. Mit den Tätigkeitswörtern ›befreien‹ und ›heilen‹ kann man auch die diakonische Aufgabe im Arbeitsfeld Schulpastoral konkretisieren. Auf dieser biblischen Grundlage wird schulpastorales Handeln vor Beliebigkeit, aber auch vor der Gefahr von Aktionismus bewahrt, da nicht alles, was an schulpastoralen Aktivitäten möglich wäre, diesen genannten Maßstäben entspricht.

Der Begriff ›heilen‹ trifft das Wesentliche. Um selbst ›heilend‹ für die Menschen in der Schule tätig zu sein und um fähig zu werden zu heilsamer Begegnung und geglückter Beziehung, brauchen Schulseelsorger/innen immer wieder die Bestärkung und das ›Auftanken‹. Deswegen gehört neben der fachlichen Qualifizierung auch die Pflege der eigenen Spiritualität zur Grundlage für das Wirken in der Schulpastoral. Jede und jeder, der Schulpastoral betreibt, sollte auch immer wieder sich selbst im Blick behalten, seine eigenen Ressourcen (im umfassenden Sinn) nähren und sich genügend Raum und Zeit dafür lassen. Daraus entwickeln sich die notwendigen Schritte des Tuns.

---

[13] Vgl. Fuchs, Ottmar: Dabeibleiben oder weggehen? Christen im Konflikt mit der Kirche, München 1989, 42–43.

4. Konsequenzen und Perspektiven für die Zukunft

Die Beauftragten für Schulpastoral müssen sich auf neue Gegebenheiten einlassen und in ihrem schulpastoralen Handeln beachten:

Nicht nur die Schule und die Schullandschaften verändern sich z. B. durch Ganztagsschulen und längere Aufenthaltszeiten in den Schulen.[14] Zudem übt der demografische Wandel einen enormen Einfluss auf die Schulentwicklung aus. Darüber hinaus unterliegen auch das System und die Gestalt der Kirche einem fundamentalen Wandel, der noch gar nicht absehbar ist.

Die Rahmenbedingungen der Kirche werden sich ändern und es wird weniger pastorales Personal zur Verfügung stehen, weil die kirchlichen Finanzen knapper werden und es zudem nicht mehr ausreichend neue Stellenbewerber/innen gibt. Pfarreien werden zu großen Pfarrverbänden / Seelsorgeeinheiten zusammengelegt. Diese haben kaum Bezug zur Schule, denn die Schulzentren decken sich räumlich selten mit den Pfarreiverbänden. Dieser kirchliche Strukturwandel wird Auswirkungen auf die Arbeit der Schulseelsorger/innen haben.

Die Verantwortlichen für Schulpastoral werden nicht allen schulischen, erzieherischen, gesellschaftlichen und kirchlichen Herausforderungen gerecht werden können. Sie werden sich jedoch entscheiden müssen, worauf sie künftig ihren Fokus lenken. Sie müssen gangbare Wege zwischen dem kirchlichen Anforderungsprofil und dem schulischen Rollenkonglomerat in einer veränderten Schullandschaft finden, damit sie ihren Beruf lange wirksam und mit Zufriedenheit ausüben können. Dennoch werden künftig für die Beauftragten für Schulpastoral weitere Aufgaben und neue spezifische Rollen zu be-

---

[14] Vgl. Rühle, Johanna-Luise / Dill, Laura-Sophia: Ganztagsschule und demografischer Wandel im Bildungsprozess, in: Maschke, Sabine / Schulz-Gade, Gunild / Stecher, Ludwig (Hg.): Jahrbuch Ganztagsschule 2014. Inklusion. Der Pädagogische Umgang mit Heterogenität, Schwalbach/Ts 2014, 114–127, hier: 116.

wältigen sein. Folgende Konsequenzen und Handlungsper-
spektiven zeigen sich auf.

4.1 Die Rolle der Netzwerkerinnnen und Netzwerker

In den Schulen wirken mittlerweile unterschiedliche Berufsgruppen.[15] Sie werden sich noch intensiver absprechen und vernetzen müssen, um effektiv und zielgerichtet zu arbeiten.

Bildungspolitiker betonen, wie wichtig externe Kooperationspartner für die Schulen sind. Diese sollen sich öffnen und
die ›Welt‹ in die Schulen holen. Das Bayerische Kultusministe-
rium fordert zum Beispiel »die Gestaltung des Lebensraums
Schule gemeinsam mit außerschulischen Kooperationspartnern«.[16] Politiker/innen wünschen sich außerdem verstärkt das
bürgerschaftliche Engagement.[17]

Es gibt bereits ermutigende Beispiele von Ehrenamtlichen,
die sich für Schüler/innen engagieren.[18] Diese Freiwilligenarbeit
ist jedoch kein Selbstläufer. Sie muss koordiniert werden und
die Ehrenamtlichen in der Schule benötigen und erwarten professionelle Unterstützung.[19] Hierfür braucht es Schulseelsorger/
innen, die Ehrenamtliche wertschätzend und kompetent begleiten und anleiten.

Eine neue Herausforderung wird auch das ›Service-learning‹
oder ›Lernen durch Engagement‹ sein.[20] Dieser neue Ansatz will
gesellschaftliches Engagement von Schüler/innen mit fachli-
chem Lernen verbinden. ›Lernen durch Engagement‹ soll mit

---

[15] Vgl. in diesem Band: Schrimpf: Kooperationspartner und Unterstützungssysteme (5.5).
[16] Vgl. www.bildungsregionen.bayern.de (Zugriff: 15.09.2014).
[17] Vgl. z. B. die Neujahrsansprachen 2014 von Bundespräsident Gauck und
Bundeskanzlerin Merkel.
[18] Vgl. www.schueler-zeit.de (Zugriff: 15.09.2014).
[19] Die Technische Hochschule Nürnberg bietet im Jahre 2014 bereits die 5.
berufsbegleitende Weiterbildung ›Professionelles Management von Ehrenamtlichen‹ an.
[20] Vgl. www.servicelearning.de; www.lernen-durch-engagement.de
(Zugriff: 15.09.2014).

dem Lehrplan unmittelbar verknüpft und dadurch direkt in das Unterrichtsgeschehen eingebunden sein. Dies bietet Schüler/innen die Möglichkeit, sich in ihrer Umgebung dort zu engagieren, wo sie gebraucht werden und sich als wichtig erfahren.[21] Die Schüler/innen benötigen für das ›Lernen durch Engagement‹ externe Einsatzmöglichkeiten. Die Akteure der Schulpastoral können z. B. dabei helfen, die Kontakte zu sozialen und pfarreilichen Einrichtungen zu knüpfen und das ›Engagement-Lernen‹ kompetent zu begleiten.

Die Verantwortlichen der Schulpastoral müssen sich künftig dem Thema ›Inklusion‹ stärker stellen. Schulseelsorger/innen sind dem christlichen Menschenbild und ihrem Auftrag verpflichtet. Sie werden sich deshalb im Bereich der inklusiven Pädagogik einbringen, denn die Schulen werden die komplexen Aufgaben der Inklusion nicht alleine im eigenen Binnenraum meistern können. Sie sind auf Kooperationen mit Einrichtungen der Gemeinde angewiesen.[22] Das Thema ›Inklusion‹ wird auch in den schulpastoralen Aus- und Fortbildungen eine Rolle spielen und bei der Einsatzplanung berücksichtigt werden.

Insgesamt wird deutlich, dass in Zukunft die Schulseelsorger/innen als Netzwerkerinnen und Netzwerker eine noch größere Bedeutung haben werden. Sie können und müssen die externen und internen Kooperationspartner in ihrer Arbeit unterstützen.

4.2 Die Rolle der Brückenbauerinnen und Brückenbauer

Das Freizeitverhalten der heutigen Jugendlichen ist stark von den *social media* mit den noch gar nicht abschätzbaren neuen digitalen Möglichkeiten geprägt. Sie nehmen im Leben der jun-

---

[21] Vgl. Neudert, Helga: Service-learning oder »Lernen durch Engagement« – eine Methode auch für den Religionsunterricht? in: RU-Kurier, Zeitschrift für den Religionsunterricht in der Diözese Würzburg (2013), H.42, 63.

[22] Vgl. Werning, Rolf / Urban, Michael: Inklusive Pädagogik in der Ganztagsschule, in: Maschke, Sabine / Schulz-Gade, Gunild / Stecher, Ludwig (Hg.): Jahrbuch Ganztagsschule 2014. Inklusion. Der Pädagogische Umgang mit Heterogenität, Schwalbach/Ts 2014, 11–21. hier: 18.

gen Menschen einen immer breiter werdenden Raum ein. Doch ist zu vermuten, dass Kinder und Jugendliche auch künftig nach realen Orten der Begegnung auch außerhalb der Schule suchen. Wenn wir davon ausgehen, dass Pfarreien und kirchliche Organisationen auch in Zukunft jungen Menschen innerhalb kirchlicher Strukturen einen Lebensraum bieten wollen, braucht es Brückenbauer und Brückenbauerinnen, die den jungen Menschen Formen kirchlich-christlichen Lebens anbieten. Wegweiser hierfür können die Menschen sein, die sich an die Orte begeben, an denen sich die jungen Menschen aufhalten. In der Schule besteht eine Chance, dass die Schüler/innen Menschen aus dem kirchlichen Umfeld erleben.[23]

Die Verantwortlichen für Schulpastoral können für die Jugendlichen eine Brücke bauen in eine meist fremde kirchliche Welt, die für die jungen Menschen vielleicht auch künftig ein Stück Heimat sein kann. Die Beauftragten für Schulpastoral können Kontakte zu den Pfarreiengemeinschaften, den kirchlichen (Jugend)Verbänden, den regionalen Jugendstellen etc. knüpfen und mit den Schulen vernetzen. Schulseelsorger/innen können helfen, Kooperation zwischen kirchlicher und schulischer Seite in Gang zu setzen.[24]

4.3 Kirchenpolitische Konsequenzen

Die Verantwortlichen der Kirchen werden künftig noch stärker Prioritäten setzen. Es geht darum, gezielt zu überlegen, wie und wo das weniger werdende (pastorale) Personal wirken wird. Wenn Kirche die Jugendlichen von morgen erreichen will, sollte sie sich noch stärker im Bereich der Schule und der ganztägigen Bildung einbringen. Es braucht mehr Personen, die für die

---

[23] Vgl. Stankiewicz, Anna: Regionale Treffen zwischen Jugendarbeit und Schule, in: RU-Kurier, Zeitschrift für den Religionsunterricht in der Diözese Würzburg (2013), H. 43, 62.

[24] Vgl. in diesem Band: Kaupp: Kirchliche Handlungsfelder im Umfeld der Schule (5.4) und Schrimpf: Kooperationspartner und Unterstützungssysteme (5.5).

schulpastorale Arbeit ausgebildet, eingesetzt, fortgebildet und begleitet werden. Darüber hinaus ist es unverzichtbar, dass die Leistung derjenigen, die sich im Feld Schulpastoral engagieren, angemessen vergütet und honoriert wird.

Literatur zum Weiterlesen:

Krappmann, Lothar: Soziologische Dimensionen der Identität. Strukturelle Bedingungen für die Teilnahme an Interaktionsprozessen, Stuttgart 2000.

Bilinski, Wolfgang: Phönix aus der Asche. Resilienz – wie erfolgreiche Menschen Krisen für sich nutzen, Freiburg 2010.

Maschke, Sabine / Schulz-Gade, Gunild / Stecher, Ludwig (Hg.): Jahrbuch Ganztagsschule 2014. Inklusion. Der Pädagogische Umgang mit Heterogenität, Schwalbach/Ts 2014.

2.2 Haltungen und Qualitätskriterien

Brigitte Lob

Um die vielfältigen Angebote als Schulpastoral einordnen und rechtfertigen zu können, werden im Folgenden Kriterien vorgestellt, anhand derer die Qualität des schulpastoralen Handelns reflektiert werden kann. Diesen Kriterien liegen Haltungen zugrunde, die den schulpastoral Handelnden zu eigen sind und sich klar von den Profilen anderer Unterstützungsprofessionen im Schulbereich unterscheiden.

1. Haltungen

Die Realisierung der »Präsenz des Christlichen im Handlungsbereich Schule«[1] erwächst aus den Glaubenssätzen der Gotteserwartung und der von Gott geprägten verlässlichen Form seiner Zuwendung in der Zusage ›Ich bin da‹. In der Nachfolge Jesu Christi drückt sich dies in der Haltung der bedingungslosen Zuwendung zu den Menschen aus, gleich welcher Religion, Nationalität oder Weltanschauung sie sind.

Gott im Schulalltag erwarten
Schulseelsorger/innen wollen den Lebensraum Schule als Ort der Selbstmitteilung Gottes betreten. In diesem Bewusstsein der Gegenwart Gottes kann es gelingen, die Offenheit und Aufmerksamkeit für die Zeichen seiner Nähe wach zu halten und auch andere dafür zu sensibilisieren. In der Schule können religiöse Erfahrungen ermöglicht und außerschulische Ereignisse durch Schulseelsorger/innen religiös gedeutet werden. Die Bereitschaft,

---

[1] Die deutschen Bischöfe – Kommission für Erziehung und Schule: »Schulpastoral – der Dienst der Kirche an den Menschen im Handlungsfeld Schule«, hg. v. Sekretariat der Deutschen Bischofskonferenz, Bonn 1996, 12.

Gottes Spuren sehen zu wollen und der Mut, von eigenen Glaubenserfahrungen zu erzählen, sind Wege dahin. Dazu gehört auch, allen Menschen an der Schule eine Gotteserfahrung voraussetzungslos zuzutrauen und zu ermöglichen und bereit zu sein, mit ihnen darüber ins Gespräch zu kommen. Die schulpastoralen Angebote sollen Räume eröffnen, in denen diese Menschen ihr Leben reflektieren und darin Gott entdecken können, selbst wenn von ihm nicht explizit die Rede ist.[2]

Sich an der Botschaft Gottes orientieren

Die schulpastoral Handelnden orientieren sich an der Botschaft Jesu Christi. Sie machen sich immer wieder neu auf den Weg, die Zeichen von Gottes Wirken im Lebensraum zu entdecken und nehmen die Spur des Religiösen im Schulalltag und die spirituelle Praxis der Menschen in der Schule in den Blick. Das bedeutet, diese Botschaft so vielfältig zu ›übersetzen‹ und in ihrem Handeln sichtbar werden zu lassen, wie die Menschen unterschiedlich sind.

Offen sein für andere

Dies setzt eine Bereitschaft zur Offenheit bei Schulseelsorger/innen voraus, die mit Gott im Alltag rechnen und die sich selbst nicht als letztverantwortliche ›Heilsbringer‹ verstehen. Es erfordert von ihnen eine Haltung, den anderen als eigenständige Persönlichkeit mit eigenem ›Gottesfunken‹ zu respektieren und wertzuschätzen.

Sich zuwenden

Schulseelsorger/innen wollen durch Zuwendung das Gesicht von Schule verändern und zugleich die Zuwendung Gottes zu den Menschen vermitteln. Daher sind alle Kompetenzen bei den Schulseelsorger/innen sowie die Qualitätskriterien von Schulpastoral insgesamt daran zu messen, inwieweit sie Offenheit und Zuwendung beinhalten.

---

[2] Vgl. Lames, Gundo: Schulseelsorge als soziales System, Stuttgart 2000, 251–257.

Diese religiöse Haltung in der Schulpastoral wird in ihren Kriterien überprüfbar.

2. Qualitätskriterien

Schulpastoral ist ein kirchliches Handlungsfeld, das, orientiert am christlichen Glauben, den Lebensraum Schule mitgestaltet und von der Voraussetzung ausgeht, dass Gott in der Schule schon präsent ist.

Das kirchliche Handeln erfordert Qualitätskriterien. Diese Kriterien gelten für alle Schulen (öffentlich und kirchlich) können aber unterschiedlich gewichtet und realisiert sein.

Als Kriterien werden zusammenfassend beschrieben:[3] a. adressaten- und situationsorientiert, b. kommunikativ, c. ökumenisch, religionssensibel und gastfreundlich, d. kooperativ und vernetzend, e. freiwillig, f. ressourcenorientiert, g. konzeptorientiert, h. systemorientiert und politisch.

a) adressaten- und situationsorientiert

– Aktuelle Anliegen und Bedürfnisse wahrnehmen: Die Menschen im Lebensraum Schule stehen im Mittelpunkt. Für sie und mit ihnen wollen sich schulpastoral Handelnde engagieren. Es geht um ihre Lebenssituation und Erfahrungen, ihre Bedürfnisse und Fragen, ihr Glück und ihr Scheitern. Die jeweilige Lebenswelt der Kinder, Jugendlichen oder Erwachsenen unterscheidet sich auch nach Alter, Herkunft und Milieu[4], was in Angebot und Personal zu berücksichtigen ist. »Die Adressatenorientierung geht über eine Zielgruppenorientierung hinaus, insofern sie nach Methoden sucht, um Vorstellungen, Erwartungen, Werte, letztlich Lebensstile von

---

[3] Vgl. in diesem Band: Lob / Schneider / Thalheimer: Schule als Lebensraum (1.4) und Kollig: Kirchliche Schulen (5.2).
[4] Vgl. Calmbach, Marc u. a.: Wie ticken Jugendliche? Lebenswelten von Jugendlichen im Alter von 14 bis 17 Jahren in Deutschland, Düsseldorf 2012.

Menschen kennen und schätzen zu lernen, anstatt vorschnell Angebote zu formulieren, die für die vermeintliche Zielgruppe passend scheinen.«[5] Schulseelsorger/innen müssen immer wieder neu die Lebenssituationen der Menschen sowie das System Schule in den Blick nehmen, um daran ihre Angebote auszurichten. Der passende Zeitpunkt entsteht oft durch eine sich abzeichnende Entwicklung oder ein aktuelles Ereignis. In jedem Fall ist eine große Aufmerksamkeit auf die Prozesse und Schicksale notwendig. Eine lebensraumorientierte Pastoral muss flexibel handeln und Neues aufnehmen können. Regelmäßige Teamsitzungen in zeitlich überschaubaren Abständen können hierfür ein wichtiges Mittel sein, die Themen und Prozesse zu reflektieren, die gegenwärtig die Aufmerksamkeit in der Schule erfordern oder binden.

– Lebensraumorientiert, situationsorientiert und ganzheitlich arbeiten: Ausgehend von der Schule und ihren Rahmenbedingungen werden Schulpastoralteams zu den aktuellen Entwicklungen und Bedürfnissen für die jeweilige Personengruppe passende Angebote und gemeinsame Projekte finden. Diese sollen ganzheitlich Erfahrungsräume eröffnen, die alle Dimensionen des Erlebens ansprechen.

b) kommunikativ

– Wertschätzende Kommunikation: Das gelingende Zusammenarbeiten, -leben und -lernen in der Schule mit manchmal Hunderten oder sogar Tausenden von Menschen ist abhängig von wertschätzender Kommunikation, respektvollem sozialem Umgang und transparenten Entscheidungen. Hier ist und bleibt Schule ein lernendes System. Es werden schon viele Maßnahmen, Projekte und Angebote zur Verbesserung des Schulklimas durchgeführt. Da der Beitrag zur Humanisierung von Schule eine Kernaufgabe der Schulpastoral ist, wird hier immer wieder ein Schwerpunkt der Tätigkeit liegen.

---

[5] Fischer, Wolfgang: Das missionarische Projekt der Lebensraumorientierten Seelsorge in Mainz (LOS), in: missio konkret 2 (2007), 14.

– Ermöglichung von transparenter Konfliktkultur: Am Umgang mit Konflikten lässt sich die Qualität des Schulklimas messen: wenn sie aufmerksam und offensiv, mit Respekt für alle Beteiligten und mit breiter Unterstützung angegangen werden, bezeugt das einen Geist der Wahrheit und einen offenen Raum für Versöhnung. Schulpastoral entfaltet sich hier ganz aus ihrem innersten Kern in der Nachfolge Jesu: ehrlich Dinge ansprechen und Versöhnung anbieten. Die Frage nach der Verantwortung in jedem Konfliktfall und jedem Vorfall mit Schadensfolgen kann immer wieder den Prozess der Versöhnung und Integration auslösen.

c) ökumenisch, religionssensibel und gastfreundlich[6]

– Gemeinsames Engagement der christlichen Kirchen: Schulpastoral tritt an vielen Schulen schon selbstverständlich in ökumenischer Verbundenheit auf, ohne das Profil der eigenen Konfession aufzugeben. Das gemeinsame Engagement der christlichen Kirchen schafft vor Ort viele Synergien. Die gegenseitige Akzeptanz und Wertschätzung in Verschiedenheit schafft Vertrauen und kann in der Schule Vorbild für Toleranz, Kooperation und Vernetzung sein. Hierzu bedarf es auf beiden Seiten der Bereitschaft zur ökumenischen Zusammenarbeit. Das Wissen um die Chancen der gegenseitigen Bereicherung wie auch das gegenseitige Respektieren der Grenzen sind die Grundlagen für die Zusammenarbeit.
– Gastfreundschaft: Schulpastoral stellt ihre Angebote für alle Menschen in der Schule zur Verfügung. Damit orientiert sie sich an den Prinzipien der Gastfreundschaft, der Kommunikation und der bedingungslosen Zuwendung. Da (an staatlichen Schulen) alle Angebote auf freiwilliger Basis stattfinden, ist es die Entscheidung der Eingeladenen, das Angebot

---

[6] Vgl. in diesem Band: Dam: Evangelische Schulseelsorge (3.2), Abdel-Rahman / Verburg: Christliche Schulpastoral in Schulen mit religiös pluraler Schülerschaft (3.3), Cimsit: Seelsorge aus islamischer Sicht (3.4) und Kumher: Pluralitätssensible Schulpastoral in Anlehnung an Raimon Panikkar (4.4).

anzunehmen oder abzulehnen. Und es ergibt sich dadurch auch ein Überraschungsmoment der Begegnung mit Menschen, mit denen sonst kein Umgang außerhalb der verpflichtenden Anwesenheit im Unterricht gepflegt wird: Es können sich dort gleichberechtigt Lehrer/in und Schüler/in (z. B. verschiedener Altersstufen) und auch Eltern treffen. Darüber hinaus wird es Veranstaltungen geben, in denen es darum geht, ausdrücklich zu einer Auseinandersetzung mit den religiösen Einstellungen aufzufordern. Gastfreundschaft bedeutet hier auch, den unterschiedlichen Wertehaltungen, Welteinstellungen und Religionen der Menschen in einer (nichtkirchlichen) Schule durch ein hohes Maß an Respekt vor dem Fremden zu begegnen. Dazu gehört die Bereitschaft, das mir Fremde kennenzulernen und zu befragen sowie die Offenheit, mit allen eine Gemeinschaft zu bilden. Eine christliche Schulpastoral kann durch Gebet und Meditation (*liturgia*), durch eine Feierkultur (*koinonia*), durch Hilfeleistungen und Solidarität (*diakonia*) und durch ein gegenseitiges Glaubenszeugnis (*martyria*) die interreligiösen Begegnungen initiieren und fördern.[7]

d) kooperativ und vernetzend[8]

– Koordinieren: »Damit die Schulpastoral nicht in eine unüberschaubare Vielfalt von Initiativen versickert, sondern sich weiter zu entwickeln vermag, bedarf sie einer ordnenden Strukturierung. Wenn nun alle in der Schule anwesenden Christen ›die ersten und wichtigsten Träger von Schulpastoral‹ sind, dann braucht es unter ihnen eine Bündelung von Personen, die einerseits das ganze Geschehen überblicken und koordinieren und die andererseits gegenüber der Institution Schule der Schulpastoral ›zu einer wahrnehm-

---

[7] Vgl. Kumher, Ulrich: Schulpastoral und religiöse Pluralität, Würzburg 2008, 296–310.
[8] Vgl. in diesem Band: Kaupp: Profile der Schulpastoral (4.5) und Schrimpf: Kooperationspartner und Unterstützungssysteme (5.5).

baren und quasi institutionellen Einrichtung‹[9] verhelfen«[10] und verantwortlich handeln.

– Kooperieren und vernetzen: Zu dieser Strukturierung gehört auch die Zusammenarbeit mit verschiedenen Unterstützungspartnern innerhalb und außerhalb der Schule. Jede Unterstützung in Einzelfällen bis hin zur dauerhaften Mitarbeit ermöglicht es nicht nur, vielfältigere Aufgaben in den Blick zu nehmen, Einseitigkeiten zu vermeiden und die eigenen Kräfte zu fokussieren, sondern auch die unterschiedlichen Zuständigkeiten und Kompetenzbereiche im Sinne der gegenseitigen Verweiskultur wahrzunehmen und zu nutzen. Die Vernetzung mit themenspezifischen Beratungsstellen, Kinder- und Jugendeinrichtungen sowie mit kulturellen, sozialen und politischen Netzwerken schafft Beziehungen, die durch ihre Zuwendung zu den Personen der Schulgemeinschaft als auch untereinander von der Zusammenarbeit profitieren.

– Öffnen für andere Lern- und Erfahrungsorte: Die Vermittlung an Kompetenzen anderer Institutionen oder z. B. die Einbindung von Erlebnispädagogen oder Zirkusartisten in den Schulalltag erweitern den Erfahrungshorizont und fördern die Arbeits- und Lernbereitschaft, wenn die Menschen erfahren, dass sie ganzheitlich angesprochen und unterstützt werden, indem außerschulische Erfahrungen angeboten werden.

– Partnerschaftlich arbeiten, verschiedene Talente zusammenführen und Aufgaben verteilen: Die Schulpastoral hat sich in der Unterstützung der Menschen und des Systems Schule ein breites Aufgabenfeld gesteckt, für das sie zahlreiche und kreative Unterstützung braucht. Damit sind auch alle Personengruppen innerhalb der Schule angesprochen und zur punktuellen bis längerfristigen Unterstützung eingeladen. Ein partnerschaftlicher Umgang, der Schüler/innen von der inhaltlichen Vorbereitung bis zur abschließenden Reflexion eines Angebotes gleichberechtigt miteinbezieht, ist ein wich-

---

[9] Die deutschen Bischöfe: Schulpastoral, 26.
[10] Van Hooff, Anton: Zur Grundlegung der Schulpastoral, in: RU heute, Mainz (2005), H. 1, 14.

tiges Kriterium. In gleichberechtigten Arbeitsgruppen können die Aufgaben aufgeteilt werden und dabei die Talente
einzelner entdeckt und gefördert werden.

e) freiwillig

– Angebote und Projekte sind freiwillig: Schulpastoral ist ein
Angebot der Kirchen in den Schulen und ist damit freiwillig.
»Die Teilnahme an schulpastoralen Angeboten speziell im
Kontext religiöser Bildung darf nicht erzwungen werden,
sondern baut auf freie Zustimmung, innere Motivation und
persönliches Engagement. Nur in solchen Freiräumen, in denen man jungen Menschen vertraut und an sie glaubt, kann
Glaubenserfahrung gemacht werden und Glaubensbezie-
hung wachsen.«[11] Freiwilligkeit bezieht sich als Reflexions-
kriterium auch auf die ehrenamtliche Mitarbeit in der Schulpastoral. Es führt für das ehrenamtliche Engagement zu
einer höheren Zufriedenheit, da die selbst gewählte Tätigkeit
die Freiheit lässt, eigene Schwerpunkte zu setzen, Solidarität
und Unterstützung nach selbst gewähltem Maß zu geben,
befristet Verantwortung zu übernehmen und dies auch wieder beenden zu können.

f) ressourcenorientiert

– achtsam mit eigenen Kräften umgehen: Schulpastoral ist
selten – außer an kirchlichen Schulen – personell gut ausgestattet. Daher zwingt die meist neben- oder ehrenamtliche
Tätigkeit an staatlichen Schulen in diesem Bereich, besonders sorgfältig mit den eigenen Ressourcen umzugehen.
Umso stärker soll hier nach weiteren Möglichkeiten ge-
schaut werden, andere Personen einzubinden (s.o.) bzw.
Aufgaben auch nicht anzunehmen. In diesem Zusammen-

---

[11] Görtz, Philipp: Nach den Sternen greifen. Ignatianische Schulpastoral
und Kollegsseelsorge. Konzeptionelle Erwägungen und Konkretisierungen,
Bonn 2010, 179.

hang ist Aufbau und Förderung von Resilienz bei sich und anderen ein Wegweiser.

- Zeit, Raum und Geld einfordern: Deputats- oder Verfügungsstunden sind eine grundlegende Forderung, die schulpastorales Engagement wenigstens zum Teil auffängt und wertschätzt. Darüber hinaus gehören die Mitnutzung eines Gesprächsraumes und finanzielle Mittel zu den unerlässlichen Ressourcen und Rahmenbedingungen der Arbeit. Daher ist besonders darauf zu achten, dass die zur Verfügung stehenden Kräfte, Zeiträume und Mittel bereits im Konzept Berücksichtigung finden und eingefordert werden. Sie dienen so der Selbstvergewisserung und Begrenzung nach innen und außen.

g) konzeptorientiert[12]

- Konzeptionell reflektieren: Jede schulpastorale Tätigkeit erfordert die Entscheidung für eine konzeptorientierte Arbeit. Hierzu gehört eine gründliche Situationsanalyse mit allen an der Schulpastoral Beteiligten und darüber hinaus mit Vertretern aller Personengruppen an der Schule. Die sich daraus ergebenden Handlungsoptionen stehen, ebenso wie die Situationsanalyse, immer wieder neu auf dem Prüfstand. *Die* Schulpastoral gibt es nicht. Ihre Ziele und Aufgaben sind immer wieder den aktuellen Erfordernissen anzupassen und befinden sich somit als Ganzes in einem ständigen Prozess.
- Handlungsleitende Option herausfiltern: Mit einer Konzeptionierung der Arbeit können Schwerpunkte und Optionen getroffen werden, sofern sie die Bedürfnisse der Personengruppen in der Schule sowie die Schulart und die Rahmenbedingungen berücksichtigen. Ein Konzept dient der Selbstver-

---

[12] Vgl. in diesem Band: Lames: Der systemische Ansatz (4.1), Görtz / Molzberger: Ignatianische Schulpastoral (4.2), Roeger: Mystagogische Schulpastoral (4.2), Kumher: Pluralitätssensible Schulpastoral (4.4), Kaupp: Profile der Schulpastoral (4.5).

gewisserung und Profilschärfung sowie der Abgrenzung und Unterscheidbarkeit gegenüber anderen Unterstützungssystemen innerhalb und außerhalb der Schule. Für die Konzeptarbeit ist es unerlässlich, von Anfang an Kooperationspartner mit einzubeziehen und dadurch für eine breitere Unterstützung der Schulpastoral zu sorgen und die Durchführung ihrer Anliegen sicherzustellen.

h) systemorientiert und politisch[13]

– Systemkompetenz: Schulpastoral ist selber ein relativ neues System im schulischen Kontext und eine selbstständige Kategorie der Pastoral. Sie bringt ihre kirchliche Identität und ihren pastoralen Auftrag in ein Handlungsfeld, sofern es die staatliche Schule betrifft, das völlig unabhängig von Kirche eigenen Leitideen folgt. Die hierarchische Struktur der Schule, ihre an Bedingung von Leistung geknüpfte Zuwendung zu den Menschen in ihrem System sowie ihre wechselnden pädagogischen und schulartspezifischen Zielvorgaben erfordern Binnenkenntnisse für diejenigen, die dort als Schulseelsorger/innen tätig werden wollen. Dazu gehört z. B. das Wissen über Gesetzmäßigkeiten von Abläufen und Zuständigkeiten, Kenntnisse über Schulrecht und Strafrecht, hohe Reflexionsbereitschaft, um sich der Situation zwischen Systemstabilisierung und Irritation bewusst zu werden sowie die Fähigkeit, schulische und kirchliche Strukturen zu analysieren und zu schauen, wo sie »Menschwerdung in Solidarität«[14] fördern oder behindern.
– Das System Schule unterstützen in kritischer Distanz: Da Schulpastoral den Auftrag zur Seelsorge im System Schule hat, ist gerade die Leitunterscheidung der unbedingten/be-

---

[13] Vgl. in diesem Band: Lames: Der Systemische Ansatz in der Schulpastoral (4.1).
[14] Die deutschen Bischöfe – Kommission für Erziehung und Schule: »Bildung in Freiheit und Verantwortung«, hg. v. Sekretariat der Deutschen Bischofskonferenz, Bonn 1993, 15.

dingten Zuwendung[15] Anlass zu kritischem und distanziertem Verhalten zu den Strukturen in Schule, um sich nicht vom schulischen System und seinen Erwartungen vereinnahmen zu lassen. Als freie Initiative von Kirche kann Schulpastoral daher strukturelle Ungerechtigkeiten, Überforderungstendenzen, Ausgrenzungen etc. immer wieder aufdecken und das System daran erinnern, darauf hinzuwirken selber kommunikativer, solidarischer und humaner zu handeln. »Pastorale Mitarbeiter/innen [können hier] einen Beitrag zur Entwicklung der Unterrichtskultur (vgl. die unterrichtsunterstützenden und -begleitenden Maßnahmen), der Schulkultur (vgl. z. B. die liturgischen Angebote als Ausdruck der Feierkultur), des Schulklimas (vgl. z. B. schülerbezogene-identitätsfördernde Erziehungs- und Bildungsangebote) und der Lernkultur (vgl. z. B. Schulendtage und Projektwochen als neue Formen, Lernmöglichkeiten auszuprobieren) leisten.«[16]

– Politisch: Die Haltung des Friedens, der Gerechtigkeit, der Solidarität und der Bewahrung der Schöpfung an die Menschen in der Schule zu vermitteln, sind der Schulpastoral ein wichtiges Anliegen. Dieses Wertebewusstsein soll die jungen Menschen in ihrem Denken und Handeln prägen.[17] Sämtliche Helfer- und Patendienste, Beratungsangebote, Compassion-Projekte oder Integrationsleistungen in einer Schule sind daher nicht nur Einübung sozialen Verhaltens, sondern gleichzeitig auch Auseinandersetzung mit Werten, Ver-

---

[15] Vgl. Lames, Gundo: Schulseelsorge als soziales System, Stuttgart 2000, 227–229.

[16] Eich, Klaus-Gerd: Der Einsatz Pastoraler Mitarbeiter des Bistums Trier in der Schule. Ein religionspädagogischer Entwurf und ein empirischer Beitrag zur Rezeption und Evaluation von Qualitätsmanagementsystemen für Religionsunterricht und Schulseelsorge, Neuwied 2003, 232.

[17] Ein Schulseelsorger in Palästina, der lutherische Pastor Imad Haddad an der School of Hope in Ramallah, geht so weit, dass er den Schüler/innen auch Leitungskompetenz vermitteln will, um sie als künftige Erwachsene für den Aufbau der Gesellschaft auszurüsten. Haddad, Imad: Seelsorge in einer islamischen Kultur. Vortrag und Workshop am 29.09.2013 in Mainz auf dem Kongress »Islamische Seelsorge im Gespräch. Ein Trialog zwischen Muslimen, Juden und Christen«.

mittlung von Leitungskompetenz als Hinführung zu gesell-
schaftspolitischem Handeln. Das diakonisch-politische
Engagement ist Erkennungszeichen für christliche Schulpastoral. Sie wird in ihrem institutionellen und organisatorischen Vorgehen auch innerschulische Prozesse und kultur-
politisch-pädagogische Veränderungsmaßnahmen kritisch
wahrnehmen und begleiten. In der Konfrontation mit den
schulpädagogischen Leitlinien, in denen die individuelle
Schülerförderung benannt ist, werden Schulseelsorger/innen
die Verantwortlichen fragen, ob sich unter ihren pädagogischen Maßnahmen alle Schüler/innen angemessen entwickeln können. Ebenso gilt es, soziale Brennpunkte und
biographisch-individuelle Notlagen in der Schule wahrzunehmen, um einer Schulgemeinschaft ihre Aufgabe und
ihre Verantwortung deutlich zu machen. Schulpastoral
kann am besten ihren Beitrag zur Humanisierung von Schule
leisten, indem sie sich an den Qualitätskriterien orientiert,
ohne diese alle gleichzeitig erfüllen zu müssen.

Literatur zum Weiterlesen:
Eich, Klaus-Gerd: Der Einsatz Pastoraler Mitarbeiter des Bistums Trier
    in der Schule. Ein religionspädagogischer Entwurf und ein empiri-
    scher Beitrag zur Rezeption und Evaluation von Qualitätsmanage-
    mentsystemen für Religionsunterricht und Schulseelsorge, Neuwied
    2003.
Fischer, Wolfgang: Das missionarische Projekt der Lebensraumorien-
    tierten Seelsorge in Mainz (LOS), in: missio konkret 2 (2007), 14.
Mertes, Klaus: Schulseelsorge. Anregungen zur Praxis, in: Jung, Mar-
    tina / Kittel, Joachim (Hg.): Schulpastoral konkret, Düsseldorf
    2004, 51–60.

2.3 Spiritualität

Gabriele Bußmann

Spiritualität und spirituelle Begleitung in der Schulpastoral haben zwei Ausrichtungen. Zum einen beschreiben sie eine professionelle Haltung und Handlungskompetenz des Schulseelsorgers/der Schulseelsorgerin. Zum anderen deuten sie eine professionelle Aufgabe an: Die Menschen in der Schule auf ihre persönliche Spiritualität anzusprechen, dafür Raum und Ausdrucksmöglichkeiten zu eröffnen und – wo dies gewünscht wird – Angebote für spirituelle Begleitung und spirituelle Bildung zu machen.

Vorab

Im ersten Schritt wird das Anerkennen der (schulischen) Wirklichkeit als eine wesentliche spirituelle Haltung eines Schulseelsorgers/einer Schulseelsorgerin dargestellt. Der zweite Schritt beschreibt Erfahrungsfelder in Schule und einen möglichen spirituellen Umgang mit ihnen. Daran anschließend wird Schule als Ganze in den Blick genommen und Spiritualität in den täglichen Interaktionen und Kommunikationen verortet. Der vierte und fünfte Schritt bestimmen eine umfassende Selbstwerdung als Ziel spiritueller Angebote und spirituellen Wachstums.[1] Dieser Beitrag geht von einem weiten Begriff von Spiritualität aus, davon dass jeder Mensch auf Grund seiner leiblich-geistig-seelischen Existenz eine persönlich geprägte Spiritualität hat,[2] die in Authentizität, Engagement und Begeisterung zum Ausdruck kommt.

---

[1] Vgl. dazu in diesem Band: Bußmann / Lob: Theologische Begründung (1.5).

[2] Diese Annahme beruht auf der Voraussetzung, dass jeder Mensch aus einem Halt lebt, der seine Haltung prägt, die sein Verhalten lenkt, mit dem er zu den ihn umgebenden Verhältnissen Stellung bezieht. Vgl. dazu Rod,

1. ›Spiritualität ist das Zulassen von Wirklichkeit‹ (Josef Sudbrack)

Spiritualität (nicht nur im Raum der Schule) geht immer von der Wirklichkeit aus. Es geht ihr darum, diese Wirklichkeit unverstellt wahrzunehmen und sich nichts vorzumachen, sich weder alles schön noch alles schlecht zu reden. Diese grundlegende spirituelle Haltung fragt im Raum der Schule u. a. danach:

- Wie geht es den Schülern und Schülerinnen?
- Was lebt im Schulleben?
- Worüber wird gesprochen?
- Welche Themen werden (absichtsvoll) vermieden?
- Welche ausgesprochenen/ unausgesprochenen Regeln gibt es?
- Welche Qualität hat die kollegiale Kultur?
- Wie werden Konflikte gelöst?
- Welches Tempo herrscht?

Die schulische Wirklichkeit nüchtern anzuerkennen ist für das Handeln eines Schulseelsorgers/ einer Schulseelsorgerin eine entscheidende Fähigkeit. Dies gilt insbesondere angesichts des gegenwärtigen Veränderungs-, Verdichtungs- und Innovationsdrucks in Schule. Insofern ist Spiritualität keine Stimmung oder kein Gefühl. Mit schön gestalteten und kreativen Inszenierungen lässt sich möglicherweise eine Stimmung erzeugen, aber das bedeutet nicht, dass sich Spiritualität ereignet. Denn Spiritualität ist nicht zu verwechseln mit einer angenehmen Gefühlslage. Darauf hat der Theologe Fulbert Steffensky mit seinem Begriff »Schwarzbrotspiritualität«[3] hingewiesen. Sondern sie ist solides ›Handwerk‹ und nimmt die Realität mit unverstelltem Blick wahr. Sie ist nicht etwas Zusätzliches, nicht etwas, das man auch noch oder noch zusätzlich tun muss. Sie will auch die harte Schulrealität nicht schöner reden

---

Christine: Was macht eine Leitung zu einer geistlichen Leitung?, in: Lebendige Seelsorge 64 (2014), H. 3, 200–204, hier: 201 – unter Bezugnahme auf Lambert SJ, Willi: Zeiten zum Aufatmen. Seelsorge und christliche Lebenskultur, Ostfildern 2008.

[3] Vgl. Steffensky, Fulbert: Schwarzbrotspiritualität, Stuttgart 2005.

als sie ist. Es geht um eine Spiritualität im Sinne einer nüchternen Haltung. Sie hebt den schulischen Alltag und die schulische Wirklichkeit nicht auf und setzt sie nicht außer Kraft. Deswegen ist spirituelle Kompetenz nicht mehr und nicht weniger als die Kompetenz im Umgang mit alltäglichen Aufgaben und Herausforderungen. Die Wüstenväter haben diesen Zusammenhang so auf den Punkt gebracht: ›*Vor der Erleuchtung Holz hacken und Wasser holen – nach der Erleuchtung Holz hacken und Wasserholen*‹. Spiritualität fügt sich in die Erfordernisse und Notwendigkeiten des Alltags ein: Vor der Erleuchtung korrigieren und nach der Erleuchtung kopieren. Das ist geerdete Spiritualität. Sie ereignet sich nicht nur in bestimmten Räumen und zu bestimmten Zeiten, sondern kann ›zwischen Tür und Angel‹ passieren. Sie schafft sich selbst Raum. So beschreibt Spiritualität eine Haltung im schulpastoralen Handeln, die mit allem rechnet und darin das ›Wehen des Geistes‹ erkennt. Denn der Gott, von dem die Bibel spricht, begegnet überraschend im Alltag.

Spiritualität in der Schulpastoral lebt davon, den Wandel in der Schule mitzugestalten, aber sie lebt auch vom ›Liegenlassen‹. Sie lebt sowohl in der Erfahrung, nicht alles zu schaffen, ebenso wie in der Erfahrung, sich immer wieder im scheinbaren ›Kram‹, im ›Uneigentlichen‹ zu verzetteln. Aber häufig verbirgt sich in dem, was wie Kram aussieht, in Wahrheit das Gegenteil, sobald es nämlich in einer bestimmten Grundhaltung – im Glauben – getan wird.[4]

Kurz gesagt: Spiritualität in der Schulpastoral würdigt das Fragmentarische.[5]

---

[4] Vgl. Eulenberger, Klaus: Bücher schreiben oder Windeln waschen – wenn man vor lauter Kram nicht zum eigentlichen kommt, in: NDR-Kultur ›Glaubenssachen‹ 14.06.2008; http://nek.gottesdienstinstitut-nek.de/wp-content/uploads/2014/06/Windeln-waschen-oder.de (Zugriff: 01.08.2014).

[5] Vgl. Luther, Henning: Identität und Fragment. Praktisch-theologische Überlegungen zur Unabgeschlossenheit von Bildungsprozessen, in: Luther, Henning: Religion und Alltag. Bausteine zu einer Praktischen Theologie des Subjekts, Stuttgart 1992, 160–184.

2. Spirituelle Schlaglichter

Die Spiritualität eines Schulseelsorgers/ einer Schulseelsorgerin
zeigt sich auch darin, welche Impulse und Anregungen er/ sie in
die Bereiche ins Spiel bringt, die das Leben und Arbeiten in der
Schule zutiefst prägen.

- *Spiritualität wird in der Schule darin erfahren, wie der
  Mensch gesehen wird:* Menschen werden von dem geprägt,
  wie sie und woraufhin sie angesprochen werden. Deswegen
  zeigt sich die spirituelle Haltung eines Schulseelsorgers/ einer
  Schulseelsorgerin auch darin, für welches Bild vom Menschen er/ sie steht und einsteht. Den Menschen zu helfen, immer mehr sie selbst werden zu können – theologisch, dass sie
  immer mehr die Menschen werden, als die sie von Gott
  gemeint sein könnten – ist ein wichtiger Aspekt in der spirituellen Arbeit.[6] Der Gedanke, dass Menschwerdung heißt,
  im Angesicht des anderen das eigene Selbst zu entwickeln,
  ist eine Kritik am Imperativ einer Leistungsgesellschaft, der
  ständige Selbstoptimierung mit dem Idol des »unternehmerischen Selbst«[7] fordert.
- *Spiritualität wird in der Schule darin erfahren, wie mit Leistung und Leistungsbewertung umgegangen wird:* Jeder
  Schüler, jede Kollegin ist mehr als seine schulischen Leistungen und ihre pädagogische Arbeit. Es geht darum, die Menschen dazu zu ermutigen, ihre eigenen Begabungen zu entfalten und sich nicht von falschen Selbstbildern leiten zu lassen.
  Das erfordert eine Kultur des Forderns und Schützens, des
  Konfrontierens und Stützens. Und es erfordert nicht zuletzt
  einen sorgsamen Umgang mit Fehlern, mit Versagen, Scheitern und Schuld.

---

[6] Vgl. dazu in diesem Band: Bußmann / Lob: Theologische Begründung
(1.5).
[7] Vgl. Kreutzer, Ansgar: Gnade für das »unternehmerische Selbst«. Eine
theologische Kritik der überzogenen Leistungsgesellschaft, in: Stimmen der
Zeit 139 (2014), H. 8, 547–557.

– *Spiritualität wird in der Schule darin erfahren, wie mit Erfolg und Misserfolg umgegangen wird:* Für unser Tun und unsere Bemühungen gibt es keinen garantierten Erfolg. Das Gleichnis vom Sämann (Lk 8,4–8) hat eine realistische Sicht auf unsere Bemühungen. Drei Viertel des Samens verderben, aber ein Viertel bringt überreiche(!) Frucht. Die Haltung, die dieses Gleichnis beschreibt, ist eine Haltung des Vertrauens, die mit Gelassenheit akzeptiert, dass manches Bemühen (vielleicht!) erst nach Jahren wirksam und fruchtbar wird. Gerade deswegen ist es sinnvoll, nicht mit dem Säen (d. h. mit dem eigenen Engagement) aufzuhören, sondern vielmehr den Boden gut zu bereiten und reichlich auszusäen.

– *Spiritualität wird in der Schule darin erfahren, wie mit Sicherheit und Unsicherheit umgegangen wird:* Kinder und Jugendliche leben in einer Gegenwart und wachsen in eine Zukunft hinein, die unsicher ist: die berufliche Zukunft, eine Vielzahl von Wahlmöglichkeiten, familiäre Lebenslagen, politische und globale Herausforderungen. Der christliche Glaube kann eine Ermutigung sein, mit Unsicherheit umgehen zu können und der Angst vor Unsicherheit nicht das letzte Wort zu geben. Unsicherheiten besteht, wer den eigenen Möglichkeiten traut und darauf vertraut, dass er mit seinen Möglichkeiten auch von Gott gestützt ist. Schulpastoral tritt dafür ein, dass Schule ein Raum ist, in dem Unsicherheit wahrgenommen und ausgesprochen werden darf und in dem an die Zusage Gottes erinnert wird, dass Angst und Unsicherheit nicht das letzte Wort haben.

– *Spiritualität wird in der Schule darin erfahren, welche Bedeutung der Beziehung und der Beziehungskultur gegeben wird:* Beziehung ist der Anfang von allen. Der Mensch wird Mensch durch den Blick der anderen Menschen. Bezeichnenderweise steht am Beginn des öffentlichen Auftretens Jesu eine Sympathiebekundung und Zugehörigkeitserklärung Gottes: »Du bist mein lieber Sohn, an dir habe ich Wohlgefallen.« (Mk 1,11) Diese Zusage geht der Sendung und dem Auftrag zum öffentlichen Wirken Jesu voraus. Dieses Moment der Erwählung findet sich in der Bibel in vielen

Prophetenberufungen. Es gilt auch jedem von uns. Gott macht ein Beziehungsangebot an jede/n von uns und es gilt, sich dazu zu verhalten. Gott bedarf unser. Möglicherweise heißt unsere Antwort darauf, dass wir seiner nicht bedürfen. Darin besteht die Freiheit des Menschen.

– *Spiritualität wird in der Schule darin erfahren, wie mit Zeit umgegangen wird:* Am Umgang mit der Zeit entscheidet sich, was in der Schule wichtig ist. Die Zeit, die Schüler/innen und Lehrer/innen in der Schule verbringen, ist Lernzeit und Lebenszeit. Schule befindet sich in einem Spannungsverhältnis von vorgegebenen Zeitstrukturen einerseits und Eigenzeitlichkeit der Schüler/innen, Lehrer/innen und der Lernprozesse andererseits. Es geht darum, in der Schule Zeitenvielfalt zu erlauben: Der Langsamkeit Raum geben – Schnelligkeit hat ihren Platz – Eigenzeiten respektieren – Warten lernen – Pausen machen – Bereiche produktiver Trägheit und träger Produktivität sichern – Rhythmen beachten (auch biologische Rhythmen) – Rituale pflegen. Ein wesentlicher Gedanke der biblischen Zeitbotschaft lautet: »Nicht das Letzte herausholen!«[8]. Diesen Gedanken auch in den Zeitstrukturen und der Organisation von Schule zu berücksichtigen, ist eine spirituelle Aufgabe von Schulpastoral.

– *Spiritualität wird in der Schule im Umgang mit unserer Endlichkeit erfahren:* Menschen sind endliche Wesen und das heißt nicht nur, dass sie sterben müssen, sondern es bedeutet gleichzeitig, dass sie nur Endliches leisten und dass Vieles von dem was sie tun, Fragment ist und Fragment bleibt.[9] David W. Winnicott hat darauf hingewiesen, dass es für Kinder oft gesünder und besser ist, ›genügend gute‹ oder ›hinrei-

---

[8] Ebach, Jürgen: Nicht das Letzte herausholen! Biblische Erinnerungen zum Thema Arbeits- und Ruhezeit, in: Rinderspacher, Jürgen; u. a. (Hg.): Das Ende gemeinsamer Zeit? Risiken neuer Arbeitszeitgestaltung und Öffnungszeiten, Bochum 1988, 83–99.
[9] Vgl. Steffensky, Fulbert: Mut zur Endlichkeit. Sterben in einer Gesellschaft der Sieger, Stuttgart 2007.

chend gute‹ Eltern zu haben, statt Eltern, die versuchen, ›perfekt‹ oder ›ausgezeichnet‹ zu sein.[10] Bezogen auf die Haltung eines Schulseelsorgers/ einer Schulseelsorgerin hieße eine entsprechende entlastende Zielformulierung in Hinblick auf die eigene Tätigkeit und die Tätigkeit von Lehrer/innen: Es geht darum, ›ein hinreichend guter Lehrer, eine hinreichend gute Seelsorgerin zu sein‹. Denn Perfektionismus macht krank. Das erfordert eine Ermutigung für realistische und nicht überfordernde Zielsetzungen in der eigenen Arbeit. Denn »meistens ist man nur ein halb guter Vater, eine halb gute Lehrerin, ein halb guter Therapeut. Und das ist viel.«[11] Es bedeutet, das eigene pädagogische Handeln zu relationieren (nicht zu relativieren!) und damit auf die Unterstützung anderer Mit-Erzieher zu vertrauen.

3. ›Die Mysterien finden in der Schule statt‹ – Eine Spurensuche

Diese Wendung adaptiert den Gedanken von Joseph Beuys »Die Mysterien finden im Hauptbahnhof statt«[12]. Betrachten wir Schule unter diesem Blickwinkel, dann zeigt sich in ihr eine Tiefendimension die freilegt, dass das Leben einer Schule durch die Menschen und durch ihr alltägliches Handeln spirituell ist. Nimmt man Schule auf diese Weise wahr, dann wird das ›zwischen‹ zwischen den Menschen, werden ihre alltägliche Interaktion und Kommunikation zu einem spirituellen Erfahrungsbereich.[13] Das können eine Schulklasse, eine Konferenz,

---

[10] Vgl. Kutting, Dirk: Lehrer sein. Spirituelle Lösungen, Göttingen 2008, 48–49.

[11] Steffensky: Mut zur Endlichkeit, 21.

[12] Joseph Beuys am 07.11.1979.

[13] Der Gedanke »Die Mysterien finden im Hauptbahnhof statt« implizierte für Beuys, dass er die explizit religiösen Räume nur noch als museale Relikte verstehen konnte, in denen sich nur noch wenig menschlich Bedeutsames ereignet. Für ihn war das »zwischen« zwischen den Menschen, die Begegnung der spirituelle Raum. Hier ereignen sich aus seiner Sicht Schöpfung, Menschwerdung, Umkehr.

ein Dienstgespräch, ein Beratungsgespräch, die Zeugnisvergabe, die Schulentlassung sein. Hier verständigen sich Menschen miteinander, ringen um richtig oder falsch, treffen Vereinbarungen und Regelungen, streiten sich, versöhnen sich – und manchmal scheitert ihre Kommunikation auch. In diesen alltäglichen Erfahrungen setzen alle Beteiligten auf mehr als sie selbst garantieren können. Sie wagen eine Vorleistung und einen Vorgriff im Vertrauen auf die Zustimmung des Anderen ohne über seine Zustimmung (oder Ablehnung) selbst noch einmal verfügen zu können. So ist Spiritualität eine Haltung und eine Sichtweise, mit der Menschen sich selbst und anderen begegnen. Oder konkreter gesagt,

– ob sie gesehen und gehört werden und ob sie andere sehen und hören,
– ob sie sein dürfen und das anderen ermöglichen,
– ob sie gestützt und gefordert, geschützt und konfrontiert werden und sich das gegenseitig ermöglichen,
– ob sie Raum haben und den auch anderen zugestehen,
– ob sie das Recht darauf haben, ›ein anderer zu werden‹ (Dorothee Sölle)[14] und das auch anderen zugestehen.

Wie offen eine Schule für diese spirituelle Dimension ist, das zeigen nicht in erster Linie ihr Schulprogramm, ihre Konzepte und Verlautbarungen. Sondern es zeigt sich durch das, was die Menschen alltäglich in ihr erleben und erfahren, und durch das, was sie sich alltäglich zumuten und zufügen. Schulpastorales Handeln ist also nicht per se oder deshalb spirituell, weil Gottesdienst gefeiert oder weil gebetet wird, sondern spirituell ist es dadurch, wenn es seinen Ausgangspunkt bei diesem Alltagshandeln nimmt.

Diese Sichtweise und Wahrnehmung von Schule als spirituellem Erfahrungsbereich ist eine Haltung, die für das professionelle Handeln eines/r Schulseelsorgers/in zentral ist. Um wahrnehmen zu können, dass sich die Geheimnisse, Wunder und Tragödien des Lebens an diesem ›weltlichen‹ Ort ereignen, braucht ein Schulseelsorger eine geschulte Wahrnehmung, eine

---

[14] Sölle, Dorothee: Das Recht ein anderer zu werden, Neuwied 1971.

›seismografische‹ Fähigkeit. Er/ sie braucht ein gebildetes Herz, eine freie theologische Deutungskompetenz, d. h. eine persönlich gebildete und offene Spiritualität. Eine solche spirituelle Kompetenz erfordert keine ›religiösen Virtuosen‹. Sie kann erlernt und eingeübt und muss in einem persönlichen spirituellen Wachstums- und Lernprozess gepflegt werden.

Trotzdem ist sie keine Technik und keine Methode. Sie lebt aus einer Haltung der Achtsamkeit und des Respektes vor dem heiligen Bereich des anderen/ der anderen: »Zieh deine Schuhe aus. Denn der Ort, darauf du stehst, ist heiliges Land!« (Ex 3,5b). Diese Haltung verzichtet darauf zu wissen, ›was Sache ist‹, und bewegt sich wie ein ›Kundschafter‹ in der Schule. Sie ist darauf aufmerksam, welche ›Kunde‹ (im Sinne einer Botschaft) die Schule hat und bringt die eigene ›Kunde‹ achtsam ins Spiel. Treffend kann man diese Spiritualität als ›gebildete Aufmerksamkeit‹, als »Aufmerksamkeit für das Glück und das Unglück«[15] im Raum Schule beschreiben.

Im konkreten Handeln eines Schulseelsorgers/ einer Schulseelsorgerin geht es folglich darum, Abstand zu nehmen vom schnellen und unmittelbaren ›Machen Wollen‹ – gerade im hyperaktiven Raum Schule. Das Handeln eines Schulseelsorgers/ einer Schulseelsorgerin hat häufig die Qualität einer »Unterbrechung«, um ein bekanntes Diktum von J. B. Metz aufzugreifen.[16] Daran wird deutlich, dass die eigene Person das Hauptinstrument spiritueller Arbeit in der Schulseelsorge ist.[17]

---

[15] Steffensky, Fulbert: Die große Sehnsucht. Die Suche nach spiritueller Erfahrung, in: Steffensky, Fulbert: Schwarzbrot-Spiritualität, Stuttgart 2005, 9–23, hier: 17.

[16] Metz, Johann Baptist: Hoffnung als Naherwartung oder der Kampf um die verlorene Zeit. Unzeitgemäße Thesen zur Apokalyptik [im Original Großschreibung], in: Metz, Johann Baptist: Glaube in Geschichte und Gesellschaft, München 1977, 149–158, hier: 150.

[17] Es geht darum, ›zu zeigen, was man liebt‹ ohne zu erwarten, dass die Menschen, auch das lieben, was man selber liebt. Aber indem man sich kenntlich macht mit dem, was man liebt, ermutigt man auch andere, sich kenntlich zu machen. Vgl. Steffensky, Fulbert: Lehrer sein heißt zeigen, was man liebt, in: Bick, Amet: Gott gibt die Fischstäbchen. Erfahrungen mit religiöser Erziehung, Berlin 2004, 15–27, hier: 15.

4. ›Jeder Mensch ist ein Künstler‹ (Joseph Beuys)

»Jeder Mensch ist ein Künstler«, weil es jedem Menschen auf-
gegeben ist, das Kunstwerk seines Lebens zu gestalten. Jeder
Mensch wird das auf seine Weise tun und so, wie er das tut,
wird etwas spürbar von seiner ganz persönlichen Spiritualität:
Aus welchem Halt er lebt, mit welcher Haltung er sein Leben
gestaltet, wie er sich in seinem Leben verhält, wie er zu den Verhältnissen steht, in die sein Leben eingewoben ist.[18] Bei der Gestaltung des Lebens als persönlichem ›Gesamtkunstwerk‹ können spirituelle Angebote und Begleitung der Schulpastoral eine
Hilfestellung sein und können maieutisch[19] wirken. Damit wird
spirituelle Begleitung selbst zu einer Kunst. Denn sie fordert
Spontaneität und eine kreative Alltagshermeneutik und Deutungskompetenz. Hilfreich für solche Begleitungsprozesse kann
es sein, sich der ›GROSSEN WORTE‹[20] (z. B. Gott, Auferstehung, Gnade etc) zu enthalten und stattdessen zu übersetzen,
von welcher menschlichen Erfahrung sie sprechen und wofür sie
stehen. Denn die theologische und kirchliche Sprache ist eine ver-
brauchte und leere Sprache geworden, die von vielen Menschen
nicht mehr verstanden wird, und in der sich für viele nichts Lebensbedeutsames mehr ausdrückt.[21] Es geht um eine erfahrungs-
gesättigte Sprache, um Sprechen im Modus des Andeutens statt
des Deutens, des Vorschlagens statt des Vorsetzens, des Hinwei-
sens auf etwas statt des Erklärens. Kurz gesagt: »Vieles hätte ich
verstanden, wenn man mir es nicht erklärt hätte.«[22]

---

[18] Vgl. dazu Anmerkung 2.

[19] Maieutisch = im Sinne der Hebammenkunst.

[20] Vgl. hierzu die Fastenaktion 2014 »Sieben Wochen ohne große Worte«
des Zentrums für evangelische Predigtkultur, in: www.ohne-große-worte.de.
Vgl. dazu auch: Latour, Bruno: Jubilieren. Über religiöse Rede, Berlin 2011.

[21] Vgl. Waldenfels, Hans: Sprechen Sie kirchisch?, in: Stimmen der Zeit 138
(2013), H. 9, 577–578; vgl. auch Eulenberger, Klaus: Von Gott reden, ohne
Gott herbeizuzitieren, in: Pastoraltheologie. Monatszeitschrift für Wissenschaft und Praxis in Kirche und Gesellschaft 101 (2012), H. 9, 371–383.

[22] Dedecius, Karl (Hg.): Stanislaw Jerzy Lec: Unfrisierte Gedanken, München 1990, 38.

5. ›Sei Du Dein, so werde ich Dein sein‹ (Nikolaus von Cues)

Spiritualität und spirituelle Angebote unterstützen Menschen dabei, dass sie immer mehr sie selbst werden und ermutigen sie, ihr (Berufs-)Leben aus ihrem persönlichen Charisma heraus zu gestalten. Oder mit den Worten einer Chassidischen Geschichte: » *Wenn der Herr mich im Jenseits fragen wird:* ›*Meir, warum bist Du nicht Mose geworden?*‹ *so werde ich ihm antworten:* ›*Herr, weil ich nur Meir bin. Und wenn er mich weiter fragen wird:* ›*Meir, warum bist Du nicht Ben Akiba geworden?*‹ *so werde ich ihm gleichfalls sagen:* ›*Herr, weil ich eben Meir bin.*‹ *Wenn er aber fragt:* ›*Meir, warum bist Du nicht Meir geworden?*‹ – *Was werde ich ihm da antworten?* «[23] Der zu werden, als der wir gemeint sein könnten, die eigenen Talente zu entfalten und einzusetzen sowie die eigenen Grenzen zu akzeptieren, ist Anliegen von Spiritualität. Spirituelle Angebote und Begleitung fördern eine solche Entwicklung und ermutigen zu einem eigenen Glaubensweg.

Einen solchen Prozess der Selbstwerdung hat auf profane Weise Steve Jobs, der Gründer von ›apple‹, folgendermaßen ausgedrückt:

»Nur das, was wirklich zählt, bleibt. [...] Es gibt keinen Grund, nicht dem Ruf des Herzens zu folgen. [...] Verschwende dein Leben nicht. [...] Ihre Zeit ist begrenzt, verschwenden Sie sie nicht damit, das Leben eines anderen zu leben. Lassen Sie sich nicht von Dogmen gefangen nehmen – das würde bedeuten, mit dem zu leben, was andere Leute erdacht haben. Lassen Sie nicht zu, dass der Lärm, den die Meinungen anderer erzeugen, Ihre innere Stimme, die Stimme Ihres Herzens, Ihre Intuition übertönt.«[24]

Jede/r hat etwas, für das sie/ er ›brennt‹ und diesem Raum und Ausdrucksmöglichkeiten zu geben, darum geht es der spirituellen Dimension in der Schulpastoral. ›*Sei Du Dein, so werde ich*

---

[23] Erzählung nach einer chassidischen Geschichte. Der Fundort ist leider unbekannt.

[24] Jobs, Steve: Über Leben und Tod, Rede in Stanford 2005, in: http://www.stern.de/digital/computer/rede-in-stanford-steve-jobs-ueber-leben-und-tod-1735741.html (Zugriff: 03.09.2014).

*Dein sein‹ – lässt Nikolaus von Cues Gott sprechen und versteht diesen Prozess der Selbstwerdung des Menschen theologisch als den Bereich von Gottespräsenz und Gottesbegegnung. Gott sagt dem Menschen seine Zuwendung und seinen Beistand zu, wo er mit allem Ernst und in aller Wahrhaftigkeit um seine Menschwerdung bemüht ist: im beruflichen Handeln, in Freundschaften und Beziehungen, in Belastungen und Anstrengungen. In der Unterstützung dieses Selbstwerdungsprozesses geht es um eine Art ›Tiefenbohrung‹ in der eigenen Existenz. Es geht auch um die Akzeptanz der eigenen Grenzen und um Schutz vor (beruflicher) Totalidentifikation. Wir müssen uns nicht damit abmühen, etwas in uns zu schaffen und etwas in anderen zu bereiten. Denn in erster Linie ist Spiritualität ein Raum in jedem Menschen. Sie ist ein Raum, der in jedem schon da ist, den wir ›nur noch‹ betreten müssen. Für Schulseelsorger/ innen bedeutet das: Sie müssen nichts erschaffen – weder in sich noch in anderen. Vielmehr geht es darum, diesen eigenen inneren Raum zu bewohnen und andere dazu zu ermutigen und Angebote zu machen, *ihren* inneren Raum aufzusuchen, ihn einzurichten und zu gestalten, ihn aufzuräumen und ihn auch zu nutzen. Letztlich geht es darum, ihn zu bewohnen und in ihm ein Zuhause zu haben.

6. Spiritualität fördern

Spiritualität bildet sich nicht nur von innen nach außen, sondern auch von außen nach innen. Sie braucht gestaltete Räume, Orte, Zeiten, Rhythmen, Rituale und (biblische) Texte und Geschichten (der Tradition). In den Geschichten des Ersten und Zweiten Testamentes werden Erfahrungen erzählt, die Menschen mit sich, ihrem Leben und mit Gott gemacht haben. Darin wird geschildert, dass der Alltag mit allen seinen Höhen und Tiefen der Ort ist, an dem Gott erfahren wird. In der spirituellen Begleitung geht es für Schulseelsorger/innen und Lehrer/innen nicht darum, zu den steigenden Anforderungen noch zusätzliche spirituelle Anforderungen zu stellen.

Vielmehr geht es darum, das eigene Tun auf ein ›woraufhin‹ auszurichten.

Darüber hinaus bedarf die Kultivierung von Spiritualität auch der Distanz zum schulischen Alltag. Lehrer/ innen ebenso wie Schulseelsorger/innen und Schüler/innen brauchen Zeiten und Orte *außerhalb* der Schule. Tage der Unterbrechung ermöglichen es, im hektischen (Berufs-)Alltag punktuell der Langsamkeit Raum zu geben. Durch biblische Impulse, meditative Übungen und Zeiten der Stille und des persönlichen Nachdenkens sind solche Unterbrechungen Kraftquellen für den (beruflichen) Alltag. Solche Angebote sind keine ›Wellnesszonen‹, sondern sie sind auch eine Antwort auf die Frage, was in Schule und was in der Bildung von Menschen gelten soll.

Weder eine spirituelle Praxis in der Schule noch eine persönliche spirituelle Praxis ergeben sich zufällig oder automatisch, sie sind auch nicht selbstverständlich. Meistens müssen sie (mühsam) erarbeitet werden.

Literatur zum Weiterlesen:

Hermann, Inger: »Halt's Maul, jetzt kommt der Segen ...« Kinder auf der Schattenseite des Lebens fragen nach Gott, 3. Aufl., Stuttgart 2000.

Köster, Peter, SJ: Geistliche Begleitung. Eine Orientierung für die Praxis, 3. Aufl., Sankt Ottilien 2013.

Schaupp, Klemens: Bedürfnisse wahrnehmen – der Spur der Sehnsucht folgen. Ein spiritueller Übungsweg, Würzburg 2010.

Steffensky, Fulbert: Der Schatz im Acker. Gespräche mit der Bibel, Stuttgart 2010.

3. Entwicklungslinien

3.1 Geschichtliche Entwicklung der Schulpastoral

Norbert Mette / Gabriele Bußmann

> Kirche hat sich immer mit erheblichem Aufwand in Erziehung und Bildung enga-
> giert – bis hin zur Einrichtung eigener kirchlicher Schulen und der Entwicklung
> einer christlichen Pädagogik. Wo es eine enge Symbiose von Schule und Kirche
> gab, zerbricht diese etwa ab Mitte der 1960er Jahre, so dass sich die Frage nach
> einer genuinen Schulpastoral stellt. Diese wird als ein mehr oder weniger eigenes
> kirchliches Handlungsfeld theologisch reflektiert und institutionalisiert.

1. Das Verhältnis von Schule und Kirche(n) im Laufe der geschichtlichen Entwicklung

Das Schulwesen im hiesigen kulturellen Kontext geht auf kirchliche Gründungen (Klosterschulen, Domschulen etc.) im Mittelalter zurück.[1] Damit setzte eine enge Liaison von Kirche und Schule ein, die über Jahrhunderte andauerte.[2] Wie sehr der katholischen Kirche die Schulen am Herzen lagen, geht aus der Vielzahl der Gründungen von Orden und religiösen Bruderschaften hervor, die sich schwerpunktmäßig die Erziehung von Heranwachsenden in eigenen Schulen zur Aufgabe gesetzt haben. Auch wenn durch die Reformation die Schulen programmatisch zu einem »weltlich Ding« (Martin Luther) erklärt wurden, war damit kein Rückzug der Kirche aus der Schule verbunden. Im Gegenteil, die geistliche Schulaufsicht

---

[1] Vgl. Vinzent, Markus: Schulen im Mittelalter, in: Lexikon der Religionspädagogik, Bd. 2, Neukirchen-Vluyn 2001, 1945–1949.
[2] Vgl. zum Ganzen den differenzierten Überblick bei Lames, Gundo: Schulseelsorge als soziales System. Ein Beitrag zu ihrer praktisch-theologischen Grundlegung, Stuttgart 2000, 24–97; vgl. auch: Rüttiger, Gabriele: Von der Schulseelsorge zur Schulpastoral, in: Lechner, Martin, u. a. (Hg.): Benediktbeurer Beiträge zur Jugendpastoral, München 1992, Bd. 3, 13–21.

dauerte bis zum Ende des deutschen Kaiserreiches im Jahr 1918 fort.

Die ursprüngliche Vorrangstellung der Kirchen im Schulwesen blieb allerdings nicht unangefochten. Zunächst war es der Staat, der die Kirchen aus dieser Rolle verdrängte. Lag doch die Gewährleistung einer Ausbildung treuer und fleißiger Untertanen in seinem Interesse. Spätestens mit der Aufklärung wurde im Zuge der Proklamierung der Herausführung der Menschen aus ihrer Unmündigkeit Kritik am kirchlichen Schulbetrieb laut. Ihm wurde attestiert, das Gegenteil des Aufklärungsideals zu betreiben, nämlich die Jugendlichen in »einem theologisch überhöhten System von Erfassung, Gehorsam und Kontrolle«[3] gefangen zu halten. Die Pädagogik begann sich von der Theologie zu emanzipieren. Erste vom Geist Rousseaus inspirierte Reformschul-Projekte wurden initiiert.

Das vermehrte und breitenwirksame Aufkommen von neuen geistigen und politischen Strömungen im Gefolge der Aufklärung und der Französischen Revolution wie vor allem Liberalismus und Sozialismus, die gerade von der katholischen Kirche als manifeste Bedrohungen der Grundfesten des christlichen Glaubens eingeschätzt wurden, führte dazu, dass diese ihrerseits erhebliche Anstrengungen unternahm, um insbesondere die Heranwachsenden in ihren eigenen Reihen vor solchen sie verwirrenden Einflüssen zu schützen. Mit allen Kräften war sie darum bemüht, die Kinder und Jugendlichen in den von ihr unterhaltenen Einrichtungen davor zu bewahren und sie zu katholischen Bürgern und Bürgerinnen heranzubilden, die als Erwachsene überzeugt die Sache der Kirche vertreten würden. Die Kirche machte es als ›Naturrecht‹« geltend, neben den Eltern vor dem Staat für die Erziehungsaufgabe zuständig zu sein, und verfocht dieses mit aller Energie. Gewissermaßen als Leitdevise dafür hatte Pius XI in seiner Erziehungsenzyklika »Divini illius magistri« von 1929 die Notwendigkeit angeführt,

---

[3] Schneider, Jan Heiner: Lebenswelt Schule – Religionsunterricht – Schulpastoral. Grundlegung und Übersicht (Kirchliche Arbeitsstelle für Fernstudien / Theologie im Fernkurs, Studieneinheit I), Würzburg 1997, 22.

»dass der ganze Unterricht und Aufbau der Schule: Lehrer, Schulordnung und Schulbücher, in allen Fächern unter Leitung und mütterlicher Aufsicht der Kirche vom christlichen Geiste beherrscht sind, so dass die Religion in Wahrheit die Grundlage und Krönung des ganzen Erziehungswerkes in allen seinen Abstufungen darstellt, nicht bloß in den Elementar-, sondern auch in den Mittel- und Hochschulen«[4].

Der vehemente Kampf der katholischen Kirche um die Bekenntnisschule und die konfessionellen Lehrerbildungseinrichtungen bis in die 1960er-Jahre des letzten Jahrhunderts hinein erklärt sich genau von daher.[5]

Inzwischen gehört diese Epoche einer spannungsreichen Symbiose von Kirche und Schule weitgehend der Vergangenheit an. Das Schulwesen ist zu einem autonomen Teilsystem unserer Gesellschaft geworden. Dasselbe gilt für die Kirchen innerhalb des gesellschaftlichen Teilsystems Religion. Es bestehen allerdings noch weiterhin Berührungspunkte zwischen Kirche und Schule. Am nachhaltigsten, weil grundgesetzlich abgesichert, ist dies beim Religionsunterricht der Fall. Aber auch darüber hinaus sind den Kirchen Möglichkeiten zur Beteiligung an der Gestaltung des schulischen Lebens eingeräumt. Man kann also mit Blick auf die Gegenwart wie für das Verhältnis von Kirche und Staat in Deutschland insgesamt auch für das Verhältnis von Kirche und Schule von einer ›hinkenden Trennung‹ sprechen.

2. Vorläufer der Schulpastoral

So wie für das Verhältnis von Schule und Kirche insgesamt sind auch Anfänge dessen, was heute unter Schulpastoral oder Schüler/innenseelsorge firmiert, in der Geschichte zu suchen. Die ersten Dom- und Klosterschulen und später auch die Schulen

---

[4] Mette, Norbert: Divini illius magistri, in: Lexikon der Religionspädagogik, Bd. 1, 350–352, hier: 351; vgl. auch Lames: Schulseelsorge als soziales System, 73.

[5] Vgl. Lames: Schulseelsorge als soziales System, 82–84. Vgl. auch Schreiner, Martin: Bekenntnisschule, Bekenntnisfreie Schule, 2. Historische und gegenwärtige Situation, in: Lexikon der Religionspädagogik, Bd. 1, 143–146.

in Trägerschaft von Orden und Vereinigungen oder die Be-
kenntnisschulen waren nie bloße Lehr- und Unterrichtseinrich-
tungen; sie waren zugleich Erziehungs- und Bildungsstätten,
Orte also, an denen den Heranwachsenden auf der Grundlage
der spirituellen Ausrichtung des jeweiligen Trägers (z. B. Jesuiten, Mary Ward Schwestern – heute Communio Jesu – Ursuli-
nen) dessen Vorstellungen der Lebensführung vermittelt und
sie in das jeweilige Denken und Tun eingeführt wurden.[6] Umso
intensiver konnte dies der Fall sein, wenn die Schüler/innen in
Internaten untergebracht waren und so die ganze Schulzeit hindurch durch ein einheitliches Erziehungs- und Bildungskonzept
geprägt werden konnten. Vom Geist der Orden inspirierte
Vereinigungen – wie etwa die 1563 vom Jesuiten J. Leunis ge-
gründete »Marianische Kongregation« – trugen ihrerseits dazu
bei, eine Lebensführung zu fundieren, die durch eine Spiritualität des Gebetes, der geistlichen Lesung und der tätigen Nächstenliebe geprägt war.[7]

Solange Volksschule und Kirchengemeinde Hand in Hand
arbeiteten, erübrigte sich eine eigene Schüler/innenseelsorge.
Die Schule war integraler Bestandteil des pfarrlichen Lebens
vor Ort. Anders war es bei den Schüler/innen auf den höheren
Schulen. Zwar erteilte auch dort ein Priester Religionsunterricht und es fanden regelmäßige Schulgottesdienste statt. Aber
die Beziehungen dieser höheren Lehranstalten zum sonstigen
kirchlichen Leben waren lockerer. Hier spielten darum die Marianischen Kongregationen und andere Kongregationen eine
wichtige Rolle. Anfang des 20. Jahrhunderts kamen – teilweise
von der damaligen Jugendbewegung inspiriert – neue kirchliche
Jugendbünde hinzu, die besonders von der und für die ›studie-

---

[6] Vgl. Roth, Kristina: Sinnhorizonte christlich gestalteter Schule: Eine
schulpädagogische Begründung der Schulpastoral an staatlichen Schulen,
Hamburg 2013, 17–18.
[7] Vgl. Lambert, Willi: Marianische Kongregationen, in: Lexikon für Theologie und Kirche, Freiburg i.Br. 1997, Bd. 6, 1359f. Die marianischen Kongregationen existieren in Deutschland seit den sechziger Jahren unter dem
Namen »Gemeinschaft christlichen Lebens – GCL«, einer der dem BdKJ angeschlossenen Jugendverbände.

rende Jugend‹ gegründet und gestaltet wurden (Quickborn, Neuland, Neudeutschland, Heliand u. a.). Ihre Arbeit fand im Wesentlichen in der Freizeit und außerhalb der Schule statt und erstreckte sich auf ihre Mitglieder – oft mit nachhaltiger Prägung für deren weiteres Leben.[8] Teilweise wurde der ursprüngliche Impuls der neuen Verbände bzw. Bünde, nämlich das neue Lebensgefühl einer selbstbewussten Jugend auch in der Kirche zur Auswirkung kommen zu lassen, kirchenamtlich wieder kanalisiert, so dass vor allem zwei Zielsetzungen zum Zuge kamen: zum einen das Moment der Bewahrung innerhalb der eigenen Reihen, wobei den Jugendlichen in bestimmten Grenzen ein eigener Gestaltungsraum zugestanden wurde, zum anderen die Vorsorge, dass die späteren Angehörigen der gesellschaftlichen Elite ›studierende Jugend‹ vom christlich-katholischen Geist geprägt sein würden. Dieses war und ist sowieso ein starker Beweggrund für das große Interesse der Kirche vor allem am höheren Schulwesen: zu gewährleisten, dass durch christlich überzeugte Führungskräfte in Politik, Wirtschaft und Bildung die gesamte Gesellschaft von christlichem Geist durchdrungen wird.

3. Von der Schülerseelsorge über die Schulseelsorge zur Schulpastoral: Wege zur Institutionalisierung einer Schulpastoral

Nach dem Zusammenbruch der nationalsozialistischen Diktatur waren es vor allem die Brüder Alfonso und Clemente Pereira, Jesuiten aus dem Aloisius-Kolleg in Bonn-Bad Godesberg, die sich für eine Intensivierung der Schülerseelsorge insbesondere in den norddeutschen Bistümern einsetzten.[9] Sie führten in Anlehnung an die Volksmissionen in den Pfarreien an den Gymnasien ›religiöse Schulwochen‹ ein und waren bestrebt, so alle Schüler und Schülerinnen in ihren Klassenverbänden zu erfassen und ihnen eine Art von Exerzitien in offener Form zuteil

---

[8] Vgl. Schneider: Lebenswelt, 25.
[9] Vgl. ebd., 27–28.

werden zu lassen. Sicherlich war das auch eine Reaktion auf die Nazi-Diktatur, nämlich das Bestreben, die Schüler und Schülerinnen innerlich so zu stärken, dass sie gegenüber verhängnisvollen weltanschaulichen Verführungen bewahrt würden. Ergänzt wurden sie später um das Angebot von ›Tagen religiöser Orientierung‹ (auch: ›Besinnungstage‹) auch für andere Schulformen sowie weitere Angebote. Dass die Schulen den dafür notwendigen Freiraum haben, ist in einigen Bundesländern durch Erlasse der zuständigen Ministerien geregelt. In Nordrhein-Westfalen ist der Wegfall der dritten Religionsunterrichtsstunde pro Woche an Grundschulen durch das Angebot an die Kirchen, in eigener Verantwortung Seelsorge(kontakt)stunden abzuhalten, kompensiert worden.

3.1 Synodenbeschluss »Schwerpunkte kirchlicher Verantwortung im Bildungsbereich« (1975)

Im Synodenbeschluss fanden die Bemühungen um Schulpastoral zum ersten Mal offizielle Erwähnung. Darin heißt es:

»Es erweist sich in vielen Bereichen als notwendig, die Pfarrseelsorge durch ein Netz weiterer pastoraler Angebote zu ergänzen und so die Menschen für den christlichen Dienst in ihrem jeweiligen Lebensbereich zu stärken, ihnen dort die frohe Botschaft zu verkünden und mit ihnen Gottesdienst zu feiern. Zu den Schwerpunkten kirchlicher Verantwortung im Bildungsbereich gehört es, vorhandene Ansätze in einzelnen Diözesen zu fördern, erste Initiativen zu ermutigen und deren Weiterentwicklung zu fördern. Man darf dabei die Menschen in der Schule – Schüler- Eltern, Lehrer und Erzieher, technische und pädagogische Mitarbeiter – nicht nur als Objekte der Seelsorge auffassen, sondern als die, die den Dienst füreinander und vor Gott leisten können und sollen. Eine wichtige Form dieser Arbeit ist die Gruppenbildung, in der sich Teile der Schülerschaft und des Kollegiums als Gemeinschaft von Glaubenden erleben dürfen. Wo die Situation es erfordert, sollte diese Arbeit auch dazu beitragen, dass katholische Schüler und Lehrer ihre Rechte als Katholiken solidarisch vertreten.«[10]

---

[10] Gemeinsame Synode der Bistümer in der Bundesrepublik: »Schwerpunkte kirchlicher Verantwortung im Bildungsbereich« 1975, in: Bertsch, Ludwig; u. a. (Hg.): Gemeinsame Synode der Bistümer in der Bundesrepublik: Beschlüsse der Vollversammlung. Offizielle Gesamtausgabe I, Freiburg/Basel/Wien 1976, 518–548, hier: 539–540.

Es schließen sich drei Empfehlungen an: dass in den Bistümern Verantwortliche für die Schulseelsorge bestellt werden sollen, dass jeder Schule ein Verantwortlicher für die Schulseelsorge zur Verfügung stehen soll und dass die Orden und die anderen geistlichen Gemeinschaften sich verstärkt für die Schulseelsorge engagieren.

Der Synodenbeschluss weitet das Verständnis von Schulseelsorge aus. Er setzt diese nicht – wie es früher vorwiegend der Fall war – mit *Schüler/innenseelsorge* gleich, sondern will sie als ein Handeln verstanden wissen, das sich auf alle Menschen in der Schule bezieht (Schüler/innen, Eltern, Lehrer/innen, nicht lehrende Angestellte) und gemeinsam für sie und mit ihnen getragen wird. Kritisch ist jedoch zu vermerken, dass gemäß dem Beschluss die Schulseelsorge als Ergänzung zum pfarrseelsorgerlichen Angebot verstanden wird und nicht als eigener Ort kirchlichen Wirkens.

Diese Empfehlungen sind schon bald nach der Synode in manchen Bistümern aufgegriffen und auf unterschiedliche Weise umgesetzt worden.

3.2 Die deutschen Bischöfe: »Schulpastoral – der Dienst der Kirche an den Menschen im Handlungsfeld Schule« (1996)

Einen wichtigen Schritt in der Weiterentwicklung und Konsolidierung der Schulpastoral markiert das Schreiben der deutschen Bischöfe »Schulpastoral – der Dienst der Kirche an den Menschen im Handlungsfeld Schule«.[11]

---

[11] Die deutschen Bischöfe – Kommission für Erziehung und Schule: »Schulpastoral – der Dienst der Kirche an den Menschen im Handlungsfeld Schule«, hg. v. Sekretariat der Deutschen Bischofskonferenz, Bonn 1996. Vgl. hierzu: Hallermann, Heribert: Schulpastoral. Der Dienst der Kirche an den Menschen im Handlungsfeld Schule, in: Katechetische Blätter 121 (1996), H. 6, 332–336; Feifel, Erich: Hintergründe. Entstehung und Tendenzen der Erklärung »Schulpastoral« der Kommission für Erziehung und Schule der Deutschen Bischofskonferenz vom 22. Januar 1996, in: Katechetische Blätter 121 (1996), H. 6, 337–341. Vgl. in diesem Band:

Es markiert Ansatz und Anliegen von Schulpastoral sowohl an öffentlichen als auch an katholischen Schulen und skizziert Schulpastoral allgemein als ›Präsenz des Christlichen (in katholischer Ausprägung sollte es präziser heißen) im Handlungsbereich Schule‹. Als Ausgangspunkt wird Schule in ihrer Funktion und ihren Veränderungsprozessen in den Blick genommen und das Anliegen der Schulpastoral wird bestimmt als Absicht, »die Institution Schule bewusst pädagogisch mitzugestalten« und »zur Humanisierung der Schule beizutragen.«[12]

Ausgangpunkt dieses Schreibens ist der Erziehungs- und Bildungsauftrag der Schule und nicht primär das kirchliche Interesse einer frühzeitigen Mitgliederrekrutierung oder die Absicht, nachlassende gesellschaftliche Einflussnahme der Kirche zu kompensieren.[13] Schulpastoral hat folglich eine diakonische Funktion im und für den Lebensraum Schule und für die Menschen in der Schule.

Die pädagogische Mitgestaltung von Lern- und Bildungsprozessen soll u. a. durch Begegnungen zwischen ›Kultur und Glaube‹ ermöglicht werden. Damit soll auch in der öffentlichen Schule die Idee einer »wechselseitigen Durchdringung von Glaube, Kultur und Leben«[14] wirksam werden. Dieser Gedanke der »wechselseitigen Durchdringung« wird in kirchlichen Verlautbarungen über die katholische Schule als zentrale Orientierung, quasi als ein Markenzeichen, gefordert. In Bezug auf die öffentliche Schule wird sie im Sinne einer »Begegnung zwischen Kultur und Glaube«[15] abgeschwächt. Im Hintergrund steht dabei das im Zweiten Vatikanischen Konzil formulierte Bemühen, neuzeitliche Vernunft und Glauben miteinander zu »versöhnen«.

Thalheimer: Schulpastoral – der Dienst der Kirche an den Menschen im Handlungsfeld Schule (1.1).

[12] Die deutschen Bischöfe: Schulpastoral, 10 und 7.

[13] Vgl. ebd., 10.

[14] Vatikanum II: Die Erklärung über die christliche Erziehung »Gravissimum educationis«, in: Rahner, Karl / Vorgrimler, Herbert (Hg.): Kleines Konzilskompendium, Freiburg i.Br. (18) 1985, 335–348, hier: 343.

[15] Vgl. Die deutschen Bischöfe: Schulpastoral, 10.

Pastorales Handeln in der Schule entfaltet sich in den kirchlichen Grundfunktionen *diakonia – martyria – liturgia*, die die schulische Gemeinschaft (*koinonia*) darstellen, herstellen und zu ihr hinführen.

Die Erklärung benennt Qualitätskriterien für schulpastorales Handeln, die auch noch in späteren Verlautbarungen der deutschen Bischöfe aufgenommen werden.

– Schulpastoral ist *kommunikativ*: d. h. sie ist ein Geschehen zwischen und mit allen am Schulgeschehen Beteiligten;

– sie ist *kooperativ und unterstützend*: mit dem Religionsunterricht, den sie in seinem performativen Anliegen unterstützt, damit seine Inhalte nicht lediglich ›graue Theorie‹ bleiben[16], mit Gemeinde, unter dem Aspekt des Glaubens als handlungsleitendem Lebensvollzug[17], mit der Jugendarbeit und Trägern sozialer Arbeit;

– sie ist *lebenspraktisch und erfahrungsbezogen,* indem sie Erfahrungen aus der Lebenswelt Jugendlicher aufgreift (Angenommensein und Alleinsein, Gelingen und Misslingen, Angst und Freude, Beschenktsein und Mangel);[18]

– sie arbeitet *ganzheitlich*, d. h. sie spricht alle Dimensionen menschlichen Erlebens an.

Mit ihrem diakonischen Ansatz, ihrem Ausgangpunkt bei der schulischen Wirklichkeit und der Benennung von Qualitätskriterien für die Schulpastoral stellt diese Verlautbarung eine deutliche Profilierung und Würdigung der Schulpastoral dar.

Gleichwohl ist eine gewisse Unentschlossenheit bzw. Undeutlichkeit hinsichtlich der Benennung der Träger von Schulpastoral und der personellen Absicherung von Schulpastoral festzustellen: Einerseits werden *alle Christen* in der Schule als Träger der Schulpastoral (*Schulpastoral als Dienst, den Chris-*

---

[16] Vgl. Die deutschen Bischöfe: »Der Religionsunterricht vor neuen Herausforderungen«, hg. v. Sekretariat der Deutschen Bischofskonferenz, Bonn 2005, 31–33.

[17] Vgl. dies.: »Katechese in veränderter Zeit«, hg. v. Sekretariat der Deutschen Bischofskonferenz, Bonn 2004, 32.

[18] Vgl. dies.: Schulpastoral, 13–16.

ten aus ihrer Glaubensüberzeugung heraus für das Schulleben leisten[19]) genannt. Hier steht als Orientierung das abgeschwächte Leitbild der katholischen Schule als Erziehungsgemeinschaft (von Lernenden, Lehrenden, Eltern, nicht unterrichtenden Mitarbeiter/innen, Schulträger) im Hintergrund. Sodann wird Schulpastoral auch als eine Funktion des Unterrichts bestimmt, so dass allen katholischen Lehrer/innen und speziell den Religionslehrer/innen eine besondere schulpastorale Bedeutung zukommt. Eine gewisse Zurückhaltung wird hinsichtlich der Besetzung dieses Feldes mit hauptamtlichen, professionellen Kräften geübt.

3.3 Die deutschen Bischöfe: »Qualitätskriterien für Katholische Schulen« (2009)

In diesem Orientierungsrahmen legen die deutschen Bischöfe grundsätzliche Leitlinien für die katholischen Schulen vor.[20] Dieses Schreiben dient der Qualitätssicherung und Profilierung der kirchlichen Eigenprägung katholischer Schulen. Es steht in Zusammenhang mit den an öffentlichen Schulen durchgeführten Qualitätsanalysen. Ausgehend von den drei Hauptmarkierungen der personalen Würde jedes Kindes und Jugendlichen, begründet in der Gottebenbildlichkeit, der wechselseitigen Durchdringung von Glaube, Kultur und Leben, dem Leitbild der Erziehungsgemeinschaft[21] werden Leitlinien für die fünf Qualitätsbereiche (Erziehung, Unterricht, Schulleitung, Lehrer/innen, Elternarbeit) aufgestellt.

Die Schulpastoral wird unmittelbar an prominenter Stelle im Kontext des Erziehungskonzeptes positioniert und als integraler und integrierter Bestandteil des Erziehungsauftrages der Schule, und als Aufgabe aller Lehrkräfte bestimmt.[22]

---

[19] Vgl. Die deutschen Bischöfe: Schulpastoral, 7 und 10.
[20] Vgl. dies.: »Qualitätskriterien für Katholische Schulen. Ein Orientierungsrahmen«, hg. v. Sekretariat der Deutschen Bischofskonferenz, Bonn 2009.
[21] Vgl. ebd., 10–13.
[22] Vgl. ebd., 22.

»Bei Lehrerinnen und Lehrern, bei Schülerinnen und Schülern und bei Eltern ist das Bewusstsein vorhanden, selbst Handelnde der Schulpastoral zu sein.«[23]

Neben liturgischen und spirituellen Angeboten soll es Angebote zur persönlichen Lebensgestaltung, zum sozialen Engagement und zur Solidarität in der Einen Welt geben. Schulpastoral ist kooperativ insbesondere mit kirchlichen Einrichtungen verbunden.

Diese Postulate an den katholischen Schulen einzulösen, ist eine große Herausforderung für die Zukunft. Sie stellt sich mit besonderer Dringlichkeit auch angesichts der nachlassenden kirchlichen Sozialisation vieler Lehrenden.[24] Will der Anspruch kirchlicher Schule, eine Präsenzform von Kirche zu sein, nicht nur behauptet, sondern auch realisiert werden, dann liegt hier eine große Aufgabe vor.

Beide Schreiben zur Schulpastoral weisen Fortschritte auf sowohl hinsichtlich der Wahrnehmung von Schule mit ihren vielfältigen oft auch widersprüchlichen Aufgabenzuschreibungen, als auch mit Blick auf die Bestimmung von Schulpastoral als einem diakonischen Handeln in der Schule und im Dienst der Schule. Beide Verlautbarungen bleiben aber uneindeutig, wenn sie einerseits hohe Professionalitätserwartungen und -zuschreibungen an die Schulpastoral formulieren, andererseits aber einer Professionalisierung dieses Feldes durch hauptamtliche Fachkräfte gegenüber zurückhaltend sind. Ob damit Schule als hoch professionalisiertem Raum wirklich ein Dienst erwiesen wird, ist eine offene Frage. Ungeklärt bleibt auch der Status der Schulpastoral: Ist sie als pastorales Feld Anhängsel der Gemeindepastoral oder ein eigenständiges kategoriales Feld der Seelsorge?

---

[23] Die deutschen Bischöfe: Qualitätskriterien, 22.
[24] Vgl. Kollig, Manfred: Schulpastoral an Katholischen Schulen. Wenn ja, warum nicht?, in: engagement. Zeitschrift für Erziehung und Schule, Münster (2009), H. 4, 342–350.

4. Weiterentwicklung der Schulpastoral in Theorie und kirchlicher Praxis

Seit Mitte der 1990er Jahre werden vielfältige Ansätze der Schulpastoral mit unterschiedlichen theologischen und pädagogischen Begründungen entwickelt. Darüber hinaus etablieren und profilieren sich einzelne praktische Felder der Schulpastoral, insbesondere in der Schüler/innenpastoral so z. B. der Bereich von ›Tagen (religiöser) Orientierung‹ und von liturgischen Angeboten in der Schule.[25] In vielen Bistümern werden für diese Handlungsfelder spezielle Konzepte und Profile entwickelt.

Neben aller Unterschiedlichkeit verbindet die verschiedenen theologisch reflektierten Ansätze das Anliegen, eine wirksame Präsenz der Kirche in der Schule zu begründen, Schule aus dem Geist des Evangeliums mit zu gestalten und dadurch die Menschen in der Schule zu unterstützen.[26] Sie tun dies z. B. mit einer pneumatologischen Begründung (Joachim Burkhard), eher schultheoretisch (Jan Heiner Schneider), in systemtheoretischer Perspektive (Gundo Lames), im Rückgriff auf die ignatianische Pädagogik (Philipp Görtz)[27], vertreten eine mystagogische Schulpastoral (Carsten Roeger), entfalten Schulpastoral im Kontext religiöser Pluralität (Ulrich Kumher)[28] oder begründen Schulpastoral von der Schulpädagogik her (Kristina Roth).[29]

---

[25] Ein Indiz hierfür ist die nahezu unübersehbare Zahl an praktischen Handreichungen und Methodensammlungen.

[26] Vgl. ausführlich zu einigen Ansätzen in diesem Band das Kapitel 4.

[27] Vgl. Görtz, Philipp: Ignatianische Schulpastoral. Anregungen für eine spirituelle Praxis an konfessionellen Schulen, Würzburg 2014.

[28] Vgl. Kumher, Ulrich: Schulpastoral und religiöse Pluralität: Ein Konzeptentwurf für die Auseinandersetzung mit religiöser Pluralität, Würzburg 2008.

[29] Vgl. Roth, Kristina: Sinnhorizonte christlich gestalteter Schule: Eine schulpädagogische Begründung der Schulpastoral an staatlichen Schulen, Hamburg 2013.

Alle Ansätze stimmen grundsätzlich darin überein, dass Schulpastoral sich an alle Menschen in der Schule wendet, allerdings bleiben die Bereiche der Lehrer/innenpastoral ebenso wie die Pastoral mit Eltern weitgehend unterbelichtet.

In fast allen Bistümern gibt es in den letzten Jahren das Bemühen, die Schulpastoral verstärkt zu institutionalisieren und über Fortbildungsangebote zu professionalisieren. Dies geschieht auf unterschiedliche Weise, so dass man kaum von *der Schulpastoral* sprechen kann – weder hinsichtlich ihres theologischen Profils, ihrer konzeptionellen Ausrichtung noch ihrer institutionellen Anbindung – ganz zu schweigen von der personellen Ausstattung. In vielen Bistümern werden (Religions-)Lehrer/innen für die Schulpastoral beauftragt (z. B. im Bistum Mainz, im Bistum Rottenburg-Stuttgart und in vielen bayerischen Diözesen); manche Bistümer beauftragen pastorale Mitarbeiter/innen für eine oder mehrere Schulen (z. B. das Bistum Münster); einzelne Bistümer setzen an den eigenen Bistumsschulen ausschließlich Kleriker ein (z. B. die Erzbistümer Köln und Paderborn); wieder andere Bistümer setzen ein Tandemmodell um, das eine enge Kooperation zwischen einer Lehrperson einer Schule und einem pastoralen Mitarbeiter/ einer pastoralen Mitarbeiterin vorsieht (Bistum Osnabrück). Entscheidende Unterschiede gibt es auch in den einzelnen Bistümern hinsichtlich der Ausstattung mit Deputatsstunden für die Lehrer/innen, die eine Beauftragung zur Schulpastoral haben.

Diese ganz unterschiedlichen Wege sind begründet in einer vorhandenen (oder nicht vorhandenen) Tradition in der Schulpastoral, in den pastoralen Prioritätensetzungen der jeweiligen Diözese, den finanziellen und personellen Möglichkeiten und ebenso im regionalen Umfeld. Auch die strukturelle diözesane Anbindung und Zuordnung der Schulpastoral variiert: In einigen Bistümern ist die Schulpastoral an die Schulabteilung angebunden, in anderen an die Seelsorgeabteilung, in wieder anderen an die bischöflichen Jugendämter. Schulpastoral ist dementsprechend so vielfältig wie die Schullandschaft und wie die kirchliche Realität.

5. Ausblick

Trotz dieses Variantenreichtums gilt: Eine qualifizierte Schulpastoral braucht qualifizierte und professionell arbeitende Personen, die für ihre Tätigkeit ein nennenswertes Zeitkontingent zur Verfügung haben. Ebenso notwendig ist eine genaue Kenntnis des Systems Schule mit seinen Gremien, Dienstwegen, Abläufen, und Regularien. Zudem bedarf es einer auch institutionell abgesicherten Distanz des Schulseelsorgers/ der Schulseelsorgerin zum System Schule bei gleichzeitiger struktureller Eingebundenheit. Letzteres gilt insbesondere für Lehrer/innen, die eine Beauftragung für die Schulpastoral haben. Nur wenn diese Bedingungen erfüllt sind, kann Schulpastoral einen wirksamen Beitrag zum Anspruch einer Humanisierung der Schule leisten.

Die Schulpastoral ist ein noch junges kirchliches Handlungsfeld, ihre Entwicklung in Theorie und Praxis dauert noch an. Für eine weitergehende Positionierung und Standortfindung im System Schule kann sich ein kritisch-würdigender Dialog mit der Pädagogik und der Schultheorie als fruchtbar erweisen.

Literatur zum Weiterlesen:

engagement. Zeitschrift für Erziehung und Schule (2012), H. 4: »Pastorales Handeln in der Schule«.

Diakonia. Internationale Zeitschrift für die Praxis der Kirche 41 (2010), H. 3: »Schulpastoral«.

Kirche und Schule, Bischöfliches Generalvikariat, Hauptabteilung Schule und Erziehung Münster (Hg.) 35 (2008), H. 147: »Zum Wohl: Leben – lernen – lehren«.

Kirche und Schule, Bischöfliches Generalvikariat, Hauptabteilung Schule und Erziehung Münster (Hg.) 37 (2010), H. 155: »Schwammige Sache: Schule – Seele – Sorge«.

3.2 Evangelische Schulseelsorge

Harmjan Dam

Dieser Artikel gibt einen Überblick über die geschichtliche Entwicklung der evangelischen Schulseelsorge in den letzten 25 Jahren. Der aktuelle Stand der konzeptionellen Überlegungen wird ergänzt durch eine theologische Begründung und die Standards der Qualifizierung.

25 Jahre Schulseelsorge

Die katholische Schulpastoral ist der evangelischen Schulseelsorge zeitlich immer etwas voraus gewesen, auch wenn die Anfänge von beiden in den 1980er Jahren liegen.

In dieser Zeit bestand bei einer Reihe Personen in der Evangelischen Kirche Hessen Nassau (EKHN) große Unzufriedenheit über das Verhältnis von Kirche und Schule (hoher Unterrichtsausfall in der Berufsschule, Pflichtstunden der Pfarrer usw.). Sie suchten nach neuen Wegen, über den Religionsunterricht hinaus, als Kirche in der Schule präsent zu sein. Dabei konnten sie konzeptionell anschließen bei Überlegungen von Dieter Stoodt (Frankfurt), der Religionsunterricht als Begleitung der religiösen Sozialisation umschrieb. In der EKHN beschloss die Landessynode im Herbst 1988 die Einrichtung eines ›Pilotprojektes‹ »schulnahe Jugendarbeit und Seelsorge an Schülern«, begleitet durch das Religionspädagogische Zentrum.[1] Im Jahr 1990 hatten schon 15 Schulpfarrer/innen einen

---

[1] Insbesondere durch Manfred Kopp. Vgl. Staude, Walter / Dettmar, Volker / Zwickel, Anke / Dam, Harmjan: Damit keiner verloren geht – 25 Jahre Schulseelsorge in der EKHN, Dietzenbach 2013, 5–27; vgl. Koerrenz, Ralf / Wermke, Michael (Hg.): Schulseelsorge – Ein Handbuch, Göttingen 2008, 15–26.

Schulseelsorge-Auftrag von 6 Unterrichtsstunden pro Woche bekommen. Sie arbeiteten vor allem an Berufsbildenden Schulen und an katholischen Gymnasien – dort als Pendant zu den Kolleg/innen für Schulpastoral. Einen weiteren Impuls in Hessen bildete das Schulgesetz 1992, das eine »Öffnung von Schule« vorsah und nachdrücklich die Kirchen als Partner nannte. Schulseelsorge wurde als Aspekt der »schulnahen Jugendarbeit« gesehen. Die Begleitung lag nun bei mir als Landesschülerpfarrer im Amt für Jugendarbeit. Schulseelsorge stand damit konzeptionell auf drei Beinen: Religionsunterricht, Jugendarbeit und Seelsorge. Im Jahr 1998 fingen die drei kirchlichen Einrichtungen für Religionspädagogik, Jugendarbeit und Seelsorge mit ersten Qualifizierungskursen für Schulseelsorge an. Im Jahr 2000 gab es in der EKHN schon 35 Schulseelsorger/innen. Schulseelsorge wurde umschrieben als

(1) qualifizierte seelsorgerliche Begleitung der Schülerinnen und Schüler sowie der Schulgemeinde,

(2) Beratungsgespräche, Bildungs- und Freizeitangebote,

(3) die Mitgestaltung von Schule als Lebensraum und

(4) die Vernetzung mit dem kirchlichen/sozialen Umfeld.

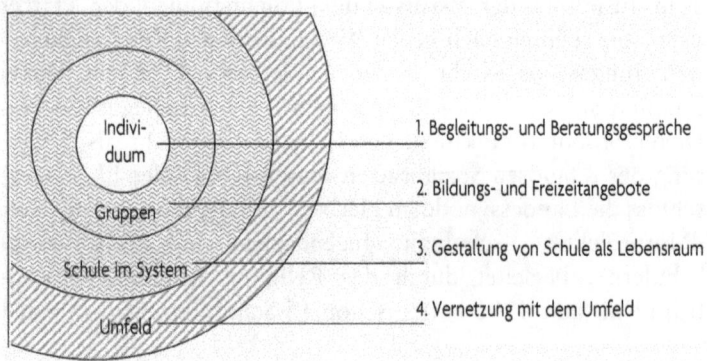

Abb. 3.2: Harmjan Dam: Die Handlungsfelder der Schulseelsorge

Hier zeigt sich das Modell der vier konzentrischen Kreise, das in der evangelischen Schulseelsorge in der Evangelischen Kirche in Deutschland weitgehend Eingang gefunden hat. Die Mitte bilden die Individuen, für die Begleitungs- und Beratungsgespräche angeboten werden. Im zweiten Kreis stehen die Gruppen, für die es Bildungs- und Freizeitangebote gibt. Den dritten Kreis bildet die Schule als Lebensraum (Religion im Schulleben) und der vierte Wirkungskreis der Schulseelsorge ist das Umfeld der Schule.

Mit diesem Konzept, mit der großen Zahl der Beauftragten und mit einer Qualifizierung war die EKHN Vorreiter für evangelische Schulseelsorge in Deutschland. Auch in den Ev. Landeskirchen von Westfalen (insb. Dortmund), Hannover und vom Rheinland wurde Schulseelsorge entwickelt, allerdings zunächst mit anderen konzeptionellen und organisatorischen Akzenten. Im Rheinland gibt es keine Beauftragten mit Stundendeputat. In Hannover galt lange, dass alle Schulpfarrer/innen Seelsorge machen würden, und dass sie dafür nur pauschal mit einer Stunde entlastet wurden. Erst die EKD-weiten Konferenzen für Schulseelsorge ab 2006 brachten eine starke Beschleunigung und eine konzeptionelle Abstimmung.[2] Während 2006 nur in sechs Landeskirchen ausgewiesene Schulseelsorge stattfand, gibt es sie 2014 in allen Landeskirchen. Auf EKD-Ebene sind Leitlinien entwickelt worden und es gibt eine bundesweite Arbeitsgemeinschaft für die Studienleiter/innen für Schulseelsorge in den religionspädagogischen Instituten. Immer mehr werden auch Religionslehrkräfte und Ehrenamtliche mit Schulseelsorge beauftragt und darin ausgebildet.

Konzeptionen und theologische Begründungen

Die anfänglich starke Verbindung von Schulseelsorge mit Jugendarbeit, so wie sie in der EKHN entwickelt wurde, blieb eher eine Ausnahme. Fast überall war die Schulseelsorge struktu-

---

[2] Vgl. Dam, Harmjan / Spenn, Matthias (Hg.): Evangelische Schulseelsorge, Münster 2006; vgl. Dam, Harmjan / Spenn, Matthias (Hg.): Qualifizierung Schulseelsorge, Münster 2009.

rell und organisatorisch an die Religionspädagogik gekoppelt, die auch sonst das Bindeglied zwischen Kirche und Schule bildet. In den Konzepten und ihren theologischen Begründungen wurden anfänglich unterschiedliche Akzente gesetzt, die sich aber nicht gegenseitig ausschlossen, sondern eher unterschiedliche Absichten formulierten. Andrea Dietzsch[3] macht folgende Unterscheidung:

1. Schulseelsorge als Seelsorge. Sie ist individuelle Lebenshilfe, Beratung und Begleitung. Hier geht es vor allem um den Beitrag zur (religiösen) Identitätsfindung. Diesen Akzent findet man in allen Konzepten. Dies ist darin begründet, dass die Schulseelsorge von ihrem Wesen her christlich motiviert ist und Seelsorge die »Muttersprache der Kirche« (Petra Bosse-Huber) genannt werden kann. Schulseelsorge ist damit gelebte Nachfolge. Sie geht aus von der Annahme jedes Menschen in der Rechtfertigung und in der Nächstenliebe.[4]

2. Schulseelsorge als Form gelebter Kirche. Sie ist Einführung in gelebte Religion und ein Angebot zur religiösen Sozialisation in Ergänzung zum Religionsunterricht. Schulseelsorge will religiöse Erfahrungsräume eröffnen und als religiös-diakonische Präsenz von Kirche im schulischen Lebensraum gesehen werden. Wie die schulbezogene Jugendarbeit setzt sie auf eine Geh- statt Komm-Struktur von Kirche. Diese gründet im Missionsbefehl.

3. Schulseelsorge als Element der Schulentwicklung. Auf diese Weise ist die Schulseelsorge ein Beitrag zu einer menschfreundlichen Schulkultur. Es geht ihr um Humanisierung von Schule und Verbesserung des Schulklimas.

Der erste Akzent würde einem engen Schulseelsorgebegriff entsprechen, was aber nicht der realen Arbeit der evangelischen Schulseelsorge entspricht. Bernd Schröder akzeptiert zwar für

---

[3] Dietzsch, Andrea: Evangelische Schulseelsorge. Impulse für Theorie und Praxis, Hamburg 2013, 90–99.
[4] Vgl. Vierling-Ihrig, Heike: Was hat die Kirche von der Schulseelsorge?, in: Dam, Spenn: Evangelische Schulseelsorge, 35–42.

die aktuelle Präsenz von Kirche in der Schule den Begriff Schulseelsorge, nennt ihn aber etwas irreführend, weil es der Schulseelsorge nachdrücklich um die Gestaltung von Religion im Schulleben geht: »die kind- und jugendgemäße Gestaltung von christlicher Religion im Alltag von Schülern.«[5] Er begründet die Schulseelsorge ekklesiologisch: Seit dem Mittelalter gibt es in Deutschland die Tradition des christlich-religiösen Schullebens, insbesondere die der Seelsorge und der Gottesdienste in der Schule. Diese ist tiefer in den Schulen verwurzelt als der Religionsunterricht: »Die Mitte der christlichen Religion ist nicht der Diskurs über sie, sondern die religiöse Praxis«.[6] Schulseelsorge ist diese religiöse Praxis. In gleicher Richtung argumentiert Michael Wermke: »Theologisch kann sich Schulseelsorge innerhalb der Schule begründen, indem sich dort Orte gelebten Glaubens, der Koinonia, bilden, an denen Christen sich ihrer Gemeinschaft und ihres Glaubens vergewissern und von denen etwas Entscheidendes in die Kultur der Schule ausstrahlen kann.«[7] In der *koinonia* spielen Schulgottesdienste eine zentrale Rolle.

Die EKD-Standards für die Schulseelsorgequalifikation zeigen, dass von einem breiten Schulseelsorgebegriff ausgegangen wird. Um die Kriterien des EKD-Seelsorgegeheimnisgesetzes, insbesondere § 5.2, zu erfüllen müssen alle, die in der Schulseelsorge tätig werden, diese Qualifikation nachweisen. Sie umfasst mindestens 80 Zeitstunden. Als Standard gelten fünf Kompetenzbereiche, bei dem die Bereiche 1 und 3 wenigstens 55 % der Ausbildung ausmachen müssen.

1. *Persönliche Seelsorgekompetenz* (u. a. Reflexion der eigenen Seelsorgeidentität und Rolle, Gesprächsführung wie Kurzgespräch, kollegiale Beratung und Krisenintervention, Seelsorgekonzepte)

---

[5] Schröder, Bernd: Religionspädagogik, Tübingen 2012, 659–672. Diesen Gestaltungsauftrag kann mit dem Recht auf positive Religionsfreiheit (GG § 4) begründet werden.

[6] Schröder, Bernd: Religionspädagogik, Tübingen 2012, 660.

[7] Koerrenz, Ralf / Wermke, Michael (Hg.): Schulseelsorge – Ein Handbuch, Göttingen 2008, 29–32.

2. *Theologische, liturgische und spirituelle Kompetenz* (u. a. theologische Reflexion von Seelsorge im Bereich Schule und Religionsunterricht, Umgang mit Pluralität, liturgische Kompetenz)
3. *Fallbezogene Feld- und Handlungskompetenz* (u. a. Lebenswirklichkeit von Schüler/innen, Symptome und Interventionsformen typischer Störungen, Mobbing, Krisen, Tod und Trauer, Vernetzung)
4. *Systembezogene Feld- und Handlungskompetenz* (u. a. Schulseelsorge als Schulentwicklung und als Beitrag zum Schulleben, Projektarbeit, Rollenkompetenz)
5. *Kompetenz in rechtlichen Fragen* (u. a. Schweigepflicht, Zeugnisverweigerungsrecht)

Evangelische Schulseelsorge ist nicht nur individuelle Beratung, sondern auch Begleitung der religiösen Sozialisation über den Religionsunterricht hinaus und ein Beitrag zur Schulentwicklung. Sie ist gut vernetzt mit anderen sorgenden Personen in und um Schule. Auch wenn in der Schulseelsorge alle vier Elemente vertreten sind, wird es immer von den einzelnen Personen und der jeweiligen Schule abhängen, welche Akzente gesetzt werden.

Literatur zum Weiterlesen:
Dam, Harmjan / Spenn, Matthias (Hg.): Evangelische Schulseelsorge, Münster 2006.
Dam, Harmjan / Spenn, Matthias (Hg.): Qualifizierung Schulseelsorge, Münster 2009.
Dam, Harmjan / Spenn, Matthias (Hg.): Seelsorge in der Schule. Begründungen – Bedingungen – Perspektiven, Münster 2011.
Dam, Harmjan / Spenn, Matthias (Hg.): Schulseelsorge in der pluralen Schule, Münster 2014 (in Vorbereitung).
Dietzsch, Andrea: Evangelische Schulseelsorge. Impulse für Theorie und Praxis. Hamburg 2013.
Gutmann, Hans-Martin / Kuhlmann, Birgit / Meuche, Katrin: Praxisbuch Schulseelsorge, Göttingen 2014.
Koerrenz, Ralf / Wermke, Michael (Hg.): Schulseelsorge – Ein Handbuch, Göttingen 2008.

3.3 Christliche Schulpastoral in Schulen mit religiös pluraler Schülerschaft

Winfried Verburg / Annett Abdel-Rahman

In den Schulen geht der Anteil getaufter Kinder und Jugendlicher zurück, während der Prozentsatz von jungen Menschen steigt, die dem Islam oder keiner Religion angehören. Der Artikel beschreibt unter der Leitlinie der Gastfreundschaft, mit welchem Selbstverständnis Christen in religiös pluralen Schulen Schulpastoral gestalten und wie sie zur Humanisierung dieser Schulen beitragen können. Hierbei kommt stets auch die islamische Sichtweise zur Sprache.

»Schulpastoral ist ein Dienst, den Christen aus ihrer Glaubensüberzeugungen heraus für das Schulleben leisten mit der Absicht, so zur Humanisierung der Schule beizutragen.«[1] Als vor 18 Jahren die Bischöfe der Kommission für Erziehung und Schule Schulpastoral so ökumenisch offen definierten, waren die schulischen und damit auch gesellschaftlichen und kirchlichen Herausforderungen, die sich durch die veränderte Religionszugehörigkeit der Schüler/innen ergeben, noch nicht im Blick.[2] Sowohl die Statistiken einzelner Schulen als auch die der Bundesländer über die Religionszugehörigkeit zeigen, dass in Schulen, auch in etlichen kirchlichen Schulen[3], Schüler/innen unterschiedlicher Religionszugehörigkeit leben und lernen. Längst nicht mehr in allen Schu-

---

[1] Die deutschen Bischöfe – Kommission für Schule und Erziehung: »Schulpastoral – der Dienst der Kirche an den Menschen im Handlungsfeld Schule«, hg. v. Sekretariat der Deutschen Bischofskonferenz, Bonn 1996, 7.

[2] Vgl. Die deutschen Bischöfe: Schulpastoral, 8f.

[3] Kongregation für das Katholische Bildungswesen: Erziehung heute und morgen. Eine immer neue Leidenschaft, Vatikanstadt 2014, 8: »Heute werden solche Einrichtungen überall in der Welt mehrheitlich von Schülern verschiedenen Religionszugehörigkeiten und auch verschiedene Nationalitäten und Kulturen besucht. Ihre konfessionelle Ausprägung soll keine Barriere, sondern Voraussetzung für den interkulturellen Dialog sein und jedem Schü-

len in Deutschland gehört die Mehrheit von ihnen einer der christlichen Kirchen an. Während der Anteil Getaufter in den Schulen zurückgeht, nehmen die Anteile von jungen Menschen, die dem Islam angehören, sowie von solchen ohne Religionszugehörigkeit zu. Die konfessionslosen Schüler/innen stellen in vielen Schulen schon einen größeren Anteil als ihre katholischen oder evangelischen Mitschüler/innen. Das hat Konsequenzen für die Plausibilität, ob und wie Religionsgemeinschaften für schulpastorale Angebote ein Gastrecht im Raum der öffentlichen Schule gewährt werden kann. Es hat aber auch Konsequenzen für die Realisierungsformen der Schulpastoral in allen vier Grundfunktionen, ohne dass die eingangs zitierte Definition falsifiziert würde. Jedoch ist angesichts der wachsenden Zahl von Schulen, in denen Katholiken in der Minderheit sind, sowohl bei Schüler/innen, Eltern, Lehrer/innen und anderen in der Schule Tätigen, die folgende Doppelfrage zu stellen: Mit welchem Selbstverständnis können Christen in religiös pluralen Schulen ihren schulpastoralen Dienst anbieten? Was können sie, möglicherweise auch als Minderheit, für das Schulleben leisten, um zur Humanisierung einer religiös pluralen Schule beizutragen?

1. Zum Selbstverständnis von Schulpastoral in religiös pluralen Schulen: Empfangene und gewährte Gastfreundschaft

Wenn Christ/innen, die sich aufgrund ihrer christlichen Glaubensüberzeugung in der Schulpastoral engagieren wollen, in die Schule gehen, haben sie keinen Rechtsanspruch dort zu sein, sondern sind Gäste, die darauf angewiesen sind, dass ihnen die Schule als Gastgeber Rechte einräumt.[4] Wenn sie willkommen

---

ler helfen, nicht nur im Hinblick auf den Lernstoff, sondern auch an Menschlichkeit und Zivilverantwortung zu wachsen.«

[4] Der zuweilen angeführte Art. 140 GG iVm Art. 141 WRV begründet keinen Rechtsanspruch auf Schulpastoral, sondern betrifft nur öffentliche Einrichtungen, deren Insassen an ihrer Religionsausübung gehindert sind, weil sie längere Zeit in der Einrichtungen leben müssen und diese nicht selbstbestimmt verlassen können (z. B. JVA, Militär).

sind und ihnen Rechte, Räume, Zeiten und Kommunikations-
möglichkeiten gegeben werden, werden sie ihrerseits zu Gast-
geberinnen und -gebern, die Mitgliedern der Schulgemeinschaft
Angebote machen.[5] In der Schulpastoral Tätige folgen also
Jesus als Gast und Gastgeber nach:

1. Jesus nimmt oft, vor allem im Lukasevangelium, Gastfreundschaft in Anspruch und gewährt diese. Er hat kein eigenes
   Haus, in das er einlädt, sondern lädt sich selbst ein oder wird
   eingeladen, um am Leben und am Gastmahl in fremden Häusern teilzunehmen. Auch die in der Schulpastoral Tätigen la-
   den in der Regel nicht in ihr Haus, in Räume der Gemeinde
   ein, sondern nehmen Gastfreundschaft in den Räumen der –
   in den meisten Fällen nicht kirchlich getragenen – Schule wahr.

2. Jesus fällt immer wieder aus der Rolle des Gastes heraus: Er
   wird zum Gastgeber. Besonders deutlich wird dies in der Em-
   maus-Perikope (Lk 24,28–32)[6]: Jesus wird eingeladen, als
   Gast bei den Jüngern zu bleiben. Er übernimmt jedoch die
   Rolle des Gastgebers, indem er nach dem Lobpreis und dem
   Brechen des Brotes ihnen das Brot gab, also zum Geber wird.
   Wenn Jesus aus der Rolle fällt, tut er es nicht, um auf Kosten
   der Arbeit anderer als gastfreundlich und freigebig zu erscheinen. Mit der Inanspruchnahme des Gastrechtes in fremden
   Häusern ist der Zuspruch der vorbehaltlosen Liebe Gottes verbunden, aus der erst ein Anspruch an den Gastgeber erwächst.
   Dies wird besonders deutlich, wenn Jesus bei Zöllnern zu Gast
   ist (Lk 5,27–32; 19,1–10). Auch Schulpastoral in den Räumen
   der Schule fällt aus der Rolle des Gastes in den Räumen der öffentlichen Schulen heraus und übernimmt die Rolle des Gastgebers, indem ihre Angebote eine Einladung darstellen für die
   Menschen, die im Raum der Schule leben und tätig sind.

---

[5] Zu diesem Aspekt der Gastfreundschaft siehe auch Lob, Brigitte: Gestal-
tungsprinzipen und Qualitätskriterien in der Schulpastoral, in: engagement
(2012), H. 4, 247–255, hier: 253.

[6] Zur Paradigmatik der Emmaus-Erzählung für den Dienst Katholischer Schulen mit kulturell pluraler Schülerschaft siehe auch: Kongregation für das katholische Bildungswesen: Erziehung heute und morgen, Abs. III.1.a), 17–18.

3. Jesus ist Gast, Gastgeber und Gastgeschenk zugleich. Wie in der Emmaus-Erzählung kann er selbst in der Gestalt des gebrochenen Brotes das Geschenk sein. In anderen Erzählungen ist das Gastgeschenk seine Lehre (Lk 7,36–50; 11,37–53, 14,1–24), die er auch kontrovers zur Meinung seiner Gastgeber vorträgt. Empfangene und gewährte Gastfreundschaft ist Teil der Verkündigung Jesu. Analog dazu wird auch Schulpastoral, die in fremde Räume einlädt, ihren Gästen weder die Lehre Jesu vorenthalten, wobei »jedes Wort der Schrift vor allem Geschenk und erst in zweiter Linie Anspruch ist« (Evangelii Gaudium = EG 142), noch auf das Angebot der Begegnung mit Christus in der von ihm selbst gegebenen Gabe, der Eucharistie, verzichten.[7] Empfangene und gewährte Gastfreundschaft in der Schule ist Teil der von Papst Franziskus für notwendig erachteten Evangelisierung der Kulturen und der Inkulturation des Evangeliums (EG 69).

4. Das biblische Gastrecht beschränkt sich nicht auf Vorgaben für die Bewirtung und Beherbergung, sondern die Tora entwickelt das Gastrecht zur Rechtsgleichheit für die fremden Gäste weiter; so gilt das Gebot der Sabbatruhe auch für den Fremden, »der in deinem Stadtbereichen Wohnrecht hat« (Dtn 5,13 par Ex 20,10). Das Gastrecht der Tora wendet sich gegen Formen der Benachteiligung von Fremden; zudem werden im Unterschied zum antiken Heidentum Beteiligungsmöglichkeiten an gottesdienstlichen Feiern geschaffen (Dtn 11,11.16).[8] So muss sich auch christliche Schulpastoral für Chancen- und Rechtsgleichheit mit ihren Angeboten, vor allem bei der Wahrneh-

---

[7] Zur Gastfreundschaft im Lukasevangelium vgl. Hotze, Gerhard: Jesus als Gast. Studien zu einem christologischen Leitmotiv im Lukasevangelium, Würzburg 2007; Verburg, Winfried: »Vergesst die Gastfreundschaft nicht, denn durch sie haben einige, ohne es zu ahnen, Engel beherbergt«, in: Schmid, Hans / Verburg, Winfried (Hg.): Gastfreundschaft. Ein Modell für den konfessionellen Religionsunterricht der Zukunft, München 2010, 57–66.

[8] Vgl. dazu Krochmalnik, Daniel: Abrahamische Gastfreundschaft in Bibel und Talmud, in: Schmid, Hans / Verburg, Winfried (Hg.): Gastfreundschaft. Ein Modell für den konfessionellen Religionsunterricht der Zukunft, München 2010, 48–56; Verburg: »Vergesst die Gastfreundschaft nicht«, 58–61.

mung des Rechts auf positive Religionsfreiheit im Raum der öffentlichen Schule, anwaltlich einsetzen und kann gleichzeitig die Gebete und Feiern der eigenen Religion öffnen für Gäste. Damit setzt sich Schulpastoral für eine Kultur nicht nur der Toleranz, sondern des Respekts bis zur Wertschätzung vor fremden religiösen Überzeugungen und damit für eine Kultur des Dialogs[9] ein.

Aus diesem biblisch begründeten Selbstverständnis ergeben sich in religiös pluralen Schulen neue Schwerpunkte für Realisierungsformen der Schulpastoral in allen vier Grundfunktionen, ohne dass bisherige Realisierungsformen obsolet würden:[10]

2. Realisierungsformen von Schulpastoral in religiös pluralen Schulen als Beitrag zur Humanisierung von Schule

2.1 Einsatz für Benachteiligte

»Aus unserem Glauben an Christus, der arm geworden ist und den Armen und Ausgeschlossenen immer nahe ist, ergibt sich

---

[9] Siehe dazu Papst Franziskus: »Die einzige Art und Weise, dass ein Mensch, eine Familie, eine Gesellschaft wächst, die einzige Art und Weise, um das Leben der Völker voranschreiten zu lassen, ist die Kultur der Begegnung; eine Kultur, in der alle etwas Gutes zu geben haben und alle dafür etwas Gutes empfangen können. Der andere hat immer etwas, das er mir geben kann, wenn wir fähig sind, uns ihm in offener und bereitwilliger Haltung ohne Vorurteile zu nähern. Diese offene und bereitwillige Haltung ohne Vorurteile würde ich als ›soziale Demut‹ bezeichnen und eben diese ist günstig für den Dialog. Nur so kann ein gutes Einvernehmen zwischen den Kulturen und Religionen wachsen wie auch die gegenseitige Wertschätzung frei von grundlosen Voreingenommenheiten und in einem Klima der Achtung der jeweiligen Rechte. Entweder setzt man heute auf den Dialog, setzt man auf die Kultur der Begegnung oder alle verlieren. Hier geht der Weg, der Frucht bringt.« www.vativan.va/holy_father/francesco/speeches/2013/july/documentes/papa-francesco_2013072 7_gmg-classe-dirigente-rio_ge.html (Zugriff: 03.01.2014).

[10] So sind als Realisierungsmöglichkeit der pastoralen Grundfunktion *martyria* »ökumenische und interreligiöse Begegnungen« und »interreligiöse Gebete« als Realisierungsmöglichkeit der Grundfunktion *leiturgia* schon benannt, in: Die deutschen Bischöfe: Schulpastoral, 19–20.

die Sorge um die ganzheitliche Entwicklung der am stärksten vernachlässigten Mitglieder der Gesellschaft« (EG 187). Auch in Zeiten gesetzlich verankerter Inklusion in den Schulen geschieht Exklusion innerhalb und außerhalb der Schule. Christ/ innen können Exklusionen durch diakonische schulpastorale Angebote verringern: um benachteiligten Schüler/innen zu helfen, z. B. durch Lesepatenschaften oder Hausaufgabenhilfe für Kinder, die Deutsch nicht als Muttersprache gelernt haben; um mit Schüler/innen Menschen außerhalb der Schule zu helfen und sie zur Solidarität anzuregen, z. B. durch Projekte zugunsten gesellschaftlich oder wirtschaftlich ausgegrenzter Menschen außerhalb der Schule und nicht zuletzt um religiöse Ausgrenzung zu minimieren, die als Folge mangelnder religiöser Sensibilität schulische Realität ist: Das Klassenfest im Ramadan, die Einschulung am Schabbat/Samstag, eine Verpflegung in der Schulmensa, die weder religiöse Speisevorschriften berücksichtigt noch durch Trennung der einzelnen Speisen es möglich macht, zumindest die jeweils erlaubten Speisen zu essen. Aufgabe der Schulpastoral ist hier Bewusstseinsbildung, dass weltanschauliche und religiöse Überzeugungen Auswirkungen auf die Lebensführung an Werk- und an Festtagen haben, die zumindest Toleranz, besser aber Respekt und Wertschätzung verdienen. Konkrete Realisierungsform ist z. B. ein Gremium, in dem Religionslehrer/innen, Eltern, und Personen aus den Gemeinden der Religionen, deren Mitglieder die Schule besuchen, zusammen die Schulleitung beraten bei der religionssensiblen Gestaltung der Schule.[11] Raum zu schaffen, wo Mitglieder anderer Religionsgemeinschaften ihre Perspektive und ihre Anregungen einbringen können, ist praktizierte Gastfreundschaft. Da in den meisten Schulen Christen und Muslime gemeinsam leben, lernen und lehren, ist vor allem die islamische Sicht einzubeziehen:

---

[11] Siehe dazu z. B. Giesenkamp, Johanna-Elisabeth / Leicht-Eckardt, Elisabeth / Nachtwey, Thomas: Inklusion durch Schulverpflegung. Interreligiöse Perspektiven 6, Berlin / Münster 2013; Guttenberger, Gudrun / Schroeter-Wittke, Harald (Hg.): Religionssensible Schulkultur, Jena 2011.

Islamische Perspektive

Das islamische Verständnis einer religiös begründeten Lebensweise erschließt sich Muslimen aus den Zusammenhängen der Botschaft Gottes aus dem Koran und dem Vorbild ihres Propheten Mohammad. Einzigartig und besonders prägnant beschreibt Gott in der Sure al Baqara, Vers 30, den besonderen Auftrag des Menschen: »*Innī jāʾilun fī l-ardi khalīfa ... – Ich bin dabei auf der Erde einen Statthalter einzusetzen ...*«.

Aus diesem Verständnis heraus sehen sich Muslime nicht nur als religiöse Individuen vor Gott, sondern auch als gesellschaftlich verantwortlich Handelnde. Dies bezieht sich auch auf die Lebensgemeinschaft in der Schule. Ein Aktionsraum Schule, der nicht nur Raum ist, um Fachwissen zu vermitteln, sondern auch um Persönlichkeiten zu sensibilisieren und zu stärken für ein engagiertes soziales Miteinander in der Gesellschaft, braucht als Grundlage ein Klima der gegenseitigen Wertschätzung und Offenheit füreinander. Dies umfasst nicht nur religiöse Aspekte, sondern auch Fragen der Lernfähigkeit, der Gesundheit, der Herkunft. Religionssensible Schulkultur meint hier also nicht nur das Selbstverständnis, *eigenen* religiösen Geboten folgen zu können, sondern auch, den Blick für die Bedürfnisse des *anderen* zu schulen, um aus religiöser Verantwortung vor Gott *mit dem anderen* und *für den anderen* handeln zu können. Diese Rahmenbedingungen sollten aus muslimischer Sicht nicht nur passiv in Anspruch genommen werden, sondern sie sind aktiv mitzugestalten.

Annett Abdel-Rahman

2.2 Einsatz für den interreligiösen Dialog in der Schulgemeinschaft

Ein interreligiöser Dialog, der das Verstehen des anderen anstrebt, ist »eine notwendige Bedingung für den Frieden in der Welt«, auch in der Welt der Schule, und »darum eine Pflicht für die Christen wie auch für die anderen Religionsgemeinschaften« (EG 250). Die religiös plurale Schulgemeinschaft ist ein wichtiger Ort für diesen Dialog des Lebens. Gemeinsam mit den Lehrer/innen und der verschiedenen Religionen kann Schulpastoral zum Motor dieses interreligiösen Dialoges in der Schule werden. Voraussetzungen für diesen Dialog sind nach Klaus von Stosch folgende[12]:

---

[12] Stosch, Klaus von: Komparative Theologie als Wegweiser in die Welt der Religionen, Paderborn u. a. 2012, 148–168.

- Doktrinale Demut: Das Wissen, dass alle Menschen »das Geschenk des Unbedingten nur auf bedingte, symbolische und damit missverständliche Weise ausdrücken und bezeugen können.«[13]
- »Konfessorische Verbundenheit mit der eigenen Tradition«[14]. Ergänzend zum Religionsunterricht sind gerade mystagogische Angebote der Schulpastoral wichtig, um eine konfessorische Verbundenheit nicht nur mit der doktrinalen Oberfläche, sondern mit der authentischen Glaubenspraxis des eigenen Bekenntnisses zu ermöglichen.[15]
- »Empathie und liebevolle Aufmerksamkeit«[16] mit dem religiös Fremden meint das Heranlassen der fremden Religion, ohne sich zugleich innerlich zu distanzieren. Voraussetzung dafür ist das Kennenlernen des religiös Fremden und seiner religiösen Praxis. Dazu bedarf es gewährter und wahrgenommener Gastfreundschaft; denn die Bedeutung religiöser Überzeugungen ist nur im Kontext der Lebenspraxis der Menschen, die aus diesen Überzeugungen leben, zu erschließen. Dazu ist Begegnung, die durch Gastfreundschaft ermöglicht wird, nötig und die Haltung Anerkennung der Wahrheitsfähigkeit des anderen, die nicht gleichzusetzen ist mit der Anerkennung der Wahrheit des anderen; denn »das Verstehen der anderen bedeutet noch nicht ihre Anerkennung.«[17] Um Begegnungen zu initiieren, bieten sich vor allem wechselseitige Einladungen der Religionsgemeinschaften aus Anlass von religiösen Festen an. Denn der »Dialog des Lebens« der wechselseitigen Offenheit und der Bereit-

---

[13] Stosch: Komparative Theologie, 156.
[14] Ebd., 157.
[15] Zur Zusammenarbeit von Schulpastoral und Religionsunterricht zur Förderung der Ausbildung christlicher Einstellungen und Haltungen bei Schüler/innen, die gerade beim Bekanntmachen mit Formen gelebten Glaubens hilfreich ist, vgl. Die deutschen Bischöfe: »Der Religionsunterricht vor neuen Herausforderungen«, hg. v. Sekretariat der deutschen Bischofskonferenz, Bonn 2005, 33.
[16] Stosch: Komparative Theologie, 161.
[17] Stosch: Komparative Theologie, 160.

schaft, Freuden und Leiden zu teilen (EG 250), ist die Voraussetzung für den theologischen Dialog.

Der interreligiöse Dialog ist eine wichtige Hilfestellung, »nicht nur um den anderen in seiner Andersheit zu verstehen, sondern auch um die Bedeutung des Eigenen umfassender zu erkennen – eben weil durch ihn blind befolgte Regeln des eigenen Weltzugangs aufgedeckt und in Frage gestellt werden.«[18] Die jungen Menschen in den heutigen Schulen werden die religiöse Dialog- und Urteilskompetenz, die auch zum Aufgabespektrum des katholischen Religionsunterrichts gehören[19], dringend brauchen, da sie im gesellschaftlichen, beruflichen und privaten Leben vielfach Menschen anderer religiöser oder weltanschaulicher Überzeugungen begegnen werden.

Islamische Perspektive

Wechselseitige Offenheit und Bereitschaft, die Wahrheitsfähigkeit des anderen anzuerkennen, bedeutet auch, dem anderen Raum für seine gelebte Religiosität zu geben und zwar so, wie sie seitens des anderen aus seinem Verständnis heraus definiert wird. Inhaltsreicher interreligiöser Dialog bedeutet demnach nicht die Duldung freier Unterrichtstage z. B. an muslimischen Feiertagen, sondern auch den Austausch darüber, welche religiöse Bedeutung spezielle Fest- oder Gedenkzeiten für den Einzelnen, seine religiöse Gemeinschaft oder eben auch für die gesamte (schulische) Gesellschaft haben (können). Eigene Bewertungskriterien religiöser Gebote oder Rituale sollten hier zurücktreten hinter die religiöse Bewertungshoheit des anderen. So ist die immer noch häufig auftretende Frage »Ist das Fasten im Ramadan denn nicht ungesund?« ebenso unpassend wie die manchmal seitens der Muslime an Christen gerichtete Frage »Fastet ihr denn überhaupt richtig, wenn ihr selbst definiert, worauf ihr verzichtet?«. Gelebte Akzeptanz und Wertschätzung werden deutlich in der Aufmerksamkeit für den anderen, indem zum Beispiel aus muslimischer Sicht im Ramadan auf anstrengende Inhalte des Sportunterrichts verzichtet wird oder Klassenarbeiten eingeschränkter geschrieben werden. Oder eben auch Gastgeber zu sein, zu einem gemeinsamen Fastenbrechen einzula-

---

[18] Ebd., 168. Vgl. dazu auch EG 251.
[19] Die deutschen Bischöfe: Der Religionsunterricht vor neuen Herausforderungen, 27–30.

den, in dem dann nicht nur das gemeinsame Essen im Mittelpunkt steht, sondern auch das Gespräch über die religiösen oder individuellen Dimensionen dieses Festes.

Interreligiöser Dialog im Sinne des Gast-seins bedeutet, nicht nur Anteil zu nehmen, sondern auch zu hören und zu sehen, was den anderen bewegt, ohne das eigene Religiöse dazu ins Verhältnis setzen zu müssen.

Annett Abdel-Rahman

3. Gemeinsame nicht-säkulare Rituale für die Schulkultur

Der Beitrag der Schulpastoral für die Schulkultur wäre verkürzt, wenn sich das schulpastorale Angebot an einer Schule mit einer religiös pluralen Schulgemeinschaft auf Gottesdienste und Rituale der eigenen Religion beschränkte, aber auch, wenn es auf solche Angebote verzichtete. Denn neben den Anlässen, die die religiösen Jahreskreise mit ihren jeweiligen Fest- und Fasttagen und -zeiten, für Gottesdienste bieten, gibt auch das Schuljahr Anlässe für religiöse Feiern, z. B. zu Beginn und zum Ende des Schuljahres, zur Einschulung oder Entlassung.

Aus einer Schulgemeinschaft, die den interreligiösen Dialog pflegt, kann auch der Wunsch erwachsen, aus diesen Anlässen gemeinsam vor Gott zu treten und zu beten. Die Form des Gebetstreffens in Assisi, dass die einzelnen Religionsmitglieder nicht gemeinsam, sondern in Anwesenheit der anderen beten, wahrt dabei die Sensibilitäten der meisten Religionsgemeinschaften. In den Schulen in Deutschland wird es vor allem um interreligiöse Feiern von Juden, Christen und Muslimen gehen. Hier kann das oben beschriebene von der Schulpastoral initiierte Gremium die Schule ebenfalls beraten und durch Mitgestaltung der Feier bei der Entwicklung einer nicht rein säkularen Schulkultur mitwirken.[20]

---

[20] Hilfreich dazu: Die deutschen Bischöfe: »Leitlinien für das Gebet bei Treffen von Christen, Juden und Muslimen«, hg. v. Sekretariat der Deutschen Bischofskonferenz, 2. Aufl. Bonn 2008.

Neben den kalendarischen Anlässen gibt es in Schulen auch immer wieder Ereignisse, die den Wunsch nach Gottesdiensten oder religiösen Ritualen wecken. Dazu gehört z. B. der Tod eines Mitschülers oder einer Mitschülerin, einer Lehrerin oder eines Lehrers.[21] Schulpastoral bietet Krisenseelsorge bei Unfall und Tod für Angehörige der eigenen Religionsgemeinschaft an, sollte aber auch den Lehrer/innen in solchen Fällen Hilfen an die Hand geben können für gemeinsame interreligiös abgestimmte und verantwortete Rituale und Symbole. Für diesen Ernstfall des gemeinsamen Trauerns[22] oder der Erfahrung, das Handeln des Allmächtigen nicht verstehen zu können, sich auf für alle akzeptablen Symbole und Riten in der Schule zu verständigen, ist eine weitere Aufgabe des oben beschriebenen Gremiums, das Schulpastoral initiieren kann.

Islamische Perspektive

Das Gebot, Menschen in schwierigen Lebens-Situationen zu helfen, ist ein grundlegendes Gebot aller Religionen. So werden im Koran das rituelle Pflichtgebet und die Zakat, die rituelle Pflichtabgabe an Bedürftige, an vielen Stellen als Begriffspaar genannt und bilden damit im Sinne gottesdienstlicher Handlungen eine Einheit. Gemeinsame Aktionen, begründet aus der religiösen Verantwortung des Menschen vor Gott, dem in Not Geratenen zu helfen, können zur regelmäßigen Tradition in der Schule werden. Das Sensibilisieren für den anderen, den Blick nicht nur auf sich, sondern auf die Gemeinschaft zu richten, ist ein gemeinsames Anliegen aller Religionen. Die Schule als geschützter Lebensraum ist der Ort, an dem Miteinander praktiziert, trainiert und ritualisiert werden muss. Hierfür können auch gemeinsame Ausdrucksformen gefunden

---

[21] Da durch die Inklusion zukünftig mehr Schüler/innen mit verminderter Lebenserwartung Regelschulen besuchen werden, werden Sterbefälle in der Schülerschaft eher zunehmen.

[22] Zu den damit verbundenen Herausforderungen und möglichen Vereinnahmungen siehe Kumher, Ulrich: Schulpastoral und religiöse Pluralität – Religionen ganzheitlich entdecken, in: Rendle, Ludwig (Hg.): Ganzheitliche Methoden in der Schulpastoral, München 2013, 243–252, hier: 246. Die Unsicherheiten und Chancen schildert treffend an einem Beispiel Merek, Muhammet: Trauerbesuch bei einer muslimischen Familie, in: Kirche und Schule 9 (2012), 26–27.

werden, die das eigene religiöse Verständnis schwieriger Lebenssituationen unberührt lassen, aber als Synonym für religiös verantwortliches Handeln in der Schulgemeinschaft verstanden werden können. Menschen, die in religiöser Gebundenheit leben und in einem Notfall seelsorgerische Hilfe brauchen, erfahren so Antworten, die ihre religiöse Gebundenheit berücksichtigten.

Annett Abdel-Rahman

Eine für Benachteiligte und Befindlichkeiten von Mitgliedern anderer Religionsgemeinschaften in der Schule sensible und sich engagierende Schulpastoral, die Freude und Hoffnung, Trauer und Angst (vgl. GS 1) der ganzen Schulgemeinschaft aufgreift, leistet einen wichtigen Dienst auch für Schulen, in deren Schulgemeinschaft Katholiken die Minderheit darstellen, und trägt damit zur Humanisierung der Schule bei. Die Initiative für den dazu unerlässlichen strukturierten Austausch mit Vertreter/innen anderer Religionen der Schulgemeinschaft – aus der (Religions-)Lehrerschaft, der Elternschaft und bei Schulen der Sekundarstufen auch der Schülerschaft – und den Synagogen-, Pfarr- und Moscheegemeinden aus dem Einzugsgebiet der Schule sollte von Christ/innen ausgehen, die in Schulpastoral aus ihren Glaubensüberzeugungen heraus arbeiten als Dienst zur Humanisierung der Schule.

Literatur zum Weiterlesen:

Die deutschen Bischöfe: »Leitlinien für das Gebet bei Treffen von Christen, Juden und Muslimen«, hg. v. Sekretariat der Deutschen Bischofskonferenz, 2. Aufl. Bonn 2008.

Guttenberger, Gudrun / Schroeter-Wittke, Harald (Hg.): Religionssensible Schulkultur, Jena 2011.

Kumher, Ulrich: Schulpastoral und religiöse Pluralität – Religionen ganzheitlich entdecken, in: Rendle, Ludwig (Hg.): Ganzheitliche Methoden in der Schulpastoral, München 2013, 243–252.

Schmid, Hans / Verburg, Winfried (Hg.): Gastfreundschaft. Ein Modell für den konfessionellen Religionsunterricht der Zukunft, München 2010.

3.4 Seelsorge aus islamischer Sicht

Mustafa Cimşit

> In Deutschland leben nicht nur Christen, sondern gleichermaßen Angehörige anderer Religionen, vor allem Muslime. Im Folgenden werden Konturen eines islamischen Verständnisses von ›Seelsorge‹ vorgestellt, das derzeit auch wissenschaftlich entwickelt wird. Herausforderungen und Möglichkeiten der Kooperation mit christlichen Seelsorger/innen kommen ebenfalls zur Sprache.

Einleitung

Wir leben in einer pluralistischen Gesellschaft, in der Muslime ein fester Bestandteil sind. Für den Erhalt und Ausbau des sozialen Friedens, brauchen wir einen kultur- und religionssensiblen Umgang miteinander. Die Zulassung der islamischen Seelsorge an öffentlichen Einrichtungen ist ein notwendiger Beitrag hierzu.

Seit 2008 ist sowohl die katholische[1] als auch die evangelische Kirche[2] um den Auf- und Ausbau der islamischen Seelsorge bemüht, was bis heute ungebrochen anhält.[3] Dieses begrüßenswerte Engagement der großen Kirchen bringt eine ganze Reihe von Herausforderungen mit sich, denen sich so-

---

[1] Vgl. http://www.chrislages.de/pdf/Notfallseelsorge_2009_Doku_Auszug.pdf (Zugriff: 16.04.14).

[2] Vgl. http://www.deutsche-islam-konferenz.de/DIK/DE/Magazin/Lebenswelten/Seelsorge/seelsorge-mld-node.html (Zugriff: 16.04.14).

[3] Vgl. http://www.kcid.de/veranstaltungen/index.php?kal_Aktion=detail&kal_Intervall=[]&kal_Nummer=534 (Zugriff: 16.04.14). Das Engagement der Kirchen wurde bisher immer staatlich gefördert. Künftig plant der Staat nicht nur über die Kirchen, sondern islamische Religionsgemeinschaften auch unmittelbar zu unterstützen. http://www.deutsche-islam-konferenz.de/DIK/DE/DIK/ArbeitDIK/Aktuelles/aktuelles-node.html (Zugriff: 16.04.14).

wohl die ›christlichen Förderer‹ als auch die ›begünstigten Muslime‹ stellen müssen.

Mit dem Beginn des Engagements der Kirchen, das sich in Form von Ausbildungslehrgängen für ehrenamtliche Notfall- und Krankenhausseelsorger gezeigt hat, wurden viele Fragen in den öffentlichen Diskurs eingebracht, die auf Antworten warten. Diese Fragen stammen einerseits aus innerkirchlichen und andererseits aus innermuslimischen Kreisen. Bevor diese grundlegenden Fragen zur islamischen Seelsorge nicht beantwortet werden, kann keine weitergehende Kontextualisierung der islamischen Seelsorge an öffentlichen Einrichtungen, wie beispielsweise die Krankenhaus-, Gefängnis- oder Schulseelsorge, abschließend stattfinden.

Im Folgenden möchte ich diese Grundfragen und mögliche Antworten darlegen, die sowohl Christen als auch Muslime in Deutschland bewegen. Diesen Grundfragen liegen meinen bisherigen Erfahrungen als muslimischer Seelsorger seit 2008 zu Grunde. Sie wurden seitens christlicher Kolleg/innen ebenfalls aufgegriffen.[4]

1. Stellt die islamische Seelsorge eine Unterstützung oder Konkurrenz für die christliche Seelsorge dar?

Diese Frage hat weniger mit theologischen Fragen zu tun, als vielmehr mit Befürchtungen um den Erhalt der christlichen Seelsorge. Diese Frage bringt jedoch eine wichtige Sorge auf den Punkt. Hier ist aus muslimischer Sicht klarzustellen, dass die Ausführung einer islamischen Seelsorge nicht zu Lasten der christlichen Seelsorge erfolgen darf. Jede Religionsgemeinschaft sollte die eigenen Glaubensangehörigen betreuen können. Dabei sollte berücksichtigt werden, dass keine Religionsgemeinschaft für eine andere Vertretung beanspruchen kann – auch nicht in Bezug auf die zu leistende Seelsorge. Die aktuelle gesellschaftli-

---

[4] Vgl. http://kath-gefaengnisseelsorge.de/download/Thesen%20Seelsorge%20f%FCr%20Muslime.pdf (Zugriff: 16.04.14).

che Struktur sollte Grundlage einer seelsorgerischen Versorgung sein, in der jede Glaubensgemeinschaft in die Lage versetzt wird, die eigenen Glaubensanhänger/innen betreuen zu können.

2. Dürfen Muslime den Begriff der ›Seelsorge‹ beanspruchen?

In christlichen Kreisen wird zum Teil die Ansicht vertreten, dass der Begriff ›Seelsorge‹ christlichen Ursprungs sei und demnach nur in christlichen Kontexten verwendet werden dürfte.[5]

Es wird jedoch hierbei unterschlagen, dass jede Religionsgemeinschaft das Selbstbestimmungsrecht hat, die eigene Theologie zu formulieren. Demnach hat keine Religionsgemeinschaft das Recht, für eine andere Religionsgemeinschaft Begriffe vorzugeben oder gar zu definieren. Der Begriff ›Seelsorge‹ ist, wie jeder andere Begriff in der Theologie, unterschiedlich definiert und darf durch eine von dem christlichen Verständnis abweichende Definition nicht von der Nutzung durch Muslime ausgeschlossen werden.[6] Als Beispiele dienen theologische Begriffe wie ›Gott‹, ›Jesus‹, ›Offenbarung‹, ›Heiliger‹, ›Gottesdienst‹, ›Theologie‹ usw. Diese Begriffe werden ebenfalls von Juden und Muslimen genutzt und abweichend von einem christlichen Verständnis definiert und verstanden. Der Islam muss demnach auch keine Seelsorge im christlichen Sinne haben, um Seelsorge ausüben zu können. Der Islam hat seine eigenen theologischen Definitionen und somit auch zur Seelsorge.[7]

---

[5] Vgl. http://kath-gefaengnisseelsorge.de/download/Thesen%20Seelsorge%20f%FCr%20Muslime.pdf (Zugriff: 16.04.14).

[6] Innerhalb der christlichen Theologie existiert auch keine allgemeingültige und einheitliche Definition von Seelsorge. Auf diese Weise fällt das Seelsorgeverständnis je nach Konzept ganz unterschiedlich aus. Vgl. Nauer, Doris: Seelsorgekonzepte im Widerstreit, Stuttgart 2001.

[7] Cimşit, Mustafa: Islamische Seelsorge – Eine theologische Begriffsbestimmung, in: Ucar, Bülent / Blasberg-Kuhnke, Martina (Hg.): Islamische Seelsorge zwischen Herkunft und Zukunft. Von der theologischen Grundlegung zur Praxis in Deutschland, Frankfurt a.M. u. a. 2013, 13–26.

An dieser Stelle sei jedoch angemerkt, dass sich das islamische Verständnis der Seelsorge kaum von einer Seelsorge im modernen Sinne unterscheidet. Es besteht ein weitgehender Konsens darüber, dass es sich bei der modernen Seelsorge um ein »Gespräch im religiösen Kontext«[8] handelt. Halt, Trost und Betreuung spielen dabei bedeutende Schlüsselrollen und sind ein Hauptanliegen jeglicher Seelsorge – so auch der islamischen Seelsorge.[9]

Basierend auf diesen Überlegungen sollte die Verwendung des Begriffes ›Seelsorge‹ an den allgemeinen Standards für diesen Beruf festgemacht werden und nicht an der Religionszugehörigkeit. Derjenige, der die ausbildungstechnischen Standards erfüllt, sollte sich auch Seelsorger nennen dürfen, egal welcher Religionszugehörigkeit.

3. Können Christen und Muslime in der Seelsorge zusammenarbeiten?

Die Zusammenarbeit zwischen Muslimen und Christen in der Seelsorge ist bereits gängige Praxis. Die Kooperationen sind von bundesweiten institutionellen Formen[10] bis zu einzelnen Seelsorger/innen in öffentlichen Einrichtungen, auch wenn zahlenmäßig gering, inzwischen als etabliert anzusehen. Jedoch gibt es Spannungsfelder, in denen sich diese Kooperationen bewegen. Zu diesen Spannungsfeldern gehört zweifelsfrei die Frage, ob eine Augenhöhe die Basis einer Zusammenarbeit ist oder eine Integration der islamischen in eine christliche Seelsorge.

Eine Zusammenarbeit sollte stets eine partnerschaftliche Augenhöhe anstreben. Eine Zusammenarbeit, in der die christliche Seelsorge vorgibt, was zu tun ist, kann fachlich betrachtet nicht

---

[8] Winkler, Klaus: Seelsorge, Berlin u. a. 2000, 255.
[9] Vgl. Cimşit: Islamische Seelsorge – Eine theologische Begriffsbestimmung, 15.
[10] http://www.deutsche-islam-konferenz.de/DIK/DE/Magazin/MedienPolitik/Diskussion/ImameThelogie/Kommentare/kommentar-cimsit-inhalt.html (Zugriff: 16.04.14).

als eine eigenständige islamische Seelsorge angesehen werden, da eine Fremdbestimmung vorläge. Hierbei sollten bestimmte Regeln beachtet werden, um eine fruchtbare Zusammenarbeit zu gewährleisten:

a) Respekt vor der neuen Fachkompetenz und Gewährleistung von Freiräumen zur Entwicklung

Eine deutschsprachige islamische Theologie ist im Entstehen begriffen und verändert damit die interreligiöse Diskurslandschaft. Peu à peu werden bedeutende theologische Themen aufgegriffen und abgehandelt, wobei man sich selbstverständlich der deutschen akademischen Fachsprache bedient, um sich dem deutschsprachigen Fachpublikum zu stellen. Alle wissenschaftlichen Begriffe finden naturgemäß Eingang in den Gebrauch der jungen deutschen islamischen Theologie und eine neue Generation von Muslimen präsentiert sich als Expert/innen im eigenen Glauben. Dieser neuen Herausforderung hat sich nun die klassische christliche Theologie zu stellen, ohne den jungen muslimischen Theolog/innen zu nahe zu treten. Aus muslimischer Sicht wäre eine ›unterstützende Zurückhaltung‹ der übermächtigen christlichen Theologie im Deutschen – sprachlich gesehen – sehr begrüßenswert, um den jungen muslimischen Theolog/innen den nötigen Freiraum zu geben.

b) Die islamische Seelsorge in Deutschland als neue Fachdisziplin

Als neue Fachdisziplin bedarf sie einer wissenschaftlichen Aufarbeitung, um den Bedürfnissen muslimischer Bürger/innen entsprechende Konzepte entwickeln zu können.

Die Etablierung einer institutionellen islamischen Theologie in Deutschland hat weniger als eine Dekade hinter sich[11]

---

[11] Hier wird die Einrichtung der islamischen Lehrstühle durch die Landesregierungen als Datum angesetzt. Im Herbst 2010 hat die vom BMBF einberufene Gutachterrunde Tübingen und Münster/Osnabrück als Zentren für Islamische Theologie zur Förderung empfohlen, im Frühjahr 2011 folgten

und steht noch im Schatten der Orientalistik und der Islamwissenschaft. Letztere beschäftigen sich aus einer kultur- und
religionswissenschaftlichen Perspektive mit der islamischen
Religion und nehmen dadurch eine Außenperspektive ein. Im
Gegensatz dazu hat Theologie den Anspruch einer bekenntnis-
orientierten Binnenperspektive. Aus diesem Grund muss sich
die islamische Theologie gegenüber der Außenperspektive der
Orientalistik und Islamwissenschaft neu positionieren und neu
verorten. Eine Ausdifferenzierung der Binnenperspektive benötigt heimische Wissenschaftler, die ermutigt werden
müssen, neue Forschungsergebnisse zu präsentieren. Diese Ermutigung kann als Kooperation in Form von Partnerschaften
zwischen muslimischen und christlichen Wissenschaftlern geschehen.[12]

c) Das Selbstbestimmungsrecht der Muslime achten

In allen Formen der Zusammenarbeit sind die Grenzen zu wahren. Muslimische Seelsorger/innen stehen vor der Herausforderung, den Fundus der christlichen Seelsorge adäquat in ihre
Theorie und Praxis einfließen zu lassen. Dabei bekommen viele
Fachtermini neue Definitionen, die zwar dem Christlichen äh-
neln, jedoch mit ihr nicht identisch sind. Hierbei besteht der
Wunsch an die christliche Seelsorge, das Selbstbestimmungs-

Frankfurt/Gießen und Erlangen-Nürnberg. Nachdem die Universität Tübingen im Oktober 2011 den Lehrbetrieb aufnahm, wurde am 16. Januar 2012
das Zentrum offiziell eröffnet. In Münster/Osnabrück und Frankfurt/Gießen
hat die vom BMBF geförderte Arbeit der Zentren ebenfalls im Wintersemester
2011/12 begonnen, die Universität Erlangen-Nürnberg folgte zum Oktober
2012. An allen vier Zentren werden islamisch-theologische Nachwuchswis-
senschaftlerinnen und Nachwuchswissenschaftler, in der Sozialarbeit tätige
Personen, Religionslehrerinnen und Religionslehrer sowie Religionsgelehrte
unter anderem für Moscheen ausgebildet. http://www.bmbf.de/de/15619.php
(Zugriff: 16.04.14).

[12] Hier sei der Verweis auf die mustergültige Kooperation an der Uni Osnabrück erlaubt, aus der das gemeinsame Band Blasberg-Kuhnke / Ucar: Islamische Seelsorge zwischen Herkunft und Zukunft hervorgegangen ist.

recht der Muslime zu wahren, um ihnen die Formulierung ihrer eigenen Definitionen zu ermöglichen.[13]

d) Kooperation zwecks gemeinsamer Zukunft

Die gemeinsame Zukunft von Muslimen und der Mehrheitsgesellschaft ist eine nicht mehr wegzudenkende Realität.[14] Für eine friedfertige Gesellschaft bedarf es Kooperationen, insbesondere der Religionsgemeinschaften und demzufolge auch der muslimischen und christlichen Seelsorger/innen.

e) Zusammenarbeit bei der Nutzung gemeinsamer Räumlichkeiten

Im Zuge der Neuerrichtung von islamischen Diensten in den Seelsorgefeldern Krankenhaus oder Gefängnis läuft die Zusammenarbeit bereits auf Hochtouren. Die Problemlage ist allerdings derart, dass der neue Dienst strukturelle Probleme mit sich bringt. Räumlichkeiten, die eine islamische Seelsorge benötigt, stehen nicht immer zur Verfügung, so dass die christliche Seelsorge vielerorts, wie beispielsweise in der JVA Frankfurt am Main 1 oder JVA Limburg an der Lahn, die Gebetsräume gemeinsam mit den Muslimen teilt. Das ist eine sehr begrüßenswerte Zusammenarbeit und fördert den gegenseitigen Respekt und die Anerkennung. Diese Einstellung ist nicht immer bei christlichen Seelsorger/innen zu finden. Diese wäre aber sehr wünschenswert.

---

[13] Hier sei an die Thesen von Pastoralreferent Heinz-Bernd Wolters, dem Vorsitzenden der Konferenz der Katholischen Seelsorge bei den Justizvollzugsanstalten in Deutschland, erinnert, der den Muslimen die Seelsorge abspricht vgl. http://kath-gefaengnisseelsorge.de/download/Thesen %20Seelsorge %20f %FCr %20Muslime.pdf (Zugriff: 20.10.2014).
[14] »Muslime sind Teil der Gegenwart und Zukunft Deutschlands«, Grußwort des Bundespräsidenten zum Auftakt der Jungen Islam Konferenz, http://www.deutsche-islam-konferenz.de/DIK/DE/Magazin/Jugend/Junge-DIK/JIK2013/GrussGauckJIK2013/gauck-jik-2013–node.html (Zugriff: 16.04.14).

f) Zusammenarbeit bei der Gestaltung gemeinsamer Veranstaltungen

Gemeinsame Veranstaltungen sind wichtige Bausteine des inter-religiösen Dialoges. Ein möglicher Vorschlag wäre, dass Christen Muslime zu ihren Festen einladen und umgekehrt. Die jeweils anderen Religionen werden als Gäste eingeladen und damit geehrt. Dies trägt zu einer neuen Gastkultur bei, die wir in der Gesellschaft brauchen. Unter der Wahrung der Freiwilligkeit der Teilnahme, steht dabei das Menschliche mehr im Vordergrund als das Inhaltliche.

g) Rücksicht beim Aufbau der jungen islamischen Seelsorge

Wie oben bereits skizziert, hat die junge islamische Theologie in Deutschland gewisse Hürden zu nehmen, bei denen sie auch mal stolpern darf. Hierbei wäre eine Rücksicht der christlichen Seelsorge sehr wünschenswert. Dabei sollte nicht nur die Theorie und die Begrifflichkeit beachtet werden, sondern auch die Umsetzung in der Praxis. In jeder Aufbauphase sind Erfahrungswerte sehr wichtig. Die christliche Seelsorge kann den muslimischen Seelsorger/innen in öffentlichen Einrichtungen hierbei wertvolle Unterstützung leisten.

Literatur zum Weiterlesen:

Blasberg-Kuhnke, Martina / Ucar, Bülent (Hg.): Islamische Seelsorge zwischen Herkunft und Zukunft. Von der theologischen Grundlegung zur Praxis in Deutschland, Frankfurt a.M. u. a. 2013.

Kurt, Hüseyin / Weber, Edmund (Hg.): Die Zukunft der Muslime in Deutschland. Tagungen der Kommunalen Ausländer- und Ausländerinnenvertretung der Stadt Frankfurt am Main (KAV) und der Arbeitsgemeinschaft der Ausländerbeiräte Hessen (agah). Eine Dokumentation ausgewählter akademischer und politischer Beiträge, Frankfurt a.M. u. a. 2011.

Spenlen, Klaus: Integration muslimischer Schülerinnen und Schüler durch allgemein bildende öffentliche Schulen der Bundesrepublik Deutschland. Berlin / Münster 2010.

Wenz, Georg / Kamran, Talat (Hg.): Seelsorge und Islam in Deutschland. Herausforderungen, Entwicklungen und Chancen, Speyer 2012.

4. Profile

4.1 Der Systemische Ansatz in der Schulpastoral

Gundo Lames

Schulpastoral systemisch aufzufassen, ›konfrontiert‹ die Schulseelsorger/innen mit einem Perspektivenwechsel. Es geht nicht so sehr um die Leistungen der Schüler/innen in der Schule, sondern vielmehr um Möglichkeiten einer geistlichen Kommunikation, zu deren Kern die Aktualisierung der unbedingten Zuwendung Gottes zu den Menschen in der Schule gehört. Davon ausgehend können sie neue Sinnangebote in der Schule machen.

1. Schulpastoral als System

Die Systemtheorie (Niklas Luhmann) ist eine soziologische Theorie. Sie erklärt, wie durch funktionale Differenzierung verschiedene soziale Systeme (Interaktionen, Organisationen, Gesellschaften) entstehen. Systemtheoretisch betrachtet sind Systeme durch Unterscheidungen gekennzeichnet, die sie über kommunikative Prozesse treffen, und mit denen sie sich von signifikanten Umwelten abgrenzen. Dabei sind evolutionäre Prozesse der Variation, Selektion und Stabilisierung aktiv.[1] Über die Aufrechterhaltung dieser Kommunikation erlangen sie eine gewisse Dauerhaftigkeit, was zu einer neuartigen Systembildung führt. Diese neuen Systeme eröffnen eigene soziale, zeitliche und sachliche Sinndimensionen. Schulpastoral kann als eine solche neuartige Systembildung beobachtet werden, die sich über ihre spezifische Kommunikation z. B. von der schulischen Kommunikation unterscheidet. Für die Schulseelsorger/innen ergeben sich neue Sichtweisen und Reflexions-

---

[1] Vgl. zum Ansatz einer Evolutionstheorie: Luhmann, Niklas: Einführung in die Systemtheorie, in: Baecker, Dirk (Hg.): Transkribierte Tonbandaufzeichnung WS 1991/92 an der Universität Bielefeld, Heidelberg 2002.

möglichkeiten, wenn sie systemisch erkennen können, dass Schulpastoral neue Sinndimensionen für alle Beteiligten zu eröffnen vermag.

2. Systemische Schulpastoral

Schulpastoral erscheint als ein neuartiger Handlungszusammenhang im spannungsvollen Zusammenwirken von Kirche und Schule. Das Verhältnis von Bildung und Religion ist in der modernen Gesellschaft insofern verändert,[2] als Religion nicht mehr (ausschließlich) die Bildungsthemen bestimmt. Religion hat im europäischen Kontext den bestimmenden Einfluss nicht nur auf die Schule, sondern auf alle gesellschaftlichen Systeme verloren.[3] Schule als Organisation von Bildung kommt aufgrund des schwindenden Einflusses kirchlicher Institutionen, der zunehmenden gesellschaftlichen Differenzierung, die einhergeht mit Individualisierung und Pluralisierung (vgl. die Milieustudien[4]) und aufgrund der weltweiten Trends zur Ökonomisierung, Globalisierung und Digitalisierung[5] in Bewegung.

Schule entwickelt neue Schultypen, auch unter den Herausforderungen internationaler Bildungsvergleiche. Kirche als Organisation von konfessioneller Religion überprüft die bisher als selbstverständlich gültigen Zusammenhänge der Glaubensvermittlung in der Trias von Schule – Pfarrei – Familie. Sowohl Kirche als auch Schule sind durch diese Prozesse irritiert und zur Reflexion angeregt.

---

[2] Vgl. in diesem Band: Lames: Schulpastoral und ihre Beobachtungen von Schule und Gesellschaft (1.2).

[3] Vgl. Großbölting, Thomas: Der verlorene Himmel, Göttingen 2013.

[4] Vgl. z. B. Hempelmann, Heinzpeter: Gott im Milieu, Gießen 2013.

[5] Vgl. z. B. die Ansätze der Zukunftsforschung in: Horx, Matthias: Das Megatrendprinzip, München 2011.

2.1 Schule als System[6]

Nach der Luhmannschen Version der Systemtheorie ist die Schule den Systemen der Organisation zuzuordnen. Sie organisiert schulische Bildung und hat in der Gesellschaft die Funktion übernommen, Bildungs- und Karrierechancen zur Verfügung zu stellen. Das tut sie in einer Situation staatlich verordneter Schulpflicht. Schule ist deshalb immer auch eine Schule für Alle. Sie unterrichtet deshalb unabhängig von sekundären Eigenschaften ihrer Klientel, unabhängig vom Einfluss der Eltern, von Reichtum usw. Im Rahmen der Erziehung ist sie strukturell mit den gesellschaftlichen Systemen der Bildung und Erziehung gekoppelt. Schule erfüllt damit wesentliche Leistungen für die Gesellschaft. Ihre Programme wollen allgemein bilden und Persönlichkeiten formen, zugleich Bildungsgerechtigkeit herstellen. Doch sie führen auch zur sozialen Selektion. Alle sind Schüler und Schülerinnen. Doch nicht alle sind Inhaber eines Abiturs, eines Hauptschulabschlusses, eines Abschlusses der Mittleren Reife usw. Die Schule bildet und selektiert zugleich hinsichtlich der persönlichen und identitätsstiftenden Entwicklung sowie hinsichtlich der Entwicklung von Wissen und Kompetenz und fördert so Karrieren. Deshalb tut Schule sich zugleich schwer, die Beurteilung von Leistung und Personen bzw. Menschen zu trennen. Schulisches Wohlverhalten kann zu einer besseren Benotung führen als störendes Verhalten, auch wenn die Leistungen nicht unterschiedlich sind. Schule muss mit diesen ›Ungerechtigkeiten‹ im System zurechtkommen. Sie wird diesbezüglich von ihrer Umwelt beobachtet. Ihre Referenzsysteme, zum einen die politisch agierenden Erziehungs- und/oder Bildungsministerien, zum anderen die Bildungsforschung der Hochschulen, führen die wissenschaftlich basierten Untersuchungen durch und geben Empfehlungen,

---

6 Vgl. zum Folgenden Lames, Gundo: Schulseelsorge als soziales System. Ein Beitrag zu ihrer praktisch-theologischen Grundlegung, Stuttgart 2000, 121–126.

wie im Lehr-Lernsystem der Schule gerechter, persönlichkeits-
fördernder, wertgebundener interagiert werden kann.[7]

Ein großer Teil der schulischen Programme werden in Interaktionssystemen absolviert, in denen anwesende Schüler/innen
sowie Lehrer/innen im Schema der Unterrichtsstunde miteinander interagieren. Das verlangt sehr ausgefeilte didaktisch-methodische Konzepte, damit die Schüler/innen in den aufeinan-
derfolgenden Fachstunden neugierig und aufgeweckt bleiben.
Ein Teil schulischer Lernmotivation wird über die Aussicht auf
Lob und Anerkennung für erbrachte kognitive sowie soziale
Leistungen aufrechterhalten. Selektiert wird nach dem Muster
bestanden/nicht bestanden. Auch entsprechende Förderpro-
gramme verlassen in der Regel dieses Muster nicht. Der Hinweis auf fehlende Eingangsvoraussetzungen von Schüler/innen,
z. B. beim Übergang von der Grundschule zur weiterführenden
Schule, aktualisiert dieses Muster schulischer Interaktion.

Schule hat daneben zugleich sozialisatorische Effekte. Es
wird in der Schule auch außerhalb der Unterrichtsabsicht gelernt, also außerhalb dessen, was offiziell zum Lernen aufge-
geben wurde. Doppelte Kontingenz läuft mit.

2.2 Kirche als System

Kirche ist systemtheoretisch ebenso den Systemen der Organisation zuzuordnen. Sie ist strukturell gekoppelt mit dem gesellschaftlichen System der Religion. Als konfessionell organisierte
Religion ist sie dem christlichen Auftrag verpflichtet, das Evangelium zu verkünden und aus dem Evangelium heraus Welt zu
gestalten. Als Reflexionsinstanz bedient sie sich des kirchlichen
Lehramtes sowie der theologischen Institute an Universitäten
und Hochschulen. Sie ist Zeichen und Werkzeug zugleich und
verantwortet inhaltlich das Curriculum für den (katholischen)
Religionsunterricht. Die Kirche funktioniert in der Schule
durch den Religionsunterricht aufgrund einer festen strukturellen Koppelung, die durch Konkordate und grundgesetzliche Re-

---

[7] Vgl. in diesem Band: Kaupp: Schulpädagogische Begründung (1.3).

gelungen fest verankert ist, die den Religionsunterricht sichern. Religionslehrer und Religionslehrerinnen erhalten durch den Bischof die *missio canonica,* die kirchliche Unterrichtserlaubnis für das Fach Religion.

2.3 Schulpastoral als soziales Teilsystem von Kirche und Religion

Im Zusammenwirken von Schule und Kirche unter den Bedingungen moderner und postmoderner Gesellschaft variieren beide Systeme ihre Einrichtungen und Programme. Sie reagieren so mit ihrer eigenen System-Umwelt-Referenz auf die von innen heraus bestimmten Irritationen der Umwelt. Jede Veränderung stellt zugleich eine Selektion aus möglichen Veränderungen dar und dient dem jeweiligen Systemziel. Die Schule bildet, fördert, vermittelt Wissen und regt soziale Selektion im Sinne von Karrieremöglichkeiten an. Die Kirche verkündet und bezeugt das Evangelium, engagiert sich solidarisch für die Armen und Schwachen und bietet Glaubens- und Kirchenbindung als Orientierung für das individuelle Leben an.

Schulpastoral als ein modernes soziales System entsteht in der Dynamik dieser Variations- und Selektionsprozesse als ein Handlungssystem der Kirche in der Schule. Es ist ein System an der Peripherie des kirchlichen Gesamtsystems und mit diesem gekoppelt. Strukturell erscheint es lose gekoppelt mit der Schule. Es kommt anders als der Religionsunterricht freiwillig zustande. Dies geschieht zunächst auf der Ebene von Interaktionssystemen, also der geistlichen Kommunikation unter Anwesenden, dann auch aufgrund von Reflexion als organisiertes System durch Standardisierungen, Rollen- und Aufgabenklärungen sowie Fortbildungen und Programmen.[8] Vor Ort in der Schule allerdings bleibt Schulpastoral dynamisch. Sie braucht hier immer eine Initiative: aus der Schule oder durch die Schule oder durch die Kirche z. B. vermittelt über Religionslehrer/innen. Erst dann erhält sie aufgrund von ›Ereigniswiederholung‹

---

[8] Vgl. auch zum Folgenden: Lames: Schulseelsorge als soziales System, 168–170.

organisatorische Unterstützung. Schulpastoral ist also vor Ort auf Initiative und Zustimmung angewiesen und nicht einfach durchsetzbar. Denn als freiwilliges Angebot ist sie weder von Seiten der Schule einklagbar, noch kann die Kirche die Schule zur Schulpastoral verpflichten. Das hat Auswirkungen auf ihre Plausibilität, die sich vor allem in der geistlichen Kommunikation der Interaktionssysteme erweisen muss. Gottesdienste z. B. im Sinne der Schulpastoral sind freiwillig, Schulendtage sind kein Religionsunterricht (weil hier keine Zensuren vergeben werden), Seelsorgegespräche sind keine Veranstaltungen des Tadelns oder zur Kontrolle schulischer Leistungen. Damit ergeben sich besondere Anforderungen an die geistliche Kommunikation, die wiederum eigene soziale, sachliche und zeitliche Dimensionen[9] ausprägt, neben den Logiken der Schule und den Logiken der Gesamtorganisation Kirche. Schulpastoral lässt sich als soziales (Teil-)System von Religion und Kirche beschreiben. Es trägt die Leitunterscheidungen von ›glauben/nicht glauben‹, ›Transzendenz/Immanenz‹ in seine relevante Umwelt der Schule ein und entwickelt sie systemspezifisch weiter, um von schulischer Kommunikation, etwa der des Religionsunterrichts unterscheidbar zu sein. Sie macht sich dabei frei von schulischen Leitunterscheidungen. Denn sie gibt keine Noten, überwacht keine Hausaufgaben, sie sucht keine soziale Selektion, sondern bietet den Menschen in der Schule eine unbedingte Zuwendung an. Sie weiß zugleich um die Autonomie der einzelnen Menschen und damit um ihr Subjektsein, das nicht durch soziale Systeme determiniert werden kann. Deshalb rechnet sie mit der Freiheit des einzelnen Menschen. In ihren Interaktionen unterbricht sie das Rollengefüge z. B. von Lehrenden und Lernenden. Sie weiß systemisch um die Intransparenz jeder Kommunikation und rechnet mit doppelter Kontingenz. Deshalb versucht sie selbst rollen- und ansatzgeklärt ihre Programme einer mystagogischen von einer diakonischen Schulpastoral unterscheidbar und damit wählbar zu gestalten. Sie wird aufgrund

---

[9] Vgl. in diesem Band: Lames: Schulpastoral und ihre Beobachtungen von Schule und Gesellschaft (1.2).

ihrer generellen Leitunterscheidung (unbedingt/bedingt) frei zur Beobachtung schulischer Kommunikation und kann folglich mit anderen Systemen im Kontext der Schule lose gekoppelte Netzwerke bilden.

3. Kontextuelle Schulpastoral und ihre Interventionsmöglichkeiten

Systemische Schulpastoral ist somit in der Lage, in Formen lose gekoppelter Netzwerke Schule mitzugestalten. Dies kann sie kontextuell in den Spannungen von Kooperation und Konkurrenz tun, etwa wenn sie Ansätze der Schulsozialarbeit in der Schule unterstützt, wenn sie außerschulische Jugendarbeit kennt und Vermittlungen dorthin anbietet. So kann Schulpastoral im Sinne einer operativen Koppelung ein kooperierendes Unterstützungssystem für verschiedene Systeme in ihrer Umwelt werden.[10] Das verlangt wissensbasierte Kompetenzen, Auskunft über die Ziele und Programme der relevanten Umweltsysteme geben zu können. Es kann dann geschehen, dass Schulpastoral im Moment der Koppelung ihre eigene Leitunterscheidung der unbedingten Zuwendung zurückstellen muss. Täte sie das allerdings dauerhaft, wäre sie nicht mehr Schulpastoral. Systemische Schulpastoral benötigt von daher eine »operative Fähigkeit«[11], die es ihr erlaubt, ihre Absichten und Programme eigenständig zu setzen und zu variieren im reflexiven Zusammenwirken von Fremd- und Selbstreferenz. Das bedeutet zugleich, dass es zu örtlichen Variationen und damit zu pluralen, situationsabhängigen schulpastoralen Systemen kommt, deren Vergleichbarkeit formal möglich, material orientiert eher schwierig erscheint.

In diesem wechselseitigen Gefüge loser Koppelung sucht Schulpastoral geistlich zu kommunizieren. Sie interveniert in die Systeme ihrer Umwelt und will dabei absichtsvoll unbe-

---

[10] Vgl. in diesem Band: Kaupp: Kirchliche Handlungsfelder im Umfeld Schule (5.4) und Schrimpf: Kooperationspartner und Unterstützungssysteme (5.5).
[11] Willke, Helmut: Systemtheorie, Stuttgart / Jena 1993, 103.

dingte Zuwendung zur Verfügung stellen. Das legt sie offen und verpflichtet sich selbst zu einer Transparenz ihrer Absichten. In der Kommunikation ihrer unbedingten Zuwendung will sie Bewusstseinsprozesse der ihr begegnenden Menschen und kommunikative Prozesse der ihr begegnenden sozialen Systeme anregen. Dabei hat sie Achtsamkeit walten zu lassen, und Respekt den Menschen und Systemen gegenüber, sich zu entscheiden, das schulpastorale Angebot anzunehmen oder abzulehnen. Schulpastoral übt keinerlei Zwang aus. Sie wendet sich unbedingt mit der ihr zur Verfügung stehenden bedingten Aufmerksamkeit den Entwicklungs- und Veränderungsmöglichkeiten den Menschen und Systemen in der Schule zu. So versucht Schulpastoral, die christlichen Werte der Freiheit und Würde in der Schule umzusetzen.

Literatur zum Weiterlesen:

Berghaus, Margot: Luhmann leicht gemacht. Eine Einführung in die Systemtheorie, 3. Aufl., Stuttgart 2012.

Lames, Gundo: Kirche im Kontext des Systems Schule. Zum Ansatz einer Schulpastoral, in: Trierer Theologische Zeitschrift 109 (2000), H. 4, 295–307.

Lames, Gundo: Schulseelsorge als soziales System. Ein Beitrag zu ihrer praktisch-theologischen Grundlegung, Stuttgart 2000.

4.2 Ignatianische Schulpastoral

Philipp Görtz SJ / Mathias Molzberger

In diesem Artikel werden Grundworte ignatianischer Spiritualität und Pädagogik erläutert und ihre Relevanz für heutiges schulpastorales Handeln entfaltet. Im Zentrum steht der von Gott geliebte Mensch, der zur Freiheit und Verantwortung in der Welt berufen ist. Darauf aufbauend erschließen sich Begriffe und Wendungen wie: Gott in allen Dingen finden, Mensch sein für andere, cura personalis, magis und noster modus procedendi.

Ignatianische Schulpastoral ist auf das Engste verbunden mit der Person und den geistlichen Erfahrungen des Ignatius von Loyola (1491–1556) sowie mit dem Bildungsengagement des von ihm 1541 gegründeten Jesuitenordens. Die universale Sendung dieses Ordens, also sein pastorales Grundanliegen, besteht darin, *den Seelen der Nächsten zu helfen*[1] – darunter versteht man heute die »völlige Befreiung des Menschen, die zu einer Teilnahme am Leben Gottes führt«[2]. Diesem Ziel, bei dem der Mensch als Geschöpf Gottes sowie seine ganzheitliche und freiheitliche Entwicklung im Mittelpunkt stehen, ist jede Form ignatianischer Schulpastoral verpflichtet.

1. Ignatianische Schulpastoral – ein eklektischer Ansatz

Ignatius bediente sich im 16. Jh. eklektisch (auswählend) verschiedener Elemente geistlicher Übungen seiner Zeit, und so ar-

---

[1] Vgl. u. a. Satzungen 307, in: Satzungen der Gesellschaft Jesu und Ergänzende Normen: Deutsche Übersetzung der im Auftrag der 34. Generalkongregation herausgegebenen lateinischen Ausgabe, hg. v. der Provinzialkonferenz der Zentraleuropäischen Assistenz, München 1997.
[2] Satzungen der Gesellschaft Jesu, Ergänzende Normen 223.

beitet ignatianische Schulpastoral heute noch. Sie verwendet zum einen Erkenntnisse der (Schul-)Pädagogik, der (Entwicklungs-)Psychologie, der Soziologie und Systemtheorie. Zum anderen baut sie auf kirchenamtlichen Texten[3] auf und bezieht sich auf die neuere schulpastorale Forschung. In all ihrem Tun und Reflektieren orientiert sie sich allerdings immer an der Dynamik der ignatianischen Exerzitien sowie dem Gestaltungsprinzip der Ordenssatzungen bzw. der pädagogischen Grundlagentexte[4] des Jesuitenordens und an seiner ihm eigenen Weise des Vorangehens. Im Grundsatz geht es hierbei um ein *inkarnatorisches Prinzip*, das den Menschen einlädt, selber mehr Mensch zu werden: in Bezug auf seine Mitmenschen immer mehr Mensch für andere und mit anderen, in Bezug auf Gott immer mehr Tochter oder Sohn Gottes, in Bezug auf das Reich Gottes immer mehr Miterbe und Mitarbeiter des Himmelreiches. Der auf Basis dieses Prinzips initiierte Bildungsprozess fordert eine präzise Unterscheidung von Zielen und Mitteln ignatianischer Schulpastoral.[5]

---

[3] Die deutschen Bischöfe – Kommission für Erziehung und Schule: »Schulpastoral – der Dienst der Kirche an den Menschen im Handlungsfeld Schule«, hg. v. Sekretariat der Deutschen Bischofskonferenz, Bonn 1996. Vereinigung Deutscher Ordensoberen (Hg.): Schulpastoral in katholischen Schulen in freier Trägerschaft (Orden) in der Bundesrepublik Deutschland: Grundlagentext, in: Ordenskorrespondenz 31 (1990), 426–432.
[4] Internationale Kommission für das Apostolat jesuitischer Erziehung: Grundzüge jesuitischer Erziehung, Rom 1986, in: Neulinger, Thomas (Hg.): Wissen – Gewissen – Gespür: Dokumente zur ignatianischen Pädagogik, Thaur 1998; Internationale Kommission für das Apostolat jesuitischer Erziehung: Ignatianische Pädagogik: Ansätze für die Praxis, Rom 1993, in: Neulinger, Thomas (Hg.): Wissen – Gewissen – Gespür: Dokumente zur ignatianischen Pädagogik, Thaur 1998.
[5] Vgl. Görtz, Philipp: Nach den Sternen greifen. Ignatianische Schulpastoral und Kollegsseelsorge. Konzeptionelle Erwägungen und Konkretisierungen, Bonn 2010, 89–93.

2. Ziele ignatianischer Schulpastoral

2.1 Die Frage nach Gott und Jesus Christus wachhalten

Im systemischen Kontext von Schulpastoral ist die Behandlung der Gottesfrage kein vorrangig intellektuelles Unterfangen (der schulische Ort dafür ist schwerpunktmäßig der Religionsunterricht), sie führt vielmehr in eine spirituelle Praxis ein, die auf freier Entscheidung basiert. Das pastorale Handeln zielt dabei auf die unmittelbare Glaubenserfahrung, die im Beten, im Lesen der Heiligen Schrift und in der Feier der Sakramente gemacht werden kann, darüber hinaus jedoch auch in jedem (zwischen-) menschlichen Akt. Wenn der Mensch willens und offen ist, *Gott in allem zu suchen und zu finden* bzw. *alles in Gott zu suchen und zu finden*, so bleibt kein menschliches Tun und Ringen bei der Frage nach Gott ausgespart. Ignatianische Schulpastoral hilft den fragenden, glaubenden, vertrauenden, gar zweifelnden Menschen im Kontext von Schule, »in ihrer Beziehung zu Gott [zu] wachsen und Spuren seiner Gegenwart in ihrem Leben und dem der Klassen- bzw. Schulgemeinschaft entdecken und deuten [zu] lernen«[6]. Sie unterstützt den Einzelnen und die Gemeinschaft, eine persönliche Freundschaft zu Jesus Christus aufzubauen bzw. diese zu vertiefen.

2.2 Den Menschen in den Mittelpunkt stellen und seine Lebenskompetenz fördern

Ausgangspunkt allen pastoralen Handelns ist der Mensch, das Ebenbild Gottes, dem eine unveräußerliche Würde zukommt. Ihm wendet sich ignatianische Schulpastoral unbedingt und uneigennützig zu, indem sie Erfahrungsräume bereitstellt, in denen das Leben und der Glaube ein- und ausgeübt, sowie religiöse Orientierungs- und Urteilsfähigkeit angeeignet werden können. Darüber hinaus bietet sie konkrete Lebenshilfe und

---

[6] Görtz, Philipp: Ignatianische Schulpastoral. Anregungen für eine spirituelle Praxis an konfessionellen Schulen, Würzburg 2014, 127.

-deutung auf der Grundlage des christlichen Glaubens an. Was die Entwicklung des Menschen anbelangt, so zielt sie auf eine ganzheitlich zu fördernde Individuation und Sozialisation sowie auf ein Reifen der Selbstachtung in gelebter Bescheidenheit. Angestrebt wird, dass der Mensch sich in Freiheit zu einer reifen Persönlichkeit bildet, stets bereit, »auf den Ruf Christi eine lebendige Antwort geben zu können«[7].

2.3 Glaube, Gerechtigkeit, Dialog mit den Kulturen und interreligiösen Dialog miteinander verbinden

Sozialisation, gerade auch in ihrer religiösen Form, vollzieht sich in Gemeinschaft, im Miteinander, im Austausch, im Dialog. Darum visiert ignatianische Schulpastoral an, dass sich alle am Bildungsprozess Beteiligten zu *Menschen für andere und mit anderen* bilden, zu »men and women of competence, conscience and compassion«[8]. Glauben-Lernen ist unauflöslich verbunden mit dem Einsatz für Gerechtigkeit. Nicht zuletzt an Schulen gelingt dies über verschiedene Stufen des *kulturellen und interreligiösen Dialogs*[9]: Dialog des Lebens (bereit sein, die Kultur des Anderen wirklich kennen und schätzen zu lernen), Dialog des Handelns (gemeinsam solidarisch und am Aufbau gerechterer Strukturen beteiligt sein), Dialog des theologischen Austauschs (redlich bemüht sein, sich mit dem Anderen in einen offenen, u. U. kontroversen intellektuellen Diskurs zu begeben), Dialog der religiösen Erfahrung (aus persönlicher Verwurzelung im Glauben den spirituellen Reichtum des Anderen wahrnehmen und gemeinschaftliche Formen des Glaubens, vielleicht sogar des Betens entwickeln).

---

[7] Görtz: Ignatianische Schulpastoral, 99.

[8] Jesuit Conference: What makes a Jesuit School jesuit? The Relationship between Jesuit Schools and the Society of Jesus: Distinguishing Criteria for Verifying the Jesuit Nature of Contemporary Schools, hg. v. The Society of Jesus in the United States, 2. Version, Washington 2007.

[9] Vgl. in diesem Band: Verburg / Abdel-Rahman: Christliche Schulpastoral in Schulen mit religiös pluraler Schülerschaft (3.3) und Kumher: Pluralitätssensible Schulpastoral (4.4).

3. Mittel ignatianischer Schulpastoral

3.1 *cura personalis* – eine besondere Form von Leitung und Begleitung

Die *Sorge um den Einzelnen* ist ein wichtiges Leitungs- und Begleitungsprinzip ignatianischer Spiritualität, Pädagogik und Schulpastoral. Sie ist die Art und Weise, den Einzelnen im Hinblick auf drängende Entwicklungsaufgaben (Umgang mit Veränderungen auf der Ebene des Körpers, der Beziehungen, der Emotionen, des Selbstwertgefühls etc.) so zu unterstützen und zu begleiten, dass er sie letztlich in Freiheit und Eigenverantwortung selber bewältigen kann. Dazu gehören ein prinzipielles Interesse am Menschen und eine bedingungslose Annahme seiner Person (Haltung) ebenso wie ein ganz Zur-Verfügung-Stellen von Zeit und Räumlichkeiten, von Präsenz und Verfügbarkeit (Rahmenbedingungen). Man wird dem Einzelnen stets mit Einfühlungsvermögen und Taktgefühl begegnen sowie für größtmögliche Transparenz sorgen und – wenn es nötig und gefordert ist – dem Einzelnen gegebenenfalls nachgehen, nachfragen und insistieren. Jeder Umgang mit Kindern, Jugendlichen und Heranwachsenden setzt auf der Erwachsenenseite ein gesundes Gespür für Nähe und Distanz voraus, erfordert die Wahrung der Intim- und Privatsphäre und basiert auf professioneller Diskretion.

3.2 *magis* – ein besonderer ›Mehrwert‹

Magis, einfach übersetzt »*mehr*«, ist eines der Grundworte ignatianischer Spiritualität und Pädagogik. Es wäre allerdings völlig verfehlt, darunter ein *immer-mehr* und *immer-besser* und *immer-schneller* und *immer-größer* […] zu verstehen oder gar einen absolut gesetzten Maßstab, dem Kinder und Jugendliche im Kontext von Schule moralisch oder spirituell genügen müssten.[10] *Magis*, das ist vielmehr die Suche nach dem Außer-

---

[10] Vgl. Specker, Tobias: Ist »immer mehr« immer mehr? Zum Verständnis des ignatianischen »magis«, in: Geist und Leben 77 (2004), 140–153.

gewöhnlichen, das Ausschöpfen des je eigenen Potentials, das Realisieren der persönlichen Talente und der Einsatz der individuellen Begabungen. Im Fokus steht nicht so sehr das Ich, das sich selbst zu verwirklichen trachtet, sondern das Wir, weil das Individuum zusammen mit anderen das größere Ganze voranzubringen und zu *mehren* vermag. Ignatianische Schulpastoral wendet das Mittel des *magis* dann richtig an, wenn z. B. dem unausweichlichen schulischen Leistungsdruck etwas Entlastendes entgegensetzt wird oder Wahrheitsliebe, Zivilcourage, Widerstandsfähigkeit und freiwilliges, zweckfreies Engagement sich entfalten können und die Atmosphäre an Schulen prägen.[11]

3.3 noster modus procedendi – die Frage nach der Sendung in der ignatianischen Schulpastoral

Basis und Ziel allen seelsorglichen Vorgehens muss eine tiefe Christusbeziehung sein, aus der heraus es möglich ist, *Gott in allen Dingen zu suchen und zu finden*. Analog dazu gehört die Bereitschaft, sich mit den Armen, den Ausgegrenzten und Benachteiligten zu solidarisieren und zwar in dem Sinne, dass diese sich als Subjekt erfahren und die Helfenden sich zugleich in ihrer eigenen Bedürftigkeit wahrnehmen. Des Weiteren ist Sendung kein privatistisches Heilsunternehmen, sondern in allem apostolisch und kirchlich sowie gemeinschaftlich und partnerschaftlich und in Bezug auf die gegenwärtige (Jugend-)Kultur wertschätzend und zugleich kritisch begleitend. Etwas praktischer gewendet orientiert sich jede Vorgehensweise ignatianischer Schulpastoral am *ignatianischen pädagogischen Paradigma*[12], das im Wesentlichen aus dem Dreischritt *Erfahrung – Reflexion – Handeln* besteht. Ausgehend von der Analyse des je konkreten Kontextes wird ein zirkulärer Prozess in Gang gesetzt: In einem ersten Schritt knüpft man an bereits bestehende Erfahrungen an und ermöglicht neue Erfahrungen, die

---

[11] Vgl. Görtz: Ignatianische Schulpastoral, 131.
[12] Vgl. Internationale Kommission für das Apostolat jesuitischer Erziehung: Ignatianische Pädagogik, 22.

eingeübt werden sollen. Alle Angebote ignatianischer Schulpastoral müssen Erfahrungscharakter besitzen. Im zentralen zweiten Schritt wird über die je eigene Erfahrung und deren Bedeutung für einen selbst und die Gemeinschaft im Hier und Heute nachgedacht. Alle Angebote ignatianischer Schulpastoral beinhalten als konstitutives Element immer einen Reflexionsvorgang, der sich als innerer Prozess versteht und vorrangig mit Gefühlen, Affekten und inneren Reaktionen arbeitet. Der dritte Schritt führt die reflektierte Erfahrung über in eine konkrete Handlung bzw. in das Ausüben einer bestimmten inneren und äußeren Haltung.

Zusammengefasst: Alle Angebote ignatianischer Schulpastoral zielen auf die Gestaltung und Umwandlung menschlicher Realität.

4. Ausblick

Die Unterscheidung von Zielen und Mitteln in der Schulpastoral sowie deren Verschränkung tragen dazu bei, dass man sich bei der Konzipierung vor Ort nicht verzettelt oder gar kopf- und herzlos vorgeht. Der inkarnatorische Ansatz ignatianischer Spiritualität, der Gott, Mensch und Welt in Beziehung setzt und dabei den Einzelnen so in den Blick nimmt, dass er sich dem Außergewöhnlichen bewusst wird, eignet sich für eine Art von Schulpastoral, die sich nicht allein darauf beschränkt, ein Sonderweg von Kollegsseelsorge an Jesuitenschulen zu sein. Ignatianische Schulpastoral bietet sich vielmehr an, der Schulpastoral insgesamt, besonders natürlich an kirchlichen Schulen, ein spezielles pädagogisch-spirituelles Fundament und Gepräge zu geben.

Ignatianische Schulpastoral lässt sich an Jesuitenkollegien und Schulen in ignatianischer Tradition mit Fug und Recht als Ferment bezeichnen, das alle Bereiche von Kolleg/Schule durchdringt und von ganz unterschiedlichen Personen angewendet wird: Neue Pädagoginnen und Pädagogen bekommen eine Grundausbildung in ignatianischer Spiritualität und Pädagogik, dem Lehrer- und Erzieher-Kollegium werden Einzelexerzitien angeboten, Leitungspersonal wird auf Fort- und Weiterbildungsveranstaltungen ignatianisch geschult, Eltern werden Grundkenntnisse ignatianischer Spiritualität und Pädagogik vermittelt, Gremien und Konferenzen orientieren sich am ignatianischen pädagogischen Paradigma. Jede Pädagogin und jeder Pädagoge ist angehalten, besondere Sorge für den je Einzelnen aufzubringen und die eigene Tätigkeit permanent zu reflektieren. Die Institution als Ganze bleibt stets eine lernende, reflektierende, sich weiter entwickelnde, ein Ort, an dem die Würde des Einzelnen gewahrt, über das Gelernte nachgedacht, sich für Gerechtigkeit eingesetzt und die Frage nach Gott wachgehalten wird.

Literatur zum Weiterlesen:

Kittel, Joachim: Ignatianische Experimente: Zur Grundlegung einer Pädagogik ignatianischer Spiritualität in der Kinder- und Jugendarbeit, in: Jung, Martina / Kittel, Joachim (Hg.): Schulpastoral konkret. Eine jugendverbandliche Perspektive, Düsseldorf 2004, 96–114.

Lambert, Willi: Zeit zum Aufatmen: Seelsorge und christliche Lebenskultur. Ostfildern 2008.

Mertes, Klaus: Verantwortung lernen: Schule im Geist der Exerzitien (= Ignatianische Impulse 6), Würzburg 2004.

Görtz, Philipp: Ignatianische Schulpastoral. Anregungen für eine spirituelle Praxis an konfessionellen Schulen, Würzburg 2014.

4.3 Mystagogische Schulpastoral

Carsten Roeger

> Mystagogische Schulpastoral möchte helfen, alltägliche Erlebnisse auf das ihnen zugrundeliegende Geheimnis hin zu interpretieren. Darüber hinaus versucht mystagogische Schulpastoral, Gotteserfahrungen im Kontext der Liturgie anzustoßen, indem das in der gottesdienstlichen Feier Erlebte gedeutet wird und so zu einer Erfahrung werden kann.
>
> Gott zu erfahren bedeutet, das alltägliche Leben oder das in der Liturgie Erlebte auf Gott hin zu deuten.

1. Chancen einer mystagogischen Schulpastoral

Die heutige Zeit ist durch die Suche vieler – nicht nur junger – Menschen nach Erlebnissen geprägt. Dabei ist zu beobachten, dass nicht wenige trotz vieler schöner Erlebnisse eine gewisse Leere empfinden. Da die Religion immer mehr zu einer privaten Angelegenheit wird, erlangt auch der christliche Glaube zumeist erst durch subjektive Erfahrung an Geltung. Insofern kann es ein attraktives Angebot sein, von einer Vielzahl eher oberflächlicher Erlebnisse zu tiefen Erfahrungen zu gelangen und hierin einen persönlichen Zugang zu Gott zu finden.

2. Mystagogie

Der aus dem Griechischen stammende Begriff Mystagogie[1] setzt sich aus ›*mysterion*‹ (Geheimnis) und ›*agein*‹ (führen, leiten) zusammen und bezeichnet die Einführung in ein Geheimnis. Mystagogie geht davon aus, dass Gott mit der Welt und mit jedem Menschen eine Geschichte hat. Kommt der Mensch dem Geheimnis des Lebens allgemein oder seines persönlichen Lebens, das sich – oft noch unbewusst – im konkreten Alltag oder im Erleben von Gottesdiensten zeigt, immer mehr auf die Spur, kann er darin eine Ahnung von Gott bekommen. Mystagogische Pastoral versucht, Erfahrungen auf Gott hin zu deuten und muss sich dabei bewusst sein, dass sie etwas holen geht, aufruft oder aufweckt, aber nichts einbringt oder austrägt.[2]

Mystagogie kann sich einerseits auf die Hinführung zur Erfahrung Gottes in der Feier der Liturgie beziehen; andererseits kann Mystagogie helfen, Gott z. B. in der Natur oder im Alltag zu entdecken. Für beide Verständnisse können programmatisch zwei wegweisende Theologen des 20. Jahrhunderts stehen: Odo Casel für die liturgisch geprägte Mystagogie und Karl Rahner für die transzendentale[3] Mystagogie. Pointiert formuliert Michael B. Merz den unterschiedlichen theologischen Ansatzpunkt, jedoch gleichen Hintergrund. »Während Rahner von der Notwendigkeit der Gotteserfahrung für den Suchenden als

---

[1] Transzendenz meint das Überschreiten der Grenze der diesseitigen Wirklichkeit. Transzendental verweist auf ›etwas‹, das vor unserer eigenen Erfahrung liegt und uns ermöglicht, Gegenstände an sich zu erkennen. Mystagogie möchte dem Menschen helfen, dem Geheimnis seines Lebens und darin dem Geheimnis Gottes näher zu kommen.

[2] Tjeu van den Berk vergleicht diesen Prozess mit einer Geburt. »Mystagogie ist Hebammenkunst. Es ist bei Rahner die stärkste Metapher um auszudrücken, worum es in der mystagogischen religiösen Bildung geht. Der Lehrende trägt keine Kinder aus, [...] er hilft dem anderen Menschen, sein eigenes Kind zu gebären und so geistlich neu geboren zu werden.« Van den Berk, Tjeu: Die mystagogische Dimension religiöser Bildung, in: Tzscheetzsch, Werner / Ziebertz, Hans-Georg (Hg.): Religionsstile Jugendlicher und moderne Lebenswelt, München 1996, 211–229, hier: 222.

[3] Vgl. Fußnote 1.

Individuum ausgeht, macht Casel diese Gotteserfahrung in der Feier der Liturgie [...] fest. [...] *Beide* (Hervorhebung von CR) suchen in Phasen der Glaubenslosigkeit und menschlicher Ratlosigkeit einen Weg der Gotteserfahrung möglichst ursprünglicher und überzeugender Art.«[4]

Für eine mystagogisch ausgerichtete Schulpastoral ist es unerlässlich, zwischen Erlebnis und Erfahrung zu unterscheiden. Im Unterschied zum Erlebnis ist für die Erfahrung das Moment der Deutung kennzeichnend, die immer in einem subjektiven oder gemeinschaftlichen Deutungsrahmen erfolgt.[5] Mystagogische Schulpastoral möchte dazu beitragen, dass aus Erlebnissen Erfahrungen werden können, die mit Gott in Zusammenhang gebracht werden können.

3. Transzendentale Mystagogie – Theologische Grundlegung

Um Gott im Alltag erfahren zu können, ist es notwendig, Erlebnisse zu deuten. Die Art der Deutung macht den entscheidenden Unterschied zwischen einem Leben als Christ und einem Leben als Nichtchrist aus. Äußerlich betrachtet verlaufen die Biographien aller Menschen in einem Spannungsbogen von Gelingen und Scheitern, von Liebe und Verlassenheit. Erst die Deutung der jeweiligen Erlebnisse im Leben lassen einen Unterschied erkennen und können helfen, Erlebnisse als Erfahrungen Gottes zu interpretieren.

Der wichtigste Begriff ist die ›Transzendentalität‹[6] des Menschen‹, d. h. der Mensch erfährt einerseits seine Grenzen und seine Endlichkeit, andererseits ahnt er aber auch, dass es etwas gibt, das ihn übersteigt und das der Grund seiner Existenz ist. Dieses ›Et-

---

[4] Merz, Michael B.: Liturgie und Mystagogie. Eine vergessene Form der Spiritualität, in: Schilson, Arno (Hg.): Gottes Weisheit im Mysterium. Vergessene Wege christlicher Spiritualität, Mainz 1989, 298–314, hier: 307.

[5] Vgl. Schambeck, Mirjam: Mystagogisches Lernen. Aufmerksam werden für Gotteserfahrungen, in: Münchener Theologische Zeitschrift 51 (2000), 221–230, hier: 226.

[6] Vgl. Fußnote 1.

was‹ nennt Karl Rahner ›Geheimnis‹ oder Gott. Der Mensch existiert sozusagen immer als Fragender auf das, was ›hinter‹ der Grenze des Sichtbaren liegt; er ist auf dieses Geheimnis bezogen und wird als jemand verstanden, der an dem Anteil hat, was hinter der erkennbaren Grenze liegt. Dieses Geheimnis versteht Rahner als die Ermöglichung jeder menschlichen Erkenntnis eines Gegenstandes, eines Menschen, eines Ereignisses. Umgekehrt kann jeder Gegenstand, jeder Mensch, jedes Ereignis als ein Hinweis auf das ›Geheimnis‹, auf Gott verstanden werden.[7]

Gott zu erfahren heißt folglich, das alltägliche Leben auf Gott hin zu deuten. Karl Rahner geht davon aus, dass es Erlebnisse gibt, die geradezu danach rufen, dass der Mensch nicht bei den Erlebnissen stehen bleibt, sondern weiter nach demjenigen fragt, der ein solches Erlebnis im letzten ermöglicht. So kann ein Mensch davon berührt werden, dass ihn jemand bedingungslos liebt und er einen anderen ebenso liebt, obwohl beide doch ihre Schwächen und Fehler haben. Er kann sich fragen, wie eine solche Liebe dennoch möglich ist und spüren, dass es einen festen Grund gibt, dem beide in ihrer Liebe vertrauen. Dieser Grund kann als Erfahrung des Gottes gedeutet werden, der sie beide in ihrer Liebe trägt und der ihre Liebe begleiten und stärken möchte.[8] Gotteserfahrungen sind im letzten auf Gott hin gedeutete Erlebnisse.

4. Liturgisch geprägte Mystagogie – Theologische Grundlegung

Um Gotteserfahrungen im Kontext der Liturgie zu ermöglichen, ist es erforderlich, das in der gottesdienstlichen Feier Erlebte zu deuten; nur so kann es zu einer Erfahrung werden.

---

[7] Eine gute und immer noch lesenswerte Einführung in das transzendentale Denken bietet: Weger, Karl-Heinz: Karl Rahner. Eine Einführung in sein theologisches Denken, Freiburg / Basel / Wien 1978.

[8] Vgl. Rahner, Karl: Gotteserfahrung heute; in: Rahner, Karl: Sämtliche Werke. Bd. 23. Herausgegeben von der Karl-Rahner-Stiftung. Bearbeitet von Albert Raffelt. Freiburg / Basel / Wien 1996, 138–149.

Allerdings stellt sich angesichts des oft eher mangelnden Interesses von Schülern und Schülerinnen an Gottesdiensten und der oft eher rudimentären liturgischen Praxis die Frage, wie es überhaupt zu Erlebnissen kommen kann, die dann gedeutet werden können.

Grundsätzlich sind ihnen ›liturgische‹ Elemente im weiteren Sinne durchaus bekannt.

Fans feiern ihren Fußballverein mit Hymnen und in ›liturgischen‹ Farben.[9] Der Besuch einer Techno-Party folgt einem bestimmten Ritual: Der Weg ins Mysterium beginnt mit Herzklopfen, ob der Türsteher den Zutritt gestattet, dann betritt man die ›geheiligte Halle‹. Nach dem Bezahlen entledigt man sich überflüssiger Kleidungsstücke. »Man stimmt sich ein. Die Wallfahrt zum Heiligtum, zur Tanzfläche hin, beginnt. Dort herrscht zunächst das materielle und geistige Dunkel. Der Tanzsaal ist aufgeladen mit Erwartungen. […] Die körperliche und spirituelle Ekstase der Tanzenden muss mit einem Click der Musik […] zusammenfallen […].«[10]

Die Gottesdienste in Taizé ziehen viele junge Menschen nach anfänglicher Skepsis in ihren Bann, die Gottesdienste mit dem Papst auf Weltjugendtagen gleichen einem Festival.

Als Argument für die Liturgiefähigkeit kann zudem die Faszination von James-Bond-Filmen angeführt werden, deren Erfolgsrezept in der Wiederholung besteht; Änderungen der Rituale führen zum Widerspruch der Zuschauer.[11] Solange der Mensch die Fähigkeit besitzt, wirklich zu feiern, bleibt er auch

---

[9] Vgl. Bischöfliches Generalvikariat Münster, Abteilung Jugendseelsorge (Hg.): Voll der Kult. Von der Kunst, mit Jugendlichen Liturgie zu feiern, Münster 2000, 1.

[10] Böpple, Friedhelm / Knüfer, Ralf: Generation XTC: Techno und Ekstase, München 1988, 141–142.

[11] Vgl. Binotto, Thomas: Ist der heutige Mensch liturgiefähig? Liturgie, Eskapismus und der Reiz der Wiederholung (Am 04.12.2004 anlässlich der Eröffnung des Liturgischen Instituts der deutschsprachigen Schweiz in Freiburg i.Ue. als Kurzreferat gehalten. Die von den Veranstaltern vorgegebene Ausgangsfrage lautete: «Zur Liturgie fähig?»), in: http://www.kath.ch/index.php?na=12,0,244,0,d,9901 (Zugriff: 18.08.2014).

zur liturgischen Feier fähig.[12] Weihnachtsgottesdienste werden
immer noch stark frequentiert. Viele Jugendliche möchten
wichtige Übergänge im Leben, Ereignisse wie Hochzeit, Taufe
und Beerdigung kirchlich feiern.[13] Es gibt eine Rückbesinnung
auf Rituale in den Familien, bei der u. a. ihre den Alltag stüt-
zende Funktion[14] oder die Bedeutung für die Gestaltung von
Feiern[15] (wieder) wertgeschätzt wird.

Ein Aspekt der liturgischen Mystagogie ist die Vorordnung
der liturgischen Praxis gegenüber der Glaubensvermittlung.
Oftmals ist es sinnvoll, erst im Anschluss an das in der Liturgie
Erlebte eine theologische und existentielle Deutung vorzunehmen. Ausgangspunkt ist die Überzeugung, dass die Liturgie die
Erfahrung der gegenwärtigen Liebe Gottes ermöglicht. Für Odo
Casel wurde die Feier der Liturgie zum Ausgangspunkt seiner
theologischen Überlegungen.[16] Da für ihn die Feier der Liturgie
selbst zur entscheidenden Quelle seiner Überlegungen wurde,[17]
stehen im Zentrum seiner theologischen Arbeit keine abstrak-
ten Lehren oder theologischen Spekulationen, sondern eine Per-

---

[12] Vgl. Schilson, Arno: Liturgie und Menschsein. Überlegungen zur Liturgiefähigkeit des Menschen am Ende des 20. Jahrhunderts, in: Liturgisches
Jahrbuch 39 (1989), 206–227, hier: 213.

[13] Vgl. Ebertz, Michael N.: Die Dispersion des Religiösen, in: Kochanek,
Hermann (Hg.): Ich habe meine eigene Religion. Sinnsuche jenseits der Kirchen, Zürich / Düsseldorf 1999, 210–231, hier: 216–218.

[14] Vgl. Schnabel, Michael: Alltagsrituale in Familien. Oasen der Zuneigung
und Geborgenheit, in: Fthenakis, Wassilios E. / Textor, Martin R. (Hg.): Das
Online-Familienhandbuch des Staatsinstituts für Frühpädagogik (IFP),
http://www.familienhandbuch.de /erziehungsbereiche /moralische-und-reli-
giose-erziehung/alltagsrituale-in-familien-oasen-der-zuneigung-und-gebor-
genheit (Zugriff: 18.08.2014).

[15] Vgl. ders.: Wie Familien Rituale gestalten können, in: Fthenakis, Wassilios E. / Textor, Martin R. (Hg.): Das Online-Familienhandbuch des Staatsinstituts für Frühpädagogik (IFP), http://www.familienhandbuch.de/erzie-
hungsbereiche/moralische-und-religiose-erziehung/wie-familien-rituale-ge-
stalten-konnen (Zugriff: 18.08.2014).

[16] Casel, Odo: Die Liturgie als Mysterienfeier, Freiburg 1922, VIII.

[17] Ders.: Besinnung, in: Herbstbrief der Abtei vom Heiligen Kreuz zu Herstelle; 1948, in: Gozier, André: Odo Casel. Künder des Christusmysteriums,
Regensburg 1996, 11.

son: Jesus Christus. Das primäre Ziel der Überlegungen Casels ist es, den Sinn des kultischen Handelns zu erhellen und zu einer Vertiefung des in der liturgischen Feier Erlebten beizutragen.[18] Nach Einschätzung Odo Casels ist es nicht Privileg theologisch geschulter Christen, Erfahrungen mit Gott in der Feier der Liturgie zu machen, sondern aufgrund der von Christus ausgehenden Glaubensschau ist dies jedem möglich.[19]

Es zeigen sich deutliche Parallelen zwischen den Beobachtungen Odo Casels und Beobachtungen in der heutigen Zeit, so dass Odo Casels Antwortversuche auf die Nöte *seiner* Zeit wertvolle Impulse für *unsere* Zeit zu geben vermögen. So stellt seine liturgische Mystagogie einer »selbst komponierten« Religion die Vorgabe des Mysteriums gegenüber. Auf die von vielen Menschen als notwendig angesehene Anhäufung von Erlebnissen antwortet Casel mit dem Hervorheben des einzigartigen Erlebens des Mysteriums. Die Orientierung an Jesus Christus erscheint als ein sinnvolles Korrektiv gegenüber einer religiösen Bedürfnisorientierung. Die durch die Teilhabe am Leben Gottes mitbegründete Würde des Menschen kann einerseits das menschliche Selbstbewusstsein in gesunder Weise stärken, andererseits ihn auch vor einer Selbstüberschätzung oder gar Selbstvergötterung bewahren.[20]

5. Schulpastorale Relevanz

Transzendentale Mystagogie möchte den Menschen in der Schule Erfahrungen mit Gott im alltäglichen (schulischen) Leben ermöglichen und ihnen unthematische Gotteserfahrungen

---

[18] Vgl. Schilson, Arno: »Gedachte Liturgie« als Mystagogie. Überlegungen zum Verhältnis von Dogmatik und Liturgie, in: Schockenhoff, Eberhard / Walter, Peter (Hg.): Dogma und Glaube. Bausteine für eine theologische Erkenntnislehre, Mainz 1993, 213–234, hier: 218f.

[19] Vgl. Schilson, Arno: Theologie als Sakramententheologie. Die Mysterientheologie Odo Casels, Mainz 1982, 113.

[20] Vgl. Roeger, Carsten: Mystagogische Schulpastoral. Grundlagen und Realisierungsmöglichkeiten, Berlin 2009, 517–541.

thematisch erschließen. Darin dass sie auf Berührungspunkte verweist, die die empirisch fassbare Wirklichkeit übersteigen, und indem sie für Erfahrungen der Transzendenz sensibilisiert, sieht sie die Chance, Menschen im Umfeld der Schule für Gotteserfahrungen aufzuschließen, um sie dann auf den christlichen Gott hin deuten zu können.

Liturgische Mystagogie möchte den am Schulgeschehen Beteiligten Erfahrungen mit der Nähe Gottes und der Anwesenheit Jesu in der Feier von Gottesdiensten nahe bringen. Gottesdienste können den Menschen ganzheitlich berühren, indem die Riten und Symbole etwas in ihm zum Schwingen bringen und ihn auf eine rational nicht erklärbare Weise ansprechen.[21]

Ein stimmungsvoll und sinnenhaft gestalteter Gottesdienst kann das Gefühl Jugendlicher ansprechen. Allerdings haben sie zunächst im Wesentlichen ›nur‹ etwas erlebt. Wenn es im Gottesdienst selber und/oder im Nachklang gelingt, diese gottesdienstlichen Erlebnisse mit dem Gott Jesu Christi und dem eigenen Leben in Verbindung zu bringen, kann der Gottesdienst zu einer Erfahrung mit Gott werden.

6. Schlussbemerkung

Zentral für die mystagogische Schulpastoral ist die Hinführung zur Erfahrung Gottes. Da Gott im Alltag erfahren werden kann, legt sie Wert auf die Mitgestaltung des Alltags. Sie nimmt das Anliegen der diakonischen Schulpastoral auf, als ein vom Geist des Evangeliums getragener Dienst, allen Menschen in der Schule, Begleitung und Beratung in den Fragen und Sorgen des alltäglichen Lebens anzubieten. Diakonische Schulpastoral umfasst ein breites Spektrum von Maßnahmen, zu denen u. a. Gesprächs- und Freizeitangebote, Mitarbeit in Krisensituatio-

---

[21] Vgl. Fischer, Wolfgang: Ein Mittel der Mystagogie. Die spirituelle Dimension der Gottesdienstübertragung im Fernsehen, in: Gottesdienst 26 (1992), 156–157, hier: 157.

nen und soziales Engagement gehören.[22] Das Spezifikum der mystagogischen Schulpastoral liegt nicht in der Abgrenzung von einer diakonischen Schulpastoral, sondern eher in der Fokussierung auf die Frage, inwieweit einzelne Maßnahmen und Aktionen einen Beitrag zur Erfahrung Gottes leisten können. Der Gedanke eines liebenden und zugewandten Gottes wird eher plausibel und glaubwürdig, wenn diejenigen, die sich in der Schulpastoral engagieren, den Menschen in der Schule wertschätzend und zugewandt begegnen.

Der Zusammenhang verschiedener schulpastoraler Elemente mit dem Leitgedanken der Mystagogie lässt sich treffend mit dem ignatianischen Grundwort ›je-nachdem‹ beschreiben. Ignatius brachte damit zum Ausdruck, »man solle dieses oder jenes so oder so oder auch anders tun, *je nachdem* die Person, die Umstände, die Situation, die Zeit es für gut, passend, angemessen, hilfreich usw. erscheinen lassen.«[23] Insofern wird mystagogische Schulpastoral verschiedene Projekte und Aktionen initiieren und mal mehr die *diakonia, martyria, leiturgia* oder *koinonia* in den Vordergrund stellen, *je nachdem* was an der jeweiligen Schule möglich und geboten ist. Sie wird sich dabei aber stets an ihrem grundlegenden Ziel der Hinführung zur Erfahrung Gottes ausrichten. Unter Berücksichtigung der liturgischen Mystagogie wird sie dabei der *leiturgia* eine besondere Aufmerksamkeit schenken; auch wird sie sich bemühen, das Erlebte auf Gott hin zu deuten.

Literatur zum Weiterlesen:
Starke, Magdalena / Roeger, Carsten: Religiöse Erfahrungen an der Schule? Ein Projekt in fünf Schulstunden, in: Rendle, Ludwig (Hg.): Ganzheitliche Methoden der Schulpastoral, München 2013, 180–185.
Roeger, Carsten: Mystagogische Schulpastoral. Grundlagen und Realisierungsmöglichkeiten, Berlin 2009 oder auch unter: http://edoc.ub.uni-muenchen.de/10465/.

---

[22] Vgl. Demmelhuber, Helmut: Sozialarbeit und Seelsorge in der Schule – Neue Wege der Kirche, 3. Aufl., Oberried 1999, 73–74.
[23] Lambert, Willi: Aus Liebe zur Wirklichkeit. Grundworte ignatianischer Spiritualität, Mainz [4]1998, 177 (Hervorhebung im Original).

Binotto, Thomas: Ist der heutige Mensch liturgiefähig? Liturgie, Eskapismus und der Reiz der Wiederholung, in: http://www.kath.ch/in-
dex.php?na=12,0,244,0,d,9901 (29.05.2014).

Schambeck, Mirjam: Mystagogisches Lernen, in: Hilger, Georg / Leimgruber, Stephan / Ziebertz, Hans-Georg u. a. (Hg.): Religionsdidaktik. Ein Leitfaden für Studium, Ausbildung und Beruf, 6. Aufl.,
München 2010, 400–415.

4.4 Pluralitätssensible Schulpastoral in Anlehnung an Raimon Panikkar

Ulrich Kumher

An vielen deutschen Schulen ist religiöse Pluralität zur Normalität geworden. Von Schule zu Schule kann diese sehr unterschiedlich ausgeprägt sein. Die Überlegungen Raimon Panikkars eignen sich als Grundlage für ein Konzept, das die schulpastorale Auseinandersetzung mit religiöser Pluralität im Sinne einer Ermutigung zur Begegnung orientiert.

1. Herausforderungen

In der Vergangenheit hat sich gezeigt, dass Schulpastoral automatisch mit den Herausforderungen religiöser Pluralität befasst wird. So nehmen Schüler/innen, die keine Christ/innen sind, an Angeboten der Schulpastoral teil und suchen bei schulpastoralen Mitarbeiter/innen Unterstützung. Außerdem ergeben sich aufgrund religiöser Pluralität an Schulen Schwierigkeiten, von denen sich Schulpastoral nicht distanziert, weil sie ihrem Humanisierungsauftrag treu bleibt. Vor diesem Hintergrund stellen sich die Fragen, inwiefern schulpastorales Engagement über religiöse Grenzen hinweg angebracht ist, welches theologische Gesamtkonzept einem solchen Engagement zugrunde liegen soll und ob diejenigen, die helfen möchten, auch kompetent genug für eine Hilfeleistung über religiöse Grenzen hinweg sind.[1] Dabei ist eigens zu reflektieren, dass es sich bei Schulpastoral um ein ›kirchliches‹ Engagement handelt. Es bedarf ei-

---

[1] Vgl. Weiß, Helmut: Grundlagen interreligiöser Seelsorge, in: Weiß, Helmut / Federschmidt, Karl / Temme, Klaus (Hg.): Handbuch Interreligiöser Seelsorge, Neukirchen-Vluyn 2010, 73–96.

ner Klärung, ob und inwiefern von einer ›interreligiösen‹ Schulpastoral die Rede sein kann, da mit einer solchen Ausrichtung bedenkenswerte Implikationen einhergehen.[2] Angesichts des Aufeinandertreffens von Menschen mit verschiedenen religiösen Bekenntnissen und Orientierungen sowie des damit verbundenen Problempotenzials stellt sich außerdem die Frage, welche grundsätzliche Perspektive Schulpastoral in dieser Angelegenheit für eine Humanisierung der Schulwirklichkeit einbringen kann.

2. Orientierung für Schulpastoral inmitten religiöser Pluralität

Raimon Panikkars Überlegungen – von Francis D'Sa[3] weiterentwickelt – eignen sich als Grundlage für ein Konzept, das Schulpastoral in der Auseinandersetzung mit religiöser Pluralität leitet.[4] Der Grund für diese Eignung besteht u. a. darin, dass Panikkars Reflexionen klären, warum zwischen Menschen unterschiedlicher Religionen und Weltanschauungen Verständigungsbarrieren bestehen und Missverständnisse entstehen, obwohl sie sich derselben Sprache bedienen können und warum es trotz zahlreicher Kontakte oftmals bei Beziehungslosigkeit und Ressentiments bleibt. Panikkar hat für die Herausforderungen religiöser Pluralität eine Perspektive entwickelt, damit gelingende Verständigung und ein Miteinander in versöhnter Verschiedenheit in Gang kommen und unterhalten werden können.

---

[2] Vgl. Kumher, Ulrich: Schulpastoral und religiöse Pluralität. Ein Konzeptentwurf für die Auseinandersetzung mit religiöser Pluralität, Würzburg 2008, 161–165.

[3] Z. B. D'Sa, Francis X.: Regenbogen der Offenbarung. Das Universum des Glaubens und das Pluriversum der Bekenntnisse, Frankfurt a.M. / London 2006.

[4] Vgl. in diesem Band: Verburg / Abdel-Rahmann: Schulpastoral in Schulen mit rel. pluraler Schülerschaft (3.3) und Cimşit: Seelsorge aus islamischer Sicht (3.4).

2.1 Dreiklang der Wirklichkeit

Panikkar hat ein trinitarisches Wirklichkeitsverständnis:[5] Gemäß der kosmotheandrischen Intuition bzw. Vision, die sich zu allen Zeiten und überall auf der Erde ausmachen lässt, besteht die Wirklichkeit aus drei miteinander verflochtenen Dimensionen: einer kosmischen oder materiellen Dimension, einer menschlichen Dimension und einer Tiefendimension bzw. einer ›göttlichen‹ Dimension. Diese Intuition verdankt sich einer mystischen Erfahrung, nicht einer analytischen Schlussfolgerung. Es handelt sich um eine Erfahrung der Einheit, um die Erfahrung, wie verflochten die Wirklichkeit in sich ist, ohne Nivellierung ihrer Vielfalt. Der Segen dieser in den verschiedenen Religionen unterschiedlich akzentuierten Intuition liegt in ihrer ganzheitlichen Schau von Wirklichkeit. Diese ganzheitliche Schau ermöglicht es, auf einseitige Wirklichkeitsverständnisse aufmerksam zu werden, und erlaubt es, der Mehrdimensionalität von Wirklichkeit entsprechend zu leben, insbesondere der göttlichen Tiefendimension im Leben gewahr zu bleiben. Die kosmotheandrische Intuition bietet sich aufgrund ihrer weltweiten Verwurzelung für Menschen unterschiedlicher Kulturen und Religionen als Grundkonstellation eines gemeinsamen Wirklichkeitsverständnisses an, die sich für eine gelingende und ertragreiche Verständigung fruchtbar machen lässt.

2.2 Übersetzungsarbeit

Eine gelingende Verständigung zwischen Angehörigen unterschiedlicher Religionen erfordert laut Panikkar nicht nur, darum zu wissen, dass im Dialog die Ebene des Logos bzw. die Ebene der Intelligibilität (Verstehbarkeit) eine Rolle spielt, sondern außerdem dafür sensibel zu sein, dass die am Dialog beteiligten Personen von Grundvoraussetzungen ausgehen (Ebene des Mythos), die ihnen meist nicht bewusst sind, die deshalb

---

[5] Vgl. Panikkar, Raimon: Gott, Mensch und Welt. Die Drei-Einheit der Wirklichkeit, Petersberg 1999, 69–124.

im Hintergrund unhinterfragt und unkritisch wirksam sind, die aber u. a. die Orientierung und Einschätzung von Menschen entscheidend bestimmen. Das Übersehen dieser verschiedenen Grundvoraussetzungen bzw. Horizonte, auf die die Glaubensmanifestationen von Menschen Bezug nehmen, führt dazu, dass die Glaubensäußerungen von Menschen mit einem anderen Mythos nicht so verstanden werden, wie diese sie selbst verstehen, bzw. unverstanden und fremd bleiben. Um eine Person mit einer anderen Religion so zu verstehen, wie diese sich selbst versteht, ist es wichtig, Zugang zu ihrem Mythos zu erhalten, sofern dieser nicht schon geteilt wird. Es besteht auch die Möglichkeit, dass ein gemeinsam geteilter Mythos während einer Begegnung heranwächst und so eine gemeinsame Voraussetzungsbasis für einen Dialog entsteht.

Als Verständigungsbrücken zwischen Angehörigen verschiedener Religionen lassen sich homöomorphische Entsprechungen aufspüren. Damit ist gemeint, auf das aufmerksam zu werden, was in unterschiedlichen Religionen entsprechende Positionen einnimmt bzw. was eine gleichwertige, gleichartige Rolle spielt.[6] Das Aufspüren solcher Entsprechungen führt mit Blick auf Religionen nicht zu einem Relativismus, sondern zu Relationalität. Die Einzigartigkeit der jeweiligen Glaubenswelten steht nicht zur Debatte, stattdessen wird ihre adäquate Erschließung unterstützt.

2.3 Oberflächlichkeit durchbrechen

Das Aufeinandertreffen von Menschen übersteigt nicht unbedingt den Status von Kontakten und wird nicht immer zu einer Begegnung, welche imstande ist, konstruktive Beziehungen zwischen Menschen verschiedener Religionen und Weltanschauungen zu stiften. Im Gegensatz zu einem Kontakt, der ein Zusammentreffen von Personen meint, bei dem es zu keiner intensiveren Beschäftigung miteinander kommt, durchbricht eine Begegnung Oberflächlichkeit, fördert gegenseitiges Ken-

---

[6] Vgl. Panikkar: Gott, Mensch und Welt, 206.

nenlernen und Verstehen und ist dazu in der Lage, Vorurteile zu vermindern und Freundschaften anzubahnen.

Panikkar beschreibt Merkmale und Spielregeln, deren Beachtung dem Ziel zuträglich ist, aus Kontakten Begegnungen erwachsen zu lassen.[7] Eine Begegnung zwischen Angehörigen verschiedener Religionen erschöpft sich nicht in einem rein technischen und akademischen Informationsaustausch, der allein Wissenszuwachs zur Folge hat. Zum Dialog einer Begegnung gehört die Kommunikation dessen, was die Religion bzw. Religiosität für das eigene Leben bedeutet. Der Dialog ist eine höchst lebendige und vielseitige Angelegenheit; er ist dazu geeignet, die ganze Person zu involvieren, zu berühren und zu entwickeln.

Im Rahmen einer Begegnung zielt die Auseinandersetzung miteinander weder auf die Uniformierung noch auf die Beseitigung aller Meinungsverschiedenheiten. Vielmehr lernen sich die Beteiligten dank des Dialogs sowohl gegenseitig als auch selbst besser kennen; Unterschiede und Gemeinsamkeiten treten deutlicher hervor. Eine zu bewältigende Herausforderung besteht darin, einander so verstehen zu lernen, wie man sich jeweils selbst versteht, damit Beziehungen nicht auf falschen Einschätzungen und Vorstellungen aufgebaut werden.

3. Schulpastoral als Ermöglichung von Begegnungen

Ein Konzept für Schulpastoral, das auf diese Überlegungen rekurriert,[8] hält das Bewusstsein dafür wach, dass Religionen die Dimensionen der Wirklichkeit zwar unterschiedlich akzentuieren, jedoch alle auf ihre Weise auf die Tiefendimension der Wirklichkeit hindeuten, ohne deren Beachtung die Betrachtung der Wirklichkeit defizitär wäre und die Gefahr einer Vergegen-

---

[7] Vgl. Panikkar, Raimon: Begegnung der Religionen. Das unvermeidliche Gespräch, in: Dialog der Religionen 1 (1991), 9–39; Ders.: Gott, Mensch und Welt, 198–211.
[8] Vgl. Kumher: Schulpastoral und religiöse Pluralität.

ständlichung bestünde – gerade angesichts einer Überbetonung des naturwissenschaftlichen Paradigmas. Religionen sind demnach speziell deshalb zu würdigen, weil sie den Sinn für das Unendliche, Unerklärliche, für das göttliche Geheimnis der Wirklichkeit wachhalten und zugleich ein Humanisierungspotenzial anbieten, das es in Gebrauch zu nehmen gilt.

Ein Konzept, das sich hinsichtlich der Auseinandersetzung mit religiöser Pluralität auf die Reflexionen Panikkars bezieht, hat die Zielsetzung, eine versöhnte und konstruktive religiöse Verschiedenheit an der Schule zu gestalten, eine Umgebung, in der für jede Konfession und für jede Person die Möglichkeit besteht, sich bzgl. des eigenen Glaubens zu vergewissern und weiterzuentwickeln, gerade in der Begegnung mit Menschen anderer Bekenntnisse und Weltanschauungen. Schulpastoral, die sich mithilfe eines solchen Konzepts orientiert, arbeitet gezielt darauf hin, Räume, Zeiten und Anlässe für vielfältige Zusammenkünfte von Personen unterschiedlicher Religionen und Weltanschauungen zu schaffen und diese so vorzubereiten, dass möglichst günstige Bedingungen dafür herrschen, dass aus Kontakten Begegnungen werden können.[9] In dieser Perspektive versucht sie Dialogchancen so zu moderieren, dass Gespräche zustande kommen, die die Ebene reiner Information übersteigen und Lebensbedeutsames kommunizieren sowie dabei für die unterschiedlichen Lebenshorizonte sensibilisieren, vor deren Hintergrund die einzelnen Glaubensvorstellungen und -praktiken Sinn ergeben. Eine herausfordernde Aufgabe des schulpastoralen Personals ist es, Verständigungsbrücken anzubieten, Sorge dafür zu tragen, dass zentrale Glaubensäußerungen von einem Sinnhorizont passend in den anderen übersetzt werden und eine Feedbackkultur zur gelingenden Verständigung zu entwickeln. Gemeinsame Ziele und die Notwendigkeit der Kooperation angesichts gemeinsamer Probleme können eine Motivation für den Dialog und eine Vorlage sein, das jeweilige Humanisierungspotenzial der Religionen zu aktivieren und miteinander in Kooperation zu bringen.

---

[9] Vgl. ebd., 239–263.

Einer solchen Schulpastoral ist daran gelegen, dass Schüler/innen die Gelegenheit erhalten, einen intrareligiösen Dialog zu pflegen, mit dem ihnen die Perspektive eingeräumt wird, ihren eigenen Glauben zu entwickeln und immer mehr zu einer verantworteten, reflektierten und tragfähigen Position in Glaubensfragen zu kommen sowie Religion in Gebrauch zu nehmen und ihre humanisierende Kraft zu entfalten.

4. Verortung der Begegnungskultur in der Schulwirklichkeit

Inmitten religiöser Pluralität ließe sich im Rahmen von Schulpastoral z. B. an einen Ort in der Schulwirklichkeit denken, der sich aufgrund einer Begegnungskultur gemäß den Überlegungen Panikkars als eine Art ›lokalisierte Utopie‹[10] erweist. Im Sinne gelingender Verständigung ist dabei darauf zu achten, den Beteiligten einen Zugang zu einem gemeinsamen Verstehenshorizont zu bieten oder sie bei der Suche danach zu unterstützen (z. B. durch die Ermittlung gemeinsamer Ziele). Die Berücksichtigung der kosmotheandrischen Intuition führt dazu, eine einseitige Wirklichkeitssicht zu weiten und aus der Perspektive verschiedener Religionen für die Verflochtenheit von Wirklichkeit und deren Mehrdimensionalität zu sensibilisieren. So ließe sich beispielsweise die Einschätzung und das Erleben einer gemeinsamen Mahlzeit als Nahrungsaufnahme als äußerst begrenzt begreifen, weil Schulpastoral aus der Perspektive unterschiedlicher Religionen die Wahrnehmung und Erfahrung ermöglicht, dass eine Mahlgemeinschaft ein ganzheitliches Wirklichkeitserlebnis sein kann. Eine solche Sensibilisierung bietet sich zu bestimmten Anlässen (z. B. bei Festen) an. – Diese Überlegungen eignen sich dazu, bereits etablierte Initiativen von Schulpastoral (z. B. Weltladen, Raum der Stille, Schülercafé) im Sinne einer interreligiösen Begegnungskultur zu fundieren und zu inspirieren.

---

[10] Vgl. Foucault, Michel: Die Heterotopien. Der utopische Körper, Frankfurt a.M. 2005, 9–11.

Literatur zum Weiterlesen:

D'Sa, Francis X.: Regenbogen der Offenbarung. Das Universum des Glaubens und das Pluriversum der Bekenntnisse, Frankfurt a.M. / London 2006.

Foucault, Michel: Die Heterotopien. Der utopische Körper, Frankfurt a.M. 2005.

Kumher, Ulrich: Schulpastoral und religiöse Pluralität. Ein Konzeptentwurf für die Auseinandersetzung mit religiöser Pluralität, Würzburg 2008.

Panikkar, Raimon: Begegnung der Religionen. Das unvermeidliche Gespräch, in: Dialog der Religionen 1 (1991), 9–39.

Panikkar, Raimon: Gott, Mensch und Welt. Die Drei-Einheit der Wirklichkeit, Petersberg 1999.

Weiß, Helmut: Grundlagen interreligiöser Seelsorge, in: Weiß, Helmut / Federschmidt, Karl / Temme, Klaus (Hg.): Handbuch Interreligiöser Seelsorge, Neukirchen-Vluyn 2010, 73–96.

4.5 Profile der Schulpastoral und ihre Schwerpunkte

Angela Kaupp

Schulpastoral wird zunehmend wissenschaftlich reflektiert. Hier soll ein zusammenfassender Überblick über theoretische Entwürfe gegeben werden, die auf der Grundlage des Schreibens der deutschen Bischöfe zur Schulpastoral (1996) theologisch bzw. pädagogisch unterschiedliche Schwerpunkte setzen.

Die folgende Darstellung skizziert knapp die wissenschaftlichen Konzeptionen zur Schulpastoral, die der katholischen Theologie zuzuordnen sind.[1] Exemplarisch geben bereits die vier voranstehenden Artikel einen Einblick in unterschiedliche theoretische Schwerpunktsetzungen.[2] Da im Bereich der evangelischen »Schulseelsorge« z.T. andere Begrifflichkeiten und Bezugstheorien wichtig sind, wird dieser Bereich hier nicht behandelt, sondern auf den Beitrag von Harmjan Dam[3] verwiesen. Diözesane Konzepte und die Lehrbriefe »Schulpastoral« der Kirchlichen Arbeitsstelle für Fernstudien/Theologie im Fernkurs bei der Domschule Würzburg sind ebenfalls in anderen Beiträgen dieses Bandes beschrieben.[4]

---

[1] Ausführlicher vgl. Mette, Norbert: Schulbezogenes Engagement. Kooperation zwischen Kirche und Schule als pastorale Aufgabe, in: Pastoraltheologische Informationen 27, (2007), H. 1, 150–167, hier: 156–159; aus der Perspektive des eigenen Ansatzes vgl. Roeger, Carsten: Mystagogische Schulpastoral. Grundlagen und Realisierungsmöglichkeiten, Berlin 2009, 170–254.

[2] Vgl. dazu in diesem Band: Lames: Der Systemische Ansatz in der Schulpastoral (4.1), Görtz / Molzberger: Ignatianische Schulpastoral (4.2), Roeger: Mystagogische Schulpastoral (4.3), Kumher: Pluralitätssensible Schulpastoral in Anlehnung an Raimon Panikkar (4.4).

[3] Vgl. dazu in diesem Band: Dam: Evangelische Schulseelsorge (3.2).

[4] Vgl. dazu in diesem Band: Thalheimer / Lob: Fort- und Weiterbildung (5.8) und Thalheimer / Bußmann / Geißler: Bistumskonzeptionen (5.9).

1. Die gemeinsame Leitlinie: Schulpastoral auf der Basis des Schreibens der
deutschen Bischöfe

Die Leitkategorien für Schulpastoral, wie sie die deutschen
Bischöfe 1996 beschrieben haben,[5] korrelieren mit den vier
Grundvollzügen kirchlichen Handelns (*diakonia, liturgia, martyria* und *koinonia*). Schulpastoral wird durch vier »Anliegen und
Handlungsfelder« bestimmt, die sowohl die persönliche Entwicklung einzelner Menschen als auch die Schulkultur fördern wollen:

»1. Engagement für eine humane Schule«.

»2. Elemente humanen Lebensvollzugs als Grundmuster des
Christlichen erschließen«.

»3. Erlebnis- und Erfahrungsräume für das Leben- und
Glaubenlernen bereitstellen, indem sie Menschen ganzheitlich
anspricht«.

»4. Kooperation mit anderen Lern- und Lebensräumen des
Glaubens«, wobei sich Schulpastoral als Ergänzung versteht
und Kooperationen fördern soll.[6]

Diese Konzeption ist weit und lässt verschiedene Schwerpunktsetzungen zu, welche sich in der Praxis aufgrund der konkreten Schulsituation und der Zielsetzungen des Schulträgers
bzw. Charismen derjenigen entwickeln, die Schulpastoral gestalten. Darüber hinaus führen pädagogische und theologische
Grundlegungen und Optionen zu unterschiedlichen Konzeptionen der Schulpastoral. Diese Komplexität spiegelt sich in den
Theoriekonzepten. Obwohl in den Konzepten oft einer der
Grundvollzüge (*diakonia, liturgia, martyria, koinonia*) im Vordergrund steht, lassen sie sich nicht eindeutig in einen Vollzug
einordnen. Denn die anderen Vollzüge werden über den im Vordergrund stehenden mit thematisiert oder begründet. Eher kann
von einer bestimmten theologischen oder schulpädagogischen

---

[5] Die deutschen Bischöfe – Kommission für Erziehung und Schule: »Schulpastoral – der Dienst der Kirche an den Menschen im Handlungsfeld Schule«, hg. v. Sekretariat der Deutschen Bischofskonferenz, Bonn 1996; vgl. in
diesem Band: Thalheimer: »Schulpastoral« (1.1).

[6] Vgl. Die deutschen Bischöfe: Schulpastoral, 15–17.

Option gesprochen werden, aus der heraus eine bestimmte Konzeption der Schulpastoral erarbeitet wird.

2. Theoriekonzepte der Schulpastoral

Auf der Metaebene untersucht Gundo Lames unter Bezug auf die Systemtheorie Luhmanns das Praxisfeld Schulpastoral und zeigt auf, wie Schulpastoral selbst ein *soziales System* mit einem spezifischen pastoralen Gepräge ist.[7]

Dezidiert aus *schulpädagogischer Perspektive* beschreibt Kristina Roth Schulpastoral und leistet damit einen Beitrag dazu, dass kirchliche Aktivität in einer Schule als Lern- und Lebensraum auch aus der Perspektive der staatlichen Schule begründbar und sinnvoll ist.[8]

Während diese beiden Konzepte aus einer soziologischen und pädagogischen Perspektive Schulpastoral beschreiben, sind bei den folgenden Konzeptionen stärker theologische Optionen leitend.

Obwohl der Ansatz bereits lange vor dem oben genannten Schreiben der Bischöfe entwickelt wurde, soll hier als Vorreiter einer *diakonischen* Begründung von Schulpastoral Jan Heiner Schneider genannt werden, der bereits 1976 fordert, dass eine »schulbezogene Arbeit der Kirche«[9] in den Dienst der Humanisierung von Schule zu stellen sei.[10] Ein solcher Ansatz, der das

---

[7] Vgl. in diesem Band: Lames: Der Systemische Ansatz in der Schulpastoral (4.1); Lames, Gundo: Schulseelsorge als soziales System. Ein Beitrag zu ihrer praktisch-theologischen Grundlegung, Stuttgart 2000; ders.: Schulseelsorge als soziales System, in: Büttner, Gerhard / Scheunpflug, Annette / Eisenbast, Volker (Hg.): Zwischen Erziehung und Religion, Berlin 2007, 232–242.

[8] Vgl. Roth, Kristina: Sinnhorizonte christlich gestalteter Schule: Eine schulpädagogische Begründung der Schulpastoral an staatlichen Schulen, Hamburg 2013.

[9] Schneider, Jan Heiner: Schule – Kirche – Seelsorge. Schulbezogene Arbeit der Kirchen im Übergang, Düsseldorf 1976.

[10] Vgl. ders.: Vor allem Zuwendung und Solidarität. Intentionen und Konzeptionen der »Schulseelsorge« in der »Schule für alle«, in: Wittenbruch, Wilhelm (Hg.): Münstersche Gespräche zu Themen der wissenschaftlichen

kirchliche Engagement von der Schule und nicht von der Kirche her konzipiert, war damals noch Neuland.

Udo Schmälzle begründet Schulpastoral von einem umfassenden Begriff der »*Evangelisierung*« her und hebt die kommunikative Dimension hervor.[11]

Monika Scheidler bezieht sich auf den Leitgedanken der *communio*. Sie sieht in kleinen Aktions- und Gesprächsgemeinschaften von Christen an einer Schule die Chance, dass sie zu einer inspirierenden Kraft für die gesamte Schule werden.[12]

Carsten Roeger betont die *mystagogische* Dimension, die »den am Schulgeschehen Beteiligten Erfahrungen mit Gott«[13] im Schulalltag und der Liturgie ermöglichen will.

Einige Publikationen gehen der Frage nach, wie die *Spiritualität einer Ordensgemeinschaft* einen Nutzen für die Schulpastoral haben kann bzw. ihr ein bestimmtes Gepräge gibt: Philipp Görtz spannt den Bogen von der Theologie des Gründers der Jesuiten, Ignatius von Loyola, zur heutigen Schulpastoral.[14]

Aus der Perspektive des Jugendverbandes J-GCL, dessen spirituelle Wurzeln ebenfalls ignatianisch sind, haben Martina Jung und Joachim Kittel einen Sammelband herausgegeben.[15]

Pädagogik. Schule – gestalteter Lebensraum. Pädagogische Reflexionen und Orientierungen, Münster 1994.

[11] Vgl. Schmälzle, Udo Fr.: Miteinander Leben und Glauben lernen. Grundlagen der Evangelisation in der Schule, in: Wittenbruch, Wilhelm (Hg.): Münstersche Gespräche, 9–79; ders.: Theologische Grundlagen für den Dienst von Christinnen und Christen in der Schule, (Schulpastoral, Studieneinheit VI), hg. v. Kirchliche Arbeitsstelle für Fernstudien/Theologie im Fernkurs bei der Domschule Würzburg e.V., Würzburg 2000.

[12] Vgl. Scheidler, Monika: Schule – Ort kommunikativen Handelns und christlicher Communio, in: Katechetische Blätter 120 (1995), H. 10, 683–690.

[13] Roeger: Mystagogische Schulpastoral, 679; vgl. in diesem Band: Roeger: Mystagogische Schulpastoral (4.3).

[14] Vgl. in diesem Band: Görtz / Molzberger (4.2); Görtz, Philipp: Nach den Sternen greifen. Ignatianische Schulpastoral und Kollegsseelsorge. Konzeptionelle Erwägungen und Konkretisierungen, Bonn 2010; ders.: Ignatianische Schulpastoral. Anregungen für eine spirituelle Praxis an konfessionellen Schulen, Würzburg 2014.

[15] Jung, Martina / Kittel, Joachim (Hg.): Schulpastoral konkret. Eine jugendverbandliche Perspektive, Düsseldorf 2004.

Schulpastorale Überlegungen liegen auch aus der Perspektive der Spiritualität benediktinischer, franziskanischer, salesianischer oder pallotinischer Provinienz vor, ohne dass sie schon in einem so umfassend Gesamtkonzept formuliert sind.[16]

Joachim Burkard versteht Schulpastoral als »*Beitrag zur Schulkultur*«[17]. Die Inspiration der Schulpastoral sieht er pneumatologisch grundgelegt.[18] Auf der Basis des schulpädagogischen Verständnisses von Schule als Lebensraum skizziert auch Hans Mendl Schulpastoral als Beitrag zu einer *Schulkultur*, da ein Raum erst durch eine Handlungskultur zu einem Lebensraum wird und dementsprechende Gestalter bedarf.[19]

Ulrich Kumher entwirft angesichts einer religiös-pluralen Schulsituation Umrisse einer »*interreligiös engagierten Schulpastoral*«[20].

---

[16] Vgl. die Beiträge von Andri Tour, Andrea Becker, Simone Honecker und Christian Stumpf, in: Kittel, Joachim (Hg.): Werkbuch Schulpastoral. Methoden, Modelle und Ideen für die Praxis, Freiburg i.Br. / Basel / Wien 2011, 183–198; 214–221; zur pallotinischen Perspektive vgl. auch Fröhling, Edward: »Weite Räume unseren Füßen«? Schulseelsorge – Ein grundsätzlicher Blick auf ein »kirchliches Handlungsfeld« aus pallotinischer Perspektive, in: Ordenskorrespondenz, Jg. 47 (2006), H. 2, 150–159.

[17] Vgl. Burkard, Joachim: Schulpastoral als Beitrag zur Schulkultur. Eine theologisch-pneumatologische Handlungsorientierung, Freiburg i.Br. 2002 (www.freidokuni-freiburg.de/volltexte/484); vgl. auch ders.: Die Mitgestaltung der Schulkultur als Aufgabe der Kirche, in: Burkard, Joachim / Wehrle, Paul (Hg.): Schulkultur mitgestalten. Pastorale Anregungen und Modelle, Freiburg i.Br. 2005, 10–34.

[18] Vgl. Burkard: Schulkultur mitgestalten, 19–28.

[19] Vgl. Mendl, Hans: Schulleben mitgestalten – zur schulkulturellen Kompetenz, in: Burrichter, Rita / Grümme, Bernhard / Mendl, Hans u. a.: Professionell Religion unterrichten. Ein Arbeitsbuch, Stuttgart 2012, 188–203; hier: 190; ders.: Schulpastoral. Schulpädagogische, theologische und religionspädagogische Rahmendaten, in: Jung, Martina / Kittel, Joachim (Hg.): Schulpastoral konkret. Eine jugendverbandliche Perspektive, Altenberg 2004, 8–34, hier: 13–14.

[20] Vgl. Kumher, Ulrich: Schulpastoral und religiöse Pluralität. Ein Konzeptentwurf für die Auseinandersetzung mit religiöser Pluralität, Würzburg 2008; ders.: Schulpastoral und religiöse Pluralität – Religionen ganzheitlich entdecken, in: Rendle, Ludwig (Hg.): Ganzheitliche Methoden in der Schulpastoral, München 2013, 243–252.

Konzeptionen der Schulpastoral unterscheiden sich auch im Blick auf Schularten: Eine Zuspitzung auf die *Hauptschule* erarbeiten Joachim Burkard oder das bayernweite Projekt »Schulpastoral an der Hauptschule«[21]. Die Situation der Schulpastoral an *beruflichen Schulen* werden in dem von Albert Biesinger und Joachim Schmidt herausgegebenen Band[22] und in der Erarbeitung von Qualitätskriterien der Schulpastoral durch Markus Seibt[23] beschrieben. Das Konzept von Ulrich Kumher beruht auf der Schulsituation an *Berufsschulen*, die durch Heterogenität, einer Vielzahl von Übergangsphasen und drohender Arbeitslosigkeit geprägt ist.[24] Schulpastorale Theorien zur *Grundschule* sind bisher kaum zu finden. Interessanterweise ordnet Michaela Stöhr die Kooperation von Religionsunterricht und gemeindlicher Katechese nicht in den Rahmen von Schulpastoral ein.[25]

Eine weitere Differenzierung ist die Konzeption von Schulpastoral an einer *kirchlichen Schule* (z. B. Philipp Görtz oder Carsten Roeger) oder an der *staatlichen Schule* (z. B. Kristina Roth, Gundo Lames oder Ulrich Kumher).

---

[21] Vgl. Gandlau, Thomas / Rüttiger, Gabriele: Schulpastoral an Hauptschulen – christliche Impulse und Beiträge für den Lebensraum Schule, in: Religionspädagogisches Zentrum im Bayern (Hg.): Schulpastoral an Hauptschulen. Dokumentation und Ergebnisse des Erprobungsversuches 1998/99–2000/01, München 2002, 5–10; Gandlau, Thomas: Bayernweites Projekt Schulpastoral an Hauptschulen, in: Lebendige Seelsorge 54 (2003), H. 2, 89–93.

[22] Biesinger, Albert / Schmidt, Joachim (Hg.): Schulpastoral an beruflichen Schulen. Religionsunterricht an berufsbildenden Schulen. Schriften des Institutes für berufsorientierte Religionspädagogik, Band 4, Norderstedt 2006.

[23] Seibt, Markus: Schulpastoral an berufsbildenden Schulen des dualen Schulsystems. Eine qualitativ-empirische Untersuchung zur Entwicklung von Qualitätskriterien für eine gelingende Schulpastoral an Berufsschulen, Berlin / Münster 2008.

[24] Vgl. Kumher: Schulpastoral und religiöse Pluralität, 170–180.

[25] Stöhr, Michaela: Im Spannungsfeld von schulischem Religionsunterricht und gemeindlicher Katechese. Zur Kooperation zwischen Verantwortlichen in Grundschulen und in kirchlichen Gemeinden, Frankfurt a.M. 2006.

3. Schwerpunktsetzungen

Welche Funktionen der Schulpastoral zugewiesen werden, entscheidet sowohl das zuweisende System als auch das System, auf das hin zugewiesen wird. Je nachdem werden schulische oder kirchliche Funktionen pointiert.

Aus diesem Grund kann das von Gottfried Bitter[26] vorgelegte Raster helfen, die Schwerpunktsetzungen unterschiedlicher Konzeptionen zu verstehen.

1) Eine »*mystagogische Konzeption*« will »Schülerinnen und Schüler *in den Raum gelebter Religion einführen*«. In einem weiteren Sinn geht es auch darum, Kinder und Jugendliche für religiöse Fragen zu sensibilisieren und ihnen die Möglichkeit für religiöse Erfahrungen zu geben.

2) Eine »*caritative Konzeption*« knüpft an »Formen der *Jugendsozialarbeit* als Schulsozialarbeit an« und engagiert sich vor allem für Schüler/innen mit Verhaltensauffälligkeiten oder Lernschwierigkeiten oder für solche, die in prekären finanziellen Verhältnissen leben.

3) Eine »*kommunikative Konzeption*« versucht, mit Hilfe der Prinzipien von Freiwilligkeit, Selbstbestimmung und Selbstorganisation »Schülerinnen und Schüler aus ihrer familialen- und schulbedingten Vereinzelung ›herauszurufen‹ und schafft mit ihren Angeboten »Entdeckungs- und Bewährungsräume gemeinsam gestalteten Lebens«.

4) Eine »*personenzentrierte Seelsorge*« rückt »gesprächs- und partnerzentrierte Rahmenvorstellungen in die Mitte.« Nicht eine Botschaft oder ein Problem, sondern »der Partner, die Person ist das Thema«.

5) Eine »*diakonische Konzeption*« versteht Schulpastoral als einen Beitrag zur Schulkultur, auch im Bereich der Individualseelsorge. »Eine Koalition, ein Tandem Schulkultur – Schulseelsorge kommt in Fahrt. Schulseelsorge bringt sich als innovati-

---

[26] Bitter, Gottfried: Schulseelsorge. Unterschiedliche Konzeptionen, in: Lebendige Seelsorge 54 (2003), H. 2, 70–77.

ves, inspirierendes Ferment ein, ihr diakonischer Ernst erweist sich im Erinnern, im Befragen, im Begleiten«.[27]

4. Profile

Die dargestellten Konzeptionen unterscheiden sich sowohl aufgrund pädagogischer bzw. theologischer Begründungen als auch im Hinblick auf die Schulformen, für die sie erarbeitet wurden. Dies führt zu verschiedenen Profilen, was dadurch verstärkt wird, dass Konzepte häufig mehrere der von Bitter beschriebenen Schwerpunktsetzungen verschränken. Diese Kriteriologie trägt dazu bei, die spezifischen Qualitäten eines theoretischen Ansatzes oder praktischen Modells heraus zu arbeiten. Sie hilft auch in der Praxis, die Qualitätskriterien[28] gemäß dem situationsorientierten Ansatz der Schulpastoral umzusetzen. Dabei können folgende Fragen leitend sein: »Was ist für die Menschen in dieser Schule aktuell wichtig, damit Schule ein Lebensraum ist? und »Welches Profil kann ein/e Schulseelsorger/in auf Grund der eigenen theologischen Option und der eigenen Charismen bzw. Kompetenzen so umsetzen, dass sie den Menschen in der Schule dient?« Kontextuell sind Profile nicht statisch zu verstehen, sondern aufgrund kirchlicher und gesellschaftlicher Veränderungsprozesse als dynamische Ausdrucksformen von Schulpastoral.

---

[27] Alle Zitate: Bitter: Schulseelsorge, 73–74.
[28] Vgl. dazu in diesem Band: Lob: Haltungen und Qualitätskriterien (2.2).

5. Strukturen und Rahmenbedingungen

5.1 Wahrnehmung der Präsenz von Kirche in öffentlichen Schulen

Margret Ruep

Die Präsenz von Kirche in öffentlichen Schulen leitet sich ab von dem rechtlich festgelegten Verhältnis von Staat und Kirche. In den einzelnen Bundesländern weisen die rechtlichen Ausgangspositionen auf die spezifischen Kooperationsmöglichkeiten zwischen öffentlichen Schulen und Kirche hin. Im folgenden Text wird begründet, inwiefern die Kooperation von Kirche und Schulen unter anderem dazu beiträgt, Kindern und Jugendlichen Orientierung zu geben und Sinn zu vermitteln.

1. Einleitung

Wer sich mit der Präsenz von Kirche in öffentlichen Schulen auseinandersetzt, muss einerseits die historisch gewachsene Situation des staatlich-kirchlichen Verhältnisses betrachten, andererseits die in der heutigen Zeit als Postmoderne bezeichnete Gegenwart in den Blick nehmen.[1]

Ernst-Wolfgang Böckenförde hat sich als Rechtsphilosoph und Bundesverfassungsrichter mit dem Prozess der Säkularisierung und somit mit dem Verhältnis von Politik und Religion auseinandergesetzt. Dabei hat er die Frage gestellt, woher der demokratische, freiheitliche Staat die Kraft bezieht, mit den ihm eigenen Mitteln von Rechtszwang und autoritativem Gebot eben jene Freiheit zu garantieren, ohne seine Freiheitlichkeit aufzugeben und in den Totalitätsanspruch zurückzufallen, aus dem er in den konfessionellen Bürgerkriegen herausgeführt hat. Der säkularisierte Staat befindet sich in der paradoxen Si-

---

[1] Vgl. in diesem Band: Lames: Schulpastoral und ihre Beobachtungen von Schule und Gesellschaft (1.2).

tuation, dass er sich jeder nationalen, religiösen oder sonstigen Deutungs- und Wertvorstellungen enthalten muss, um nicht totalitär zu werden. Dabei stellt sich die Frage, wie er dann zum Garanten von Freiheit, gemeinsamer geistig-kultureller Identität und Verbindlichkeit werden kann, wenn er diese Werte lediglich als ideelle postulieren, sie jedoch nicht realisieren kann. Böckenförde sieht die Antwort im Handeln der einzelnen Bürger, die mit ihrer geistig-moralischen, auch religiösen Grundhaltung, am Erhalt des freiheitlichen Staates mitwirken und somit die Voraussetzungen erst mitbringen, damit Freiheit in einem Staatswesen ermöglicht werden kann.[2]

In einer postmodernen Gesellschaft vor dem Hintergrund auseinanderdriftender Wertvorstellungen werden in der Bundesrepublik Deutschland und ihren Bundesländern hinsichtlich des Verhältnisses von Staat und Kirche neue Fragen aufgeworfen und politische Positionen eingenommen bis hin zur Forderung nach einem laizistischen Staat. Es geht auch darum, welchen Anspruch die Kirchen gegenüber dem Staat in Bezug auf ihre Präsenz in öffentlichen Institutionen haben sollen. Die Antwort Böckenfördes auf das dargestellte Dilemma löst die Frage aus, an welchem Ort die geistig-moralischen Grundlagen auch des Staates gelegt werden können. Dem jeweiligen Umfeld, in dem Kinder und Jugendliche aufwachsen, kommt dabei eine grundlegende Bedeutung zu. Es liegt auf der Hand, dass die wichtigsten Erziehungsinstanzen – Elternhäuser und Schulen – dabei zentrale Aufgaben wahrnehmen müssen, die weit über bloße Wissens- und Könnensvermittlung hinausgehen.

Die Bildungssysteme in Europa sind ohne ihre christlichen Wurzeln und dem damit verbundenen Anteil der Kirchen, zunächst insbesondere der römisch-katholischen Kirche, nicht zu verstehen. Kirchliche Einrichtungen waren stets auch Bildungseinrichtungen. Sie waren die wichtigsten Träger der Kulturübermittlung. Sie legten fest, was und wie gelernt werden sollte. Sie

---

[2] Böckenförde, Ernst-Wolfgang: Die Entstehung des Staates als Vorgang der Säkularisation, in: Säkularisation und Utopie. Ebracher Studien, Ernst Forsthoff zum 65. Geburtstag, Stuttgart / Berlin Köln / Mainz 1967, 94.

entwickelten auf der Grundlage des christlichen Menschenbilds ein spezifisches Bildungskonzept, das bis heute das Bildungssystem durchdringt, auch wenn das nicht mehr im allgemeinen Bewusstsein ist. Grundgesetz und Länderverfassungen spiegeln diese Verbindung wider. Nach v. Campenhausen ist

»das Verhältnis von Staat und Religionsgemeinschaften ist zu allen Zeiten und in allen Ländern ... im Sinne eines geordneten Gegenübers von weltlichem Gemeinwesen und rechtlich selbständigen Religionsverbänden ... eine Besonderheit der christlich-abendländischen Welt, denn gerade das Christentum hat diese Unterscheidung hervorgebracht«[3].

Die drei Säulen des deutschen Staatskirchenrechts sind die Religionsfreiheit (Art. 4 GG), die Trennung von Staat und Kirche und die Garantie des kirchlichen Selbstbestimmungsrechts (Art. 140 GG).[4] Exemplarisch kann dies an der Landesverfassung von Baden-Württemberg verdeutlicht werden. Hier gibt es über die Bestimmungen im Grundgesetz hinausgehende Besonderheiten, die vor allem auch das Bildungswesen betreffen (Art. 4, 12, 13, 15, 16, 18). Der Religionsunterricht wird hier als ›ordentliches Lehrfach‹ garantiert. Mit der Einführung der Gemeinschaftsschule wurde das Verhältnis von Politik und Kirche neu diskutiert und führte am 2. Februar 2013 zu folgender Bekanntmachung:

»Nach der deutschen Verfassungstradition begreift der Staat seine religiöse Neutralität nicht als eine sich distanzierende Positionierung, sondern als eine offene und übergreifende, die Glaubensfreiheit für alle Bekenntnisse gleichermaßen fördernde Haltung. Insofern kennt die deutsche Verfassungstradition keinen strikten Laizismus mit einer völligen Trennung von Staat und Religionsgemeinschaften. Vielmehr können Staat und Religionsgemeinschaften unter Wahrung der jeweiligen Unabhängigkeit partnerschaftlich zusammenwirken. Hierdurch hilft der Staat seinen Bürgern bei der Ausübung ihrer Religiosität, behandelt dabei die Religionsgemeinschaften gleich und achtet zugleich als neutrale Instanz auf den friedlichen Ausgleich unterschiedlicher Positionen und Interessen«.[5]

---

[3] Campenhausen, Axel Freiherr von: Staat und Religion nach dem Grundgesetz, in: www.humboldt-forum-recht.de/english/12-2008/beitrag.html (Zugriff: 01.09.2014).
[4] Vgl. in diesem Band: Witsch: Rechtliche Grundlagen und Rahmenbedingungen (5.6).
[5] Grundsätze der Christlichen Gemeinschaftsschule Baden-Württemberg, in: www.kirchenrecht-ekiba.de/show document/id/26514 (Zugriff: 09.09.2014).

2. Bildung als öffentliche Aufgabe und Verpflichtung

Bildung gilt heute als eine allgemein anerkannte öffentliche Aufgabe. Sie wurde in der UN-Menschenrechtserklärung 1948, Artikel 26, als globales Ziel für alle Menschen festgeschrieben:

»Jeder hat das Recht auf Bildung [...] Die Bildung muß auf die volle Entfaltung der menschlichen Persönlichkeit und auf die Stärkung der Achtung vor den Menschenrechten und Grundfreiheiten gerichtet sein. Sie muß zu Verständnis, Toleranz und Freundschaft zwischen allen Nationen und allen rassischen oder religiösen Gruppen beitragen und der Tätigkeit der Vereinten Nationen für die Wahrung des Friedens förderlich sein«.[6]

Der Begriff *Bildung* wurde von Meister Eckhart in die deutsche Sprache eingeführt. Er bedeutete für ihn das ›Erlernen von Gelassenheit‹ und wurde als ›Gottessache‹ angesehen, ›damit der Mensch Gott ähnlich werde‹[7]. Wenn wir in der Gegenwart über Bildung reflektieren, lässt sich diese geistig-historische Wurzel in Europa und im deutschen Kulturraum nicht ausklammern. Hier sind die Menschenrechte und das christliche Menschenbild konkret miteinander verbunden. Winfried Böhm bezeichnet die Rede des Theologen und Philosophen Giovanni Pico della Mirandola (1463–1494) ›Über die Würde des Menschen‹ als »Geburtsurkunde der modernen Pädagogik«. Mirandola

»gründet die Wesenswürde des Menschen in der Freiheit, mit der er als einziges Geschöpf von Gott ausgestattet und ausgezeichnet worden ist. Während alle Dinge und alle anderen Lebewesen zu einem bestimmten Sein geschaffen und ihnen ihr Platz in der Welt zugeteilt worden ist, kann der Mensch grundsätzlich ›alles werden‹ und seinen Platz und seine Rolle in der Welt selber wählen«[8].

Der Grazer Erziehungswissenschaftler Werner Lenz hat als normativen Ausgangspunkt seiner Überlegungen die Menschenrechtskonvention von 1948 zugrunde gelegt und in Verbindung mit der Werthaltung der »Achtung und Achtsamkeit gegenüber Menschen« folgende Bildungsziele benannt:

---

[6] www.un.org/depts/german/grunddol/ar217a3.html (Zugriff: 09.09.2014).
[7] www.de.wikipedia.org/wiki/Bildung (Zugriff: 09.09.2014).
[8] Böhm, Winfried: Geschichte der Pädagogik, München 2010, 48.

- »Autonom entscheiden und zugleich sozial verantwortlich handeln;
- Wissen aneignen aber skeptisch relativierend wegen des möglichen Unwissens bleiben;
- gesellschaftliche Situationen und Vorgänge kritisch wahrnehmen, Widersprüche benennen und die eigene Urteilskraft stärken!«[9]

Internationale Vereinbarungen haben in den letzten Jahrzehnten dazu geführt, dass Bildungssysteme als Standortfaktoren bewertet und ihre Leistungsergebnisse gemessen und verglichen wurden. Diese Tendenz zur Ökonomisierung und Standardisierung steht einem Bildungskonzept entgegen, das sich auszeichnet durch die genannten geistig-kulturellen Wurzeln, durch seine Offenheit, seinen universellen Anspruch und seine beabsichtigte zweckfreie Selbsttätigkeit. Uwe Hochmuth und Michael Mangold präsentieren eine kritische Gegenposition zur Ökonomisierung des Menschen als Humankapital. Sie konstatieren bei ökonomisch motivierten Bildungsreformen *konzeptionelle Lücken*, die nicht reflektiert und durch ideologische Surrogate ausgefüllt werden.[10]

Bildungssystemen geht es auch um Kultur, die vermittelt und weitergegeben wird. Die Fähigkeit, Kultur weiterzuentwickeln, begegnet der Herausforderung zu untersuchen, wie die eigene Kultur zu Identität führt und wie sie zugleich die Offenheit und das Verständnis für andere Kulturen mit ihren je eigenen Besonderheiten entfalten kann. Anne Overesch hat in einer Studie 2007 Bildungssysteme miteinander verglichen (Finnland, Deutschland und die Schweiz) und dabei herausgearbeitet, dass es in Deutschland im Bildungsbereich einen auffallend konfliktintensiven Politikstil und insbesondere hinsichtlich normativer Grundlegungen keinen öffentlichen Diskurs gebe.[11] Zudem würden hierzulande keine den bildungs-

---

[9] Lenz, Werner: Wertvolle Bildung, Wien 2011, 9.

[10] Hochmuth, Uwe / Mangold, Michael: Bildung ungleich Humankapital, München 2012, 14.

[11] Overesch, Anne: Wie die Schulpolitik ihre Probleme (nicht) löst, Münster

politischen Entscheidungen vorausgehenden Fragen gestellt werden wie ›In welcher Gesellschaft wollen wir leben?‹ oder ›Welche Werte sollen Gültigkeit haben?‹. Dieser Sachverhalt wirkt auf die konkrete Situation an der einzelnen Schule zurück. Ist also ein gesellschaftlich reflektierter Konsens nicht gegeben, kann dies bei der vorherrschenden Veränderungsdynamik zu Unsicherheit, Missverständnissen und Fehleinschätzungen führen. Gleichzeitig ließe sich daraus gerade an der Schule jedoch die Chance entwickeln, die genannten Fragestellungen im konkreten Umfeld zu reflektieren.

3. Kirche und Schule – eine zeitgemäße Kooperation?

Aus verschiedenen Gründen ist es sinnvoll, dass Schulen mit ihrem Umfeld kooperieren und inner- und außerschulische wichtige Partner in das Schulgeschehen so einbinden, dass sie das Schulleben und die Schulkultur bereichern können. Zur Schulkultur gehört in erster Linie und unabdingbar auch die Erziehungspartnerschaft mit den Eltern.[12] In Deutschland kooperieren zudem zahlreiche gesellschaftliche Gruppen und Institutionen mit Schulen. Das gilt auch für die Kirche, die ihrerseits neben dem verfassungsrechtlich garantierten Religionsunterricht wichtige Impulse und Angebote für die persönliche Lebensgestaltung und -deutung, die Entwicklung der Identität von Kindern und Jugendlichen – auch generationsübergreifend – zur Verfügung stellt.

Zur Schulpastoral finden sich im englischsprachigen Raum folgende interessante Aussagen: »If a school offers pastoral care, it is concerned with the personal needs and problems of its pupils, not just with their schoolwork. [...] A few schools now offer

2007, in: Ruep, Margret: Bildungspolitische Trends und Perspektiven, Hohengehren 2011, 113–118.

[12] Ruep, Margret: Innere Schulentwicklung, Donauwörth 1999; Ruep, Margret: Die Schule als Lernende Organisation. Lehrfilm (DVD) von Dietmar Treichel. Tomcom GmbH, Lindau 2003.

counselling sessions; all have some system of pastoral care«.[13] Im November 2013 hat Prof. Dr. Jane Jones vom King's College London in Karlsruhe einen Vortrag zum Bildungskonzept ›Comprehensive School‹ gehalten und dabei auf die Bedeutung des ›pastoral system‹ hingewiesen, in dem sie ausführt:

»The pastoral system is a great strength of the English system. Each pupil is in a mixed tutor group with a tutor who is the first port of call for the child's well-being, monitoring of progress and contact with home. …Children cannot learn unless they feel safe … The system is a strength of the English system and provides a framework for skill-learning and the practising of democracy«.[14]

In Deutschland wird im öffentlichen Schulsystem weniger von einem ›pastoral system‹ als vielmehr von Schulpastoral oder Schulseelsorge die Rede sein. Sie versteht sich als Unterstützung der Schulen bei der Wahrnehmung ihres Erziehungs- und Bildungsauftrags, indem sie nicht nur die sozialräumliche Verbindung zwischen Schulen und ihrem Umfeld in zahlreichen Projekten gewährleistet. Durch ihre lebensräumlich orientierte Seelsorge kann sie durch schulpastorale Angebote für alle am Schulleben Beteiligten einen Beitrag leisten, individuelle Möglichkeiten für die Orientierung des eigenen Lebens und Glaubens zur Verfügung zu stellen und darüber hinaus Räume der Begegnung, der Stille, der Welterschließung und -deutung zu gestalten.

Die Relevanz dieses kirchlichen Angebotes zeichnet sich im Blick auf die als Postmoderne bezeichnete Welt ab, in der Kinder und Jugendliche von heute sich zurechtfinden und in eine unbestimmte Zukunft als gefestigte Menschen und integere Persönlichkeiten hineinwachsen sollen. Hartmut Rosa betont 2004 als herausragendes Merkmal unserer Epoche die Veränderungen der Zeitstrukturen und spricht von »Gegenwartsschrumpfung«[15], die ausgelöst werde durch eine steigende Beschleunigung. Zugleich befinden wir uns einer Vielfalt an Optionen gegenüber,

---

[13] www.dictionary.reverso.net/english-cobuild/pastoral.

[14] Jones, Jane: Comprehensive School. Vortrag anlässlich einer Tagung der Universität Karlsruhe (KIT) in Karlsruhe am 09. November 2013.

[15] Rosa, Hartmut: Soziale Beschleunigung. Die Veränderung der Zeitstrukturen in der Moderne, Frankfurt a.M. 2004.

die man vor dem Hintergrund von menschlicher Entscheidungs-
notwendigkeit als Polylemmata bezeichnen kann.[16] Letzteres
kann bedeuten, dass es eine solche Vielzahl an Möglichkeiten
gibt, dass keine Entscheidung mehr stattfindet, weil die normative Orientierung fehlt und alles als gleichermaßen ›gut‹ angesehen und somit der Beliebigkeit Tür und Tor geöffnet wird.
Was Bildung deshalb in besonderer Weise in den Blick nehmen
muss, ist die Hinführung zur Willens- und Urteilsbildung und
zur Entscheidungsfähigkeit in Verbindung mit sozialer Verantwortung. Hierbei geht es also nicht nur um Wissen und Können,
um Kompetenzen und Qualifikationen, sondern um die personale Entwicklung, um die Einmaligkeit und Integrität der Person, auch um das, was wir als ›Seele‹ bezeichnen können. Dazu
brauchen nicht nur Kinder und Jugendliche ein ganzes Netzwerk
von Menschen, die ihnen als Gegenüber, als Gesprächspartner
zur Verfügung stehen, sondern alle Menschen im Lebensraum
Schule.

Gerade weil sich in den Verfassungsnormen sowie in den internationalen normativen Vereinbarungen und im christlichen
Menschenbild Übereinstimmungen finden, die auf das Wohl
des Menschen gerichtet sind, hat die Kirche mit ihren sinnstiftenden Qualitäten als wichtiger Kooperationspartner von
Schule einen bedeutsamen Platz.

Zum Weiterlesen:
Böckenförde, Ernst-Wolfgang: Die Entstehung des Staates als Vorgang
    der Säkularisation, in: Säkularisation und Utopie. Ebracher Studien,
    Ernst Forsthoff zum 65. Geburtstag, Stuttgart/Berlin/Köln/Mainz
    1967, 75–94; Wiederabdruck in: Böckenförde, Ernst-Wolfgang:
    Der säkularisierte Staat. Sein Charakter, seine Rechtfertigung und
    seine Probleme im 21. Jahrhundert, München 2007, 213–230.
Lenz, Werner: Wertvolle Bildung, Wien 2011.
Rosa, Hartmut: Soziale Beschleunigung. Die Veränderung der Zeit-
    strukturen in der Moderne, Frankfurt a.M. 2004.

---

[16] Ruep, Margret: Dilemmata in Bildungspolitik und Lehrer(aus)bildung.
Vortrag beim Studium Generale der Pädagogischen Hochschule Weingarten
am 09. Dezember 2013.

5.2 Kirchliche Schulen

P. Manfred Kollig SS.CC.

Schulpastoral ist in einer kirchlichen Schule wie in jeder Schule integrierter Bestandteil des Schullebens und nicht dessen Appendix. Darüber hinaus ist sie in einer kirchlichen Schule integraler Bestandteil. Aus dieser Perspektive ist kirchliche Schule konsequent als Gesicht von Kirche, als sakramentaler Ort mit einer gemeinsamen Sendung zu sehen und zu gestalten. Im Folgenden werden auf dieser Grundlage Kriterien genannt, an denen sich die Qualität der Schulpastoral in kirchlichen Schulen zeigt.

---

1. Schulpastoral als integrierter und integraler Bestandteil kirchlicher Schule

Schulpastoral gehört intentional zum Standard der Schulen in kirchlicher Trägerschaft[1]. Was darunter zu verstehen und wie Schulpastoral gedacht, geplant und umgesetzt wird, ist jedoch von Träger zu Träger und von Schule zu Schule verschieden. In der bischöflichen Erklärung »Qualitätskriterien für Katholische Schulen. – Ein Orientierungsrahmen«[2] wird in der Präambel gefordert, was sich durch den gesamten Text wie ein roter Faden zieht: die Synthese von Glaube und Leben. Folgerichtig soll die religiöse Bildung »nicht additiv der säkularen Bildung hinzugefügt werden, sondern auf sie bezogen und mit ihr verbunden werden.«[3] Diese Grundoption bildet die Perspektive, aus der die Qualität der Schulpastoral an kirchlichen Schulen zu reflek-

---

[1] Kirchliche Schulen sind Ordensschulen, Schulen kirchlicher Stiftungen, Schulen in der Trägerschaft von Kirchengemeinden oder Bistümern.
[2] Die deutschen Bischöfe: »Qualitätskriterien für Katholische Schulen. Ein Orientierungsrahmen«, hg. v. Sekretariat der Deutschen Bischofskonferenz, Bonn 2009.
[3] Die deutschen Bischöfe: Qualitätskriterien für Katholische Schulen, 11.

tieren ist. Nicht an allen kirchlichen Schulen ist Schulpastoral integrierter Bestandteil des Schulprogramms und der Schulentwicklung. Stattdessen führt sie mancherorts ein Eigenleben, das im Bedarfsfall zur Legitimation des Titels ›kirchlich‹ herangezogen wird. Auch in der Praxis ist Schulpastoral keineswegs als integraler Bestandteil kirchlicher Schulen gesichert. Sobald es an personellen oder finanziellen Ressourcen mangelt, wird manchmal reflexartig in Frage gestellt, dass Schulpastoral unverzichtbarer Bestandteil kirchlicher Schulen ist.[4]

Die folgenden Qualitätskriterien für die Schulpastoral an kirchlichen Schulen, die exemplarisch zu verstehen sind, werden im Kontext von Schule entfaltet und als integraler und integrierter Bestandteil kirchlicher Schule dargestellt. Wenn auch die Rahmenbedingungen, die Möglichkeiten und die Ziele der kirchlichen Schulen in den Bundesländern unterschiedlich sind, so können die Qualitätskriterien doch für die Evaluation der Schulpastoral an allen kirchlichen Schulen angewandt werden. Sie bedürfen bzgl. ihrer Wertigkeit und Umsetzung jedoch der jeweiligen Anpassung.[5]

2. Missionarisch

In seinem Apostolischen Schreiben »Evangelii gaudium« (EG) nennt Papst Franziskus das missionarische Anliegen »das Erste« (EG 14). Dabei geht es nicht um eine zusätzliche Verpflichtung. Erfüllt von der Freude, die das Evangelium aufgrund neuer Perspektiven und Horizonte schenkt, sind alle Getauften beauftragt, diese mit den Menschen zu teilen.

---

[4] Vgl. in diesem Band: Lob: Haltungen und Qualitätskriterien (2.2).
[5] Vgl. z. B. Schulpastoral im Ökumenischen Domgymnasium Magdeburg [Cüper, Frank / Tekaath, Christoph: Baustelle Ökumenische Schulpastoral, Erfahrungen aus Magdeburg, in: Diakonia 41 (2010), 190–194] und im Erzbischöflichen Ursuliniengymnasium Köln [http://schule.erzbistum-koeln.de/ursulinenschule_koeln/gymnasium/unsere_schule/schulpastorales_konzept].

Missionarisch in der kirchlichen Schule wirken bedeutet, mit den Menschen den inkarnatorischen Blick zu wagen. »Inkarnatorische Pastoral geschieht dort, wo Menschen sich das Evangelium zu Herzen gehen lassen und in einem herzlichen Austausch untereinander die Erfahrung erhalten, dass der unsichtbare Gott› in ihnen seine Bleibe hat‹ (1 Joh 4,12)«.[6] Mit dem inkarnatorischen Blick suchen Christen den Mensch gewordenen Gott bei den Menschen an ihren Lebensorten, so auch in ihren Schulen. Was den inkarnatorischen Weg auszeichnet, ist, dass er sich nicht zur Welt – und damit auch nicht zur Schule – in Gegensatz setzt, sondern diese annimmt und verwandelt.[7] Kirchliche Schule ist schulisch wie auch die Welt des Christen weltlich ist. Kirchlichkeit und Katholizität der Schule ergeben sich wesentlich aus der Deutung des Erlebten. Es geht nicht darum, in allem Gott zu sehen, aber das Alltägliche – hier konkret das schulische – Leben im Licht der Heilsgeschichte zu deuten. Dies ist im Geiste des gemeinsamen Priestertums Aufgabe aller Getauften in der kirchlichen Schule (s. EG 107, 120, 137, 145). Für die Annahme dieser Sendung zu werben und die Wahrnehmung dieser Mission zu ermöglichen, ist Aufgabe der Schulpastoral in kirchlichen Schulen. Schulseelsorger/innen sind gefragt, in persönlichen Begegnungen und Gesprächen die Alltagserfahrungen und konkreten Lebenssituationen zu deuten und ihnen so eine neue Bedeutung zu geben. Der Blick auf die Schöpfung, die sich für den Christen als Reich Gottes entfaltet und noch nicht an ihr Ende, besser gesagt zur Vollendung gekommen ist, mahnt, Schüler/innen in ihrer Entwicklungsfähigkeit zu sehen und auch die Lehrer/innen in ihrer Zukunftsfähigkeit wahrzunehmen. Jeder Mensch ist geheimnisvoll, weil in ihm eine Zukunft angebrochen ist, die nicht einmal er selbst kennt. Sehnsucht und Hoffnung, Liebe, das Geheimnisvolle und Schöne, können als Spuren Gottes wahrgenommen wer-

---

[6] Biemer, Günter: Inkarnatorische Pastoral, in: Diakonia 20 (1989), 15–22.
[7] Wanke, Joachim: Was der Kirche aufgetragen bleibt: Seelsorge und Seelsorger auf dem Prüfstand gegenwärtiger Herausforderungen, Referat bei den Werkstattgesprächen im Bistum Essen am 8. März 2007.

den. Der Christ entdeckt Gottes Gegenwart in der Schule und versucht, den Schüler/innen wie auch den Kolleginnen und Kollegen für diese Gegenwart ›die Augen zu öffnen‹.

Schulpastoral ist daran zu messen, ob sie einladend ist und die Menschen für Erfahrungen öffnet, von Gott angenommen und geliebt zu sein sowie im Scheitern Barmherzigkeit zu erfahren und eine neue Chance zu bekommen. Dies kann in der Diakonie, in der Liturgie und in der Verkündigung geschehen; kann in ökumenischer Gemeinschaft erlebt werden und muss sich konkret auch auf schulpolitische Leitlinien kirchlicher Schule (z. B. auf den Umgang mit Noten und in der Reaktion auf Fehlverhalten) auswirken.

3. Diakonisch

Schulpastoral sorgt dafür, dass in der kirchlichen Schule nicht nur Sakramente gefeiert werden, sondern dass die Schule selbst Sakrament – das heißt spürbares Zeichen der Nähe Gottes – ist. Dies wird dort verwirklicht, wo die Menschen in der Schule erfahren, dass sie Ebenbild Gottes sind, unter allen Umständen mit Würde und Kraft ausgestattet sowie zur Verantwortung berufen. Die Ebenbildlichkeit Gottes ist *der* Ausgangspunkt in den kirchlichen Äußerungen zu Schule und Bildung, angefangen bei der Erklärung des Zweiten Vatikanischen Konzils über die christliche Erziehung »Gravissimum educationis«, konsequent fortgeführt in allen Dokumenten der Kongregation für das katholische Bildungswesen bis hin zu den Erklärungen der deutschen Bischöfe. Diese Ebenbildlichkeit entfaltet sich in der Schulpastoral dort, wo der Mensch in der Schule seine Größe erfährt und seine Verantwortung wahrnimmt. So kann der Mensch in der kirchlichen Schule ein selbstbewusster Mensch werden. Sie verhindert, dass sich Menschen ein fertiges Bild von sich und von den anderen machen, sind sie doch im Sinne Gottes ›zu Entwicklung und Wandlung hin zu Größerem‹ berufen. Sie unterstützt Menschen in ihrer Suche nach dem ›Du‹ und bei der Gestaltung ihrer Beziehungen im Schulalltag. Die Qualität der Schulpastoral ist u. a. daran zu erkennen, dass ihre Träger in der Schule Anwalt der aus verschiedenen Gründen Schwachen sind, seien es Schüler/innen, Lehrer/innen, andere Mitarbeiter/innen oder Eltern. Wer familiär in eine Krise gerät, wer leistungsmäßig überfordert ist, wer aufgrund seiner Herkunft oder seines Intellekts, seiner sozialen Kompetenz oder seines Aussehens Benachteiligung erfährt, bedarf der besonderen Aufmerksamkeit und Unterstützung, um zu erfahren, wie sehr Christen in der Schule an die *im Erfolg und im Scheitern gültige Gottesebenbildlichkeit* des Menschen glauben.

Die Kirche schafft sich in vielen deutschen (Erz-) Bistümern aufgrund der Regelungen zu den religiösen Voraussetzungen für die Aufnahme von Schüler/innen an kirchlichen Schulen und durch die einseitige Beschränkung auf bestimmte Schulformen eine Hürde. Aufgrund solcher Gegebenheiten sind in den eigenen Schulen bestimmte Gruppen von Benachteiligten kaum oder gar nicht präsent und kommen deshalb nicht in den Genuss des erwähnten kirchlichen Dienstes zugunsten der Schwachen. Dies mindert im diakonischen Bereich auch die Möglichkeiten und die Zeugniskraft der Schulpastoral. Wie alle, die in einem pastoralen Dienst arbeiten, qua Sendung im Sinne des Evangeliums für Gerechtigkeit eintreten müssen, so auch die Schulseelsorger/innen. Ihre Aufgabe ist es, sich für Gerechtigkeit in der Schule zu engagieren, damit kirchliche Schulen Vorbildfunktion und Zeichencharakter haben in Bezug auf eine am Evangelium ausgerichtete Bildungsgerechtigkeit und ressourcenorientierte Inklusion. Diakonisch verwirklicht sich die Schulpastoral dort, wo sie dazu beiträgt, die Schulgemeinschaft in ihrer sakramentalen Bedeutung wirken zu lassen: in Beratung, Begleitung und Unterstützung. In vielen kirchlichen Schulen gibt es ein von der Schulpastoral getragenes ›Café‹, in dem Schulseelsorger/innen zu festen Zeiten für Gespräche zur Verfügung stehen. ›Eine-Welt-Winkel‹ öffnen den Blick für eine größere Verantwortung des Menschen über seinen unmittelbaren Lebens- und Sozialraum hinaus.

4. Liturgisch

Auch in kirchlichen Schulen begegnen uns immer mehr Schüler/
innen, Eltern sowie Lehrer/innen, die zur Feier des Gottesdienstes nur geringen oder keinen Zugang haben. Umso wichtiger ist
es, dass Schulseelsorger/innen die liturgische Arbeit in der
Schule dieser Realität anpassen. An dieser Stelle sind solide pas-
toral-liturgische Kenntnisse und Kreativität der Schulseel-
sorger/innen ebenso gefragt wie die Fähigkeit auf der Seite der
Schulträger, Experimente zuzulassen und im Einzelfall um der
Glaubensverkündigung und -erfahrung willen einzelne liturgische Regeln nicht anzuwenden.

Die Vielfalt der Themen zur Liturgie in der Schule legt nahe,
dass es einen Liturgiekreis gibt. Hier können Grundsatzfragen
besprochen werden z. B.: Benötigt die Schule für die gottesdienstliche Feier einen Raum der Stille und/oder einen Sakral-
raum?[8] Ist zu Beginn des Schuljahrs ein Wortgottesdienst, eine
Eucharistiefeier oder ein ökumenischer Gottesdienst angemessen? Wie kann durch Musik, durch Elemente aus bildender
Kunst und Theater die aktive Teilnahme der Schulgemeinschaft
ermöglicht und gefördert werden? Die gemeinsame Vorbereitung des Gottesdienstes stellt sicher, dass der Schulgottesdienst
eine Feier des Glaubens im Schulleben ist und sich die Gemeinde im Gottesdienst von Gottes Wort in ihrer konkreten Situation angesprochen erfährt. Wenn in der kirchlichen Schule
Eucharistie gefeiert wird, so ist den Mitfeiernden zu verkünden,
dass die Eucharistie nicht eine Belohnung für die starken und
vollkommenen Menschen ist, sondern vor allem Gottes Zuspruch und Heilmittel für die Schwachen (EG 46f).

Innerhalb der Liturgie ist der Verkündigung besondere Aufmerksamkeit zu schenken. Diese beinhaltet Zuspruch und Ermutigung ebenso wie Anspruch und Herausforderung.

Die Qualität der Schulpastoral an kirchlichen Schulen zeigt
sich in einer qualitätsvollen Feier der Liturgie, die das Evan-

---

[8] Kollig, Manfred: Resonanzräume für Gott und Mensch, in: Religionsunterricht an höheren Schulen 52 (2009), 163–167.

gelium nicht verzerrt (EG 38f, 44) und durch die Erfahrung, geliebt zu sein, die Bereitschaft, andere zu lieben und dieses Geschenk zu teilen, fördert.

5. Kirchlich

Wer haupt-, neben- oder ehrenamtlich in der Schulpastoral arbeitet, kommt nicht einer privaten Sendung nach, sondern wirkt im Namen und im Auftrag der Kirche. Schulseelsorger/innen werden mit Kirche identifiziert und prägen ihrerseits durch das, was sie sagen und tun das Bild, das die Menschen innerhalb der kirchlichen Schule von der Kirche entwickeln. Das Prädikat ›kirchlich‹ als Qualitätskriterium meint auch ein hohes Maß an Verbindlichkeit. In Schule bekommen wir es aufgrund der Tatsache, dass die meisten Menschen an diesem Ort in Entwicklung sind, mit Wandlungen, Veränderungen und Überraschungen zu tun. Schule ist in dem Maße kirchlich, in dem sie erfahren lässt, was kirchlich bedeutet: Gott, der die Beziehung zum Menschen nie einseitig kündigt, sondern ihn stets sucht, durch die Beziehungen in der Schule darzustellen und erfahren zu lassen.

Das Bemühen um wechselseitige Wertschätzung und gegenseitigen Respekt im unterrichtlichen und außerunterrichtlichen Schulleben ist zentraler Bestandteil der kirchlichen Sendung in der Schule.

Schulpastoral leistet einen Beitrag zur Kirchlichkeit katholischer Schulen, indem sie patchworkartige Gottesbilder hinterfragt und den Gott der Bibel verkündet, der sich in Jesus Christus offenbart und im Leben der Kirche geglaubt und dargestellt wird. Hierzu gehört es, die Bedeutung der Gemeinschaft der Glaubenden in der Schule erfahren zu lassen. Dies kann u. a. mit Hilfe von Projekten geschehen, die die Schule mit den örtlichen Kirchengemeinden, mit kirchlichen Hilfswerken und Jugendverbänden gemeinsam durchführt. Das Prädikat ›kirchlich‹ verdient Schulpastoral dort, wo sie im Nachdenken über Schulprogramme und bei der Entwicklung von Leitbildern für katholische Schulen die kirchlichen Dokumente über schulische Bildungsarbeit einbringt und an deren angemessener Umsetzung vor Ort mitarbeitet. Zur Kirchlichkeit gehört es auch, mit den Christen in der Schule die offiziellen Dokumente der Kirche auf das Leben der Menschen in der katholischen Schule hin kritisch zu würdigen. Das heißt, sie weder zu ignorieren noch sie ohne Verständnishilfe weiterzugeben; stattdessen innerhalb eines jeden Dokumentes eine schüler-, lehrer- oder elternorientierte Auswahl der Inhalte zu treffen und deren Bedeutung für das Leben herauszufinden.

6. Ökumenisch

In den meisten katholischen Schulen lehren und lernen Christen mehrerer Konfessionen. Die Schulpastoral hat die Aufgabe, den Zuspruch und Anspruch Jesu Christi, der an alle Christen ergangen ist, zu verkünden. Ökumenisch meint nicht, dass in einer katholischen Schule nicht die Eucharistie gefeiert werden soll. Zur Qualität der Schulpastoral an katholischen Schulen gehört es, die Chance wahrzunehmen, die Eucharistie in einer der Schulgemeinschaft angemessenen Form zu feiern. Dabei ist es auch ein Qualitätsmerkmal, dies so zu tun, dass das Gebot der Gastfreundschaft nicht verletzt wird und die Gäste erfahren können, dass der Zuspruch und Anspruch des Wortes Gottes an alle ergeht und die Gegenwart Jesu Christi in der gesamten versammelten Gemeinschaft geglaubt wird.

In vielen katholischen Schulen werden soziale Projekte in Kooperation mit katholischen und evangelischen Verbänden durchgeführt, wird der ›Eine-Welt-Winkel‹ gemeinsam verantwortet, werden ökumenische Gottesdienste gefeiert, Tage religiöser Orientierung ökumenisch durchgeführt. Dass es seit über 60 Jahren in Nordrhein-Westfalen in Kooperation zwischen dem Erzbistum Paderborn, dem Bistum Münster und der Westfälischen und Lippischen Evangelischen Landeskirchen religiöse Schulwochenarbeit gibt, ist ein sichtbares Zeugnis, wie auch institutionell gesicherte Schulpastoral ökumenisch wirken kann.

7. Politisch

Eine in der katholischen Schule integrierte Schulpastoral muss politisch sein, indem sie das Wohl der Schulgemeinschaft umfassend im Blick hat. An vielen katholischen Schulen sind Schulseelsorger/innen Mitglied in den so genannten Steuerungsgruppen für die Entwicklung und Umsetzung des jeweiligen Schulprogramms. Sie sind beratendes Mitglied in den Schulgremien, wie zum Beispiel der Lehrer- und Schulkonferenz und der Fachschaft katholische Religionslehre. Die politische Qualität der Arbeit bedeutet, die Schulentwicklung zum Wohl der Schüler/innen im Blick zu haben, indem zum Beispiel bei der Gestaltung katholischer Ganztagsschulen darauf geachtet wird, diese nicht so zu gestalten, dass der gesamte Tag benotet und durchmessen wird und Ganztagsschule nur aus Ganztagsunterricht besteht. Es muss Ersatz geschaffen werden für soziale Räume, die im Zuge der Ganztagsschule wegzufallen drohen wie Fußballplatz und Spielstraße. Mit Blick auf das Wohl der Lehrer/innen sowie der anderen Mitarbeiter/innen ist auf deren Gesundheit zu achten und sind entsprechende Hilfen anzubieten: kollegiale Beratung, Supervision, geistliche Begleitung.

Für die deutschen Bischöfe ist die Zusammenarbeit mit den Eltern eine der fünf Qualitätssäulen katholischer Schule.[9] Zur politischen Arbeit gehört es auch, dafür einzutreten, dass Eltern in die Lage versetzt werden, in der Gestaltung und Entwicklung katholischer Schule als Erziehungspartner wirken zu können. In dem Dokument »Educare insieme nella scuola cattolica«, das 2007 von der Römischen Kongregation für das katholische Bildungswesen herausgegeben wurde und in dem es um die Erziehungspartnerschaft in der katholischen Schule geht, wird betont, wie unabdingbar es für den Charakter der kirchlichen Schule ist, dass die Eltern das Erziehungskonzept nicht nur kennen, sondern innerlich gutheißen.[10]

---

[9] Vgl. »Qualitätskriterien für Katholische Schulen«, 43–45.

[10] Congregazione per l'Educazione cattolica, Educare insieme nella scuola cattolica, Roma 2007, 48.

Zur politischen Qualität der Schulpastoral gehört nicht nur die Sorge um die Vernetzung der am Schulleben Beteiligten und um solche Rahmenbedingungen, die es ihnen erlauben, ihre je eigenen Kompetenzen in die Gestaltung der schulischen Bildungsarbeit einzubringen. Politische Qualität der Schulpastoral bewahrheitet sich auch in der Mitarbeit an Bildungskonzepten, Leitbildern und Schulprogrammen.

Wenn wir nach der Qualität der Schulpastoral an kirchlichen Schulen fragen, verdient das Thema Beurteilen, Bewerten und Benoten besondere Beachtung. In einigen kirchlichen Schulen ist es selbstverständlich, dass die Verantwortlichen für die Schulpastoral einbezogen werden, wenn es um die Festlegung von schulischen Beurteilungskriterien geht. Hierbei ist es entscheidend, nicht nur die kognitiven Kompetenzen, sondern auch die emotionalen, sozialen und motorischen in den Blick zu nehmen.[11] Schulseelsorger/innen müssen sich für ergänzende Beurteilungs- und Feedback-Formen einsetzen. An den Bewertungskriterien, die über die allgemein gültigen hinausgehen, und die sich am Evangelium orientieren, zeigt sich, ob und auf welche Weise sie auch Kontrast zum allgemein Gültigen und Üblichen sind.[12]

Diese umfassenden Bewertungskriterien müssen dann auch im System kirchlicher Schulen verankert werden

Fazit

Zur Qualität der Schulpastoral in kirchlichen Schulen gehört es, mit allen Getauften diese Schulen als Gesicht von Kirche zu gestalten und in ihnen den Zuspruch und Anspruch der christlichen Botschaft erfahren zu lassen und darzustellen. Dies ist umso wichtiger, da Glaube auf der Ebene von Verbänden, Pfar-

---

[11] Vgl. »Qualitätskriterien für Katholische Schulen«, 10–12.
[12] Kollig, Manfred: Als Ebenbild Gottes in der Schule, aber erst ab einem Notendurchschnitt von 1,5? Christliche Perspektiven zum Beurteilen, Bewerten und Benoten, in: engagement (2009), H. 2, 144–148.

reien und Bistümern stellenweise durch einen misslungenen Umgang mit Beziehung, Besitz und Macht konterkariert wird und es in der Kirche mancherorts so etwas wie eine ›spiritualisierte Weltlichkeit‹ gibt, und fragwürdige Eigeninteressen verfolgt werden. Wo Schulpastoral in kirchlichen Schulen gelingt, bietet sie Menschen die Chance, an einem für sie wichtigen Lebens- und Sozialraum zu erfahren, was ›kirchlich‹ bedeutet und wofür kirchliche Schule steht – für Beziehungen und Inhalte, die ein Mehr an Lebensperspektiven eröffnen.

Literatur zum Weiterlesen:

Hauptabteilung Schule und Erziehung im Bischöflichen Generalvikariat Münster (Hg.): Zeigen, wofür wir stehen. Schule als Ort kirchlicher Präsenz, in: Kirche und Schule 39 (2012), H. 162.

Kollig, Manfred: Als Ebenbild Gottes in der Schule, aber erst ab einem Notendurchschnitt von 1,5? Christliche Perspektiven zum Beurteilen, Bewerten und Benoten, in: engagement (2009), H. 2, 144–148.

Pollak, Gertrud / Sajak, Clauß Peter (Hg.): Katholische Schule heute. Perspektiven und Auftrag nach dem Zweiten Vatikanischen Konzil, Freiburg i.Br. 2006.

5.3 Religionsunterricht und Schulpastoral

Angela Kaupp

Schulpastoral und Religionsunterricht sind zwei Handlungsfelder der Kirche in der Schule, die jedoch unter verschiedenen Bedingungen stattfinden. Obwohl Religionsunterricht im Grundgesetz der Bundesrepublik Deutschland als ordentliches Lehrfach geregelt ist, gibt es in den Schulgesetzen der Bundesländer Unterschiede. Im Überblick werden die Zielsetzungen des Religionsunterrichts dargestellt und das Verhältnis von Religionsunterricht und Schulpastoral skizziert.

Schaut man in die geschichtliche Entwicklung der Schule, war Religion immer Gegenstand des Unterrichts. Kloster- oder Domschulen waren im Mittelalter die ersten Schulen und daher war die Einführung in die Glaubenslehre und -praxis eine unterrichtliche Selbstverständlichkeit. In Folge der Reformation und des aufstrebenden Bürgertums wurden die Forderungen nach allgemeiner Beschulung laut und ab dem 18. Jahrhundert wird die allgemeine Schulpflicht sukzessive eingeführt. Religionsunterricht etabliert sich als eigenes Fach in der Schule. Erst seit der Aufklärung ist die Bedeutung von Religion für die Allgemeinbildung nicht mehr unhinterfragt. Daher werden im Folgenden die Rahmenbedingungen, die Begründung und die Zielsetzung von Religionsunterricht dargestellt, die ihn als ordentliches Lehrfach ausweisen.[1]

---

[1] Im Folgenden werden die deutschen Rahmenbedingungen dargestellt, denn diese sind im deutschsprachigen Raum unterschiedlich geregelt. Während Religionsunterricht in Deutschland und Österreich ordentliches Lehrfach ist, sind die Regelungen in der Schweiz je nach Kanton verschieden. Vgl. Artikel »Religionsunterricht in Deutschland«, in: Mette, Norbert / Rickers, Folkert (Hg.): Lexikon der Religionspädagogik, Bd. 2, Neukirchen-Vluyn 2001, 1775–1833; zur Situation in der Schweiz vgl. Helbling, Dominik / Kropač, Ulrich / Jakobs, Monika / Leimgruber, Stephan (Hg.):

1. Rahmenbedingungen des Religionsunterrichts

Entsprechend dem Grundgesetz ist Religionsunterricht nach Art. 7 III ein ordentliches Lehrfach in der öffentlichen Schule. Dieser Unterricht wird in Kooperation von Kirche und Staat verantwortet (*res mixta*): Der Staat ist für die Ausbildung der Lehrkräfte verantwortlich und hat die Dienstaufsicht; die jeweiligen Religionsgemeinschaften verantworten die Inhalte und erteilen die kirchliche Unterrichtserlaubnis (kath: *Missio canonica*, evang.: *Vocatio*). Der ›Normalfall‹ aus katholischer Sicht ist ein konfessioneller Religionsunterricht, in welchem Lehrkraft, Schüler/innen und Lehrstoff derselben Konfession angehören (= *Trias*), aus evangelischer Sicht wird die Konfessionalität durch Lehrkraft und Lehrstoff gesichert, während die Schüler/innen nicht notwendig dieselbe Konfession haben.[2]

Konfessionelle Unterschiede in den Bundesländern und die geschichtliche Entwicklung vor Verabschiedung des Grundgesetzes[3] führten dazu, dass es bis heute neben dem ›Normalfall‹ andere Modelle gibt. Aktuell verstärken gesellschaftliche und kirchliche Entwicklungen Überlegungen bezüglich einer Erweiterung von konfessioneller Kooperation. Da es in Deutschland inzwischen neben christlichen auch viele muslimische Schüler/innen gibt, führen einige Bundesländer islamischen Religionsunterricht (IRU) ein und an einigen Universitäten werden islamische

---

Konfessioneller und bekenntnisunabhängiger Religionsunterricht. Eine Verhältnisbestimmung am Beispiel Schweiz, Zürich 2013.
[2] Vgl. hierzu die Verlautbarungen aus katholischer Perspektive: Die deutschen Bischöfe: »Die bildende Kraft des Religionsunterrichts«, hg. v. Sekretariat der Deutschen Bischofskonferenz, Bonn 1996 und aus evangelischer Perspektive EKD: »Identität und Verständigung. Standort und Perspektiven des Religionsunterrichts in der Pluralität«. Denkschrift der EKD zum Religionsunterricht, Frankfurt a.M. 1994; »Religiöse Orientierung gewinnen. Evangelischer Religionsunterricht als Beitrag zu einer pluralitätsfähigen Schule«. Eine Denkschrift des Rates der EKD, Gütersloh 2014.
[3] Art. 141 GG regelt, dass Bundesländer, die vor 1949 eine andere Regelung hatten, auf die Einführung von Religionsunterricht als ordentlichem Lehrfach verzichten können (= sog. »Bremer Klausel«). Vgl. in diesem Band: Witsch: Rechtliche Grundlagen und Rahmenbedingungen (5.6).

Religionslehrkräfte ausgebildet. Verschiedene Modellversuche zu islamischem Religionsunterricht und islamischer Religionskunde gibt es bereits seit längerer Zeit.[4]

Einen Überblick über die Organisationsmodelle des konfessionellen christlichen Religionsunterrichts gibt die Tabelle von Michael Meyer-Blanck:

RU-Modell	1. Kirchlicher RU in der Schule	2. Konfessioneller RU nach GG, Art. 7,3	3. Konfessionell-kooperativer RU: Kooperation von evangelischem und katholischem RU	4. Nominell Evangelischer RU mit weiter interreligiöser Öffnung (aber ohne Beteiligung der röm.-kath. Kirche)	5. RU auf allgemein christlicher Grundlage	6. Religions- und Ethikunterricht in einem gemeinsamen Unterrichtsfach für alle
Bundesländer	Berlin	Alle Bundesländer außer Berlin, Brandenburg und Bremen	Kooperationsprojekte in verschiedenen Bundesländern, etwa in Baden-Württemberg und in Niedersachsen	Hamburg	Bremen (»Biblische Geschichte«)	Brandenburg (»Lebensgestaltung – Ethik – Religionskunde«, »LER«)

Tabelle: Meyer-Blanck, Michael: Religion im Kanon der anderen Fächer, in: Baumann, Ulrike u. a.: Religionsdidaktik. Praxishandbuch für die Sekundarstufe I und II, 5. Aufl., Berlin 2009, 38f.

»Links in der folgenden Tabelle stehen die Modelle, die den RU am stärksten in kirchlicher Verantwortung sehen, nach rechts nimmt die Einflussmöglichkeit der Kirchen und die didaktische Bedeutung der Konfession der Lehrerinnen und Lehrer ab. Ande-

---

[4] Vgl. Ucar, Bülent: Religionen in der Schule und die Bedeutung des Islamischen Religionsunterrichts, Göttingen 2010; Blasberg-Kuhnke, Martina / Ucar, Bülent u. a. (Hg.): Islamischer Religionsunterricht in Deutschland. Fachdidaktische Konzeptionen: Ausgangslage, Erwartungen und Ziele, Göttingen 2010.

rerseits nimmt nach rechts die Notwendigkeit von Absprachen mit den verschiedenen Religionsgemeinschaften zu.«[5]

Je nach Bundesland ist die Beteiligung kirchlicher Berufsgruppen, d. h. Priester, Diakone, Pastoral- und Gemeindereferent/innen und Religionslehrkräfte im Kirchendienst an der Erteilung von Religionsunterricht unterschiedlich geregelt. Dies ist ein Grund für die Variationen auch im Angebot der Schulpastoral in den Bundesländern.[6]

2. Die Begründung und Zielsetzung des Religionsunterrichts

Religionsunterricht in der öffentlichen Schule versteht sich in erster Linie als »Dienst der Kirche an der Jugend«[7]. Seit der Synode der Bistümer in Deutschland (= sog. ›Würzburger Synode‹) wird die Zielsetzung sowohl theologisch wie auch schulpädagogisch begründet, da dieses Fach in der öffentlichen Schule nur seine Berechtigung hat, wenn es nicht nur theologisch sinnvoll ist, sondern gleichermaßen einen Beitrag zum Auftrag der Schule leistet.[8]

Die Synode begründet den Religionsunterricht in dreifacher Weise: kulturgeschichtlich, anthropologisch und gesellschaftlich. D. h. die Schule hat die Aufgaben, mit den Überlieferungen vertraut zu machen, die unsere Kultur geprägt haben, die Identitätsbildung junger Menschen zu fördern, wozu auch die

---

[5] Meyer-Blanck, Michael: Religion im Kanon der anderen Fächer, in: Baumann, Ulrike u. a.: Religionsdidaktik. Praxishandbuch für die Sekundarstufe I und II, 5. Aufl., Berlin 2009, 35–47, hier: 38.

[6] Vgl. exemplarisch in diesem Band: Thalheimer / Bußmann / Geißler Bistumskonzeptionen (5.9).

[7] Gemeinsame Synode der Bistümer in der Bundesrepublik: »Der Religionsunterricht in der Schule« 1974, in: Bertsch, Ludwig u. a. (Hg.): Gemeinsame Synode der Bistümer in der Bundesrepublik: Beschlüsse der Vollversammlung. Offizielle Gesamtausgabe I, Freiburg/Basel/Wien 1976, 123–152, hier: 141.

[8] Vgl. ausführlich Gemeinsame Synode: Der Religionsunterricht in der Schule, 131–135.

Fragen nach dem Woher und Wozu menschlichen Lebens gehören und junge Menschen zu mündigen und gesellschaftskriti-
schen Bürger/innen zu erziehen.[9] Diese drei Aspekte lassen sich
gleichermaßen theologisch deklinieren.

Im Dienst der schulpädagogischen Begründung differenziert
die Synode explizit zwischen den Aufgaben des schulischen Religionsunterrichts und der gemeindlichen Katechese als zwei
sich ergänzenden Arbeitsfeldern:[10] Während Katechese die
Glaubenseinführung im engeren Sinne anzielt, hat der Religionsunterricht – wie die deutschen Bischöfe 2005 formulierten – drei vorrangige Aufgaben:
»Der Religionsunterricht
– vermittelt strukturiertes und lebensbedeutsames Grund-
  wissen über den Glauben der Kirche,
– [...] macht mit Formen gelebten Glaubens vertraut und
  ermöglicht Erfahrungen mit Glaube und Kirche,
– [...] fördert die religiöse Dialog- und Urteilsfähigkeit
  der Schülerinnen und Schüler«[11].
Mit Hilfe des Religionsunterrichts sollen Kinder und Jugendliche die Kompetenz erwerben, über den christlichen Glauben
nachzudenken und Bibeltexte zu erschließen. Ziel ist, dass sie
Inhalte, Rituale und Ausdrucksgestalten der eigenen Religion
kennenlernen und überlegen, welche Bedeutung diese Formen
für ihr Leben haben (können). Am Ende der Schulzeit sollten
sie über eine Sprache verfügen, mit der sie sich über religiöse
Phänomene und Fragen ausdrücken können.

---

[9] Vgl. Gemeinsame Synode: Der Religionsunterricht in der Schule, 135.
[10] Vgl. ebd., 130–131 und Gemeinsame Synode der Bistümer in der Bundesrepublik: »Das katechetische Wirken« 1974, in: Bertsch, Ludwig u. a. (Hg.):
Gemeinsame Synode der Bistümer in der Bundesrepublik: Ergänzungsband:
Arbeitspapiere der Sachkommissionen. Offizielle Gesamtausgabe II, Frei-
burg/Basel/Wien 1977, 37–97, hier: 52–53.
[11] Die deutschen Bischöfe: »Religionsunterricht vor neuen Herausforderungen«, hg. v. Sekretariat der Deutschen Bischofskonferenz, Bonn 2005, 3;
ausführlich 18–30.

Folgende Aspekte heben die Bedeutung des Religionsunterrichts für die jungen Menschen aus theologischer und schulpädagogischer Perspektive hervor:

a) Religionsunterricht ist ein unersetzbarer Beitrag zur Allgemeinbildung

In der Begründungslinie der Synode arbeiten die deutschen Bischöfe in »Die bildende Kraft des Religionsunterrichts«[12] die allgemeinbildende Funktion des Religionsunterrichts heraus: Religionsunterricht fördert Perspektivenwechsel, fördert Selbstständigkeit und ermutigt zur »Distanzierungsfähigkeit gegenüber den eigenen Bedürfnissen und gegenüber den gesellschaftlich geltenden Standards,«[13] zeigt anhand überzeugender Christen Sinnorientierungen für das eigene Leben und die Notwendigkeit des »Für-andere-Sein[s]«[14] auf. Die Auseinandersetzung mit dem Reichtum der christlichen Tradition kann schließlich »eine Stärkung des Gedächtnisses, der Einbildungs- und Urteilskraft, der Lese- und Interpretationsfähigkeit, der Widerstandskraft und damit der Ich-Identität erbringen«[15].

Aus schulpädagogischer Perspektive unterstreicht der Bildungstheoretiker Jürgen Baumert die Bedeutung des Religionsunterrichts für die Allgemeinbildung. Baumert spricht von vier »Modi der Weltbegegnung«. Sie »eröffnen jeweils eigene Horizonte des Weltverstehens, die für die Bildung grundlegend und nicht wechselseitig austauschbar sind«[16].

– Die »kognitiv-instrumentelle Modellierung der Welt« mit der Grundfrage ›Wie geht es?‹ versucht Wirkungszusammenhänge und deren Regelhaftigkeit zu ergründen.

---

[12] Die deutschen Bischöfe: »Die bildende Kraft des Religionsunterrichts«. Zur Konfessionalität des katholischen Religionsunterrichts, hg. v. Sekretariat der Deutschen Bischofskonferenz, Bonn 1996.
[13] Die deutschen Bischöfe: »Die bildende Kraft des Religionsunterrichts«, 64.
[14] Ebd., 65.
[15] Ebd., 66.
[16] Vgl. Baumert, Jürgen: Deutschland im internationalen Bildungsvergleich; in: Killius, Nelson/ Kluge, Jürgen / Reisch, Linda (Hg.): Die Zukunft der Bildung, Frankfurt a.M. 2002, 100–150, hier: 107.

- Die »ästhetisch-expressive Begegnung und Gestaltung« mit den Grundfragen ›Wie begegnet mir Wirklichkeit?‹, ›Wie kann ich Wirklichkeit ausdrücken?‹ ergründet die Dimension des eigenen Erlebens und des Ausdrucks in Literatur und Kunst.
- Die »normativ-evaluative Auseinandersetzung mit Wirtschaft und Gesellschaft« stellt die Grundfrage: ›Wie ist die soziale Welt verbindlich zu ordnen?‹.
- Die »Probleme konstitutiver Rationalität« mit der philosophischen Grundfrage ›Was ist wirklich?‹ und der religiösen Grundfrage ›Wozu bin ich da?‹. Es geht also um die rationale Auseinandersetzung mit den Sinnfragen, mit den Fragen nach dem Woher, Wohin und Wozu menschlichen Lebens.[17]

Das Bildungssystem soll Schüler/innen zum Perspektivenwechsel anleiten und dazu befähigen, die unterschiedlichen Perspektiven zu erkennen und zu nutzen, um zu wissen, dass mit der jeweiligen ›Leseart‹ von Welt zugleich eine jeweils eigene ›Modellierung‹ von Welt geschieht.

Fällt der religiös-philosophische Zugang zur Welt aus, bedeutet dies auch einen Ausfall zentraler Wissensbestände. Daher ist die Vermittlung von Grundkenntnissen über Religion ein unverzichtbarer Bestandteil der Allgemeinbildung, der in der öffentlichen Schule vor allem durch den Religionsunterricht erworben wird.[18]

Im Religionsunterricht werden ethische Fragen nicht nur aus einer religionskundlichen oder philosophischen Position bearbeitet, sondern es findet auch eine Auseinandersetzung mit Jesus

---

[17] Vgl. ebd.,106–108 und 113.

[18] Vgl. dazu aus pädagogischer Perspektive neben Baumert auch Benner, Dietrich: Bildung und Religion. Überlegungen zu ihrem problematischen Verhältnis und zu den Aufgaben eines öffentlichen Religionsunterrichts heute, in: Battke, Achim u. a., Schulentwicklung – Religion – Religionsunterricht, Freiburg i.Br. 2002, 51–70; aus religionspädagogischer Sicht vgl. Dressler, Bernhard: Unterscheidungen. Religion und Bildung, Stuttgart 2006, 121–160; Schambeck, Mirjam: Warum Bildung Religion braucht ... Religionspädagogische Einmischungen in bildungspolitisch sensiblen Zeiten, in: Theo-Web. Zeitschrift für Religionspädagogik 9 (2010), 249–263.

Christus als Modell ethischen Handelns statt. Ein Weg der durch Leben, Tod und Auferstehung Jesu Christi als besonders verbürgter Weg gilt.[19] Ebenso können biblische Gestalten und überzeugende Christen der Kirchengeschichte die Beschäftigung mit ethischen Fragen aus religiöser Perspektive unterstützen.

b) Religionsunterricht als Beitrag zur Identitätsbildung junger Menschen

Aufgrund seiner diakonischen Ausrichtung hat der Religionsunterricht das Ziel, die Identitätsbildung der Kinder und Jugendlichen zu unterschützen. Er richtet sich nicht nur an gläubige Schülerinnen und Schüler, sondern will auch zweifelnde und sogar solche, die sich als Agnostiker oder Atheisten verstehen, zum Nachdenken über die christliche Botschaft anregen.[20] Im Unterschied zu Religionskunde als einer Information über Glaubensphänomene oder Ethik als der philosophischen Auseinandersetzung mit Werten und Normen, hat der Religionsunterricht darüber hinaus das Ziel, den christlichen Glauben rational zu erschließen.

Er bietet die Auseinandersetzung mit Orientierungsmustern an: der Person Jesu, den biblischen Gestalten oder auch überzeugenden Christen aus Vergangenheit und Gegenwart und ist ein Ort, an dem diese Modelle diskutiert werden können. Angebote der Schulpastoral können dies unterstützen und vertiefen, denn für die Begleitung Einzelner in Lebens- und Glaubensfragen sind hier größere zeitliche und personale Ressourcen vorhanden als im Unterricht.

c) Religionsunterricht als Beitrag zur (inter-)religiösen Dialog- und Urteilsfähigkeit junger Menschen

In den Zeiten als über weite Landstriche hinweg das Leben in einem mehr oder weniger einheitlich geprägten volkskirchlichen Milieu stattfand, konnte man mit dem religiösen Wissen

---

[19] Vgl. Gemeinsame Synode: Der Religionsunterricht in der Schule, 139.
[20] Vgl. ebd., 139.

auskommen, das man im Laufe des Lebens im kirchlichen Kontext erworben hatte.

Dieser Binnenraum einer Vergemeinschaftung bleibt angesichts der heutigen Pluralität unverzichtbar, um die religiösen Traditionen der eigenen Religionsgemeinschaft zu erfahren und deren Glaubenspraxis zu erleben. Im Idealfall ist in einer christlichen Gemeinde etwas von der Gemeinschaft der Christen zu spüren. Dieser Raum ist jedoch auf die Ergänzung durch einen schulischen Religionsunterricht oder später durch eine Erwachsenenbildung angewiesen, welche sich der rationalen Auseinandersetzung mit Glaubensfragen stellt und die religiöse Sprachfähigkeit weitet. Dies ist eine unverzichtbare Voraussetzung, damit junge Menschen sowohl im eigenen Glauben als auch in der Begegnung mit Andersgläubigen und Menschen ohne Religionszugehörigkeit sprachfähig sind und den eigenen Glauben rational verständlich machen zu können. Darüber hinaus geht es auch darum, angesichts der religiösen Pluralität in Glaubensfragen, ein kritisches Urteil fällen zu können.

d) Religionsunterricht als ein Beitrag zu einer humanen Schulkultur

Der Religionsunterricht hat die Chance lebensrelevante Fragen, die oft im Schulalltag untergehen, zur Sprache zu bringen: Probleme im Privaten, Konflikte in der Schule, Krankheit oder Tod, aber auch die frohen Aspekte des Lebens: Der Religionsunterricht kann eine Kultur des Miteinanders und eine Feierkultur[21] fördern mit dem Ziel, dass die Schule ein Ort ist, wo Menschen gerne leben und lernen. An dem Einsatz des Religionsunterrichts zur humanen Schulkultur zeigt sich auch der bereits von der Synode geforderte gesellschaftskritische Aspekt, der aus christlicher Überzeugung inhumanen Bedingungen entgegentritt und damit auch eine gesellschafts- und systemkriti-

---

[21] Vgl. Burkard, Joachim: Die Mitgestaltung der Schulkultur als Aufgabe der Kiche, in: Burkhard, Joachim / Wehrle, Paul (Hg.): Schulkultur mitgestalten. Pastorale Anregungen und Modelle, Freiburg 2005, 10–34, hier: 13–19.

sche Haltung einnimmt im Dienste der Humanität aller im Umfeld Schule.

3. Zur Didaktik des Religionsunterrichts

Religionsunterricht als ein schulisches Unterrichtsfach hat sich auch didaktisch als solches zu verantworten. Die Religionsdidaktik impliziert kognitive, affektive, soziale und aktionale Aspekte des Lernens und ihr Ziel ist mehr als Wissensvermittlung. Sie hat inzwischen ein breites Instrumentarium ausgebildet, um Jugendliche zu einem mündigen Umgang mit religiösen Phänomenen anzuleiten und dies auf kreative Weise zu tun.[22] Insgesamt haben sich das didaktisch-methodische Vorgehen von Religionsunterricht, Schulpastoral und Jugendarbeit – auch aufgrund einer veränderten Schuldidaktik insgesamt – angenähert. Verändert haben sich auch die Lehrkräfte: Die gegenwärtige Generation der Religionslehrkräfte wird weniger kognitionsorientiert ausgebildet und hat weniger Anfragen an Erfahrungsorientierung in Sachen Religion als die Generation, die zur Zeit der Synode im Schuldienst war und hierin die Gefahr einer Re-Katechetisierung sah.[23]

Im Religionsunterricht wird die Kompetenzorientierung der aktuellen Bildungspläne umgesetzt und die deutschen Bischöfe veröffentlichten bereits 2004 Richtlinien für die Sekundar-

---

[22] Vgl. hierzu den Überblick über die Religionsdidaktik in: Hilger, Georg / Leimgruber, Stephan / Ziebertz, Hans-Georg u. a.: Religionsdidaktik. Ein Leitfaden für Studium, Ausbildung und Beruf, München 2010, 41–70 und 331–484; Kalloch, Christina / Leimgruber, Stephan / Schwab, Ulrich: Lehrbuch der Religionsdidaktik. Für Studium und Praxis in ökumenischer Perspektive, 3. Aufl., Freiburg i.Br. 2014.
[23] Vgl. Burrichter, Rita: Zwischen Schule und Kirche – Rahmenbedingungen und Selbstverständnis von Religionslehrkräften im Horizont des katholischen und evangelischen Religionsunterrichts, in: Burrichter, Rita / Grümme Bernhard / Mendl, Hans u. a.: Professionell Religion unterrichten. Ein Arbeitsbuch, Stuttgart 2012, 52–71.

stufe I[24], zwei Jahre später für die Grundschule.[25] Die Bischöfe beschreiben Kompetenzen folgendermaßen:

»Im katholischen Religionsunterricht werden mit Kompetenzen die Fähigkeiten und die ihnen zugrunde liegenden Wissensbestände bezeichnet, die für einen sachgemäßen Umgang mit dem christlichen Glauben, anderen Religionen und der eigenen Religiosität notwendig sind. Sie dienen gemeinsam dem Erwerb persönlicher religiöser Orientierungsfähigkeit. Mit dem Erwerb des Mittleren Schulabschlusses sollen die Schülerinnen und Schüler über die nachfolgend genannten allgemeinen Kompetenzen verfügen. Diese Kompetenzen werden immer im Verbund erworben.«[26]

Die Kompetenzen, die am Ende der Sekundarstufe erreicht sein sollten, definieren die deutschen Bischöfe folgendermaßen:

Abb. 5.3a: Die deutschen Bischöfe: »Kirchliche Richtlinien zu Bildungsstandards für den katholischen Religionsunterricht in den Jahrgangsstufen 5–10/Sekundarstufe I (Mittlerer Schulabschluss)«, hg. v. Sekretariat der Deutschen Bischofskonferenz, Bonn 2004, 16.

---

[24] Die deutschen Bischöfe: »Kirchliche Richtlinien zu Bildungsstandards für den katholischen Religionsunterricht in den Jahrgangsstufen 5–10/Sekundarstufe I (Mittlerer Schulabschluss)«, hg. v. Sekretariat der Deutschen Bischofskonferenz, Bonn 2004.

[25] Dies.: »Kirchliche Richtlinien zu Bildungsstandards für den katholischen Religionsunterricht in der Grundschule/Primarstufe«, hg. v. Sekretariat der Deutschen Bischofskonferenz, Bonn 2006.

[26] Dies.: »Kirchliche Richtlinien Sekundarstufe I, 15.

Der seit der Synode grundlegende Ansatz eines »korrelativen Religionsunterrichts«[27] hat das Ziel, dass sich die (religiösen) Erfahrungen der Kinder und Jugendlichen und die christlichen Inhalte und Traditionen gegenseitig erhellen können.[28]

Angesichts der religiösen Situation heutiger Jugendlicher kommt dieses Modell zunehmend an Grenzen und der Religionsunterricht steht vor sich wandelnden und verschärfenden Herausforderungen, da kaum noch von Erfahrungen ausgegangen werden kann, die allen gemeinsam sind. Jugendliche gehören verschiedenen Milieus an und teilen außerhalb der Schule kaum gemeinsame Erfahrungen, so dass zunehmend von einer »Verinselung«[29] gesprochen wird. Zudem verhalten sich die verschiedenen Milieus zu religiösen Phänomenen und zu Religion in ihrer verfassten Form, also den Kirchen, unterschiedlich. Für viele Schülerinnen und Schüler ist »Religion eine Fremdreligion«[30] und häufig kann nicht von Erfahrungen ausgegangen oder eine gemeinsame Sprache vorausgesetzt werden. Wenn viele Kinder und Jugendliche christliche Traditionen und gelebten christlichen Glauben in familiärem oder gemeindlichem Kontext kaum erleben, wenn ihnen die Sprachformen der Bibel unbekannt sind, wenn die Religiosität Jugendlicher diffus und kaum an kirchliche Ausdrucksformen gebunden ist, dann ist eine Reflexion bereits vorhandener religiöser Erfahrun-

---

[27] Vgl. Hilger, Georg / Leimgruber, Stephan / Ziebertz, Hans-Georg u. a.: Religionsdidaktik. Ein Leitfaden für Studium, Ausbildung und Beruf, München 2010, Kap. I.3 und III.2.

[28] Korrelation bedeutet die wechselseitige Erschließung von überlieferter christlicher Religion und heutiger Religiosität. Das Prinzip der Korrelation wurde ursprünglich von Paul Tillich so benannt und von Edward Schillebeeckx theologisch weitergeführt.

[29] Während das traditionelle Modell einer konzentrischen Aneignung der Welt im Kindesalter davon ausgeht, dass das Kind mit zunehmendem Alter seinen Lebensraum erweitert, beschreibt der Begriff der Verinselung, der insbesondere von der Soziologin Helga Zeiher geprägt wurde, dass der Lebensraum des Kindes nicht zusammenhängt und das Kind die verschiedenen ›Inseln‹ z.T. nur mit Hilfe von Erwachsenen erreichen kann.

[30] Dressler: Unterscheidungen, 56.

gen im Religionsunterricht kaum möglich. Es ist zunächst notwendig, ein fremdes Terrain kennenzulernen.

4. Das Verhältnis von Religionsunterricht und Schulpastoral

»Schulpastoral und Religionsunterricht sind z. B. im Blick auf Trägerschaft und Zuständigkeit zu unterscheiden. Ein Religionsunterricht, der nicht nur die Glaubensinhalte erschließt, sondern auch mit der Praxis des Glaubens vertraut machen möchte, sucht die Kooperation mit der Schulpastoral.«[31] So formulieren die deutschen Bischöfe im Blick auf inhaltliche Gemeinsamkeiten, bei gleichzeitiger Unterscheidung, die im Folgenden differenziert wird:

a) Gemeinsamkeiten von Religionsunterricht und Schulpastoral

Religionsunterricht und Schulpastoral finden im Handlungsraum Schule und unter dessen Vorzeichen statt.

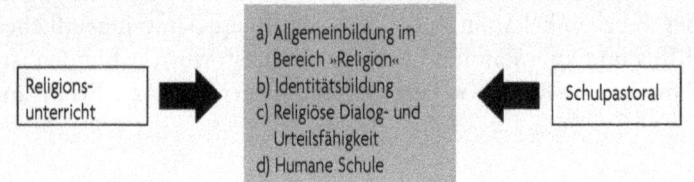

Abb. 5.3b: Gemeinsamkeiten

Sowohl die Ziele des Religionsunterrichts überschneiden sich in vielen Aspekten mit denen der Schulpastoral[32] als auch die Personen in Schulpastoral und Religionsunterricht: Schüler/

---

[31] Die deutschen Bischöfe: »Religionsunterricht vor neuen Herausforderungen«, 33.
[32] Vgl. in diesem Band: Kaupp: Schulpädagogische Begründung (1.3); Bußmann / Lob: Theologische Begründung (1.5); Lob: Haltungen und Reflexionskriterien (2.2).

innen sind in beiden Fällen zentrale Bezugsgruppe. Religionslehrer engagieren sich häufig – mit oder ohne expliziten Auftrag – in der Schulpastoral. Dies ist besonders offensichtlich, wenn es um Erfahrungsorientierung und das Vertrautmachen mit Glauben als einer Zielsetzung des Religionsunterrichts geht.[33]

b) Unterschiede zwischen Schulpastoral und Religionsunterricht

Grundsätzlich definiert sich Schulpastoral von ihrem kirchlichen Auftrag her, dagegen hat Religionsunterricht als *res mixta* sowohl einen schulischen als auch einen kirchlichen Auftrag.

Unterschiede zwischen den beiden Handlungsfeldern lassen sich strukturell auf der Ebene der Organisation, aber auch inhaltlich und personell beschreiben.

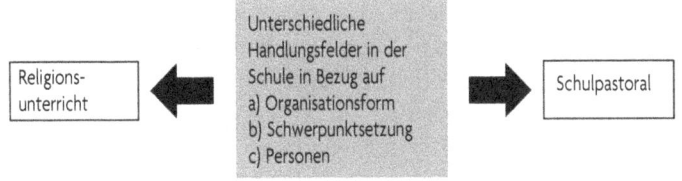

Abb. 5.3c: Unterschiede

a) Organisationsform und Verpflichtungsgrad: Religionsunterricht ist in erster Linie ein schulisches Unterfangen und unterliegt damit den Bedingungen des Systems Schule in höherem Ausmaß als die Schulpastoral. Als ordentliches Lehrfach bietet er im Rahmen von Schule allen Kindern und Jugendlichen die Möglichkeit, sich mit religiösen Themen auseinanderzusetzen. Er ist eine Pflichtveranstaltung und hat daher mit größeren Widerständen von verschiedenen Seiten zu rechnen als die Schulpastoral, die sich als Angebot für Interessierte versteht. Die Schulpastoral hat Gaststatus in der Schule, d. h. sie

---

[33] Vgl. Die deutschen Bischöfe: »Religionsunterricht vor neuen Herausforderungen«, 3.

ist nicht im gleichen Maß Teil des Schulsystems wie der Religionsunterricht.

b) Schwerpunktsetzungen: Auch wenn die oben gennannten Ziele sich weitgehend überschneiden, setzt Schulpastoral andere Schwerpunkte.[34] Schulpastoral steht nicht unter der Verpflichtung von Stoffvermittlung und Notengebung. Sie kann insbesondere die/den Einzelne/n und die (individuelle) Erfahrungsebene stärker berücksichtigen. Als freiwilliges Angebot kann sie in größerem – auch zeitlichem – Ausmaß mit verschiedenen Formen gelebten Glaubens vertraut machen oder durch Zeugen des Glaubens eine personale Auseinandersetzung mit Sinnfragen vertiefen.

c) Personen

Adressat/innen: Während sich Religionsunterricht an Schüler/innen richtet, adressiert Schulpastoral grundsätzlich alle in der Schule Tätigen und die Eltern. Schulpastoral hat vielfältige Möglichkeiten sich – auch in Kooperation mit außerschulischen Personen oder Gruppen – für eine humane Schulkultur einzusetzen, da ihr Angebot vom Selektions- und Qualifikationsdruck der Schule befreit ist.

Akteure: Die berufliche Ausbildung von Verantwortlichen für Schulpastoral ist in den Bundesländern unterschiedlich: Religionslehrkräfte mit einem Teildeputat für Schulpastoral, pastorale Kräfte mit einem Teildeputat Religionsunterricht oder pastorale Kräfte, die nur in der Schulpastoral arbeiten. Darüber hinaus wird Schulpastoral auch von ehrenamtlich tätigen Erwachsenen und Jugendlichen gestaltet. Daher engagieren sich in der Schulpastoral nicht nur Lehrkräfte, sondern Menschen mit sehr unterschiedlichen Qualifikationen.

---

[34] Vgl. hierzu ausführlich Die deutschen Bischöfe: Schulpastoral; in diesem Band: Thalheimer (1.1) und die Beiträge in Kapitel 4.

5. Fazit

Schulpastoral und Religionsunterricht sind zwei Handlungsfelder in der Schule, die einen diakonischen Auftrag der Kirche zum Wohl der in der Schule Tätigen ausfüllen. Wie schon andernorts in diesem Band betont[35], können Schulpastoral und Religionsunterricht gewinnen, wenn sie sich gegenseitig mit ihren jeweiligen Stärken fördern.

Literatur zum Weiterlesen:

Burrichter, Rita / Grümme Bernhard / Mendl, Hans u. a.: Professionell Religion unterrichten. Ein Arbeitsbuch, Stuttgart 2012.

Hilger, Georg/ Leimgruber, Stephan / Ziebertz, Hans-Georg u. a.: Religionsdidaktik. Ein Leitfaden für Studium, Ausbildung und Beruf, München 2010.

Kalloch, Christina / Leimgruber, Stephan / Schwab, Ulrich: Lehrbuch der Religionsdidaktik. Für Studium und Praxis in ökumenischer Perspektive, Freiburg i.Br. 2014.

Ucar, Bülent: Religionen in der Schule und die Bedeutung des Islamischen Religionsunterrichts, Göttingen 2010.

---

[35] Vgl. in diesem Band: Schrimpf: Kooperationspartner und Unterstützungssysteme (5.5).

5.4 Kirchliche Handlungsfelder im Umfeld von Schule

Angela Kaupp

Bislang haben kirchliche Jugendarbeit, Katechese und Schulpastoral ihre Aufgaben weitgehend unabhängig voneinander wahrgenommen. Durch die Ausweitung der Verweildauer von Kindern und Jugendlichen in den Schulen verlieren Kirchliche Jugendarbeit und Katechese ihre Kontaktzeiten im Freizeitbereich. Andererseits suchen Schulen nach Kooperationspartnern, die im Ganztagsbereich Freizeitangebote machen. Der Beitrag dient zunächst der Darstellung der Spezifika von Jugendarbeit und Katechese. Anschließend werden Möglichkeiten und Bedingungen der Kooperation von Schulpastoral, Jugendarbeit und Katechese präzisiert.

1. Kirchliche Jugendarbeit

1.1 Kirchliche Jugendarbeit[1] auf der Basis (staatlicher) Jugendhilfe

Entsprechend dem Kinder- und Jugendhilfegesetz (KJHG, 1990)[2] § 2 (2) Ziff. 1 werden unter Jugendhilfe »Angebote der Jugendarbeit, der Jugendsozialarbeit und des erzieherischen Kinder- und Jugendschutzes« subsumiert. Jugendarbeit wird so-

---

[1] Die kirchlichen Handlungsfelder werden hier auf der Basis der Strukturen und des Selbstverständnisses in der katholischen Kirche beschrieben. Auf den Kontext der evangelischen Kirche oder anderer Religionsgemeinschaften ist v.a. der Bereich ›Katechese‹ nicht übertragbar. Zu beachten ist auch, dass die Diözesen die organisatorische Zuordnung mancher schulbezogener Angebote (wie z. B. Tage religiöser Orientierung) zur Abteilung Jugendseelsorge bzw. Abteilung Schule unterschiedlich regeln. Zu den Handlungslogiken der Bereiche ausführlicher vgl. Kaupp, Angela: Unterschiedliche ›Spielfelder‹ religiöser Bildung und Erziehung: Chancen und Risiken einer Kooperation von Religionsunterricht und Gemeinde, in: RU heute. Informationen des Dezernats Schulen und Hochschulen im Bischöflichen Ordinariat Mainz (2006), H. 3–4, 31–35.

[2] Sozialgesetzbuch (SGB) Achtes Buch (VIII) – Kinder und Jugendhilfe.

wohl im Interesse der Jugendlichen als auch im gesellschaftlichen Interesse gestaltet. Im KJHG heißt es in § 11 »(1) Jungen Menschen sind die zur Förderung ihrer Entwicklung erforderlichen Angebote der Jugendarbeit zur Verfügung zu stellen. Sie sollen an den Interessen junger Menschen anknüpfen und von ihnen mitbestimmt und mitgestaltet werden, sie zur Selbstbestimmung befähigen und zu gesellschaftlicher Mitverantwortung und zu sozialem Engagement anregen und hinführen.«

Zu den Schwerpunkten der Jugendarbeit gehören nach § 11 (3):

»1. außerschulische Jugendbildung mit allgemeiner, politischer, sozialer, gesundheitlicher, kultureller, naturkundlicher und technischer Bildung,

2. Jugendarbeit in Sport, Spiel und Geselligkeit,

3. arbeitswelt-, schul- und familienbezogene Jugendarbeit,

4. internationale Jugendarbeit,

5. Kinder- und Jugenderholung,

6. Jugendberatung.«

Damit ist auch kirchliche Jugendarbeit mit ihren vielfältigen Angeboten gemäß dem Subsidiaritätsprinzip ein Mitgestalter von Jugendhilfe.

Das Kinder- und Jugendhilfegesetz spricht sich für die Förderung der Träger der freien Jugendhilfe und der Eigenständigkeit von Jugendlichen aus. In § 12 (2) heißt es: »In Jugendverbänden und Jugendgruppen wird Jugendarbeit von jungen Menschen selbst organisiert, gemeinschaftlich gestaltet und mitverantwortet. Ihre Arbeit ist auf Dauer angelegt und in der Regel auf die eigenen Mitglieder ausgerichtet, sie kann sich aber auch an junge Menschen wenden, die nicht Mitglieder sind. Durch Jugendverbände und ihre Zusammenschlüsse werden Anliegen und Interessen junger Menschen zum Ausdruck gebracht und vertreten.« Religionsgemeinschaften sind nach § 75 als Träger der Jugendhilfe anerkannt.

1.2 Strukturen kirchlicher Jugendarbeit

Jugendpastoral und Jugendarbeit sind zu differenzieren: Zur Jugendpastoral gehören alle Angebote, mit der sich die Kirche an Kinder und Jugendliche richtet (also vom Jugendgottesdienst über die Firmkatechese bis zur Gruppenarbeit in der Gemeinde und Angeboten der Schulpastoral, insofern sie die Jugendlichen im Blick hat). Eine weitere Form der Jugendpastoral ist kirchliche Jugendsozialarbeit, wie sie z. B. in Kinder- und Jugendheimen oder von der Caritas wahrgenommen wird. Dagegen bezeichnet Jugendarbeit die Form, die den Kriterien des KJHG entspricht und bei der Jugendliche weitgehend selbst Verantwortung übernehmen. Einen Überblick über die Vielfalt gibt die Darstellung von Martin Lechner zur Jugendpastoral.

Kirchliche Jugendarbeit ist gegliedert in kirchenamtliche und verbandliche Jugendarbeit.[3]

Jugendpastoral					
Jugendhilfe					
Christlich motivierte Kirche als freier Träger der Jugendhilfe			in katholischer Trägerschaft		
Jugendarbeit/ Jugendverbände §§ 11, 12 KJHG	Jugendsozialarbeit § 13 KJHG	Jugendschutz/ Hilfen für Familien § 14, 26–21 KJHG	Hilfen zur Erziehung § 27–35 KJHG	Hilfen f. seelisch behinderte Jugendliche § 35–40 KJHG	Hilfen für jg. Volljährige § 41 KJHG
Katholische Jugendseelsorge in eigener Verantwortung der Kirche (z.T. in Kooperation)					
Diakonisch z.B. Volontariat, Sternsinger, Jugendaktionen, Freiwilligendienste, Eine-Welt-Arbeit, 48-h-Projekte, Jgdberatung etc.	**Katechetisch** z.B. Firmkatechese, Tage der Orientierung, Exerzitien- und Bibelarbeit, Katechese, Glaubenskurse etc.		**Liturgisch** z.B. Jugendgottesdienste und -vespern, Taizegebet, Gebetswerkstätten, Jugendkreuzweg, Holy Hour etc.		**Koinonisch** z.B. Pfarrjugend, Jugendbewegungen, Geistliche Gemeinschaften, Jugendwallfahrten, Jugendkirchen, Events etc.

Abb. 5.4: Lechner, Martin: Was ist überhaupt »Jugendpastoral«? Eine erste Annäherung?, in: Jugend@pastoral – Standortbestimmung und Perspektiven. Pastoraltheologische Informationen 29 (2009), H. 1, 10–15, hier: 15.

---

[3] Vgl. Die deutschen Bischöfe – Pastoralkommission: Leitlinien zur Jugendpastoral, hg. v. Sekretariat der Deutschen Bischofskonferenz 1991, 17.

a) Kirchenamtliche Jugendarbeit

Zur kirchenamtlichen Jugendarbeit gehört die Jugendarbeit, die unter Federführung einer Pfarrei oder kirchlicher Jugendämter (auf Dekanats-, Regional- oder Diözesanebene) gestaltet wird, z. B. Pfarreigruppen, Ministrant(inn)enarbeit oder Zeltlager, Jugendevents wie Ministrantenwallfahrt oder Weltjugendtage, aber auch die jährliche Sternsingeraktion oder das relativ junge Praxisfeld der ›Jugendkirchen‹[4].

Darüber hinaus unterhält die Kirche Jugendhäuser als Treffpunkt und für Bildungsangebote. Eine weitere Form ist die ›offene Jugendarbeit‹, d. h. Angebote in einem Jugendzentrum, die an keine Gruppenzugehörigkeit oder Verbindlichkeit geknüpft werden.

b) Verbandliche Jugendarbeit: Der BDKJ und seine Mitgliedsverbände

Diese Form der Jugendarbeit wird durch einen Verband getragen, der sich durch eine demokratisch gewählte Leitung auszeichnet.[5] Der Bund der Deutschen Katholischen Jugend (BDKJ) ist der Dachverband der katholischen Jugendverbände. Mitgliedsverbände sind gemäß der BDKJ-Bundesordnung, § 3, »selbständige katholische Jugendverbände, denen Kinder und Jugendliche sowie erwachsene Mitarbeiterinnen und Mitarbeiter als Mitglieder angehören. In den Mitgliedsverbänden wird die Kinder- und Jugendarbeit von jungen Menschen selbst organisiert, gemeinschaftlich gestaltet und verantwortet. Sie bringen die Anliegen und Interessen junger Menschen zum Ausdruck.«[6]

---

[4] Vgl. Freitag, Michael / Hamachers-Zuba, Ursula / Hobelsberger, Hans (Hg.): Lebensraum Jugendkirche. Institution und Praxis, Hannover 2012.

[5] In Deutschland hat diese Form kirchlicher Arbeit eine lange Tradition. Neben Jugendverbänden existieren zahlreiche Erwachsenenverbände wie z. B. Kolping oder Katholische Arbeitnehmer-Bewegung (KAB).

[6] Bundesordnung – Bund der Deutschen Katholischen Jugend. http://www.bdkj.de/fileadmin/redakteur/Dokumente/Bundesordnung_2010_280710.pdf (Zugriff: 07.10.2014).

Dazu gehören: Aktion West-Ost, Bund der St. Sebastianus Schützenjugend (BdSJ), Christliche Arbeiterjugend (CAJ), DJK-Sportjugend (Jugendorganisation des DJK-Sportverband), Deutsche Pfadfinderschaft Sankt Georg (DPSG), Jugendverbände der Gemeinschaft Christlichen Lebens (J-GCL), Katholische Junge Gemeinde (KjG), Katholische Landjugendbewegung (KLJB), Kolpingjugend, Katholische Studierende Jugend (KSJ), Pfadfinderinnenschaft Sankt Georg (PSG), Quickborn Arbeitskreis, Unitas-Verband. Außerdem haben einzelne Landes-, Diözesan-, Kreis- und Dekanatsverbände noch Mitgliedsverbände z. B. die Malteser Jugend, die auf den höheren Ebenen nicht aktiv sind. Die J-GCL und die KSJ sind Verbände, die seit ihren Anfängen in der Tradition schulischen Engagements stehen.[7]

Seit 2008 nimmt der BDKJ auch katholische Jugendorganisationen als beratende Mitglieder auf, an deren Organisationsform ein niedrigerer Anspruch gestellt wird als an Mitgliedsverbände. Auf Bundesebene sind dies der Internationale Bauorden, die Arbeitsgemeinschaft katholischer Studentenverbände und die Schönstatt-Mannesjugend. In den einzelnen Diözesen können weitere Gruppierungen beratende Mitglieder sein.

»[Die] wichtigste Aufgabe [des BDKJ, A.K] besteht in der Interessenvertretung seiner Mitglieder in Politik, Kirche und Gesellschaft. Über die 17 Jugendverbände und -organisationen sind rund 660.000 Kinder und Jugendliche im Alter zwischen 7 und 28 Jahren organisiert. Damit ist der BDKJ einer der größten Jugendverbände im Deutschen Bundesjugendring (DBJR) und unter anderem Mitglied im Zentralkomitee der deutschen Katholiken (ZdK).«[8]

Über die Vertretung im Bundesjugendring haben Jugendliche eine politische und gesellschaftliche Stimme. Zudem sind der Bundesjugendring und seine Untergliederungen für die Vergabe von Geldmitteln verantwortlich.

Der BDKJ und die Jugendverbände sind Initiatoren der sog. »72-Stunden-Aktion«: Kinder und Jugendliche engagieren sich aus christlichem Geist über drei Tage um ein Projekt für Men-

---

[7] Vgl. in diesem Band: Mette / Bußmann: Geschichtliche Entwicklung (3.1).
[8] http://www.bdkj.de/bdkjde/der-bdkj/ueber-uns.html (Zugriff: 07.10.2014).

schen am Rand der Gesellschaft oder im Dienst des Allgemeinwohls zu realisieren.[9] Ebenso wird ein schulbezogenes »Werde Weltfairänderer«-Projekt vom BKDJ angeboten. Es will Kinder und Jugendliche, Eltern und Lehrer/innen zu einem nachhaltigen und fairen Umgang mit den Ressourcen und für ein faires Miteinander sensibilisieren.[10]

c) Jugendarbeit der Orden und Geistlichen Gemeinschaften

Weitere Träger von Jugendarbeit sind Orden und geistliche Gemeinschaften. Im Unterschied zu den Jugendverbänden sind die Verantwortlichen nicht gewählt, sondern werden von der Gemeinschaft ernannt und sind daher im Normalfall auch nicht Mitglieder im BDKJ.

1.2 Selbstverständnis und Prinzipien kirchlicher Jugendarbeit

Kirchliche Jugendarbeit versteht sich als Jugendarbeit auf der Basis des KJHG. Aus kirchlicher Perspektive formuliert der Beschluss »Ziele und Aufgaben kirchlicher Jugendarbeit« der Synode der Bistümer in der Bundesrepublik Deutschland ein diakonisches Selbstverständnis. In der Einleitung werden wichtige Kriterien benannt: Kirchliche Jugendarbeit ist

»zugleich Dienst der Kirche an der Jugend überhaupt und Dienst an der Jugend der Kirche. Sie ist immer zugleich ein Dienst am einzelnen jungen Menschen und ein Dienst an der Gesellschaft [...].«[11]

Jugendarbeit »(versucht) Räume und Lernfelder zu schaffen, in denen junge Menschen, junge Christen Leben zu erfahren, zu

---

[9] Vgl. http://www.72stunden.de/informieren/die-ziele-der-72-stunden-aktion. html (Zugriff: 07.10.2014).

[10] http://www.bdkj.info/fachstellen/jugendarbeit-schule/werde-weltfairaenderer/ (Zugriff: 07.10.2014).

[11] Gemeinsame Synode der Bistümer in der Bundesrepublik: »Ziele und Aufgaben kirchlicher Jugendarbeit« 1975, in: Bertsch, Ludwig u. a. (Hg.): Gemeinsame Synode der Bistümer in der Bundesrepublik: Beschlüsse der Vollversammlung. Offizielle Gesamtausgabe I, Freiburg/Basel/Wien 1976, 289–311, hier: 290.

verstehen und zu gestalten lernen«.[12] Jugendliche sind nicht nur
Adressaten, sondern selbst Träger der Jugendarbeit:

»Es wäre zu wenig, wenn die Kirche an der Jugend handelte. In der kirchlichen Jugendarbeit handeln die jungen Menschen selber. Sie sind nicht nur Adressaten des kirchlichen Dienstes, sondern ebenso seine Träger«[13].

Kirchliche Jugendarbeit hat das Ziel, »Mündigkeit in Kirche
und Gesellschaft einzuüben und junge Menschen dahin führen,
dass sie das Leben in Kirche und Gesellschaft selber mitgestalten«[14]. Um dieses Ziel zu erreichen, wird das »personale Angebot« vor das »Sachangebot« gestellt: »Die Grundform ›des personalen Angebots‹ der kirchlichen Jugendarbeit ist die Gruppe
der Gleichaltrigen«.[15] Die Arbeit unter der Maßgabe einer »reflektierten Gruppe«[16], d. h. einer Gruppe, die ihre Interaktionen, ihr Miteinander und das Gruppenklima reflektiert, galten
im Anschluss an die Synode als besondere Kennzeichen katholischer Jugendarbeit.[17]

Kirchliche Jugendarbeit wird nach folgenden Prinzipien gestaltet
- Freiwilligkeit, Teilnehmerorientierung, Partizipation
- Selbstorganisation
- Demokratische Strukturen
- Wertgebundenheit
- Kontinuität
- Flexibilität
- Ehrenamtlichkeit
- Ganzheitlichkeit

---

[12] Gemeinsame Synode: Kirchliche Jugendarbeit, 289.
[13] Ebd., 290.
[14] Ebd., 290.
[15] Ebd., 300.
[16] Ebd., 301.
[17] Ausführlich zum Synodenbeschluss und seiner Rezeption vgl. Hobelsberger, Hans / Lechner, Martin / Tzscheetzsch, Werner (Hg.): Ziele und Aufgaben kirchlicher Jugendarbeit. Bilanz und Auftrag 20 Jahre nach dem Synodenbeschluss, München 1996.

Die Stärke der Jugendarbeit liegt darin, dass Jugendliche selbstverantwortlich handeln und sich außerhalb didaktischer Arrangements, die von Erwachsenen bestimmt werden, Kompetenzen aneignen, wie z. B. den Umgang mit demokratischen Spielregeln oder die Fähigkeit zur Durchführung von Gruppenfahrten. In der Jugendarbeit finden Jugendliche Freunde, hier wird nicht nur ›Freud und Leid‹ geteilt, sondern auch manches Abenteuer erlebt. Die ehrenamtlichen Leiterinnen und Leiter in der Jugendarbeit sind oft nur wenig älter als ihre Adressat/innen, aber gerade deswegen als Vorbilder und Identifikationsfiguren wie auch als Freunde wichtig.

1.3 Herausforderungen an die kirchliche Jugendarbeit

Sowohl die gesellschaftlichen als auch die schulischen Veränderungen führen das Modell der gruppenbezogenen Jugendarbeit an ihre Grenzen: Schulzeitverkürzung und Ganztagsschule machen aus der Schule einen ›Vollzeit-Lebensraum‹. Während früher Schule und außerschulische Jugendarbeit – mit Ausnahme der Arbeit von Schülerverbänden wie J-GCL und KSJ – weitgehend unabhängig voneinander existierten,

»soll nun Jugend (verbands)arbeit auch Teil des Lebensraums Schule werden. Dort trifft sie bereits andere nichtunterrichtliche bzw. nichtcurriculare ›Präsenzen‹ von Kirche an, nämlich die Schulpastoral und die schulbezogene kirchliche Jugendsozialarbeit«[18].

Jugendarbeit muss sich fragen, welches inhaltliche Profil sie einbringen kann, aber auch inwieweit die Handlungslogiken von Schule und Jugendarbeit miteinander kompatibel sind.

Neben diesen strukturellen Veränderungen erschweren der gesellschaftliche und kirchliche Wandel die Bedingungen für Jugendarbeit.[19] Die bisherigen Grundlagen, Arbeit im Sinne der

---

[18] Hobelsberger, Hans: Bildung in Jugendarbeit und Schule, in: Arbeitsstelle für Jugendseelsorge der Deutschen Bischofskonferenz: Jugendpastorale Perspektiven. Fachgespräche der Jugendkommission, Düsseldorf 2011, 12–14, hier: 13.

[19] Zur Diskussion der Herausforderungen an das Selbstverständnis von

»reflektierten Gruppe« und das Engagement über einen längeren Zeitraum, schwinden, denn Jugendlichen fehlen hierzu die Zeit und die Lust. Jugendkulturen, ihre ästhetischen Präferenzen und die Art der Vergemeinschaftung haben sich verändert. Entscheidendes Kriterium für die Wahl einer sozialen Einbindung ist häufig die jeweilige Erlebnisqualität. Netzwerke mit dem Charakter einer Gelegenheitsstruktur und individuell bestimmbarer Zugehörigkeit sind attraktiver als Dauerstrukturen mit möglichst langer Zugehörigkeit. Soziale Identität wird unabhängiger von lokalen Beziehungen und die Möglichkeiten der Vergemeinschaftung über *social media* verändern auch die Arbeit mit Jugendlichen.[20]

2. Katechetische Arbeit in gemeindlichen Zusammenhängen

2.1 Gemeinde als qualifizierter Lernort des Glaubens

Die Gemeinsame Synode der Bistümer profilierte sowohl Religionsunterricht in der Schule als auch Katechese in der Gemeinde als einander ergänzende Orte des Glaubenslernens. Seit den 1970er Jahren verfolgte Gemeindekatechese in den westlichen Bundesländern das Ziel, in den Glauben und das

---

Jugendarbeit vgl. Arbeitsstelle für Jugendseelsorge der Deutschen Bischofskonferenz: Jugendpastorale Perspektiven. Fachgespräche der Jugendkommission, Düsseldorf 2011; Brandl, Marianne u. a. (Hg.): Engagement & Performance. Kirchliche Jugend(verbands)arbeit heute, Düsseldorf 2007; Becker, Patrick / Mokry, Stephan (Hg.): Jugend heute – Kirche heute? Konsequenzen aus der Jugendforschung für Theologie, Pastoral und (Religions-) Unterricht, Würzburg 2010. Höring, Patrik C.: Kirchliche Jugendarbeit vor dem Aus? Einige Überlegungen angesichts aktueller Herausforderungen, in: Stimmen der Zeit 231 (2013), H. 2, 85–95.

[20] Noch kaum erforscht sind die Veränderungen durch die Vergemeinschaftung über Social Media auf die (religiöse)Kommunikationsstrukturen vgl. Kaupp, Angela: »Wikipedia-Religion«? – Die Religiosität heutiger Jugendlicher als Herausforderung für die Praktische Theologie, in: Theologisch-praktische Quartalschrift 128 (2010), 282–291.

Leben der Kirche einzuführen und dazu beizutragen, dass »Glaubenswillige zu einem reflektierten Glauben gelangen«[21].

Im Anschluss an das Zweite Vatikanische Konzil und die Synode fand auch in der Katechese ein entscheidender Perspektivwechsel statt. Katechese wird von den Menschen her gedacht und Glaubenswissen dem Gelingen menschlichen Lebens nachgeordnet. So wird die Zielsetzung von Katechese folgendermaßen beschrieben:

»Das oberste Ziel der Katechese besteht darin, dem Menschen zu helfen, dass sein Leben gelingt, indem er auf den Zuspruch und den Anspruch Gottes eingeht. Dabei darf das ›Gelingen‹ nicht vordergründig missverstanden werden. Wie sehr zu ihm auch das Bestehen von Leid und Scheitern gehört, zeigt sich darin, dass wir Christen den Weg des Gekreuzigten als den Weg des Lebens bekennen«[22].

Katechese findet im Normalfall im Anschluss an die Erstverkündigung statt und versteht sich als »der kirchliche Dienst am Glauben der Menschen, der sich dem Wirken des Heiligen Geistes verdankt. Dieser Dienst besteht in der notwendigen Einführung, Vertiefung und Vergewisserung im Glauben«[23]. Idealerweise setzt Katechese bei den Teilnehmenden also erste Begegnungen mit Christen und anfanghaften Glauben voraus, wenn auch die reale Situation dem nicht immer entspricht, wenn z. B. Kinder von der Taufe bis zur Erstkommunion kaum mit Glaubenspraxis in Berührung kommen.

In den Gemeinden entwickelten sich vor allem Kommunion- und Firmkatechese als eigenständige Formen der Vorbereitung von Kindern auf den Sakramentenempfang in kleinen Gruppen. Im Unterschied zur Jugendarbeit legt Katechese den Schwerpunkt auf Verkündigung (*martyria*). Verkündigung wird als Auftrag aller Gläubigen verstanden und daher entwickelte sich eine Grup-

---

[21] Gemeinsame Synode der Bistümer in der Bundesrepublik: »Das katechetische Wirken« 1974, in: Bertsch, Ludwig u. a. (Hg.): Gemeinsame Synode der Bistümer in der Bundesrepublik: Ergänzungsband: Arbeitspapiere der Sachkommissionen. Offizielle Gesamtausgabe II, Freiburg/Basel/Wien 1977, 37–97, hier: 42.

[22] Gemeinsame Synode: Katechetisches Wirken, 41.

[23] Die deutschen Bischöfe: Katechese in veränderter Zeit, hg. v. Sekretariat der Deutschen Bischofskonferenz, Bonn 2004, 9.

penarbeit, die meist von (erwachsenen) Ehrenamtlichen getragen wird. In der Idealvorstellung ist ihre Rolle vor allem die von Begleiter/innen und Glaubenszeug/innen, nicht die pädagogischer Profis. Für diese Tätigkeit werden sie vom Seelsorgepersonal begleitet. Die Chance der katechetischen Arbeit in der Gemeinde liegt u. a. darin, dass Kinder und Jugendliche im Alltag Menschen begegnen, die glauben, ohne dass sie dies mit einer Profession verbinden wie Priester, Religionslehrer/innen oder Verantwortliche in der Schulpastoral. Ein weiteres Qualitätsmerkmal ist die Chance zu intergenerationalem Lernen in der Gemeinde.

2.2 Herausforderungen an die Katechese

Die unter 1.3 beschriebenen gesellschaftlichen und kirchlichen Veränderungen wirken sich auch in der Katechese aus. Angesicht der zunehmenden Entkirchlichung, der Ungleichzeitigkeiten in der Pastoral, gemeindlichen Umstrukturierungen und der Veränderungsprozesse in Berufswelt und Schule greifen die bisherigen Gruppenmodelle immer weniger.

»In Zeiten religiöser Individualisierung kann Religion nicht mehr mittels mehr oder weniger einheitlicher, gar wohnortgebundener religiöser Sozialräume tradiert werden. [...] Gemeindliche Partizipation wird zeitlich wie örtlich ganz vom Individuum und seinen aktuellen Bedürfnissen her gestaltet.«[24]

Durch die Individualisierung religiöser Suche einerseits und die zeitliche Ausweitung von Unterricht und schulischen Freizeitangeboten andererseits kommt Katechese an ihre Grenzen. Einerseits wird die Organisation von Gruppen für Kinder und Jugendliche schwieriger, andererseits sind weniger Erwachsene bereit bzw. angesichts beruflicher Belastungen in der Lage, Gruppen zu übernehmen. In Spannung dazu steht die Notwendigkeit, dass Glauben und dessen Tradierung auf intergenerationale Vergemeinschaftung angewiesen ist. Kinder- und Jugendliche fehlt sonst die Chance haben, Gemeinde als Le-

---

[24] Vgl. Bucher, Rainer: Jenseits der Idylle. Wie weiter mit den Gemeinden?, in: Bucher, Rainer (Hg.): Die Provokation der Krise. Zwölf Fragen und Antworten zur Lage der Kirche, 2. Aufl., Würzburg 2005, 106–130, hier: 118.

bensraum auch am Wohnort und unabhängig vom Schulort zu erleben.[25] Dies verlangt ein gegenseitiges Aufeinander-zu-Gehen von Hauptamtlichen in Schule und Gemeinde.

3. Die kirchlichen Handlungsfelder im Vergleich

Die Handlungsfelder weisen Unterschiede in Bezug auf die Nähe zu schulischen oder kirchlichen Organisationsformen, Unterschiede im Grad der Verpflichtung der Adressaten und der Professionalität der Anbieter auf: Im Religionsunterricht und der Sozialarbeit sind die Anbieter immer professionell; in der Schulpastoral engagieren sich je nach Diözese Professionelle und/oder Ehrenamtliche. In Jugendarbeit und Katechese sind die direkten Kontaktpersonen meist ehrenamtlich Tätige, die von Professionellen Unterstützung erhalten. Schließlich ist der Grad curricular-organisierten bzw. situationsbezogen-beiläufigen (= kairologisch) Lernens unterschiedlich. Hierzu zusammenfassend die folgende Tabelle:

Schule	Gemeinde	Grad der Verpflichtung	Grad der Professionalität der direkten Kontaktperson	Lernform (Schwerpunkt)
Schulpastoral		freiwillig	professionell und/oder ehrenamtlich	kairologisch
	Katechese	freiwillig	ehrenamtlich	organisiert
	Jugendarbeit	freiwillig	ehrenamtlich	kairologisch
Religionsunterricht		verpflichtend	professionell	organisiert
Schulsozialarbeit		fallbezogen	professionell	organisiert

---

[25] Zur Bedeutung von Gemeinde als Ort der Vergemeinschaftung und zum Miteinander der Generationen vgl. Lutz, Bernd: Gemeinde in Zeiten der Individualisierung – Auslaufmodell oder Notwendigkeit, in: Kaupp, Angela / Leimgruber, Stephen / Scheidler, Monika: Handbuch der Katechese. Für Studium und Praxis, Freiburg i.Br. 2011, 52–64; Kropp, Ursula / Lutz, Bernd: Katechese im Miteinander aller Generationen, in: Katechetische Blätter 139 (2014), 300–303.

Die Handlungsfelder folgen zudem unterschiedlichen Logiken und das Selbstverständnis der Gestalter differiert im Blick auf die eigene Rolle und das Ziel des Engagements. Wird die Logik des jeweils anderen Felds nicht verstanden, sind Konflikte *unvermeidlich*.[26]

Schulpastoral hat den Vorteil, dass die Kinder und Jugendlichen am Ort Schule sind; sie unterscheidet sich durch offenere Themenstellungen von Katechese, die häufig einer Vorbereitung auf ein Sakrament dient. Katechese und Jugendarbeit werden stärker durch Jugendliche selbst getragen und zeichnen sich vorrangig durch einen außerschulischen Alltagsbezug, mehr Verortung in der Gemeinde, vielleicht auch größere Freiheit aus. Theologische und didaktische Professionalisierung und Hauptamtlichkeit sind in der Schulpastoral höher.

4. Win-win-Situation als Chance der Zusammenarbeit

Die ›Spielfelder‹ sind in Bewegung geraten und Kooperationen sind nötig. Die Prinzipien von Jugendarbeit, Katechese und Schulpastoral sind zwar nicht in allen Punkten deckungsgleich, aber es gibt sehr wohl Überschneidungspunkte,[27] die Kooperationen in vielfältigen Formen nahe legen, wie folgende Beispiele zeigen:

– Kirchliche Jugendverbände bieten Hausaufgabenbetreuung und Schülercafés an. Ein aktuelles Projekt ist z. B. »Bringt Farbe in die Schule« der Fachstelle Jugend des Erzbistums Freiburg.

---

[26] Ausführlicher vgl. Deinet, Ulrich / Treichel, Martin L.: Kooperation von Jugendhilfe und Schule, in: Kansteiner-Schänzlin, Katja (Hg.): Schule im gesellschaftlichen Spannungsfeld, Baltmannsweiler 2011, 233–248; Reismann, Hendrik: Jugendarbeit und Schule zwischen Nähe und Distanz. Konzept- und strukturtheoretische Voraussetzungen und Formen der schulbezogenen Jugendarbeit, Hamburg 2009.

[27] Vgl. zu den Prinzipien der Schulpastoral in diesem Band: Lob: Haltungen und Qualitätskriterien (2.2).

- Diözesane Jugendämter führen Tage der Orientierung (TdO) oder Konflikttrainings mit Klassen durch und begleiten Compassion-Praktika.
- Dekanatsjugendstellen bieten Gruppenleiterkurse an, die zum ›Jugendbegleiter‹ qualifizieren.
- Bibel- und Projekttage oder die Sternsingeraktion werden in Kooperation von Schule und Gemeinde angeboten.
- Hauptamtliche in der Seelsorge erarbeiten Elemente der Schulpastoral, wie z. B. ein Angebot im ›Raum der Stille‹ oder ein spirituelles Geocaching.
- Jugendliche engagieren sich im Rahmen schulischer Sozialpraktika in kirchlicher Jugendarbeit oder gemeindlicher Diakonie.[28]

Die Vernetzung mit außerschulischen Angeboten kann für die Schulpastoral inhaltlich, personell und räumlich von Nutzen sein: Jugendverbandler/innen haben kreative Ideen, Hauptamtliche in der Seelsorge können Kontaktpersonen zu ganz unterschiedlichen Personen und Gruppen am Ort sein, und ein Angebot ist in Gemeinderäumen möglicherweise attraktiver als in Schulräumen. Gute Kooperation verlangt, dass sich eine Winwin-Situation für alle Beteiligten ergibt. Dazu sind einige Eckpunkte zu berücksichtigen.

a) Die jeweilige Infrastruktur verlangt verschiedene Modelle der Kooperation

Je nach Schulart und Sozialraum sind unterschiedliche Kooperationsformen denkbar: Für eine Pfarrgemeinde bietet sich eine Kooperation mit der Grundschule an, während das städtische Gymnasium möglicherweise mit einem überpfarrlich organisierten Jugendverband zusammenarbeiten kann.

Mit übergeordneten Ebenen wie diözesanen Jugendämtern oder Jugendverbänden sind längerfristige Absprachen mit schu-

---

[28] Vgl. weitere Beispiele in: Bischöfliches Ordinariat der Diözese Rottenburg-Stuttgart (Hg.): Kirche und Schule in Kontakt – eine Handreichung, Rottenburg-Stuttgart 2006, 12–42 (Download unter http://schulpastoral.drs.de/service/publikationen [Zugriff: 06.12.2014]).

lischen Institutionen gut möglich. Schwieriger ist es, aufgrund der personellen Ressourcen und der großen Fluktuation in der Jugendarbeit, an Schulen verlässliche Angebote zu machen und über längere Zeit hinweg zu kooperieren. Daher empfehlen sich Projektkooperationen über kürzere Zeiträume oder dann, wenn in Jugendverbänden ein Schwerpunkt im Bereich schulbezogene Jugendarbeit besteht. Unverzichtbar ist, dass die Prinzipien von Freiwilligkeit und Partizipation für Angebote der Jugendarbeit gewährleistet bleiben.

b) Kooperationen müssen für alle Handlungsfelder von Vorteil sein

Die Schule als ›Vollzeit-Lebensraum‹ erschwert die Bedingungen außerschulischer Anbieter: Wird z. B. eine Gruppenleiter/innenbildung in der Schule angeboten, so fördert dies sicher die Gruppenkompetenz der Schüler/innen, geht jedoch auf Kosten der Jugendarbeit. Denn Gruppenleiterschulungen können ein ›Wir-Gefühl‹ auf der Ebene der Seelsorgeeinheit fördern und das kommt dem notwendigen Teamgeist für die Durchführung des nächsten Zeltlagers zugute. Die Firmvorbereitung als freiwilliges Angebot in der Schule erleichtert die Terminsuche, doch die Jugendlichen lernen noch weniger generationenübergreifend Gemeindemitglieder als Glaubenszeugen kennen und die Schwelle zum Engagement in der Gemeinde wird sich eher erhöhen.[29] Daher ist es nicht angemessen, außerschulische Aktivitäten einfach in Schulräume zu verlegen, wenn nicht umgekehrt auch die Stärke außerschulischer Orte von der Schulpastoral unterstützt wird.

c) Kommunikation ist nötig, Rollenkonflikte sind möglich

Die Handlungsbereiche haben unterschiedliche Kommunikationskulturen. Daher sind offene Kommunikation und gute Ver-

---

[29] Vgl. Kaupp, Angela: Schulreligion – nicht für alles. Firmvorbereitung in der Schule? Eine Erwiderung auf Hans Mendl, in: Katechetische Blätter 138 (2013), 377–381.

einbarungen von Verantwortlichkeiten unverzichtbar. Rollenkonflikte sind nicht zu vermeiden, da verschiedene Interessen
und verschiedene Ausprägungen von pädagogischer und theologischer Professionalität vorhanden sind. Für Lehrer/innen
und Schüler/innen wird es nicht immer einfach sein, zwischen
den Rollen als Schüler/in und Jugendleiter/in – vielleicht in der
gleichen Schule – zu differenzieren. Deswegen ist zu überlegen,
wie ein Angebot der Jugendarbeit auch unter Berücksichtigung
schulischer Rechtsbestimmungen an außerschulischen Orten
stattfinden kann.

d) Die Macht über finanzielle Mittel darf nicht auf einer Seite liegen

Die Zugriffsmöglichkeit auf Gelder entscheidet oft darüber,
wer seine Interessen und Bedürfnisse durchsetzen kann. Eine
Kooperation wird auf Dauer nur gelingen, wenn allen Beteiligten Mitsprache zugestanden wird.

Fazit

Verantwortliche für Schulpastoral kennen aufgrund ihrer beruflichen Situation oft sowohl die Kommunikationsstrukturen von
Schule als auch von Gemeinde oder kirchlicher Jugendarbeit, da
sie teilweise gleichzeitig in verschiedenen Bereichen tätig sind.
Daher können sie ihre Rollenvariabilität einbringen.[30] Wenn sie
die Spezifika der Handlungsfelder im Blick behalten und Brücken aus der Schule in andere kirchliche Handlungsfelder bauen,
kann dies zu einer Win-win-Situation für alle beitragen.[31]

---

[30] Vgl. Rebholz, Ralph: Von Architekten und Brückenbauern. Sieben Rollenbilder für Verantwortliche in der Schulpastoral, in: Burkard, Joachim /
Wehrle, Paul (Hg.): Schulkultur mitgestalten. Pastorale Anregungen und
Modelle, Freiburg 2005, 157–166.
[31] Vgl. in diesem Band: Schrimpf: Kooperationspartner und Unterstützungssysteme (5.5) und Geißler / Neudert: Rolle und Identität (2.1).

5.5 Kooperationspartner und Unterstützungssysteme

Verena Schrimpf

> Schulpastoral arbeitet kooperativ mit den Menschen und Gremien in der Schule und vernetzt sich mit außerschulischen Partnern, die das Anliegen von Schulpastoral unterstützen und fördern. Diese strukturelle Vernetzung hilft, Ressourcen in und außerhalb der Schule zu bündeln und zu nutzen, um die Herausforderungen zu bewältigen.

Vorbemerkung

Ein wesentliches Merkmal von Schulpastoral ist das vernetzte und kooperative Arbeiten. Eine Vernetzung ist notwendig, weil eine humane Schule nur gemeinsam realisiert werden kann.[1] Die Wirksamkeit von Schulpastoral hängt davon ab, inwieweit es gelingt, vorhandene Strukturen zu nutzen, Ressourcen zu bündeln und kooperativ zu arbeiten. Dabei ist zu beachten, dass die Aufgaben der Schulseelsorger/innen an den konkreten Schulen unterschiedlich sind. Vernetzungsmöglichkeiten sind abhängig vom Bundesland, von der Schulform, dem Umfeld der Schule, dem konkreten Anliegen wie auch vom Grundberuf und Auftrag des /der Seelsorgers/in.[2] Herausforderungen sind so vielfältig, dass Schulpastoral alleine schnell an ihre Grenzen stoßen würde und überfordert wäre. Deswegen braucht es unterschiedliche Professionen, um die Herausforderungen in ihrer Komplexität wahrzunehmen und um sinnvoll unterstützen zu können.

---

[1] Vgl. Die deutschen Bischöfe – Kommission für Erziehung und Schule: »Schulpastoral – der Dienst der Kirche an den Menschen im Handlungsfeld Schule«, hg. v. Sekretariat der Deutschen Bischofskonferenz, Bonn 1996, 15.
[2] Diesem Artikel liegen die Begrifflichkeiten und Regelungen des Landes NRW zu Grunde.

1. Innerschulische Kooperationspartner

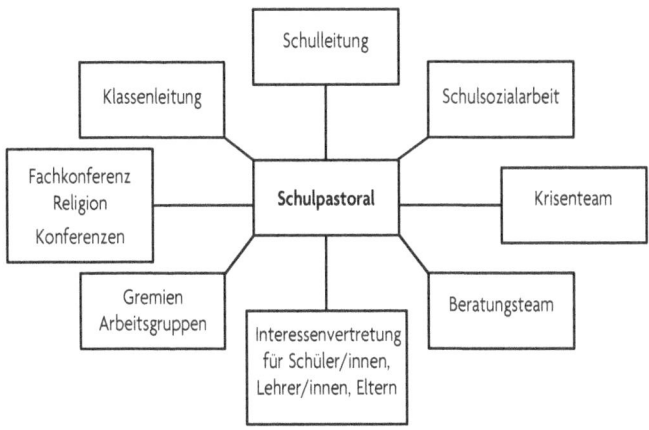

Abb. 5.5a: Innerschulische Kooperationspartner

1.1 Schulleitung

An öffentlichen Schulen ist die Schulleitung für die Schulseel-sorger/innen Gastgeber. Sie gibt den Rahmen des Handelns vor. Schulpastoral arbeitet mit der Schulleitung eng zusammen, weil sie sich in das System der Schule begibt und dessen Regeln beachten muss. Darauf haben die Bischöfe in ihrem Schreiben zur Schulpastoral hingewiesen.

»Schulpastoral muss sich nicht nur in ihren Grundlagen und Interventionen als stim-mig erweisen, sondern sie muß auch im Lern- und Lebensraum Schule realisierbar sein. Ihre Aktivitäten müssen sich als vereinbar erweisen mit den schulrechtlichen und schulorganisatorischen Vorgaben, mit allgemein geltenden Regelungen sowie re-lativ stabilen Übereinkünften und Gewohnheiten an einzelnen Schulen.«[3]

Regelmäßige, strukturierte Treffen mit der Schulleitung[4] dienen dazu,

---

[3] Die deutschen Bischöfe: Schulpastoral, 17.
[4] Je nach Schulform und Größe der Schule stehen für die konkrete Zusam-menarbeit die entsprechenden Mitglieder der Schulleitung (Abteilungslei-tung, didaktische Leitung, Organisationsleitung etc.) zur Verfügung.

- sich über die aktuelle Situation in der Schule, über Themen, die anstehen, über besondere Herausforderungen und Problemlagen zu verständigen,
- Termine und Unterrichtsausfall, die sich durch schulpastorale Angebote ergeben, zu besprechen,
- ein einheitliches Vorgehen zu vereinbaren und verlässliche Regelungen zu treffen, wenn z. B. Schüler/innen während des Unterrichts Gespräche mit dem Schulseelsorger/ der Schulseelsorgerin wahrnehmen,
- ein gemeinsames Vorgehen zu vereinbaren, wie Absprachen mit dem gesamten Kollegium getroffen werden, um die Schulpastoral zu stützen,
- Absprachen über (z. B. finanzielle) Ressourcen zu treffen,
- eine Zusammenarbeit in akuten Krisensituationen zu planen. Denn auch für diese Vorgehensweise[5] trägt die Schulleitung die Verantwortung.

1.2 Klassenleitung

Die Klassenleitung hat die Schulklasse insgesamt im Blick. Sie hat großen Einfluss auf das soziale Miteinander, strukturiert den Alltag, führt Rituale und Regeln ein, bettet Projekte der Prävention und des sozialen Lernens in den Schulalltag ein. Außerdem hat die Klassenleitung den direkten alltäglichen Kontakt zu den Schüler/innen. Sie kennt sie über einen längeren Zeitraum, hat Überblick über Entwicklungen. Oftmals kennt sie die familiäre und persönliche Situation eines Schülers/ einer Schülerin. Für die Schulpastoral ist die Klassenleitung erste Ansprechpartnerin, wenn
- es um die Durchführung von konkreten schulpastoralen Projekten, z. B. um ›Oasentage‹, ›Tage religiöser Orientierung‹, oder ›Besinnungstage‹ geht,

---

[5] Klare Vorgaben finden sich hierzu z. B. für NRW in: Ministerium für Schule und Weiterbildung des Landes Nordrhein-Westfalen (Hg.): Notfallpläne für die Schulen Nordrhein-Westfalen. Hinsehen und Handeln; Düsseldorf 2007.

- es um Probleme geht, die die ganze Klasse als System betreffen (z. B. Mobbing),
- belastende Situationen auftauchen. Die Klassenleitung kann Mut machen, ein unterstützendes Angebot der Schulpastoral wahrzunehmen.

1.3 Konferenzen

Konferenzen und Arbeitsgruppen unterschiedlicher Art bestimmen den Schulalltag und die Schulentwicklung. Schulseelsorge verschafft sich in der konkreten Schule einen guten Überblick und arbeitet aktiv mit, wenn es ihre Belange betrifft. Im Folgenden werden einige Beispiele aufgeführt.

Fachkonferenz (Katholische) Religion

Zu ihr gehören alle Lehrer/innen, die die Lehrbefähigung für das Fach (Katholische) Religion besitzen. In einigen Bundesländern haben Vertreter der Eltern und Schüler/innen das Recht, an der Konferenz teilzunehmen. Die Fachkonferenz ist ein wichtiger Kooperationspartner,[6] weil

- in ihr alle Angelegenheiten, die das Fach Religion betreffen, beraten werden,
- außerunterrichtliche Projekte und Veranstaltungen geplant werden,
- es in der Fachkonferenz auch um ökumenische Zusammenarbeit und um alle Fragen des religiösen Lebens in der Schule geht: z. B. Liturgie, religiöse Projekte, Umgang mit Tod und Trauer,
- hier nachgedacht wird, wie die Kooperation mit der Schulpastoral aussehen kann, in welchen Unterrichtseinheiten Schulpastoral unterstützen kann, wie eine Kooperation mit Kirchengemeinden, Pfarreien, kirchlichen Institutionen und Verbänden etc. konkret gestaltet wird.

Darüber hinaus bietet sich eine Zusammenarbeit mit anderen Fachkonferenzen an, wenn es beispielsweise um die Gottes-

---

[6] Die deutschen Bischöfe: Schulpastoral, 17.

dienstgestaltung geht. Hier ist es sinnvoll, mit der Fachschaft Musik zu kooperieren. Führt die Schulpastoral Projekte durch, ist es überlegenswert, welche Fachschaften zusammenarbeiten können, damit die Ressourcen optimal ausgeschöpft werden und es zu einer strukturellen Verankerung des schulpastoralen Engagements kommt.

Lehrerkonferenz

In der Lehrerkonferenz versammeln sich die Lehrerschaft und das pädagogische und sozialpädagogische Personal, um über alle Angelegenheiten der Schule zu beraten. Die Schulpastoral kann hier für ihre Anliegen eintreten. Sie nimmt wahr, welche Themen aktuell sind, auf welche Veränderungen sich Schule einstellen muss. Im Sinne der ›Option für die Schwachen‹ wird sie sich einbringen und für die Schwachen eintreten.

Schulpastoral wird in der Lehrerkonferenz von ihrer Arbeit berichten, ihre aktuellen Arbeitsschwerpunkte vorstellen und werbend für sie eintreten. Da Schulpastoral vielen Lehrer/innen unbekannt ist, ist es wichtig, zu informieren und Transparenz zu schaffen.

Klassen- und Jahrgangskonferenzen

In Klassen- und Jahrgangskonferenzen kommen alle unterrichtenden Lehrer/innen einer Klasse bzw. eines Jahrganges sowie das pädagogische und sozialpädagogische Personal zusammen. Sie berät sowohl über pädagogische Leitlinien und einheitliches Vorgehen in besonderen Situationen als auch über Belange einzelner Schüler/innen. Hier ist Möglichkeit für die Schulpastoral

- ihre Wahrnehmungen zur Problemlage eines Schülers/ einer Schülerin mitzuteilen (wenn der Betroffene zustimmt) und für ihn/ sie einzutreten,
- durch ihre Sicht der Dinge den Horizont zu erweitern und eine neue Perspektive einzunehmen,
- Informationen für alle direkt zu kommunizieren, beispielsweise wenn es um konkrete Projekte geht oder um einen Todesfall innerhalb einer Familie,
- um Absprachen zu treffen.

1.4 Interessensvertretung für Schüler/innen, Lehrer/innen und Eltern

Für die Schulpastoral an öffentlichen Schulen wird es kein Mandat für die Mitwirkungsgremien geben. Trotzdem ist es für eine wirksame Arbeit wichtig, sich auch in diesen Gremien zu engagieren. Da die Schulpastoral sich an alle richtet, die in der Schule leben und arbeiten, sollte sie auch alle Mitwirkungsgremien im Blick haben. Sie wendet sich in Angelegenheiten der Lehrerschaft an den Lehrerrat (z. B. in Fragen einer guten Pausenkultur für die Lehrer/-innen). Die Eltern erreicht sie in der Elternvertretung und die Schüler/innen in der SV. Immer geht es im Kontakt zu diesen politischen Gremien darum,
– Belastungen klar und deutlich anzusprechen,
– für Zeiten des Innehaltens und Nachdenkens zu sorgen,
– sich für die Schwächeren im System einzusetzen.
Zu Beginn der Arbeit ist es hilfreich, dass Schulpastoral ihr Konzept in der Schulkonferenz beraten und beschließen lässt, damit es im Schulprogramm fest verankert wird.

1.5 Sonstige Gremien und Arbeitsgruppen

Schulpastoral verschafft sich einen Überblick über die Arbeitsgruppen, die es in der Schule gibt. Im Schulleben gibt es viele Projekte und Aktionen, die die Schulpastoral unterstützen kann: Streitschlichtung, Mediation, Schule ohne Gewalt, Soziales Lernen, sind nur einige Beispiele.

1.6 Schulsozialarbeit

Schulsozialarbeit ist ein wichtiger Kooperationspartner für die Schulpastoral. Sie ist fest im System Schule verankert und gehört zum Personal der Schule. Im Gegensatz dazu bewegt sich die Schulpastoral an öffentlichen Schulen als Gast. Die Schule ist der Gastgeber und entscheidet maßgeblich mit, in welchen Gremien die Schulpastoral tätig werden darf. Eine Hauptaufgabe der Schulsozialarbeit ist die direkte Arbeit mit den Schüler/innen.

»Fachkräfte für Schulsozialarbeit arbeiten in gemeinsamer Verantwortung mit den Lehrkräften der Schule insbesondere an der sozialen und kulturellen Integration sowie an der individuellen Förderung der Schülerinnen und Schüler und tragen so zu einem umfassenden Bildungs- und Erziehungsangebot bei, das sich an dem jeweiligen Bedarf der Schule, der Kinder bzw. Jugendlichen und der Eltern orientiert.«[7]

In ihrer Arbeit sind sich die beiden Berufsgruppen sehr nahe. Dies rührt daher, dass Schulpastoral diakonisch ausgerichtet ist, d. h. sie »will wie die Schulsozialarbeit allen (interessierten) Schülern, Eltern, Lehrern und anderen Mitarbeitern der Schule – unabhängig von deren Konfessions- und Religionszugehörigkeit – in ihren Lebensfragen Begleitung anbieten.«[8] Schulpastoral ist auch im Bereich des sozialen Miteinanders, der Begleitung von Übergängen, der Identitätsfindung, der offenen Angebote und der Beratung tätig. Eine trennscharfe Linie zwischen Schulpastoral und Schulsozialarbeit gibt es daher nicht. Mit ihr ergeben sich viele inhaltliche Überschneidungen. Die Bischöfe fordern eine enge Zusammenarbeit mit der Schulsozialarbeit: Die Schulpastoral »weiß um die Möglichkeiten der Sozialarbeit und wird sie vor allem in Konfliktfällen als hilfreiches Angebot annehmen, um ein Programm des sozialen Lernens zu realisieren.«[9]

Es bieten sich in Schule vielfältige Möglichkeiten der Zusammenarbeit. Außerunterrichtliche Projekte können eine Berührungsfläche sein. Im Team zu arbeiten bedeutet gegenseitige Entlastung und eine erhöhte Aufmerksamkeit und Zuwendung für die Teilnehmenden.

Im Beratungskontext kann es immer wieder zu Überschneidungen der Arbeitsbereiche kommen, weil Beratung für beide Berufsgruppen zum Arbeitsfeld gehört. Hier gilt als Grundsatz,

---

[7] Beschäftigung von Fachkräften für Schulsozialarbeit in Nordrhein-Westfalen; RdErl. D. Ministeriums für Schule und Weiterbildung v. 23.01.2008, (ABI: NRW S. 97, 142) Nr. 1.3 (http://www.schulministerium.nrw.de/docs/Recht/Schulrecht/Erlasse/21-13Nr6-Schulsozialarbeit.pdf). (Zugriff: 20.10.2014).

[8] Demmelhuber, Helmut, Schulseelsorge und Schulsozialarbeit, in: Koerrenz, Ralf / Wermke, Michael (Hg.): Schulseelsorge ein Handbuch, Göttingen 2008, 59.

[9] Die deutschen Bischöfe: Schulpastoral, 17.

dass sich jeder, der Beratung sucht, den Menschen wählt, dem er vertraut – und das unabhängig von schulischen Zuständigkeiten. Wählt er die Schulpastoral, so wird die Begleitung von christlicher Grundhaltung geprägt sein. Wer dies nicht ausdrücklich möchte, wählt die Schulsozialarbeit. Erlaubt der Beratung Suchende durch eine Schweigepflichtentbindung beiden den Austausch, ergeben sich ergänzende Möglichkeiten der Zusammenarbeit. Manchmal erweitern sich die Lösungsmöglichkeiten durch die unterschiedliche Sichtweise der beiden Berufsgruppen. In krisenhaften Situationen, z. B. wenn es um Sterben und Tod geht, bewährt sich oftmals ein Gespräch mit der Schulpastoral, weil sie die religiöse Dimension ansprechen kann. Umgekehrt kann die Schulpastoral von den guten Kontakten der Schulsozialarbeit zum Jugendamt profitieren, wenn es z. B. um Kindeswohlgefährdung geht.

»Idealerweise arbeiten an einer Schule Schulsozialarbeiter_innen, Beratungskräfte, Schulpsycholog_innen und Schulseelsorger_innen gut aufeinander abgestimmt in allen Aufgabenbereichen zusammen und teilen sich auch die Beratungsarbeit je nach Kompetenz und persönlichen Schwerpunkt. Für das System Schule und alle am Schulleben beteiligten Menschen wäre das der größte Gewinn.«[10]

1.7 Beratungsteam

Das Beratungsteam vernetzt strukturiert diejenigen, die in der Beratung tätig sind: Beratungslehrer/innen, Schulsozialarbeiter/innen, Abteilungsleitungen. Es
- unterstützt die Schulpastoral in Fragen konkreter Beratungssituationen,
- führt (anonyme) Fallbesprechungen durch. Besonders in dem Bereich der Kindeswohlgefährdung hat sich diese Verfahrensweise bewährt, um unterschiedliche Wahrnehmungen auszuloten und ein gemeinsames Vorgehen abzusprechen,

---

[10] Schulsozialarbeit und Schulseelsorge im Vergleich in: Gutmann, Hans-Martin / Kuhlmann, Birgit / Meuche, Katrin: Praxisbuch Schulseelsorge, Göttingen 2014, 80–89, hier: 89.

- berät über die Schwerpunktsetzung ihrer Mitglieder (z. B. Drogenberatung, Laufbahnberatung, Sterben und Tod) und darüber, wer Ansprechpartner für die Außenstellen ist,
- entlastet sich gegenseitig und arbeitet in Akutsituationen eng zusammen.

Entscheidend für eine gute Zusammenarbeit sind klare Absprachen und Regelungen, damit die Arbeit nicht durch Konkurrenz bestimmt wird.

1.8 Das schulische Krisenteam

Als Antwort auf die Amokläufe in Winnenden und Emsdetten hat jede Schule in Nordrhein-Westfalen seitens des Schulministeriums, ein schulinternes Krisenteam zu bilden. In ihm arbeiten alle Menschen zusammen, die in schulischen Krisenlagen zur Verfügung stehen. Das Krisenteam »konkretisiert die Notfallpläne für die jeweilige Schule [...] unter Beachtung der lokalen Bedingungen. Sie bereiten intern die Zusammenarbeit im Krisenfall vor, so dass die Schulleitung auch in extremen Stresssituationen entscheidungs- und handlungsfähig bleibt.«[11]

Ziel aller Bemühungen ist es, Krisen schon im Vorfeld zu erkennen, wenn möglich zu verhindern sowie die negativen Auswirkungen der Krisen zu begrenzen. Da in Akutsituationen sehr schnell sehr viele Menschen für unterschiedliche Tätigkeiten eingesetzt werden, ist ein hoher Koordinierungsbedarf nötig. Deshalb fordert das Schulministerium:

»Die Kooperation intern und mit externen Partnern der Krisenbewältigung wird eingeübt, die Menschen der anderen Einrichtungen und ihre Aufgaben zu kennen und zu wissen, wie sie im Notfall zu erreichen sind, stellen wesentliche Voraussetzungen für ein effektives den Schaden begrenzendes Management im Krisenfall dar.«[12] Krisen treten plötzlich ein und erfordern schnelles und zielgerichtetes Handeln.

---

[11] Ministerium für Schule und Weiterbildung des Landes Nordrhein-Westfalen: Hinsehen und Handeln, Krisenmanagement und Prävention, Beilage SCHULE NRW, Januar 2010 (download unter: www.schulministerium.nrw. de>Publikationen) (Zugriff: 10.10.2014).
[12] Ebd.

Schulpastoral kann mit dem Angebot von Begleitungsgesprächen einen wichtigen Beitrag für die Bewältigung von Krisen leisten sowie religiöse Rituale einbringen[13]. Schulpastoral kennt sich aus im Umgang mit Menschen in krisenhaften und traumatisierenden Situationen und weiß um die große Herausforderung, die darin besteht, die unterschiedlichen Bedürfnisse der Betroffenen zu beachten und im Blick zu behalten.

2. Vernetzung mit außerschulischen Institutionen

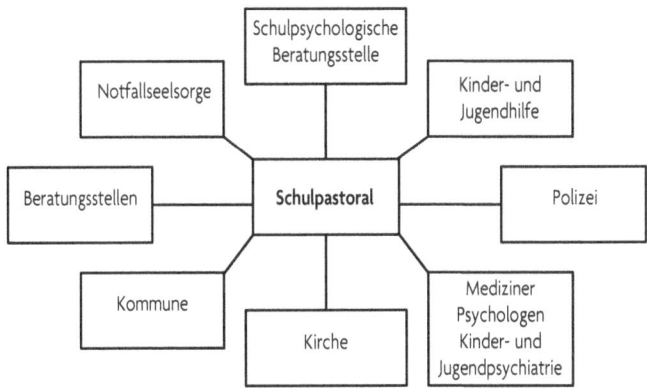

Abb. 5.5b: außerschulische Partner

---

[13] Wie wichtig religiöse Rituale zur Bewältigung von Krisensituationen sein können, darauf weist Juen hin: »Nicht *davonlaufen* … sich in einem gesicherten, kollektiven mitgetragenen Kontext dem Erlebten eine neue Bedeutung zuweisen – dabei können Rituale Hilfestellung geben. Dem Leben trauen, obgleich es beschädigt wurde, Kohärenz spüren und einen Lebenssinn zu erfahren, der den Tod nicht leugnet und dennoch das Leben feiert, all das ist Anspruch und Geschenk gleichermaßen.« Juen, Barbara / Kratzner, Dietmar / Beck, Thomas (Hg.): Krisenintervention und Notfallpsychologie bei Großschadenslagen und Katastrophen. Ein Handbuch für KriseninterventionsmitarbeiterInnen und psychosoziale Fachkräfte, Innsbruck 2013, 104–105.

Vernetzung zu und Kooperation mit außerschulischen Institutionen sind noch breiter gefächert als die innerschulischen Kooperationen. Je nach konkretem Aufgabenschwerpunkt wird sich Schulpastoral mit spezialisierten Institutionen vernetzen. Schulpastoral hat dabei im Blick, dass

- Vernetzung abhängig ist von den örtlichen Gegebenheiten und der sozialen Infrastruktur,
- eine gründliche Sozialraumanalyse hilft, vorhandene Netzwerke zu nutzen (z. B. Stadtteilarbeit, Arbeitskreise, Kinder- und Jugendhilfeausschuss),
- eine Verbesserung der Situation oft nur mit professioneller psychologischer Hilfe, Hilfen für das System ›Familie‹ oder durch intensive längerfristige Unterstützung möglich ist,
- eine ausführliche Diagnostik notwendig ist, um hilfreiche Unterstützung zu finden,
- sie sich ohne ›Akut-Anliegen‹ in unterschiedlichen Institutionen vorstellt und sich genau über die Angebote und Unterstützungsmöglichkeiten informiert,
- diese Vernetzung nicht in das Belieben des/der einzelne/n Schulseelsorger/in gestellt ist, sondern auch von Seiten der deutschen Bischöfe gefordert wird. Die Schulpastoral zielt »auf vertiefte Kooperation und Kommunikation über die Schule hinaus, und zwar sowohl mit den Bereichen von Pfarrgemeinde und kirchlicher Jugendarbeit als auch mit Einrichtungen der Erziehungs- und Sozialhilfe im kommunalen Bereich«[14].

Um die Vielfältigkeit der Vernetzungsmöglichkeiten zu verdeutlichen, sind im Folgenden einige Beispiele aufgeführt:

2.1 Kirche und kirchliche Einrichtungen

Bei einer Kooperation ist zu berücksichtigen, dass u. U. in einer Schule Schüler/innen, Lehrer/innen und Eltern aus unterschiedlichen Pfarreien zusammenkommen.[15] Schulpastoral

---

[14] Die deutschen Bischöfe: Schulpastoral, 13.
[15] Vgl. in diesem Band: Kaupp: Kirchliche Handlungsfelder (5.4).

- pflegt den Kontakt zu Pfarreien, kirchlichen Verbänden und karitativen Einrichtungen,
- fungiert als Ansprechpartner für die Schüler/innen als auch für die Lehrer/innen,
- macht verschiedenen Akteuren Mut, miteinander zu kooperieren.

2.2 Schulpsychologische Beratungsstelle

Hier finden sich kompetente Fachleute für
- Diagnostik und Hilfen bei Lern- und Leistungsproblemen,
- die Bewältigung akuter Konflikte und Krisensituationen,[16]
- die Förderung der sozial-emotionalen Kompetenz,
- die Beratung im Hinblick auf die individuelle Förderung, der Schulwahl und Laufbahnberatung,
- Supervision, Beratung und kollegiale Fallbesprechungen.

2.3 Beratungsstellen

Beratungsstellen sind Einrichtungen in Trägerschaft von Kommunen, Kirchen, Verbänden oder Vereinen. Schulpastoral kann hier als kompetenter Vermittler fungieren. Schwerpunkte finden sich in
- Erziehungsberatungsstellen, Jugendberatungsstellen,
- Drogen- und Suchtberatungsstellen,
- Beratungsstelle für Ehe, Familie und Lebensfragen,
- Schwangerschaftskonfliktberatung,
- Schuldnerberatungsstelle,
- Beratungsstelle für Sekten- und Weltanschauungsfragen,
- Ausstiegshilfen für Extremisten.

---

[16] http://schulpsychologie.nrw.de/krisenintervention/index.html
(Zugriff: 09.07.2014).

2.4 Kinder- und Jugendhilfe

Das Jugendamt ist für die Aufgaben der Kinder- und Jugendhilfe zuständig[17]. Es bietet vielfältige Beratungs- und Unterstützungsangebote für Familien an. Hier scheuen viele Eltern eine Kontaktaufnahme. Schulpastoral kann helfen, Ängste zu nehmen und Kontakte anbahnen. In den Jugendämtern arbeiten Fachkräfte, die die Schulpastoral in schwierigen Situationen anonym beraten können, beispielsweise in Fragen sexuellen Missbrauchs oder der Kindeswohlgefährdung.

2.5 Mediziner, Psychologen, Kinder- und Jugendpsychiatrie

Bei psychischen Auffälligkeiten oder gar Erkrankungen ist ein Kontakt zu den oben genannten Stellen anzubahnen. Symptome und Krankheitsbilder, die im Kontext Schule auftreten, sind z. B. Depressionen und Ängste, Ritzen, Suizidalität, ADHS, Essstörungen, Schlafstörungen, Traumatisierungen.

2.6 Kommune

Die Kommune macht vielfältige Angebote für Kinder- und Jugendliche. Wenn Schulpastoral um diese weiß, kann sie vermittelnd tätig werden. Stadtranderholungen, die die Betreuung der Kinder in den Ferien sichert, das vielfältige Angebot der offenen Jugendarbeit wie Jugendzentren, Offene Treffs, Jugendkunstschulen, Hausaufgabenhilfe, sind nur einige wenige Beispiele für ein breitgefächertes Angebot.

2.7 Polizei

Die Polizei kann die Schulpastoral im Umgang mit Straftaten wie sexuellem Missbrauch, Cybermobbing, Drogenhandel unterstützen.

---

[17] Die Aufgaben sind im § 1, Absatz 3 SGB VIII geregelt. Download: Bundesministerium für Justiz und Verbraucherschutz, http://www.gesetze-im-internet.de/sgb_8/_1.html (Zugriff: 09.07.2014).

2.8 Notfallseelsorge

Notfallseelsorge ist ein bundesweites ökumenisches Angebot. Sie wird durch die Leitstelle der Feuerwehr und Polizei alarmiert und kann die Schule bei der Bewältigung von Großschadenslagen und plötzlichen Todesfällen, wie z. B. einem Brand, Suizid, professionell unterstützen. Schulseelsorge weiß, dass in solchen Fällen gerade in den ersten Stunden sehr viele Personen gleichzeitig gebraucht werden, um eine stabilisierende Begleitung der Betroffenen zu gewährleisten.[18]

Fazit

Kooperation und Vernetzung sind eine wesentliche Aufgabe der Schulpastoral. Da Schulpastoral sich an den Belangen der Menschen in der Schule orientiert, wird sie immer wieder auf neue Herausforderungen stoßen, was ein neues Vorgehen zur Folge haben muss. Je gezielter sich die Schulpastoral vernetzt und Kontakte knüpft, umso hilfreicher kann sie sich für die Menschen einsetzen und sie in ihren besonderen Lebenssituationen unterstützen.

Literatur zum Weiterlesen:

Englbrecht, Arthur; u. a.: Führung und Verantwortung bei schulischen Krisen – ein Leitfaden für Schulleitung, Schulaufsicht und Schulberatung, Nürnberg 2008.

Lasogga, Frank / Gasch, Bernd (Hg.): Notfallpsychologie, Lehrbuch für die Praxis, Berlin, Heidelberg, New York 2011.

Philipp, Elmar: Multiprofessionelle Teamentwicklung. Erfolgsfaktoren für die Zusammenarbeit in der Schule, Weinheim 2014.

---

[18] Weitere Informationen finden sich auf der bundesweiten Seite der Notfallseelsorge: http://www.notfallseelsorge.de/ sowie in den entsprechenden Fachstellen der Bistümer.

5.6 Rechtliche Grundlagen und Rahmenbedingungen der Schulpastoral an öffentlichen Schulen

Norbert Witsch

Im Unterschied zu den Privatschulen in kirchlicher Trägerschaft stehen die öffentlichen Schulen in der Trägerschaft einer öffentlich-rechtlichen Körperschaft, d. h. eines Landes, einer Kommune oder eines Kommunalverbandes.

Damit stellt sich die Frage, ob und in welcher Weise im Raum der öffentlichen Schulen eine Tätigkeit der Kirche in Gestalt der Schulpastoral möglich und erlaubt ist. Welche rechtlichen Grundlagen und Rahmenbedingungen dazu lassen sich zum einen im Recht der Kirche selbst aufweisen und inwiefern korrespondieren diesen kirchlichen Vorgaben Regelungen im Bereich des staatlichen Rechts? Dieser Frage wollen die folgenden Überlegungen nachgehen, indem sie einschlägige Bestimmungen aus dem kirchlichen und dem staatlichen Rechtsbereich vorstellen.

1. Grundlagen im kirchlichen Recht

Mit Blick auf den gesamtkirchlichen Geltungsbereich sind vor allem zwei Dokumente für die Einrichtung von Schulpastoral an öffentlichen Schulen maßgeblich.

1.1 Zweites Vatikanisches Konzil

Grundlegende Bedeutung hat die Forderung des Zweiten Vatikanischen Konzils in der »Erklärung über die christliche Erziehung *Gravissimum Educationis*« (GE). Ausgangspunkt ist die Wahrnehmung der Konzilsväter, dass eine sehr große Zahl katholischer Kinder nichtkatholische Schulen (scholae non catholicae) besucht, d. h. Schulen, die nicht in der Trägerschaft der katholischen Kirche stehen bzw. ihre Schüler/innen nicht nach den Grundsätzen der katholischen Kirche unterrichten. Mit Blick auf diese Kinder sprechen die Konzilsväter der Kirche – sofern diese die »überaus schwere Pflicht« (gravissimum officium) hat, für die sittliche und religiöse Erziehung aller katholischen Kinder zu sorgen – eine besondere Verantwortung zu. Die Kirche muss, wie es in einer starken Formulierung heißt, diesen Kindern »mit besonderer Zuneigung und Hilfe« nahe sein, d. h. diesen gerade auch im Kontext der nichtkatholischen Schulen ihre Sorge zuteilwerden lassen (GE 7,1). Diese Forderung betrifft die Kirche als ganze bzw. richtet sich in unterschiedlicher Weise an alle Glieder der Kirche an diesen Schulen.

So wird zunächst von den katholischen Lehrer/innen ein Zeugnis christlichen Lebens (testimonium vitae) und sogar von den katholischen Mitschüler/innen irgendeine Form apostolischer Tätigkeit (actio apostolica) im Raum der nichtkatholischen Schule gefordert (GE 7,1). Diese sehr offenen Formulierungen erlauben ganz unterschiedliche Weisen eines eigenverantwortlichen Handelns der katholischen Lehrer/innen und Schüler/innen miteinander und füreinander, zu dem diese jeweils aufgrund ihrer sakramental in Taufe und Firmung grundgelegten Sendung berufen sind.

Darüber hinaus und vor allem (maxime) aber soll die Kirche ihre Sorge für die katholischen Kinder an den nichtkatholischen Schulen durch einen besonderen Dienst (ministerium) von Klerikern und Laien wahrnehmen (GE 7,1). Dieser Dienst wird nicht allein auf der Grundlage von Taufe und Firmung, sondern aufgrund einer besonderen kirchenamtlichen Sendung öffentlich im Namen der Kirche ausgeübt. Mit diesem Dienst können grundsätzlich alle nach Maßgabe des Rechts dazu geeigneten Gläubigen, Kleriker wie Laien, beauftragt werden. Er umfasst eine zweifache Aufgabe: den Schüler/innen die Lehre vom Heil zu vermitteln (doctrinam salutis tradunt) wie ihnen auch durch Maßnahmen, die den jeweiligen schulischen Verhältnissen angepasst sein sollen, geistliche Hilfe zu leisten (spirituale auxilium praebent opportunis incoeptis). Während die erste Aufgabe aufgrund ihres Lehrcharakters primär den unterrichtlichen Bereich betrifft, ist die davon unterschiedene zweite Aufgabe dem Bereich der eigentlich seelsorglichen Wirksamkeit zuzuordnen. Mit Blick auf diese zweite Aufgabe fällt wiederum die offene Formulierung auf: Gefordert werden nur ganz allgemein solche Maßnahmen im Bereich der nichtkatholischen Schulen, die sich von der eigentlich unterrichtlichen Praxis unterscheiden bzw. diese ergänzen, indem sie speziell auf die seelsorglich-geistlichen Bedürfnisse der Schüler/innen ausgerichtet sind. Abgesehen von der Maßgabe, dass sie der jeweiligen Situation an den nichtkatholischen Schulen – etwa den verschiedenen Schulformen und -stufen – angepasst sein sollen, erfolgen mit Blick auf Form und Inhalt dieser Maßnahmen keine weiteren Vorgaben. Offen bleibt auch, ob beide Aufgaben von derselben oder von verschiedenen Personen wahrzunehmen sind und wie sich gegebenenfalls deren Kooperation untereinander sowie mit weiteren eigenverantwortlichen Initiativen katholischer Lehrer/innen und Schüler/innen an den jeweiligen Schulen zu gestalten hat.

Die Eltern der katholischen Schüler/innen werden schließlich an ihre schwere Pflicht (grave officium) erinnert, sich mit allen Kräften darum zu bemühen, dass ihre Kinder die von der Kirche geforderten Hilfen an den nichtkatholischen Schulen auch tatsächlich erhalten (GE 7,2).

Das Konzil gibt damit lediglich einen dringlichen Impuls für die Einrichtung eines eigenen seelsorgerlichen Wirkens der Kirche an den nichtkatholischen Schulen, ohne bereits genauere Vorgaben zu dessen Umsetzung festzulegen. Diesbezüglich bleibt vielmehr eine große Vielgestaltigkeit unterschiedlicher Realisierungsformen wie auch die weitere Entwicklung neuer Formen möglich. Deutlich wird allerdings, dass sich die Konzilsväter mit ihrer Forderung in je spezifischer Weise an *alle* Gläubigen im Raum der Schule wenden. Das geforderte Engagement der Kirche an den Schulen kommt damit als eine von diesen Gläubigen *gemeinsam* zu tragende Aufgabe in den Blick.

1.2 Codex Iuris Canonici von 1983

Das zweite Dokument ist das Gesetzbuch der Lateinischen Kirche, der Codex Iuris Canonici von 1983. Obwohl dieser keine unmittelbar die Schulpastoral betreffenden Weisungen enthält, finden sich doch Bestimmungen, die als rechtliche Grundlage für die Einrichtung einer Schulpastoral an den öffentlichen Schulen herangezogen werden können.

Grundsätzlich gilt, dass alle Gläubigen aufgrund ihrer Taufe je auf ihre Weise zur aktiven Teilhabe an der Ausübung der Heilssendung der Kirche berufen sind (c. 204 § 1). Als solche sind sie zum sogenannten Heiligungsdienst verpflichtet (c. 209), d. h. sie haben in ihrer Lebensführung, wie es das Konzil ausdrückt, »nach Vollkommenheit der Liebe in der Erbauung anderer« zu streben (LG 39). Zugleich sind sie berechtigt und verpflichtet, daran mitzuwirken, dass die göttliche Heilsbotschaft allen Menschen vermittelt wird (c. 211). Sie können dazu auch eigene apostolische Unternehmungen in Gang setzen oder unterhalten (c. 216). Insbesondere den Laien eignet das Recht und die Pflicht, als Einzelne oder in Vereinigungen zur Ausbreitung des Evangeliums gerade dort beizutragen, wo Menschen nur durch sie das Evangelium hören und Christus kennenlernen können (c. 225 § 1). Ihnen obliegt es auch besonders, die Ordnung der zeitlichen Dinge im Geist des Evangeliums zu gestalten und zur Vollendung zu bringen (c. 225 § 2). Speziell mit Blick auf den schulischen Bereich ergeben sich damit für die Gläubigen in der Wahrnehmung ihrer originären Sendung als getaufte Christen vielfältige Möglichkeiten und Herausforderungen zu einem selbständigen und eigenverantwortlichen Engagement.

Darüber hinaus bietet der Codex aber auch die Grundlage für eine öffentlich im Namen und im Auftrag der Kirche organisierte und praktizierte Seelsorgstätigkeit an den Schulen. Aufgrund seiner umfassenden Hirtenverantwortung ist der Diözesanbischof gehalten, sich in der Ausübung seines Hirtendienstes um alle Gläubigen zu kümmern, die seiner Sorge anvertraut sind (c. 383 § 1). Dies umschließt auch die Pflicht, den geistlichen Bedürfnissen derjenigen Gläubigen seine Aufmerksamkeit zu widmen, die aufgrund ihrer Lebensumstände die ordentliche – pfarrlich organisierte – Seelsorge nicht in ausreichendem Maß in Anspruch nehmen können (cc. 383 § 1, 771). Nähere Bestimmungen dazu finden sich an anderer Stelle im Codex: Demnach ist der Bischof verpflichtet, besondere Vorkehrungen in der Seelsorge zu treffen, wenn für einen bestimmten Kreis von Gläubigen die seelsorgliche Betreuung durch die Pfarrstruktur nicht hinreichend gewährleistet ist (c. 516 § 2). Dieser Pflicht korrespondiert das Recht der Gläubigen auf seelsorglichen Beistand durch die geistlichen Hirten (c. 213). Die Art der in diesem Fall zu ergreifenden Seelsorgsmaßnahmen legt der Gesetzgeber allerdings bewusst nicht fest, so dass hier – den jeweiligen Umständen entsprechend – eine breite Vielfalt an Möglichkeiten besteht.[1] Eine im Gesetz selbst vorgesehene Möglichkeit ist etwa der Einsatz eines Gruppenseelsorgers (cappellanus), d. h. eines Priesters, der auf Dauer für eine Gemeinschaft oder einen Kreis von Gläubigen die Hirtensorge wenigstens zum Teil wahrzunehmen hat (c. 564). Ein solcher Cappellanus soll »nach Möglichkeit« für diejenigen Gläubigen bestellt werden, die aus der ordentlichen Seelsorge der Pfarrei keinen ausreichenden Nutzen ziehen können (c. 568): Beispielhaft verwiesen wird dazu auf die unterschiedlichen Menschen unterwegs (c. 568), an anderer Stelle auch auf die Menschen in Kliniken, im Gefängnis oder auf See (c. 566), beim Militär (c. 569) und im Studium (c. 813).[2]

Darüber hinaus lassen sich auch die Schüler/innen als ein weiterer Kreis von Gläubigen benennen, für deren spezifische seelsorgerliche Erfordernisse ergänzende Angebote zur pfarrlichen Seelsorge – etwa in Form der Bestellung eines Cappellanus – geboten erscheinen: Die Schüler/innen haben in der Regel ihren hauptsächlichen Aufenthaltsort in der Schule, oftmals

---

[1] Vgl. Krämer, Peter: Nichtpfarrliche Gemeinschaften – Ein Gegensatz zur Pfarrstruktur? Zur Interpretation von c. 516 § 2, in: Archiv für Katholisches Kirchenrecht 163 (1994), 351–364.

[2] Vgl. Kongregation für die Bischöfe: Direktorium für den Hirtendienst der Bischöfe v. 22. Februar 2004, Nr. 206.

sind sie fern von ihrer Heimatpfarrei in Schulzentren zusammengefasst oder können aufgrund von schulischen Verpflichtungen (Nachmittagsunterricht, Ganztagsschule) jedenfalls im Alltag keinen ausreichenden Bezug zur ordentlichen Seelsorge ihrer Pfarrei aufbauen. Ihr Recht als Gläubige auf seelsorgerlichen Beistand durch die geistlichen Hirten (c. 213) legt deshalb die Forderung nach einem die pfarrliche Pastoral ergänzenden Seelsorgsangebot nahe.

Die Einrichtung eigener seelsorglicher Angebote der Kirche an den Schulen ist demnach eine in der umfassenden Hirtenverantwortung des Diözesanbischofs begründete Aufgabe. Sie hat zum Ziel, die ordentliche pfarrliche Seelsorge zu ergänzen und darf insofern nicht als strikte Alternative zu dieser verstanden werden.[3] Dies wird etwa deutlich mit Blick auf den Cappellanus, der in der Ausübung seines Dienstes »die gebotene Verbindung mit dem Pfarrer einzuhalten« hat (c. 571). Neben der Einsetzung eines Cappellanus kann den seelsorglichen Erfordernissen der Schüler/innen auch auf andere Weise entsprochen werden bzw. können nach Maßgabe des Rechts auch andere Gläubige mit der Wahrnehmung entsprechender Ämter und Aufgaben, die der Seelsorge an den Schulen dienen, beauftragt werden. Dies gilt auch für Laien (c. 228 § 1), denen allerdings keine Ämter mit voller oder umfassender Seelsorge – wie sie den Inhalt des kirchlichen Hirtenamtes bildet – übertragen werden können (c. 150). Im Einzelnen kommt es dem Diözesanbischof zu, für seine Diözese die Einrichtung seelsorglicher Angebote zu regeln und Gläubige mit deren Durchführung zu beauftragen.

Hinzuweisen bleibt in diesem Zusammenhang darauf, dass sich der Bischof in der Ausübung seines Hirtendienstes nicht nur auf die katholischen Gläubigen seines Zuständigkeitsbereichs beschränken darf, sondern auch die nichtkatholischen Gläubigen und die ungetauften Menschen in seine Sorge miteinzubeziehen hat (cc. 383 § § 1–4, 771 § 2). Dies kann gerade mit Blick auf die konkrete Ausgestaltung schulpastoraler Ein-

---

[3] Vgl. Hallermann, Heribert: Pfarrei und pfarrliche Seelsorge. Ein kirchenrechtliches Handbuch für Studium und Praxis, Paderborn u. a. 2004, 153.

richtungen an den ethnisch, religiös und weltanschaulich vielfältig bestimmten Schulen von Bedeutung sein.

Der durch das Konzil gesetzte Impuls findet damit eine Bestätigung und erste Konkretisierung durch die Bestimmungen des Codex: Seelsorgliches Engagement der Kirche in den Schulen ist eine grundsätzlich alle Gläubigen je auf ihre Weise betreffende Aufgabe. Sie fordert ein eigenverantwortliches Engagement der Christen aufgrund ihrer Sendung in Taufe und Firmung, aber auch die Ausbildung kirchenöffentlicher Strukturen. Zugleich zeigt sich, dass die konkrete Ausgestaltung schulpastoraler Strukturen in den Bereich der eigenständigen Hirtenverantwortung des Diözesanbischofs gehört. Die weiteren der hier heranzuziehenden kirchlichen Dokumente, die speziell den Bereich der Deutschen Bischofskonferenz betreffen, bringen dazu Klärungen.

1.3. Gemeinsame Synode der Bistümer in der Bundesrepublik Deutschland

Grundlegend für den Bereich der Deutschen Bischofskonferenz ist der Beschluss der Gemeinsamen Synode der Bistümer in der Bundesrepublik Deutschland über »Schwerpunkte kirchlicher Verantwortung im Bildungsbereich« vom 18. November 1975. Die Synode behandelt in diesem Dokument kurz auch die »Schulseelsorge«, die als ein pastorales Angebot in Ergänzung zur Pfarrseelsorge verstanden wird. Schulseelsorge richtet sich an »die Menschen in der Schule«, zu denen neben den Schülern auch die Eltern, Lehrer, Erzieher sowie weitere Mitarbeiter gezählt werden. Diese sollen allerdings nicht nur als passive Adressaten der Seelsorge, sondern selbst als aktive Teilnehmer an der Heilssendung der Kirche in den Blick genommen werden, die in der Schule aufgrund ihrer Sendungskompetenz Verantwortung füreinander übernehmen. Ziel der Schulseelsorge ist entsprechend, diese Gläubigen im Raum der Schule in ihrem christlichen Lebenszeugnis zu bestärken, dort mit ihnen den Dienst am Wort Gottes zu vollziehen und die Liturgie zu feiern. Mit Blick auf die Struktur schulseelsorglicher Arbeit spricht die Synode drei Empfehlungen aus, die verdeutlichen, wie die

Schulseelsorge im Unterschied zur Pfarrpastoral als ein diese ergänzendes Angebot organisiert werden soll, wobei Bezüge zwischen beiden nicht ausgeschlossen sind: (1) Auf Bistumsebene,
d. h. in den bischöflichen Ordinariaten, sollen geeignete Verantwortliche für die Schulseelsorge bestellt werden, (2) auf
Ebene der Schulen soll in jeder Schule ein Verantwortlicher –
Priester, Diakon oder Laie – für die Schulseelsorge zur Verfügung stehen; (3) Orden, geistliche Gemeinschaften und andere katholische Bildungsstätten werden um Mithilfe bei der
Organisation der Schulseelsorge in inhaltlicher, personeller
und sachlicher Hinsicht gebeten (SB Bildungsbereich, Nr. 7).
Diese Empfehlungen sind sehr allgemein gehalten und haben
anders als die von der Synode beschlossenen Anordnungen
»keine zwingende Rechtskraft«[4]. Mit Blick auf deren Umsetzung bleibt damit dem jeweiligen Diözesanbischof ein weiter
Ermessens- und Gestaltungsraum.

1.4 Kommission für Erziehung und Schule der DBK

Einen Beitrag zur Weiterentwicklung der Schulpastoral will
schließlich die Erklärung der Kommission für Erziehung und
Schule der DBK, »Schulpastoral – der Dienst der Kirche an
den Menschen im Handlungsfeld Schule«, vom 22. Januar
1996 leisten, indem sie sachliche Klärungen und Hinweise zur
Bedeutung der Schulpastoral gibt, ohne jedoch eine rechtsverbindliche Verpflichtungskraft zu entfalten. Auf einige Aspekte
des Schreibens sei in diesem Zusammenhang dennoch kurz hingewiesen.

Dem Dokument liegt ein sehr weiter Begriff der Schulpastoral zugrunde. Diese wird auch hier als ein die pfarrliche
Seelsorge ergänzendes Angebot im »Lebensraum Schule« verstanden, das gleichwohl eine Kooperation und Kommunikation

---

[4] Lehmann, Karl: Register. Erläuterung verfahrenstechnischer Begriffe, in:
Gemeinsame Synode der Bistümer in der Bundesrepublik Deutschland. Beschlüsse der Vollversammlung. Offizielle Gesamtausgabe I, Freiburg u. a.
1976, 915–917, hier: 916.

mit Pfarrei und kirchlicher Jugendarbeit einschließt (Art. 3.4). Als die »ersten und wichtigsten Träger« der Schulpastoral gelten die »Christen im Lebensraum Schule« (Art. 6.1), d. h. die Eltern, Schüler, Lehrer und andere Mitarbeiter der Schule. Diese »übernehmen aus ihrer gelebten christlichen Überzeugung heraus Verantwortung füreinander und für den Lern- und Lebensort Schule« und leisten damit einen Beitrag »zur Mitgestaltung eines humanen Schullebens« (Art. 2.2). Schulpastoral ist demnach Engagement aus dem christlichen Glauben heraus für eine humane Schule. Als solche wird sie primär als eine spezifische Form der Wahrnehmung der Taufsendung der Gläubigen verstanden – in ihr entfaltet sich deren »originäre Sendungskompetenz« als getaufte Christen im Raum der Schule (Art. 6.1). Davon unterschieden wird gleichsam auf einer zweiten Ebene die Wirksamkeit der haupt- oder nebenamtlich in der Schulpastoral tätigen »Schulseelsorgerinnen und Schulseelsorger«. Diese nehmen einen kirchlichen »Dienst« aufgrund einer besonderen kirchenamtlichen »Beauftragung« öffentlich im Namen der Kirche wahr (Art. 6.2). In ihrer Wirksamkeit ›manifestiert‹ sich gewissermaßen die Zusammenarbeit zwischen Kirche und Schule vor Ort. Dabei kommt ihnen eine primär moderierende Funktion zu: Sie planen, begleiten und unterstützen das Engagement der übrigen Gläubigen in der Schule und koordinieren und vertreten die Arbeit der Schulpastoral gegenüber der Schulleitung und der Pfarrei (Art. 6.1). Im Interesse einer gedeihlichen Kooperation zwischen Kirche und Schule wird für deren Dienst eine genaue Aufgaben- und Zuständigkeitsbeschreibung durch die Kirche gefordert (Art. 6.2). Darüber hinaus werden mit Blick auf konkrete schulpastorale Maßnahmen ausdrücklich deren Realisierbarkeit im Raum der Schule und die Vereinbarkeit mit den schulrechtlichen und schulorganisatorischen Vorgaben angemahnt sowie die Aufgaben schulpastoraler Arbeit anhand der Grundfunktionen der Kirche – *diakonia, martyria, leiturgia* und *koinonia* – für die verschiedenen Schulstufen differenziert (Art. 4).

Ziele, Inhalte und Strukturen der Schulpastoral sind aufgrund der Aussagen dieses Dokuments weitgehend geklärt.

Schulpastoral erscheint auch hier wieder als eine Aufgabe der ganzen Kirche, an der je auf ihre Weise alle Gläubigen im Raum der Schule beteiligt sind. Dabei zeigt sich, dass – unbeschadet der kirchenöffentlichen Dimension – das eigenverantwortliche Engagement der Gläubigen aufgrund von Taufe und Firmung sehr stark gewichtet wird.

Zu fragen ist nun, inwieweit seitens des Staates ein derartiges Wirken der Kirche an den öffentlichen Schulen zugelassen wird. Grundlegend sind in dieser Hinsicht die Garantien des Grundgesetzes und der Landesverfassungen.

2. Verfassungsrechtliche Grundlagen

2.1 Grundrecht der Religionsfreiheit

Die verfassungsrechtliche Grundlage für die Schulpastoral an öffentlichen Schulen ist einerseits das allgemeine Grundrecht der Religionsfreiheit (Art. 4 I-II GG), andererseits die spezielle Norm des Art. 140 GG iVm. Art. 141 WRV.

Art. 4 II GG gewährleistet die ungestörte Religionsausübung. Dem Einzelnen wird garantiert, sein ganzes Verhalten an den Grundsätzen seines Glaubens auszurichten und seiner inneren Glaubensüberzeugung gemäß zu handeln. Dieses Grundrecht wird vorbehaltlos gewährleistet, d. h. es gilt für jeden Menschen in allen Lebensbereichen.

Die Ausübung der grundrechtlichen Freiheit aus Art. 4 II GG kann allerdings in erheblichem Maß beeinträchtigt sein, wenn sich Menschen aus tatsächlichen (z. B. Krankheit, Alter) oder rechtlichen Gründen (hoheitlicher Zwang) in einer öffentlichen Anstalt wie etwa einem Krankenhaus, Gefängnis, Heim oder eben der Schule befinden und dadurch besonders eng an den Staat und seine Zwecke gebunden sind. Für diesen Fall hat der Staat Vorkehrungen zu treffen, damit den Anstaltsunterworfenen die Ausübung ihres Grundrechts auf Religionsfreiheit auch unter den besonderen Bedingungen dieses staatlich organisierten Anstaltsverhältnisses ermöglicht wird. Das ist der Grundgedanke des Art. 140 GG iVm. Art. 141 WRV: Dieser garantiert den Religionsgemeinschaften – und damit auch der katholischen Kirche – ein Recht auf Zulassung zur Vornahme religiöser Handlungen in öffentlichen Anstalten, sofern dort ein Bedürfnis nach Gottesdienst und Seelsorge besteht. Die staatliche Garantie der Zulassung sg. kirchlicher »Anstaltsseelsorge« stellt also gewissermaßen eine Kompensation für die vom Staat selbst zu verantwortende Grundrechtsbeeinträchtigung in den öffentlichen Anstalten dar. Deren Angehörige könnten dort ohne die vermittelnde Tätigkeit des Staates ihr Grundrecht aus Art. 4 II GG nicht oder nur eingeschränkt wahrnehmen.[5]

Was bedeutet dies konkret für die Schulpastoral an öffentlichen Schulen? Als öffentliche Anstalten im Sinne des Art. 141 WRV gelten nicht nur die im Gesetz beispielhaft genannten Einrichtungen von Heer, Krankenhaus und Gefängnis, sondern – aufgrund der weit auszulegenden Auffangklausel der »sonstigen öffentlichen Anstalten« – alle Einrichtungen in staatlicher bzw. kommunaler Trägerschaft, in denen für die Anstaltsunterworfenen die Möglichkeit freier Ausübung der Religion rechtlich oder tatsächlich eingeschränkt ist.[6] Mit Blick auf die im öffentlich-rechtlichen Schulverhältnis begründeten vielfältigen Rechtspflichten der Schüler/innen (z. B. allgemeine Schulpflicht) sind auch die Schulen in der Trägerschaft der öffentlichen Hand unter den Anstaltsbegriff des Art. 141 WRV zu subsumieren.

Die Kirche hat demnach einen staatlich garantierten Anspruch auf Zulassung zur Seelsorge an diesen öffentlichen Schulen – sofern dort ein »Bedürfnis nach Seelsorge und Gottesdienst« besteht. Der Anspruch der Kirche ist also unabhängig davon, ob faktisch an der betreffenden Schule Religions-

---

[5] Vgl. Campenhausen, Axel Freiherr von / Unruh, Peter, in: Mangoldt, Hermann von / Klein, Friedrich / Starck, Christian (Hg.): Das Bonner Grundgesetz, 3. Aufl., München 2010, Bd. 3, 2390; Classen, Claus Dieter: Religionsrecht, Tübingen 2006, 230.

[6] Vgl. Korioth, Stefan, in: Maunz, Theodor / Dürig, Günter: Grundgesetz, Loseblattsammlung (Lfg. 42, Februar 2003), Art. 140 GG/Art. 141 WRV, Rdnr. 5.

unterricht gem. Art. 7 III GG erteilt wird oder nicht. Die Begriffe »Seelsorge« und »Gottesdienst« sind weit auszulegen, d. h. sie müssen das Bedürfnis nach religiöser Betreuung umfassend, in der ganzen Bandbreite seiner möglichen Erscheinungsformen berücksichtigen.[7] Das Bedürfnis nach Seelsorge besteht, wenn Angehörige der Schule dieses ausdrücklich bekunden; es wird vermutet, wenn sich unter den Angehörigen der Schule Mitglieder der katholischen Kirche befinden, die dieses Bedürfnis jedenfalls nicht ausdrücklich verneinen.[8] Von diesem letzteren Fall ist mit Blick auf die sg. bekenntnisfreien Schulen (Art. 7 III GG), d. h. die rein weltlichen Schulen in der Trägerschaft der öffentlichen Hand, auszugehen: In der Regel bringt der Besuch einer solchen Schule konkludent auch eine ablehnende Haltung dem seelsorglichen Wirken der Kirche gegenüber. Der jeweilige Schulträger hat das Vorliegen eines Bedürfnisses im Sinn des Art. 141 WRV festzustellen und die Kirche entsprechend zu informieren.

Unter dieser Voraussetzung hat die Kirche durch ihre Beauftragten das Recht auf Zutritt zur betreffenden Schule sowie das Recht auf »Vornahme religiöser Handlungen« dort. Dabei umfasst der Begriff der religiösen Handlungen alle Maßnahmen, die den Angehörigen der Schule unter Beteiligung der kirchlich zur Seelsorge beauftragten Personen die freie Ausübung ihrer Religion ermöglichen sollen. Im Einzelnen ist es gemäß Art. 4 und 140 GG iVm. Art. 137 III WRV allein Sache der Kirche, Art und Inhalt dieser religiösen Handlungen genauer zu bestimmen sowie eigenständig neue Formen religiöser Betreuung zu entwickeln. Konkrete Hinweise dazu finden sich seitens der katholischen Kirche etwa in dem oben besprochenen Dokument der Kommission für Erziehung und Schule der DBK. Grenzen hinsichtlich der Qualifikation einer Handlung als religiös ergeben sich allerdings insofern, als diese »tatsächlich, nach geistigem Gehalt und äußerem Er-

---

[7] Vgl. Unruh, Peter: Religionsverfassungsrecht, 2. Aufl., Baden-Baden 2012, 231.
[8] Vgl. ebd., 232.

scheinungsbild«[9] als eine religiöse Handlung objektiv verstehbar und beurteilbar sein muss.[10]

Die Zulassung zur Seelsorge wird ohne Schrankenvorbehalt garantiert, so dass Einschränkungen des Rechts der Kirche auf Zutritt zu und Seelsorge an den öffentlichen Schulen nur durch verfassungsimmanente Schranken gerechtfertigt sind. Demnach können Einschränkungen zum einen notwendig sein, um die Erfüllung des Unterrichts- und Erziehungsauftrags der Schule im Rahmen der staatlichen Schulhoheit (Art. 7 I GG) sicherzustellen. Anspruchsbegrenzungen zu diesem Zweck müssen allerdings nach dem Grundsatz der Verhältnismäßigkeit erfolgen, d. h. sich auf das aus schwerwiegenden schulorganisatorischen Gründen unvermeidliche Ausmaß beschränken.[11] Zum anderen bilden die (negative) Religionsfreiheit des Einzelnen (Art. 4 I-II GG) sowie das Elternrecht (Art. 6 II GG) eine Beschränkung des Anspruchs der Kirche: Niemand darf gegen seinen Willen bzw. denjenigen seiner Eltern zur Teilnahme an den Veranstaltungen der Schulpastoral gezwungen werden.

Die auf der Grundlage des Art. 141 WRV im Raum der öffentlichen Schule praktizierte Schulpastoral ist eine eigene Angelegenheit der Kirche. Dem Staat obliegt es lediglich, die mit Blick auf das Zulassungsrecht der Kirche notwendigen organisatorischen und technischen Rahmenbedingungen zu gewährleisten. Eine darüber hinausgehende staatliche (finanzielle) Förderung ist zulässig, soweit die Grundsätze der religiösweltanschaulichen Neutralität des Staates und der Parität gewahrt bleiben. Als eigene Angelegenheit der Kirche ist die Schulpastoral vom schulischen Religionsunterricht gem. Art. 7 III GG zu unterscheiden, der eine Aufgabe und Angelegenheit des Staates selbst ist, wenn auch dessen inhaltliche Ausgestaltung gemäß den Grundsätzen der Kirche zu erfolgen hat.

---

[9] Bundesverfassungsgesetz (= BVerfGE) 83, 341ff, 353.
[10] Vgl. zum Ganzen: Unruh, Religionsverfassungsrecht, 233f.
[11] Vgl. ebd., 236.

2.2 Landesverfassungen

Neben dem Grundgesetz finden sich Regelungen zur Anstaltsseelsorge in mehreren Landesverfassungen, die entweder auf
die Geltung von Art. 140 GG bzw. Art. 141 WRV verweisen[12]
oder die dort ausgesprochenen Garantien in eigenen Regelungen verfassungsgemäß modifizieren.[13] Soweit diese landesver-
fassungsrechtlichen Bestimmungen nicht im Widerspruch zu
Art. 141 WRV – der unlösbar mit dem Grundrecht aus Art. 4
II GG verbunden ist – stehen,[14] gelten sie neben dem Grundgesetz weiter (Art. 142 GG). Sie sind insofern als eine weitere
verfassungsrechtliche Grundlage für die Schulpastoral in den jeweiligen Ländern heranzuziehen.

3. Konkordatäre Vereinbarungen

3.1 Reichskonkordat vom 20. Juli 1933

Eine Rechtsgrundlage für die Schulpastoral bildet auch das
Reichskonkordat vom 20. Juli 1933 (RK). Dieses garantiert
der Kirche in Krankenhäusern und Strafanstalten sowie in
»sonstigen Häusern der öffentlichen Hand« – eine weite Formulierung, die auch die öffentlichen Schulen mit umfasst – das
Recht auf Zulassung zur »Vornahme seelsorgerlicher Besuche
und gottesdienstlicher Handlungen« (Art. 28 RK). Der hier
durch die Begriffe der »seelsorgerlichen Besuche« und »gottesdienstlichen Handlungen« gesicherte Umfang kirchlichen Wirkens in öffentlichen Einrichtungen bleibt allerdings hinter dem

---

[12] Vgl. Art. 5 BWVerf, Art. 9 I MVVerf, Art. 109 IV SächsVerf, Art. 32 V
Sachs-AnhVerf, Art. 40 ThürVerf.
[13] Vgl. Art. 148 BayVerf, Art. 38 BrandbVerf, Art. 54 HessVerf, Art. 20
NRWVerf, Art. 48 RPVerf, Art. 42 SaarlVerf.
[14] Nicht grundgesetzkonform ist lediglich die Regelung in Art. 62 Brem-
Verf, die das Zulassungsrecht der Kirche zur Vornahme religiöser Handlungen von der *ausdrücklichen Äußerung* eines Wunsches der Anstaltsangehö-
rigen nach Gottesdienst und Seelsorge abhängig macht.

durch die Verfassung garantierten Freiraum pastoraler Tätigkeit der Kirche deutlich zurück. Darüber hinaus wird die Seelsorgstätigkeit der Kirche lediglich »im Rahmen der allgemeinen Hausordnung« garantiert. Diese Begrenzung der kirchlichen Freiheit im seelsorglichen Handeln durch die Vorgaben der Hausordnung öffentlicher Einrichtungen ist mit Blick auf die ohne Schrankenvorbehalt formulierten einschlägigen Garantien des Grundgesetzes verfassungsrechtlich nicht mehr haltbar. Hervorzuheben und auch im heutigen Kontext noch bedeutsam ist dagegen der Vorbehalt im Schlussprotokoll zu Art. 28 RK, der den Beauftragten der Kirche »in dringenden Fällen« ein jederzeitiges Zutrittsrecht zu den öffentlichen Einrichtungen garantiert. Neben diesen Garantien sichert Art. 28 RK bei einer regelmäßigen Anstaltsseelsorge für den Fall einer staatlichen Einstellung von »Geistliche[n] als Staats- oder sonstige öffentliche Beamte« das Einvernehmen mit der zuständigen kirchlichen Autorität zu. Diese Regelung gilt analog auch für andere von der Kirche mit der Seelsorge beauftragte Personen, wobei neben der Verbeamtung weitere Formen der Anstellung nicht ausgeschlossen sind.[15]

3.2 Länderkonkordate

Das Reichskonkordat gilt für das Staatsgebiet der Bundesrepublik Deutschland prinzipiell fort, soweit seine Bestimmungen der Verfassungsordnung des Grundgesetzes entsprechen (Art. 123 Abs. 2 GG; Art. 11 Einigungsvertrag v. 31.8.1990). In den Bundesländern, die in Konkordaten eigene Regelungen mit der Kirche zur Anstaltsseelsorge getroffen haben, beansprucht Art. 28 RK jedoch nur subsidiär Geltung. Regelungen zur Anstaltsseelsorge finden sich in mehreren Länderkonkordaten. Sofern diese Verträge die kirchliche Seelsorgstätigkeit nicht nur in bestimmten Anstalten wie etwa Gefängnissen oder

---

[15] Vgl. zum Ganzen: Eick-Wildgans, Susanne: Anstaltsseelsorge. Möglichkeiten und Grenzen des Zusammenwirkens von Staat und Kirche im Strafvollzug (Staatskirchenrechtliche Abhandlungen 22), Berlin 1993, 239–243.

Krankenhäusern, sondern weiter auch in »ähnlichen« oder »entsprechenden« öffentlichen »Anstalten« bzw. »Einrichtungen« gewährleisten,[16] ist aufgrund der offenen Formulierung dieser Klausel die Zulassung der Kirche zum seelsorglichen Wirken auch in den öffentlichen Schulen mit umfasst. Der Umfang kirchlichen Wirkens wird dabei begrifflich unterschiedlich bestimmt: Gewährleistet werden durch alle Konkordate die Abhaltung von Gottesdiensten und die seelsorgliche Tätigkeit, aber auch »kirchliche Handlungen«[17] sowie durch einige Konkordate ganz allgemein die Durchführung »religiöser Veranstaltungen«[18] in den öffentlichen Einrichtungen. Diese jeweils weit auszulegenden Formulierungen ermöglichen eine große Vielfalt kirchlicher Angebote in den öffentlichen Schulen.

4. Schulrechtliche Regelungen und Vereinbarungen

Die verfassungsrechtlichen und konkordatären Vorgaben enthalten gewissermaßen nur den Kernbestand der rechtlichen Regelungen zur Schulpastoral. Einzelheiten ihrer Ausführung werden dagegen durch zahlreiche schulrechtliche Einzelnormen, kultusministerielle Erlasse und Verwaltungsvorschriften sowie in vertraglichen Abmachungen zwischen der Kirche und dem jeweiligen Schulträger geregelt oder direkt vor Ort durch Absprachen zwischen den Schulseelsorger/innen und der Schulleitung geklärt. Auf diese vielfältigen Regelungen und Vereinbarungen kann an dieser Stelle im Einzelnen nicht eingegangen

---

[16] Vgl. z. B. Art. 8 I BrandK v. 12.11.2003; Art. 8 BremK v. 21.11.2003; Art. 8 I HambK v. 29.11.2005; Art. 8 I MVK v. 15.9.1997 Art. 11 NiedersächsK v. 26.2.1965; Art. 10 I SachsAnhK v. 15.1.1998; Art. 12 SächsK v. 2.7.1996; Art. 8 I SchlHK v. 12.1.2009; Art. 14 ThürK v. 11.6.1997 (sonstige öffentliche Anstalten, »in denen eine seelsorgerliche Betreuung üblich ist«). – Vgl. zum Ganzen: Hermes, Christian: Konkordate im vereinigten Deutschland, Ostfildern 2009, 543–550.
[17] Art. 8 I BrandbK.
[18] Art. 8 BremK, Art. 8 I HambK, Art. 8 I MVK, Art. 10 I SachsAnhK, Art. 8 I SchlHK.

werden, lediglich einige allgemeine Hinweise dazu sollen genügen.[19]

Gemäß der höchstrichterlichen Rechtsprechung des Bundes-
verfassungsgerichts ist es den Landesregierungen im Rahmen
ihrer Schulhoheit freigestellt, an öffentlichen nicht bekenntnisfreien Gemeinschaftsschulen ein freiwilliges überkonfessionel-
les *Schulgebet* für die ganze Schulgemeinschaft als außerunterrichtliche Schulveranstaltung zuzulassen. Voraussetzung ist,
dass die Schüler/innen bzw. deren Eltern und die Lehrer/innen
über die Teilnahme am Gebet frei entscheiden bzw. dieser in zu-
mutbarer Weise ausweichen können.[20]

In fast allen Bundesländern ist die Möglichkeit der Abhaltung von *Schulgottesdiensten* als Schulveranstaltung während
der Unterrichtszeit rechtlich und organisatorisch abgesichert.
Die Anzahl dieser Gottesdienste im Schuljahr ist rechtlich begrenzt. Ob und in welchem Rahmen Schulgottesdienste stattfinden, fällt nicht in die Entscheidungskompetenz der Schulkonferenz. Darüber hinaus sind z.T. auch – in der Regel außerhalb
der Unterrichtszeit – Gottesdienste als Schülergottesdienste in
der Verantwortung der Kirche möglich, der in diesem Fall die
Aufsichtspflicht obliegt. Die Teilnahme an Schul- und Schüler-
gottesdiensten ist freiwillig.

Rechtliche Regelungen finden sich auch im Hinblick auf die
*Beurlaubung von Schüler/innen und Lehrer/innen zur Teil-
nahme an religiösen Veranstaltungen*, die von der Kirche für
Schulen durchgeführt werden. Solche Veranstaltungen finden
außerhalb der Schule statt und sind keine Ergänzung des Unterrichts: z. B. Rüstzeiten, Exerzitien, Tage religiöser Orientierung
oder religiöse Freizeiten. Die Möglichkeit der Beurlaubung ist
auf die durch Gesetz oder Verordnung bestimmte Zeit befristet.

Eine Besonderheit bilden die sog. *Seelsorgestunden* in NRW.
Hierbei handelt es sich um außerunterrichtliche regelmäßige

---

[19] Vgl. dazu auch die Ausführungen von Seeliger, Magdalena: Art. Schulseelsorge, in: Campenhausen, Axel Frhr. von u. a. (Hg.): Lexikon für Kir-
chen- und Staatskirchenrecht, Paderborn u. a. 2000–2004, Bd. 3, 525–527.
[20] Vgl. BVerfGE 52, 223.

Schulveranstaltungen für die Klassen 3 und 4, welche den Geistlichen oder anderen hauptamtlichen pastoralen Mitarbeitern der Pfarrei Gelegenheit geben, die Kinder an das Leben der Pfarrei heranzuführen. Die Teilnahme ist freiwillig und wird nicht im Zeugnis vermerkt.

Hinzuweisen bleibt schließlich auf Regelungen im Rahmen der *Öffnung der Schule gegenüber ihrem Umfeld*, die eine Zusammenarbeit der Schulen u. a. mit kirchlichen Einrichtungen zum Zweck der Ermöglichung von freiwilligen Unterrichtsveranstaltungen oder betreuenden Maßnahmen vorsehen. Die Schulen können dazu Kooperationsverträge mit kirchlichen Einrichtungen schließen.

5. Fazit

Diese wenigen Hinweise verdeutlichen, wie staatlicherseits aufgrund von schulrechtlichen Regelungen und Vereinbarungen der Kirche Möglichkeiten zum Engagement an den öffentlichen Schulen eröffnet werden. Allerdings wird sich Schulpastoral nicht auf die Grenzen dieser Vorgaben reduzieren lassen müssen: Zum einen erscheinen diese selbst aufgrund der gewandelten gesellschaftlichen und schulischen Realität z.T. als überholt, zum anderen geht das Konzept der Schulpastoral gemäß dem Selbstverständnis der Kirche aktuell weit über diese Möglichkeiten hinaus, wie die exemplarische Auflistung von Realisierungsmöglichkeiten der Schulpastoral in der Erklärung der Kommission für Erziehung und Schule der DBK zeigt. Mit den sehr weitgehenden Gewährleistungen in seiner Verfassung hat der Staat der Kirche jedoch durchaus Raum für ein Wirken in diesem Sinn an den öffentlichen Schulen gegeben.

5.7 Personal- und Organisationsentwicklung

Beate Thalheimer

Mehrfach wurde in den Beiträgen dieses Handbuchs deutlich, dass die schulpastorale Landschaft in Deutschland zum einen durch die spezifischen Schulsysteme in den Bundesländern und zum anderen bedingt durch die Strukturen und Ressourcen in den Bistümern und Diözesen, vielfältige Profile ausweist. Dieser Artikel kann demnach nicht abbilden, was in den Bereichen der Personal- und Organisationsentwicklung üblich ist bzw. als Standard gilt. Er folgt dem Anliegen, Kriterien und Merkmale zur Verfügung zu stellen, die eine eigene Standortbestimmung und ein perspektivisches Denken anregen.

Die Personal- und Organisationentwicklung sind sinnvoller Weise eng miteinander verzahnt. Während sich die Personalentwicklung stärker auf die individuelle Entwicklung von Mitarbeiter/innen konzentriert, ergibt sich die Aufgabenstellung im Bereich der Organisation durch die Entwicklung und Umsetzung von Prozessen, die durch innerbetriebliche Veränderungen und Erkenntnisse aus der Umwelt ausgelöst werden und strukturelle Anpassungen erfordern. Da Veränderungen in der Organisation oft weitreichende Folgen für die Mitarbeitenden haben und auf der anderen Seite Mitarbeitende an den Veränderungsprozessen beteiligt werden, liegt es nahe, Personal- und Organisationsentwicklungen in wechselseitig abgestimmten Entwicklungsprozessen vorzunehmen.

Ideen und Konzepte der Personal- und Organisationsentwicklung stammen zunächst aus profitorientierten Bereichen der Wirtschaft und werden mittlerweile modifiziert auch in der Katholischen Kirche praktiziert.

1. Strategische Personal- und Organisationsentwicklung in der Pastoral

Die Katholische Kirche kann als »Traditionsunternehmen« bezeichnet werden, das permanent vor die Aufgabe gestellt ist, eine Balance zu finden zwischen Bewahren und Erneuern, »zwischen nicht hinterfragbaren Lehren und Glaubensüberlieferungen einerseits und veränderbaren, weil geschichtlich gewachsenen Strukturen andererseits«[1]. Da kirchliche Strukturreformen nie theologieneutral sein können und intensiv verbunden sind mit der eigenen Glaubwürdigkeit, müssen sich die Strukturen, die Botschaft, die Organisation und das Evangelium gegenseitig durchdringen.[2] Eine strategische Personal- und Organisationsentwicklung in der Pastoral wird also versuchen, bei sich verändernden Bedingungen in der Umwelt und in der Organisation, die Kernaufgabe, Kirche in der Welt von heute bei und mit den Menschen zu sein, wahrzunehmen. Dabei folgt sie dem Anliegen, die Herausforderungen gegenwarts- und zukunftsorientiert auf dem Hintergrund der eigenen Überzeugungen, Werte und Tradition zu bewältigen.[3]

2. Personal- und Organisationsentwicklung in der Schulpastoral

Im Unterschied zu gemeindepastoralbezogenen Handlungs- und Entwicklungsfeldern kann die Schulpastoral auf der Basis ihrer Grundlagen[4] und Geschichte[5] als junger pastoraler Bereich bezeichnet werden. Ihre Aufgabe bezieht sich auf die

---

[1] Vgl. Schrappe, Christine: Personalentwicklung im Bereich Seelsorgepersonal, Würzburg 2012, 21.

[2] Vgl. ebd., 19.

[3] Vgl. Dessoy, Valentin / Lames, Gundo: Strategische Organisationsentwicklung – Kernthemen und Lösungsansätze, in: Dessoy, Valentin / Lames, Gundo (Hg.): Denn sicher gibt es eine Zukunft (Spr 23,18), Trier 2008, 110–115, hier: 110. Vgl. Einig, Andreas: Wie im Himmel so auf Erden, Baden-Baden 2014, 340.

[4] Vgl. in diesem Band: Thalheimer: Schulpastoral (1.1).

[5] Vgl. in diesem Band: Mette / Bußmann: Geschichtliche Entwicklung (3.1).

Menschen im Lebensraum Schule[6] und ist beeinflusst durch die Rahmenbedingungen der Schule und der Katholischen Kirche[7].

2.1 Organisationsentwicklung in der Schulpastoral

Die Entwicklung von Organisationsformen und -strukturen in der Schulpastoral ist eng verbunden mit der Entwicklung der Mitarbeitenden. Dabei kann von einer lernenden Organisation die Rede sein, wenn sie kontinuierlich darum bemüht ist, zukünftige Probleme in ihre Überlegungen miteinzubeziehen, sich kontinuierlich zu verbessern und organisationsweite Lösungen anzustreben. Initiativen und Kreativität würden dabei belohnt werden.[8] Bei der Organisation von schulpastoralen Abläufen ist es sinnvoll, diese Aspekte im Blick zu behalten, damit die Korrelation zwischen den Mitarbeitenden, der Kirche als Auftraggeberin und den Menschen in den schulischen Lebensräumen zukunftsorientiert lebendig bleiben kann.

Eine strategische Organisationsentwicklung bezieht sich auf eine Reihe von Faktoren[9], die im Blick auf Schulpastoral in diesem Band bereits dargestellt wurden: das eigene Selbstverständnis, die Zielgruppen in ihrem Umfeld[10], die eigenen Angebote und deren Qualität[11]. Ein Bezug zu Strukturen der Organisation, finanziellen, personellen und räumlichen Ressourcen, Prozessen, Akteuren und Beziehungen wird im Folgenden hergestellt.

---

[6] Vgl. in diesem Band: Lob / Schneider / Thalheimer: Schule als Lebensraum (1.4).

[7] Vgl. in diesem Band: Lames: Schulpastoral und ihre Beobachtungen von Schule und Gesellschaft (1.2).

[8] Vgl. Groß, Hermann-Josef / Russel, Yvonne: Personalentwicklung und Veränderungsmanagement in der Kirche, in: Dessoy, Valentin / Lames, Gundo (Hg.): Denn sicher gibt es eine Zukunft (Spr 23,18), Trier 2008, 88–109, hier: 95.

[9] Vgl. ebd., 110–115.

[10] Vgl. in diesem Band: Thalheimer: Schulpastoral (1.1).

[11] Vgl. in diesem Band: Lob: Haltungen und Qualitätskriterien (2.2).

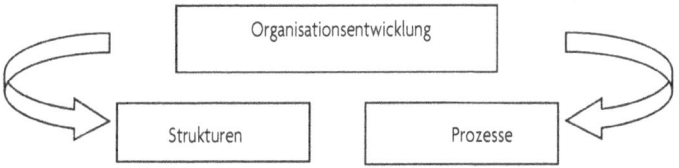

Abb. 5.7a: Organisationsentwicklung

Strukturen

In vielen Diözesen[12] ist die Schulpastoral institutionalisiert[13]: In der Regel ist in den Ordinariaten – vor allem der westlichen Bundesländer – ein Referat Schulpastoral bzw. Schulseelsorge eingerichtet, von wo aus die Dienst- und/oder Fachaufsicht im Bereich Schulpastoral wahrgenommen wird. An konkreten öffentlichen und kirchlichen Schulen und in schulpastoralen Bildungs- und Begegnungszentren arbeiten Religionslehrer/innen und pastorale Mitarbeiter/innen als Schulseelsorger/innen (s.u.). In einzelnen Diözesen ist auf einer mittleren Ebene (Dekanate, Bezirke) dezentral die Koordination schulpastoraler Aktivitäten organisiert. Daneben erfolgt ehrenamtlich die schulpastorale Arbeit als Bestandteil im Selbstverständnis von Religionslehrkräften und anderen Mitarbeiter/innen und Kooperationspartner/innen. Die finanzielle Ausstattung der Schulpastoral/Schulseelsorge für Personal- und Sachkosten ist in den meisten Diözesen in den Haushalten geregelt. Die Fachstellen für Schulpastoral sind entweder den Abteilungen für Schulen, Jugend oder Seelsorge zugeordnet. Häufig befindet sich die Fachstelle Schulpastoral in den Schulabteilungen. In einigen kirchlichen Jugendämtern/-dezernaten wurden in den vergangenen Jahren Fachstellen für Jugendarbeit und Schule eingerichtet. Der geschichtliche Rückblick[14] lässt erkennen, dass im Be-

---

12 Die Bezeichnung Diözese wird synonym für Bistum gebraucht.
13 Vgl. in diesem Band: Thalheimer / Bußmann / Geißler: Bistumskonzeptionen (5.9).
14 Vgl. in diesem Band: Mette / Bußmann: Geschichtliche Entwicklung (3.1).

reich der Schulpastoral eine Organisationsentwicklung kontinuierlich stattgefunden hat.

Zu den Aufgaben der Fachstellen Schulpastoral gehören meistens die konzeptionelle Arbeit, die Information zu und Beratung von schulpastoralen Aktivitäten, die Fort- und Weiterbildung von Schulseelsorger/innen, die inner- und außerkirchliche Interessenvertretung, Vernetzungs- und Öffentlichkeitsarbeit. Weitere Akzentuierungen können sich ausdrücken in Schwerpunktthemen wie Krisen, Tod und Trauer an der Schule, der Initiierung und Durchführung von Projekten, Angeboten in Ganztagsschulen, Tagen der Orientierung sowie der Erstellung von Publikationen.

Prozesse

Schulpastoral vollzieht sich bewusst als pastorales Handeln, orientiert an den Zeichen der Zeit (vgl. GS 4). Durch Schulreformen und Schulentwicklungsprozesse ergeben sich laufend Veränderungen im Lern- und Lebensraum Schule. Aufgabe der Schulpastoral ist u. a. diese als Zeichen der Zeit in den Auswirkungen, die sie für die Menschen in den Schulen haben, wahrzunehmen und zu deuten und von hier aus schulpastorale Aktivitäten gemeinsam mit anderen zu entwickeln. Dabei korreliert schulpastorales Handeln mit den Entwicklungen der pastoralen Leitlinien.

Der Wandel kann also als Proprium und als Aufgabe für die organisatorische Weiterentwicklung schulpastoralen Handelns auf der Diözesanebene, in den Regionen und Schulen verstanden werden. Hermann-Josef Groß und Yvonne Russel[15] nennen Merkmale einer pastoral motivierten Organisationsentwicklung, die sich bewusst und aktiv auf den steten Wandel einlässt. Als Reflexionskriterien können sie auf den Bereich der Schulpastoral übertragen werden:

– Es besteht ein gemeinsames Problembewusstsein als Voraussetzung für Veränderungen.

---

[15] Vgl. Groß / Russel: Personalentwicklung, 95–108.

- Attraktive Visionen werden entwickelt und kommuniziert.
- Best practice Beispiele werden entwickelt und ermutigen andere zu kleinen realisierbaren Schritten; Erkenntnisse und Einsichten werden in konkrete überprüfbare und zeitnahe Schritte überführt und strukturell abgesichert.
- Es erfolgt ein projektorientierter Personaleinsatz.
- Mitarbeitende werden an unternehmerischen Entscheidungen beteiligt.
- Die Information und Kommunikation ist offen und transparent.
- »Job making«: eine feste Aufgabenzuschreibung und Rollenrigidität wird nicht praktiziert.
- Vorrangig zählt die Analyse und Wahrnehmung der Menschen und Situationen in den Schulen sowie die Aufgabe, adäquate Lösungen, Profile, Angebotsstrukturen zu entwickeln und umzusetzen.
- Lernprozesse werden gesteuert durch eine entsprechende Gestaltung, durch Teamlernen, strategisches Wissensmanagement und Bildungscontrolling.
- Eine lern- und veränderungsfreudige Unternehmenskultur wird weiterentwickelt.
- Sicherheitsinseln und Entschleunigung werden ermöglicht; es wird kontinuierlich an einer Verbesserung und der Nachhaltigkeit bestehender Angebote gearbeitet.
- Eine Übersteuerung wird vermieden.

Da sich schulpastorales Handeln im Unterschied zur Präsenz von Kirchengemeinden grundsätzlich im öffentlichen Raum bewegt, kommt ein weiteres existenziell bedeutsames Merkmal der strategischen Organisationsentwicklung hinzu:

- Schulpastoral ist an öffentlichen Schulen darauf angewiesen, dass Gastfreundschaft gewährt wird, dass ein schulpastorales Engagement erwünscht ist und eine Bereitschaft zur Kooperation besteht. Auf der Basis der christlichen Botschaft kann die Schulpastoral im Kontakt mit der schulischen Welt Strategien entwickeln, lebensraum- und adressaten-orientiert kompetent zu handeln.

2.2 Personalentwicklung in der Schulpastoral

»Personalentwicklung versteht sich als Beitrag zur Mensch-werdung.«[16] Alle zu einem Arbeitsprozess gehörenden Hand-lungen müssen »der Verwirklichung seines Menschseins dienen, der Erfüllung seiner Berufung zum Personsein, die ihm auf-grund seines Menschseins eigen ist.«[17] Mit Strategie erfolgt eine Personalentwicklung im pastoralen Kontext, wenn der kirchliche Auftrag mit den Zielen der jeweiligen Einrichtung und den persönlichen Zielen der Mitarbeitenden zukunftsorien-tiert und im Einklang entwickelt werden können.

Unter Personalentwicklung wird hier das Bestreben verstan-den, die Potenziale von Mitarbeiter/innen zu entdecken und ih-ren Charismen sowie beruflichen bzw. ehrenamtlichen Anfor-derungen entsprechend zu fördern und weiterzuentwickeln. Während der Fokus der Organisationsentwicklung auf Struktu-ren und Prozessen liegt, rückt die Personalentwicklung die Schulseelsorger/innen in den Vordergrund.

Schulseelsorger/innen und Mitarbeiter/innen im Bereich Schulpastoral

In den meisten Diözesen gibt es Schulseelsorgerinnen und Schul-seelsorger, die in öffentlichen Schulen oder in Schulen in kirchli-cher Trägerschaft tätig sind. Der Status derjenigen, die sich christlich im Lebensraum Schule engagieren, kann unterschied-liche Profile haben: An einigen Schulen in katholischer Träger-schaft arbeiten Priester, Diakone, Pastoral- und Gemeindere-ferent/innen als hauptberufliche Seelsorger/innen. (Religions-) Lehrer/innen und pastorale Mitarbeiter/innen können in man-chen Diözesen einen teil- und nebenberuflichen Auftrag für Schulpastoral wahrnehmen. In manchen Diözesen sind Schul-seelsorger/innen an zwei Schulen eingesetzt: An einer Schule nehmen sie ihren Schulpastoralauftrag wahr und an einer ande-ren Schule arbeiten sie als Religionslehrer/innen. Es gibt zudem Diözesen, in denen davon ausgegangen wird, dass Religionsleh-

---

[16] Schrappe: Personalentwicklung, 175.
[17] Laborem exercens, Nr. 6.

rer/innen aufgrund ihrer Sendung (missio canonica) bereits Schulseelsorger/innen sind. In anderen Diözesen wird vermittelt, dass ein gewisser Umfang schulpastoraler Aktivitäten zur Profession der Religionslehrkräfte gehört. So wie jede andere Lehrkraft sich für die Gestaltung des Schullebens jenseits des Unterrichts engagieren soll, können Religionslehrkräfte ihr Engagement in schulpastoralen Angeboten zum Ausdruck bringen, wie z. B. durch die Gestaltung von Schulgottesdiensten oder Besinnungstagen für Schüler/innen. Ein großer Teil der schulpastoralen Aktivitäten wird durch ein ehrenamtliches Engagements ermöglicht. Dazu können z. B. die jugendlichen Ehrenamtlichen gehören, die einen Schülergebetskreis, ein Schülercafé oder einen Schülerweltladen in der Schule selbstorganisiert leiten und auch ein/e Mathematiklehrer/in, der/die Besinnungstage für das Lehrerkollegium in einem Kloster organisiert.

Schulpastoral aktiv sein können auch außerschulische Kooperationspartner/innen. Aus dem Bereich der kirchlichen Jugend(verbands)arbeit, aus den Reihen von Ehrenamtlichen, die sich in den Pfarr-/Kirchengemeinden engagieren, aus der Caritas und Erwachsenenbildung und von anderen kirchlichen Träger können Mitarbeiter/innen kommen.

Personalentwicklungsmaßnahmen

In der pastoralen Arbeit sind zahlreiche Komponenten bekannt, die als Personalentwicklungsmaßnahmen charakterisiert werden können. Diese Maßnahmen dienen der systematischen Förderung bzw. Weiterentwicklung der (beruflichen oder ehrenamtlichen) schulpastoralen Handlungskompetenz. Dabei können im Blick auf den Kontext der Personalentwicklungsmaßnahmen zwei Personengruppen unterschieden werden: diejenigen, die in Schulen in kirchlicher Trägerschaft und damit in einem kirchlichen Betrieb tätig sind und diejenigen, die an öffentlichen Schulen als Schulseelsorger/innen aktiv sind. Aufgrund der divergenten Voraussetzungen ergeben sich, was zum Beispiel das Selbstverständnis angeht, unterschiedliche Akzente.

Die folgenden Personalentwicklungsmaßnahmen sind in Diözesen anzutreffen:

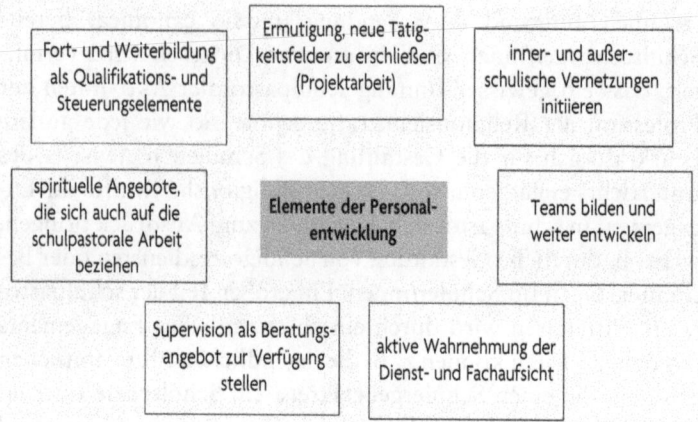

Abb. 5.7b: Elemente der Personalentwicklung

a) Fort- und Weiterbildungen

Bei den (Religions-)Lehrkräften und pastoralen Mitarbeiter/innen kann davon ausgegangen werden, dass bereits eine berufliche Qualifikationsmaßnahme durchlaufen wurde und deswegen Maßnahmen der Personalentwicklung auf eine Weiterentwicklung der schulpastoralen Handlungskompetenz zielen können.

Für (Religions-)Lehrkräfte und pastorale Mitarbeiter/innen werden in einigen Diözesen eineinhalb- bis dreijährige Weiterbildungen für Schulpastoral angeboten. Hier werden (zukünftige) Schulseelsorgerinnen und Schulseelsorger mit dem Ziel qualifiziert, Situationen in Schulen pastoral kompetent zu gestalten.[18]

Darüber hinaus sind in den Diözesen Fortbildungsprogramme und qualifikationserhaltende Maßnahmen (z. B. im Rahmen von Jahrestagungen) angeboten, die den Schulseelsorger/innen vielfältige Gelegenheiten bieten, sich personen-, themen-, und methodenorientiert fortzubilden, um die beruflich relevanten Fähigkeiten, Kenntnisse, Fertigkeiten und Einstellungen zu erweitern und zu erneuern. Diese Tagungen können auch als Maßnahme der Organisationsentwicklung konzipiert werden: die Berufsidentität kann hier gestärkt und weiterent-

---

[18] Vgl. in diesem Band: Thalheimer / Lob: Fort- und Weiterbildung (5.8).

wickelt werden, Feedbacks können aus der schulpastoralen Praxis an die Fachstellen und Abteilungen, die für Schulpastoral in Diözesen zuständig sind, zurückfließen und weitere Entwicklungsprozesse auslösen.

b) Wahrnehmung von Dienst- und Fachaufsicht

Die Fachaufsicht im Bereich Schulpastoral kann durch Besuche an den Schulen vorgenommen werden. Im Sinne der Personalentwicklung geht es am Ort der schulpastoralen Arbeit darum, den kirchlich-institutionalisierten Kontakt mit der Schulleitung und gegebenenfalls auch mit der Fachschaft Religion bzw. einem schulischen Pastoralteam zu halten. Anlässe für Besuche an Schulen können turnusgemäß vereinbarte Mitarbeiter/innen-, Beratungs-, Reflexions- oder Zielvereinbarungsgespräche sein. Auch anstehende Vertragsänderungen (z. B. bei befristeten Verträgen eine Vertragsverlängerungen, eine Erhöhung oder Reduktion des Umfangs des Auftrages) können bei dieser Gelegenheit besprochen werden.

c) Erschließung neuer Tätigkeitsfelder

Neben kontinuierlichen Angeboten wie Schulgottesdiensten, Besinnungstagen und Angeboten in einem Raum der Stille bestehen vielfältige Möglichkeiten, z. B. über Projektarbeiten neue Tätigkeitsfelder zu erschließen. Sie stellen insofern auch eine Personalentwicklungsmaßnahme dar, als hier Schulseelsorger/innen angeleitet und begleitet gemeinsam mit anderen zeitlich begrenzte Angebote für Kinder, Jugendliche und Erwachsene machen können, die ihren eigenen Charismen entsprechen oder eine Herausforderung darstellen, an der sie sich persönlich und fachlich-professionell erproben und weiterentwickeln können.

d) Vernetzung

An Schulen und in Regionen können Möglichkeiten zu einer Vernetzung mit anderen Schulseelsorger/innen initiiert und organisiert werden. Hier besteht als (angeleitete) kollegiale Beratung die Gelegenheit, die eigenen Erfahrungen mit anderen auszutauschen, neue Ideen zu gewinnen und Problemlösungen zu erarbeiten. Es ist möglich, das kollegiale Miteinander als Be-stärkung, Korrektiv und Anerkennung zu erfahren, was sich als Entlastung auswirken und dadurch eine Burn-out-Prophy-laxe darstellen kann. Eine dezentral organisierte Beratung und Begleitung kann in manchen Regionen durch schulpastoral qualifizierte Fachkräfte wahrgenommen werden. Mancherorts haben sie darüber hinaus einen Auftrag, außer- und innerschu-lische Kooperationspartner/innen in einen Kontakt zu bringen, Projekte anzuregen und die Kooperationen fachlich zu beglei-ten. Zudem kann die institutionalisierte Vernetzung mit den innerschulischen Beratungsdiensten wie der Schulsozialarbeit, mit außerschulischen sozialen, kulturell orientierten Institution, mit Ärzten, Therapeuten und Hilfsorganisationen beitragen, dass die persönliche Kompetenz erweitert wird.

e) Teambildung und Teamentwicklung

Eine Teambildung und Teamentwicklung kann Bestandteil der Personalentwicklungsmaßnahmen sein. Um ein Einzel-kämpfer/innendasein an Schulen zu vermeiden, werden Koope-rationen mit Schulsozialarbeiter/innen, Schulpsycholog/inne/n, Vertrauens- und Beratungslehrer/innen usw. angeregt und flan-kierend durch Kooperationen auf der Ebene der Bundesländer oder staatlichen Schulbehörden auf der mittleren Ebene institu-tionell gestützt. Zu den ersten Kooperationspartner/innen der Schulpastoral gehören die evangelischen Schulseelsorger/innen. In ökumenischer Kooperation wird die Zusammenarbeit an den Schulen gefördert, was ein großes Entwicklungspotenzial eröffnen kann.

f) Einzel-, Gruppen- oder Teamsupervision

Bei Bedarf kann auch jenseits der modularen Weiterbildun-gen die Möglichkeit bestehen, Supervision bzw. Coaching als Beratungsangebot zu nutzen. In der Regel dienen die Super-visionen neben der angeleiteten Reflexion der schulpastoralen Arbeit, der Selbstvergewisserung in der professionellen Rolle (um z. B. Rollenkonflikte zwischen einem Religionslehrer/in-nen- und Schulseelsorger/innendasein an einer Schule bewältigen zu können), der Unterstützung im Umgang mit Krisen und Konflikten sowie der Entlastung vor allem auch für diejenigen, die seelsorgerliche Gespräche führen.

g) Spirituelle Angebote

Um im Kontakt mit den eigenen spirituellen Ressourcen bleiben zu können und diese immer wieder zu erneuern, bestehen zahlreiche spirituelle Angebote für Schulseelsorger/innen. Von Oasentagen über Tage im Kloster, Besinnungstagen und Exerzitien bis hin zu Wallfahrten nach Rom, Taizé, Assisi, Israel usw. besteht eine große Bandbreite an Möglichkeiten. Darüber hinaus ist es sinnvoll, Fort- und Weiterbildungen grundsätzlich so zu gestalten, dass eine Verbindung zwischen der eigene Spiritualität und den weiter zu entwickelnden Kenntnissen, Fertigkeiten und Fähigkeiten angeregt wird.

Neben den genannten Strukturelementen der Personalentwicklung können die Beauftragung für Schulseelsorger/innen und das Bereithalten der Möglichkeit, in Schulen pastoral zu handeln, als Elemente der Personalentwicklung verstanden werden.

Beauftragung, Wertschätzung und Anerkennung als Elemente der Personalentwicklung

Religionslehrer/innen werden für den Religionsunterricht durch die missio canonica vom Bischof beauftragt. Daneben beauftragen die Bischöfe in einigen Diözesen/Bistümern Schulseelsorger/innen, damit sie an einer konkreten Schule kirchlich legitimiert und in die Schulen hinein transparent kommuniziert schulpastoral handeln können. Die Beauftragung wird von Schulseelsorger/innen in der Regel als Wertschätzung und Anerkennung ihres Engagements erfahren. Die Beauftragung setzt gegenüber den Schulleitungen, Kollegien, der Schülerschaft und den Eltern sowie Erziehungsberechtigten ein Signal, dass das schulpastorale Engagement einen kirchlichen Auftrag darstellt, der von der Kirchenleitung ausdrücklich gewünscht ist.

Persönlichkeitsentwicklung und Professionalisierung

Aus Mitarbeiter/innensicht soll die Personalentwicklung dazu beitragen, die Erwartungen und Bedürfnisse hinsichtlich der Möglichkeiten auf Entfaltung der eigenen Persönlichkeit und der beruflichen Weiterentwicklung zu befriedigen.

Während Jobrotationen, Abteilungswechsel, Auslandsaufenthalte usw. zu Personalentwicklungsmöglichkeiten in Betrieben gehören, scheinen in Schulen weniger Möglichkeiten für eine berufliche Weiterentwicklung vorhanden zu sein. Das gilt besonders ausgeprägt für Religionslehrer/innen im Kirchendienst, wie sie in einigen Bundesländern tätig sind (z. B. Baden-Württemberg und Bayern).

Die Schulpastoral stellt sich in zweifacher Weise als ein Feld dar, in dem eine kirchliche Personalentwicklung stattfinden kann: Zum einen erschließt sich durch die Schulpastoral neben dem (Religions-)Unterricht ein zweites anerkanntes kirchliches Tätigkeitsfeld, in dem eine Professionalisierung erfolgen kann. Da diese in der Regel verbunden ist mit Qualifikationsmaßnahmen, einer Beauftragung und einer sinnstiftenden Tätigkeit, erweitert sich hier für Schulseelsorger/innen der professionelle Handlungsspielraum. Über den (Religions-)Unterricht hinaus bietet die Schulpastoral Möglichkeiten, Räume und Zeiten bereit zu stellen, die Lebens- und Glaubenserfahrungen jenseits eines 45- oder 90-minütigen Zeitrahmens eröffnen und Glauben als Vollzug und praktischen Begriff für Schüler/innen erfahrbar machen können. Zum anderen hat sich gezeigt, dass einige Religionslehrer/innen im Verlauf von schulpastoralen Qualifizierungsmaßnahmen, Aufträgen und Projekten ihre ursprüngliche Motivation, Religionslehrer/in zu werden, wiederentdeckt haben. Einen schulpastoralen Auftrag wahrnehmen zu können, trägt bei ihnen zu mehr Zufriedenheit bei und entfaltet eine resiliente Wirkung, die auch als Burn-out-Prophylaxe bzw. Gesundheitsförderung gedeutet werden kann.

Literatur zum Weiterlesen:

Dessoy, Valentin / Lames, Gundo: Strategische Organisationsentwicklung – Kernthemen und Lösungsansätze, in: Dessoy, Valentin / Lames, Gundo (Hg.): Denn sicher gibt es eine Zukunft (Spr 23,18). Strategische Perspektiven kirchlicher Organisationsentwicklung, Trier 2008, 110–115.

Einig, Andreas: Wie im Himmel so auf Erden. Spiritualität in der Personal- und Organisationsentwicklung, Baden-Baden 2014.

Groß, Hermann-Josef / Russel, Yvonne: Personalentwicklung und Veränderungsmanagement in der Kirche. Theoretische Überlegungen und Praxisbeispiele aus dem Bistum Trier, in: Dessoy, Valentin / Lames, Gundo (Hg.): Denn sicher gibt es eine Zukunft (Spr 23,18). Strategische Perspektiven kirchlicher Organisationsentwicklung, Trier 2008, 88–109.

Schrappe, Christine: Personalentwicklung im Bereich Seelsorgepersonal. Ein Schlüssel zur Gestaltung einer zukunftsfähigen Kirche, Würzburg 2012.

5.8 Fort- und Weiterbildung

Beate Thalheimer / Brigitte Lob

Als Maßnahmen der Personalentwicklung leisten Fort- und Weiterbildungen einen Beitrag zur Weiterentwicklung schulpastoraler Handlungskompetenz. Profile von Bildungsangeboten, Qualitätskriterien, Ziele und Inhalte sowie Zielgruppen werden vorgestellt. Ausführlich und exemplarisch wird das Weiterbildungsprogramm Schulpastoral als das umfangreichste und differenzierteste Weiterbildungsprogramm in seiner Genese und durch ein aktuelles Profil dargestellt.

---

1. Grundlagen der Fort- und Weiterbildung

Beate Thalheimer

Fort- und Weiterbildungen intendieren als Personalentwicklungsmaßnahmen eine Weiterentwicklung der schulpastoralen Handlungskompetenz. Im Grundsatz zielen diese Angebote darauf, Schulseelsorgerinnen und Schulseelsorger so aus-, fort- und weiterzubilden, damit sie kompetent im Lebensraum Schule aus dem Glauben heraus wahrnehmen, deuten und entsprechende Handlungsmöglichkeiten eröffnen und umsetzen können. Es wird dabei davon ausgegangen, dass sie ihre Handlungsfähigkeit bereits im Laufe ihrer Lebens- und Lerngeschichte so erweitert haben, dass Aus-, Fort- und Weiterbildungen in der Schulpastoral Impulse für die Weiterentwicklung der Fähigkeiten geben, die für diese spezifische Aufgabe gebraucht werden.

Zur Unterscheidung von Fortbildung und Weiterbildung wird davon ausgegangen, dass Fortbildungen eher punktuelle Maßnahmen darstellen, die im Unterschied zu Weiterbildungen nicht auf eine (teil-)berufliche Qualifizierung abzielen. Fortbildungen können halb- bis mehrtägige Bildungsveranstaltungen sein. Unter Weiterbildung wird eine mehrteilige Bildungsmaßnahme verstanden, die sich über einen längeren Zeitraum erstreckt. In den aktuellen schulpastoralen Handlungsfeldern zeichnet sich der Bedarf an Fort- und Weiterbildung deutlich ab: Durch die sich kontinuierlich verändernden Bedingungen im Lebensraum Schule ist ein hohes Maß an Flexibilität, an Wahrnehmungs- und Urteilsfähigkeit, Kreativität und Kommunikationskompetenz erforderlich, um auf die Zeichen der Zeit angemessen reagieren zu können, d. h. sie zu erkennen und daraus schulpastorale Angebote zu entwickeln und durchzuführen.

1.1 Fort- und Weiterbildungen als Maßnahmen der Organisations- und Personalentwicklung

Fort- und Weiterbildungen sind in der Lage, Bildungsprozesse zu profilieren und zu steuern. Dabei können sechs Bereiche als Ausgangsbasis für ein konkretes Angebotsdesign berücksichtigt werden:

- Eine *Inhaltsorientierung* dominiert, wenn Themenfelder der Schulpastoral wie der Aufbau eines Kriseninterventionsteams an der Schule, der Organisation und Durchführung von Besinnungstagen und Wallfahrten, die Einrichtung von Räumen der Stille, Themen des Versicherungsschutzes und Fundraising usw. im Vordergrund stehen.
- Eine *Kontextorientierung* berücksichtigt vorrangig die Bedingungen von Schulpastoral an konkreten Schulen und die einhergehenden Chancen und Grenzen.
- Eine *Adressatenorientierung* geht aus von den Bedürfnissen der Teilnehmenden, sie orientiert sich z. B. am Wunsch, sich kollegial zu beraten.
- Eine *Methodenorientierung* wird Angebote in den Blick nehmen, die ein Kennenlernen und Erproben von Methoden ermöglicht, mit denen im Bereich der Schulpastoral gearbeitet werden kann.
- Eine *Ziel- bzw. Intentionsorientierung* bezieht sich auf Ziele und Absichten, die in der Schulpastoral verfolgt werden und wird versuchen, dass sich Teilnehmende Grundsätze und die

damit verbundenen Haltungen in der Schulpastoral zu Eigen machen.[1]

- Ergänzend und existenziell relevant für kirchliche Fort- und Weiterbildungsangebote im pastoralen Kontext ist die *Orientierung an der Theologie und Spiritualität* als Grundlage, Ausdruck und Vollzug von Glauben der Kirche und ihrer Mitarbeiter/innen.[2]

Bei der Entwicklung und Durchführung von konkreten Bildungsmaßnahmen können die genannten Bereiche miteinander verbunden werden.

1.2 Qualitätskriterien von Fort- und Weiterbildungen in der Schulpastoral

Mehrfach wurden in diesem Handbuch Qualitätskriterien von schulpastoralem Handeln benannt.[3] Diese Qualitätskriterien korrespondieren unmittelbar mit Qualitätskriterien von Fort- und Weiterbildungen in der Schulpastoral und dies in zweifacher Weise. Zum einen sind sie darauf ausgerichtet, die entsprechenden Fähigkeiten bzw. Kompetenzbereiche aus-, fort- und weiter zu bilden. Zum anderen sollten die Bildungsmaßnahmen selbst den entsprechenden Kriterien folgen, um ein Forum zu eröffnen, in dem exemplarisch erlebt und erprobt werden kann, was in der schulpastoralen Praxis an Fähigkeiten benötigt wird.

Das Qualifikationsprofil von Schulseelsorger/innen[4] kann folgendermaßen beschrieben werden:

---

[1] 1–5 in Anlehnung an Becker, Manfred / Schwarz, Volker / Schwertner, Anke: Theorie und Praxis der Personalentwicklung: aktuelle Beiträge aus Wissenschaft und Praxis, München 2002, 7.

[2] Vgl. in diesem Band: Bußmann / Lob: Theologische Begründung (1.5), Thalheimer: Personal- und Organisationsentwicklung (5.7) .

[3] Vgl. in diesem Band: Thalheimer: Schulpastoral (1.1), Lames: Schulpastoral und ihre Beobachtungen von Schule und Gesellschaft (1.2), Geißler / Neudert: Rolle und Identität (2.1), Lob: Haltungen und Qualitätskriterien (2.2), Dam: Evangelische Schulseelsorge (3.2).

[4] Die Beschreibung erfolgt in Anlehnung an die in diesem Band bereits genannten Qualitätskriterien (siehe Fußnote 3) und an die acht Merkmale schulpastoralen Handelns von Religionslehrer/inne/n an beruflichen Schulen, die Markus Seibt in einer empirischen Studie benannt hat: a) eine lebendige Bezie-

– Schulseelsorger/innen pflegen eine lebendige Beziehung zu Gott und zu den Mitmenschen, indem sie als spirituelle Menschen in Solidarität mit anderen leben, was hier auch arbeiten bedeutet.

– Sie orientieren ihre schulpastoralen Angebote an den Menschen, denen sie im schulpastoralen Kontext begegnen, an Schule als Lebensraum und an möglichen Kooperationspartnern.

– Den Lebensraum Schule können sie nicht nur wahrnehmen und analysieren, sondern im Interesse einer Menschwerdung auch mit anderen einvernehmlich gestalten.

– Konkrete Lebenssituationen können in ihren vielfältigen Dimensionen erkannt und gestaltet werden.

– Schulseelsoger/innen sind in der Lage, die vorhandenen Ressourcen zu nutzen und neue zu erschließen.

– Schulseelsorger/innen kennen schulpastorale Konzepte und Konzeptionen und können situations- und lebensraum-, adressaten- und ressourcenorientiert angemessene neue schulpastorale Angebote entwickeln.

– und dabei nicht nur durch Abgrenzung zu anderen religiösen, psychosozialen, freizeitorientierten Angeboten usw. an Schulen das schulpastorale Profil schärfen.

– Eine Kommunikations- und Kooperationsfähigkeit gehört zu den grundlegenden Kompetenzen, die Schulseelsorger/innen mitbringen und im Rahmen ihres Engagements weiterentwickeln.

– Im Blick auf die Menschen, denen sie im Rahmen von schulpastoralen Angeboten begegnen, wollen sie einen Betrag leis-

---

hung zu Gott (Spiritualität) und den Menschen (Solidarität) pflegen, b) Adressaten- und Lebensraumorientierung, c) Ressourcen- und Situationsorientierung, d) Konzeptorientierung und Profilschärfung, e) Kommunikationsfähigkeit und Kompetenzorientierung, f) Kooperationsfähigkeit und Abgrenzung, g) interkulturelle und interreligiöse Sensibilisierung und h) Unterstützung und Wertschätzung der Schulpastoral. Vgl. Seibt, Markus: Schulpastoral an beruflichen Schulen des dualen Schulsystems. Eine qualitativ-empirische Untersuchung zur Entwicklung von Qualitätskriterien für eine gelingende Schulpastoal an Berufsschulen, Berlin/Münster 2008, 223–237.

ten, dass diese Menschen ihre eigenen Kompetenzen im (außer-)unterrichtlichen und (außer-)schulischen Rahmen weiterentwickeln können.

– Ein Schwerpunkt mag dabei auf der religiösen Kompetenz liegen, die in vielfältiger Weise persönliche, spirituelle, kommunikative, soziale, religionswissenschaftliche, ästhetische Kenntnisse, Fähigkeiten und Fertigkeiten und eine Weltdeutekompetenz einschließen.

– Von wachsender Bedeutung sind interkulturelle und interreligiöse Kompetenzen. Gemeint ist hier vor allem auch eine Sensibilität für Diversitäten und ein Initiativwerden für ein gemeinschaftsstiftendes Schulklima und eine friedvolle Schulkultur.

1.3 Ziele, Inhalte und Zielgruppen schulpastoraler Fortbildungen

Die Ziele und Inhalte ergeben sich im Wesentlichen aus dem Aufgaben- und Anforderungsprofil von Schulseelsorger/innen, den Konzeptionen und Rahmenordnungen zur Schulpastoral in den Diözesen und an konkreten Schulen.[5]

Grundsätzlich können sowohl hauptberufliche Schulseelsorger/innen als auch ehrenamtliche Mitarbeiter/innen fortgebildet werden. Die meisten Fortbildungsaktivitäten richten sich an pastorale Mitarbeiter/innen oder (Religions-)Lehrer/innen, die als hauptberufliche Schulseelsorger/innen oder als Schulseelsorger/innen mit Teilaufträgen an einer oder mehreren Schulen aktiv sind. Wenn kontinuierlich mit Kooperationspartner/innen im inner- und außerschulischen Bereich zusammen gearbeitet wird, erscheint es sinnvoll, Fortbildungen anzubieten, die ein gemeinsames Forum für die fachlich begleitete und angeleitete Weiterentwicklung von schulpastoralen Aktivitäten zur Verfügung stellt.

---

[5] Vgl. in diesem Band: Geißler / Neudert: Rolle und Identität (2.1), Lob: Haltungen und Qualitätskriterien (2.2), Thalheimer: Personal- und Organisationsentwicklung (5.7).

1.4 Weiterbildungsprogramme in der Schulpastoral

Den regionalen Bedürfnissen entsprechend sind bundesweit vielfältig Profile der Fort- und Weiterbildungen entwickelt worden. Einige haben sich in den vergangenen Jahren am Weiterbildungsprogramm Schulpastoral orientiert. Die Genese des Programms lässt erkennen, wie die schulpastoralen Inhalte und Ziele der Weiterbildung und das Programm selbst entwickelt wurden.

Dem Hinweis der deutschen Bischöfe auf die Entwicklung des Weiterbildungsprogramms Schulpastoral 1996[6] ging eine etwa zehnjährige Entwicklungsarbeit voraus. Bereits 1987 hatten Vertreter der Zentralstelle Bildung der Deutschen Bischofskonferenz und Mitarbeiter der Kirchlichen Arbeitsstelle für Fernstudien bei der Domschule Würzburg e. V. beschlossen, dass Materialien für die Qualifikation von Schulseelsorger/innen entwickelt werden sollten. 1991 war in Kooperation mit dem Jugendpastoralinstitut Benediktbeuern festgestellt worden, dass ein »Fortbildungsprogramm« zu entwickeln sei. Dabei sollte das Material die theoretischen Grundlagen liefern. Die Reflexion von Praxis (Supervision), Fortbildung und Gesprächsführung könne demnach nur in Präsenzphasen stattfinden.[7] In einem bundesweiten Erfahrungsaustausch von interessierten kirchlichen Institutionen ergab sich im Februar 1992 in Würzburg ein ›disparates Bild‹ hinsichtlich der ›Zielrichtung‹, den ›Adressatengruppen‹ und ›Methoden‹, zur personellen ›Besetzung‹ und den »Vorstellungen und realistische Einschätzungen künftiger Möglichkeiten«.[8] 1992 wurde nicht nur ein »Rahmenpapier zum Fernstudium ›Schulpastoral‹« erarbeitet, sondern auch ein Beirat eingerichtet, um die Entwicklung fach-

---

[6] Die deutschen Bischöfe – Kommission für Erziehung und Schule: »Schulpastoral – der Dienst der Kirche an den Menschen im Handlungsfeld Schule«, hg. v. Sekretariat der Deutschen Bischofskonferenz, Bonn 1996.

[7] So im Gesprächsprotokoll vom 14. November 1991 vermerkt, das bei der Kirchlichen Arbeitsstelle für Fernstudien bei der Domschule Würzburg e. V. vorliegt.

[8] Vgl. dort: Protokoll vom 20. Februar 1992.

lich zu begleiten.[9] Die Diskussionen, die in der konstituieren-
den Sitzung geführt wurden, zeigen, dass hier auch wesentliche
Linien der schulpastoralen Theorie diskutiert wurden:
- die Legitimation von Schulpastoral und ihre Ziele,
- die Adressaten von Schulpastoral,
- das Verhältnis von Gemeinde und Schulpastoral,
- das Verhältnis Ökumene und Schulpastoral,
- die Zielgruppe für Aus-/Fortbildung,
- Inhalte der Materialien und
- die zeitliche Dauer und äußere Anlage des Kurses.[10]

Eine erste Projektbeschreibung »Schulseelsorge/Schulpastoral –
Befähigung zum Dienst von Christen und Christinnen in der
Schule« wurde erarbeitet und am 15. Dezember 1993 vor-
gelegt. Auf dieser Basis wurde das Weiterbildungsprogramm
Schulpastoral entwickelt: Obligatorisch waren ein schulpastorales Praxisfeld, sechs viertägige Präsenzphasen zu schulpastoralen Themenfeldern, zehn Studieneinheiten, zehn Praxisgrup-
pentreffen, Supervision sowie eine abschließende Hausarbeit
mit Kolloquium als eine Ausgangsbasis für die Zertifikatsver-
gabe vorgesehen (siehe Seite 313).

An drei Standorten wurden auf dieser Grundlage – mit der
Programmbeschreibung entsprechenden Variationen – Pilot-
kurse durchgeführt:

Vom Herbst 1996 bis Mai 1998 im Bistum Mainz, von März
1997 und Oktober 1998 als Kooperationsmaßnahme der
Kirchlichen Arbeitsstelle für Fernstudien in Würzburg und
dem Bischöflichen Jugendamt/BDKJ der Diözese Rottenburg-
Stuttgart und von September 1997 bis November 1998 in Kooperation zwischen den Bistümern Aachen und Essen.

Im Weiterbildungsprogramm in Mainz wurde überwiegend
themenorientiert in Kombination mit Erkenntnissen aus der
Transaktionsanalyse und unter Beteiligung von externen Refe-
rent/innen gearbeitet. Das Profil der Weiterbildung Würzburg/

---

[9] Das Rahmenpapier Fernstudium ›Schulpastoral‹ wurde am 11. August
1992 fertiggestellt.
[10] Vgl. Protokoll vom 30. September 1992.

Gesamtkurs „Weiterbildung Schulpastoral"
Aufbau und Verschränkung der fünf Lernebenen
1¹/₂ Jahre · 16 Teilnehmer/-innen · 2 Kursleiter/-innen

Präsenzphasen: Mögliche Lernschwerpunkte	Supervision	Praxisgruppen	Studieneinheiten (= StE)
	Ausschreibung Bewerbung		
Bewerber/-innen-Treffen: • Vorstellen des Kurskonzepts • Vorstellen der Zertifikatsvoraussetzungen • Entscheidung zur Teilnahme (durch die Bewerber/-innen und durch die Kursleitung)			
1. Kursabschnitt (4 Tage) • Klärung der Lernvoraussetzungen / Lernmotivationen und -interessen • Konstituierung der Kursgruppe • Rollenhandeln in Gruppen • Bildung der Supervisionsgruppen • Bildung der Peer-groups	Kontaktaufnahme zum / zur Supervisor/-in (DGSv) Supervisionskontrakt	1. Treffen der Praxisgruppen (Peer-groups)	**StE I** Lebenswelt Schule – Religionsunterricht – Schulpastoral. Grundlegung und Übersicht **StE II** Kinder und Jugendliche – ihre Kulturen und ihre Religiosität
2. Kursabschnitt (4 Tage) Die eigene Lebens-, Glaubens- und Rollengeschichte wahrnehmen und in ihrer Bedeutung für die Identität als Schulseelsorger/-in verstehen und gestalten			**StE III** Schule als System, Institution, Lernort, Lebenswelt **StE IV** Gestaltungsprinzipien und Arbeitsformen von Schulpastoral
3. Kursabschnitt (4 Tage) * Kommunikation und Interaktion: Gruppenprozesse verstehen und steuern	15 Sitzungen Einzel-/Gruppen-Supervision	10 – 15 Treffen	**StE V** Kommunikation und ihre Störungen in der Schule – Wahrnehmung, Beratung, Begleitung
		Zwischenauswertung	
4. Kursabschnitt (4 Tage) * Kommunikation und Interaktion: Menschen im Lebensraum Schule verstehen, begleiten und beraten			**StE VI** Theologische Grundlagen für den Dienst von Christinnen und Christen in der Schule
5. Kursabschnitt (4 Tage) * Schule als System. Konflikte wahrnehmen und Handlungsmöglichkeiten entwickeln			**StE VII** Schulpastoral – Konzepte und Profile
Erarbeitung einer Hausarbeit: "Elemente meines Konzepts der Schulpastoral"			**StE VIII** Aufbau von Schulpastoral vor Ort – Konzeptentwicklung
6. Kursabschnitt (4 Tage) • Elemente eines Konzepts Schulpastoral • Besprechung der Hausarbeiten in den Praxisgruppen (= Abschlußkolloquium) • Kursreflexion • Zertifikatsvergabe	Abschluß der Supervision	Abschluß der Gruppenarbeit	**StE IX** Schulkultur und Gestaltung des Schullebens **StE X** Christinnen und Christen im Dienst in der Schule – Selbstverständnis und Spiritualität
		Zertifikat	

Left margin: Arbeit im eigenen schulpastoralen Praxisfeld

Right margin: Arbeit im eigenen schulpastoralen Praxisfeld

*) Die Lernschwerpunkte der 3. bis 5. Kursabschnitte sind untereinander austauschbar

© Theologie im Fernkurs / Kath. Akademie Domschule Würzburg

Rottenburg basierte auf einem kontinuierlich an Prozessen und der Gruppendynamik orientierten Lernansatz und wurde ohne eine Beteiligung externer Referent/innen durchgeführt. In Aachen/Essen basierte die Arbeitsweise auf dem Ansatz von TZI, wobei eine TZI-Trainerin kontinuierlich im Rahmen der Präsenzphasen mitarbeitete. Nach der Evaluation der gesammelten Erfahrungen endete 2000 die Entwicklungsarbeit des Weiterbildungsprogramms.

Das ursprüngliche Weiterbildungsprogramm wird mittlerweile in modifizierten Varianten in einigen Diözesen praktiziert. Exemplarisch folgt ein Einblick in das Design eines aktuellen Weiterbildungsprogramms Schulpastoral.

2. Exemplarische Darstellung des Weiterbildungsprogramms Schulpastoral im Bistum Mainz

Brigitte Lob

Zu den Anliegen des Weiterbildungskurses gehört es, die Wahrnehmung von Menschen, Verhältnissen und Atmosphäre zu schulen. Ein Weiteres ist das Einüben in das systemische Denken: Nicht nur die Einzelperson interessiert, sondern ihr Umfeld, ihre Lebensbedingungen, die familiären Verhältnisse, die schulischen Rahmenbedingungen und Kommunikationsstrukturen. Das bedeutet auch den Blick auf die Schule als Ganzes zu werfen und ihre Strukturen dahingehend zu betrachten, ob sie gemeinsames Lernen und Leben ermöglichen und erleichtern oder nicht. Im Umkehrschluss heißt dies auch, den eigenen kirchlichen Hintergrund als System wahrzunehmen und zwischen Schule und Kirche einerseits systemisch zu differenzieren und gleichzeitig pastoral Brücken zu bauen.

Ein anderer Aspekt in der Ausbildung erfordert, die Kursteilnehmer/innen, sofern sie staatliche Lehrkräfte sind, auf diesen permanenten Rollenwechsel (Lehrer/in – Seelsorger/in) hinzuweisen und die unterschiedlichen Anforderungen herauszuarbeiten. Das Hineinwachsen in eine seelsorgliche Rolle ist ein ganzheitlicher, langer Prozess, der die Arbeit an der eigenen Person, der Spiritualität sowie das Erlernen und Einüben vieler Kompetenzen notwendig macht.[11]

Als Beispiel eines Weiterbildungskurses von eineinhalb Jahren Dauer mit einer festen Gruppe wird hier der Mainzer Kurs dargestellt, der seit 2014 von den Bistümern Fulda, Limburg, Speyer und Trier mit übernommen wurde und in dem die Teilnehmenden aller fünf Diözesen gemeinsam ausgebildet werden.

– Ziel: Ziel des Kurses ist die Befähigung der Teilnehmer/innen für den Dienst im Handlungsfeld Schule.[12] Dazu gehören der Erwerb und die Vertiefung fachlicher, methodischer, kommunikativer, spiritueller und persönlicher Kompetenzen im beruflichen Handeln. Zu den Inhalten gehören die Auseinandersetzung mit der eigenen Person und Rolle, der eigenen Spiritualität, der Glaubens- und Lebensgeschichte sowie die Beschäftigung mit institutionellen Rahmenbedingungen von Schule und der Lebenswelt von Schülerinnen und Schülern. Die Fortbildung ermöglicht den Teilnehmenden, theoretische Grundlagen und praktisches Handeln zu verknüpfen und ein eigenes Konzept von Schulpastoral zu entwickeln. Im Mittelpunkt steht das Lernen an und mit der eigenen Person als wichtigstes »Medium«[13] im Umgang mit Menschen.

– Zielgruppe: Der Weiterbildungskurs wendet sich an haupt- und ehrenamtliche Schulseelsorger/innen (hauptamtliche pastorale Mitarbeiter/innen im kirchlichen Dienst; staatliche Religionslehrer/innen) sowie an Mitarbeiter/innen in der Schulpastoral (alle interessierten Lehrkräfte) aus allen Schularten.

---

[11] Vgl. in diesem Band: Bußmann: Spiritualität (2.3), Thalheimer: Personal- und Organisationsentwicklung (5.7) und Fort- und Weiterbildung (5.8.1).

[12] Vgl. Kirchliche Arbeitsstelle für Fernstudien / Theologie im Fernkurs bei der Domschule Würzburg e.V. (Hg.): Schulpastoral – Befähigung zum Dienst von Christinnen und Christen in der Schule. Das Programm – Aufbau und Verwendung, Würzburg 1996, 4.

[13] Forneck, Hermann J.: Selbstgesteuertes Lernen und Modernisierungsimperative, in: Zeitschrift für Pädagogik 48 (2002), H. 2, 242–261, hier: 246.

- Kursumfang: Da der gesamte Kurs 18 Kurstage (in je drei-
  tägigen Kursblöcken) umfasst, wird er auf drei Schuljahre[14]
  verteilt, was den Schulleitungen eine Zustimmung erleichtert. Parallel ist zuhause die Lektüre von Studienmaterial
  und weiterführender Literatur notwendig. In kleineren Supervisionsgruppen werden in zwölf Sitzungen Themen aus
  der schulpastoralen Praxis bearbeitet. Neun Treffen (die
  auch z.T. zusammengefasst werden können) finden in regionalen Praxisgruppen statt. Diese dienen zum Austausch und
  zur Erarbeitung von eigener Konzeption und einem Angebot
  in der Schulpastoral an der eigenen Schule, das zunächst als
  Projekt durchgeführt und evaluiert wird. Diese Projekte werden an einem Präsentationstag von allen mit ihrer Konzeption sowie einem eigenen Werbeflyer für die Schulpastoral
  oder das Projekt vorgestellt. Bis zum sechsten Kursblock ist
  darüber eine schriftliche Abschlussarbeit zu erstellen.
- Verlauf: Ein halbes Jahr vor Kursbeginn gibt es ein Informa-
  tionstreffen für Interessierte. Hier werden der Kursablauf,
  Inhalte, die Termine, die Leitung und die Referent/inn/en
  vorgestellt. Da Schulpastoral als Begriff, als Konzeption sowie mit seinen verschiedenen Praxisfeldern vielen nicht umfassend bekannt ist, gibt es eine Einführung dazu. In diesem
  Treffen kommen die Erwartungen der Interessierten zur
  Sprache und werden die Fragen hinsichtlich der Ziele, Me-
  thodik, Verbindlichkeit, usw. beantwortet. Es geht um eine
  Klärung der Lernvoraussetzungen und Lerninteressen, um
  die Vergewisserung der eigenen Motivation und des kirchlichen Auftrags. Dieses Vortreffen dient einer Entscheidungs-
  findung bezüglich der Teilnahme der Einzelnen an diesem
  Weiterbildungskurs zum jetzigen Zeitpunkt. Die verbindli-
  che Bewerbung erfolgt danach. Ein Vertrag regelt die Teil-
  nahmemodalitäten. Erforderlich ist die Zustimmung der

---

[14] Daher findet der erste und zweite Kursblock immer im Frühjahr/ Früh-
sommer statt, der dritte bis fünfte Kursblock sind auf das folgende Schuljahr
verteilt. Der sechste Block findet erst im darauf folgenden Schuljahr im
Herbst statt.

Schulleitung zum Gesamtkurs durch ihre Unterschrift: Es geht um die Anerkennung der Fortbildung und die Unterstützung zum Aufbau oder zur Weiterentwicklung der Schulpastoral an der Schule durch diese Person. Am Kurs können maximal 18 Personen teilnehmen.

Der erste Kursblock: Kennenlernen, Erwartungen austauschen, Lernziele benennen. Dazu gehört auch eine biografische Arbeit an der eigenen Glaubens- und Schulgeschichte.

Einführung in Gesprächsführung – und dies auch praktisch durch Rollenspiele und ihre Auswertung. Häufig werden gerade Religionslehrer/in von Schülern/innen zwischen Tür und Angel mit persönlichen Fragen, Krisenerlebnissen und existenziellen Themen angesprochen. In dem ersten Ausbildungsteil werden Gesprächshaltungen erarbeitet, die Hilfestellungen und Leitlinien für ein anknüpfungsfähiges und gelingendes Kurzgespräch geben. Theoriehintergrund ist der systemisch-orientierte Ansatz.[15]

Darüber hinaus gibt es eine erste Einführung in Spiritualität und Reflexionen des eigenen Glaubens.

Die Frage nach dem biblischen Leitfaden durch den Kurs und für die eigene schulpastorale Praxis soll die Auseinandersetzung mit der biblischen Botschaft und der eigenen Umsetzung vertiefen.

Im ersten Kursblock werden die Supervisions- und Praxisgruppen in einem gruppendynamischen Prozess gebildet.

Während der ersten Tage im Kurs werden die zentralen Lernaspekte, die kontinuierlich wiederkehren, eingeführt:
- klassische Elemente der Gesprächsführung (aktives Zuhören, Empathie, Gefühle verbalisieren, u. a.), Kompetenzschulung (auf der persönlichen Ebene Erfahrungen sammeln, um sie für das schulpastorale Handeln praktisch umzusetzen; Überblick über soziale Kompetenzen, Anforderungen an Schulseelsorger/innen, Sich-Ausprobieren, Abgrenzung bei Überforderung, etc.),

---

[15] Vgl. in diesem Band: Lames: Der systemische Ansatz in der Schulpastoral (4.1).

- Spiritualität (Bewusstmachen und Ausdrücken der eigenen Gottesbeziehung, Einübung und Gestaltung unterschiedlicher spiritueller Formen, Impulse und Gottesdienste morgens und abends und auch zu Beginn der Praxisgruppen-Treffen, das Kursgeschehen und die eigene Entwicklung als spirituellen Prozess erfahren, die Präsenz Gottes im Schulalltag und im Weiterbildungskurs annehmen, Gottes Handeln entdecken – bis hin zur Findung eines eigenen Projektes in der Schule),
- Gruppe: Voraussetzung für das eigene Lernen und möglichst angstfreies Ausprobieren ist eine vertrauensvolle Gruppenatmosphäre. Die zunehmende Offenheit und Kreativität in der Gesamtgruppe benötigt Zeit und in Kleingruppen eine ständig wechselnde Zusammensetzung.
- Dazu kommen regional mehrere feste Praxisgruppen (vier bis sechs Personen) und einige Supervisionsgruppen in den Diözesen. In den von der Kursleitung moderierten Praxisgruppen wird zu Beginn ein Impuls gestaltet, dessen religiöser Inhalt zum Thema des Treffens hinführt. Das Ziel der Praxisgruppen ist es, dass am Ende jede/r ein schulpastorales Projekt an der eigenen Schule durchgeführt hat. Der Weg dahin beginnt mit der Schulanalyse: die Bedürfnisse der Menschen: Lehrkräfte, Schüler/innen, Angestellte, Schulleitung und Eltern; die Rahmenbedingungen, die Kommunikation, die Ziele, die Ressourcen, Kooperationsmöglichkeiten, Hindernisse, Projektentscheidung, Durchführung und Evaluation – und alles mit der Beratung durch die Praxisgruppe. Themen sind Projektmanagement, Zielarbeit, Schulanalyse, die eigene Rolle und Spiritualität als Schulseelsorger/in. Das Ziel besteht in der Erarbeitung eines eigenen Konzeptes und Profils zur Schulpastoral, was am Ende im konkreten Projekt und in der Erstellung eines eigenen Flyers mündet. In der Schlussphase des Weiterbildungskurses werden alle Projekte an einem Präsentationstag vorgestellt, verbunden mit einem Abschlusskolloquium.
- Die Supervisionsgruppen haben die Aufgabe, eigene Fallbeispiele aus der Praxis zu bearbeiten (Konflikte, Gesprächsprozesse), dabei eigene Anteile zu reflektieren, eigene

Verstrickungen aufzuzeigen und das Gelernte aus den Kursblöcken zu vertiefen. Die Themen legen die Teilnehmer/innen
in der Supervisionsgruppe fest. In zwölf Sitzungen werden mithilfe von Fallarbeit und anderen Methoden aus der superviso-
rischen Arbeit praktische Probleme und Erfahrungen der Teil-
nehmer/innen aus dem Bereich der Schulpastoral bearbeitet.

Im zweiten Kursblock wird die Arbeit an der Gesprächsführung
fortgesetzt. Als theoretischer Hintergrund wird eine Einführung
in die Transaktionsanalyse gegeben, die durch unterschiedliche
Methoden in die praktische Umsetzung führt.

Zur Grundlegung gehört auch die Auseinandersetzung mit
den Zielen, Qualitätskriterien und Aufgaben der Schulpastoral.
Zur eigenen Profilierung und fruchtbaren Kooperation dient es,
die Aufgaben und Kompetenzen der anderen Unterstützungssysteme im Raum Schule zu kennen.

Der folgende dritte Kursteil hat die Begleitung in Krisen zum
Schwerpunkt. Der Umgang mit Tod und Trauer, die Herausforderung in solchen Situationen professionell zu begleiten, erfordert
eine intensive Beschäftigung mit eigenen Erfahrungen in Trauersi-
tuationen sowie Kenntnisse über kindliche, jugendliche und erwachsene Vorstellungen und Reaktionsweisen in der Trauer. Gelernt wird u. a. eine Todesnachricht einer Klasse zu überbringen,
der Umgang mit der Trennung der Eltern oder mit langanhalten-
den Krisen durch Erkrankungen oder Veränderungen.

Ein weiteres Thema ist die Auseinandersetzung mit verschiedenen Ansätzen von Schulpastoral, die Erwartungen der Bistümer sowie die eigene Haltung zu kirchlichen Themen.

Im vierten Kursblock geht es um die Bearbeitung von Konflikten. Hier lernen die Teilnehmenden Haltungen und Methoden
für eine konstruktive Konfliktkultur kennen mithilfe der ge-
waltfreien Kommunikation nach Marshall Rosenberg[16]. Ver-

---

[16] Vgl. Rosenberg, Marshall B.: Gewaltfreie Kommunikation. Eine Sprache
des Lebens, Paderborn 2005.

schiedene Methoden der Streitschlichtung werden eingeübt. Dabei soll auch die Vermittlung der Kenntnisse und Methoden dazu dienen, Schüler/innen, auch schon im Grundschulalter, als ›Pausenengel‹ und Streitschlichter auszubilden und zu begleiten.

Der zweite Aspekt liegt auf der Frage nach dem Umgang mit Mobbing. Die Unterscheidung von Konflikt und Mobbing und die unterschiedliche Herangehensweise werden vorgestellt und eingeübt.

Ein anderes Thema in diesem Kursabschnitt sind juristische Themen, z. B. Schweigepflicht und Versicherungsfragen.

Der fünfte Kursblock dient der vertieften Einübung in spirituelle Zugänge und in die Haltung der geistlichen Begleitung als einer weiteren Rolle im Bereich der Schulpastoral.[17] Dabei werden Methoden aus der kreativen Bibelarbeit, auch Elemente aus dem Bibliodrama, zur Reflexion der eigenen Erfahrungen sowie für die Umsetzung in der eigenen Arbeit angewandt. Im Kursgeschehen wird die Sensibilität für die Gegenwart Gottes vertieft und der Glaube gestärkt. Dies ermöglicht einen anderen Blick auf Schule, die Entdeckung von Ressourcen, eine andere Deutung von Ereignissen und ein sich veränderndes Gottesbild.

Die konkrete Vorbereitung und Gestaltung von Gottesdiensten und religiösen Impulsen erfolgt im letzten Kursabschnitt.

Im sechsten und letzten Kursblock werden Workshops angeboten, die sich die Kursteilnehmer wünschen. Aus den Erfahrungen der letzten Kurse sind u. a. folgende Themen dabei: Raum der Stille: räumliche Gestaltung und inhaltliches Konzept, interreligiöse Gottesdienste, Ruhe- und Körperübungen, Arbeit mit Gefühlen, Umgang mit Störungen, Kurzpräsentation von Schulpastoral im eigenen Kollegium und Fundraising.

Am letzten Tag wird der Gesamtkurs reflektiert. In allen Kursabschnitten steht ein Zeitraum zur Verfügung, die sogenannte ›Tagebuchzeit‹, in der die Teilnehmenden ihre Erfahrun-

---

[17] Vgl. in diesem Band: Bußmann: Spiritualität (2.3).

gen, wichtigsten Erkenntnisse und Fragen sammeln, bevor eine Blitzlichtrunde mit Rückmeldungen den Tag inhaltlich abschließt. Auch am Ende jedes Kursabschnittes erfolgt eine Reflexion. Diese Einübung in das reflektierende Arbeiten und die Selbstvergewisserung über Lernfortschritt und Befindlichkeit im Kursprozess sind Teil des Konzeptes.

Die Rückschau auf den Weiterbildungskurs am Ende der anderthalb Jahre ermöglicht eine Überprüfung der Erwartungen und Lernziele, die die Teilnehmenden zu Kursbeginn schriftlich formuliert haben. Die Summe ihrer persönlichen Erfahrungen und die Rückmeldungen der Kurskolleg/inn/en werden in der Kursgruppe besprochen.

Der zweite Reflexionsteil, der sich mit den Inhalten, Methoden und Zielen des Kurses beschäftigt und in der die Kritikpunkte und Wünsche genannt werden, geschieht in einem offiziellen Rahmen:

Ab diesem Teil sind die verantwortlichen Dezernent/inn/en der Schulabteilungen, die Schulpastoralreferent/inn/en, alle Referent/inn/en und Supervisor/inn/en des Kurses sowie Vertreter/innen der Bistumsleitungen eingeladen.

In einer Vorstellungsrunde werden auch die Projekte der Teilnehmer/innen benannt, um die unterschiedlichen Handlungsfelder von Schulpastoral auch in dieser Runde vorzustellen.

Zum Abschluss wird im gemeinsamen Gottesdienst das Zertifikat über die erfolgreiche Teilnahme am Kurs sowie evtl. die Beauftragungsurkunde zur (ehrenamtlichen) Mitarbeit in der Schulpastoral überreicht, sofern die Bistümer keine andere Regelung hierzu haben. Zu diesem Gottesdient und dem anschließenden Imbiss sind neben den oben genannten Personen alle Schulleitungen der Kursteilnehmer/innen, ihre Familien und Freunde/Freundinnen sowie weitere Kooperationspartner eingeladen.

Ein Pressebericht über den Kurs und die Arbeit der Teilnehmer/innen in ihren Schulen erfolgt danach.

Die Nacharbeit der Kursleitung besteht in Reflexionsgesprächen mit den Kursreferent/innen, den Supervisor/inn/en sowie der Auswertung der Rückmeldung der Kursteilnehmer/innen.

Zur Nachhaltigkeit des Weiterbildungskurses sind halbjährliche Treffen zum Austausch und zur Weiterarbeit an den Kompetenzen und Themen notwendig. Dies geschieht in Fortbildungsveranstaltungen und Kurstreffen.

5.9 Bistumskonzeptionen

Beate Thalheimer / Gabriele Bußmann / Ulrich Geißler

Drei Konzeptionen zur Schulpastoral wurden aus einer Vielfalt bestehender Beschreibungen ausgewählt. Sie lassen erkennen, welches Verständnis von Schulpastoral in einzelnen Diözesen in Theorie und Praxis vorliegen kann. Exemplarisch werden Konzeptionen vorgestellt, die Einblicke gewähren in eine Rahmenordnung zur Schulpastoral an Schulen in kirchlicher Trägerschaft, in die Profilierung von Schulpastoral in einer bayerischen Diözese und in eine der aktuell jüngsten Konzeptionen im Bundesgebiet. Dabei wird deutlich, dass nicht nur in konkreten Schulen situationsorientierte Schulpastoralkonzepte entwickelt werden, sondern dass die Konzeptionen der Diözesen und Bistümer auf die Genese und die Strukturen von Schulpastoral vor Ort bezogen sind und sich aktuell aus den konkreten Bedingungen und Möglichkeiten heraus profilieren.

Die Schulpastoralkonzeption für Katholische Schulen in Trägerschaft des Bistums Münster wurde exemplarisch für den Bereich der Schulen in katholischer Trägerschaft ausgewählt. Die Rahmenordnung für Beratung und Seelsorge repräsentiert ein differenziertes Spektrum von pastoralen Grundlagen, die sich in Verbindung mit rechtlichen und organisatorischen Bedingungen zu einem Gesamtbild der Ziele und Aufgaben von Schulpastoral an Schulen in katholischer Trägerschaft zusammenfügt.

Die Konzeptionen aus der Diözese Würzburg und der Diözese Rottenburg-Stuttgart beziehen sich vor allem auf schulpastorales Handeln an öffentlichen Schulen.

Aus dem Beispiel der Würzburger Konzeption ergibt sich repräsentativ für andere diözesane Konzeptionen zum einen ein Profil von Schulpastoral, das sich vor allem aus dem diakonischen Ansatz heraus versteht. Zum anderen zeigt sich hier auch die Bedeutung einer umfangreichen Vernetzung mit kirchlichen Verbänden, Institutionen und Organisationen sowie anderen bayerischen Bistümern.

Die Konzeption »Schulpastoral an öffentlichen Schulen« der Diözese Rottenburg-Stuttgart gehört aktuell zu den jüngsten bundesweiten Konzeptionen. Sie schlägt unter anderem vor, eine schulpastorale Rahmenkonzeption von Ausführungsbestimmungen zu unterscheiden, um flexibel auf die Veränderungen in den Schulsystemen und in der pastoralen Ausrichtung der Diözese, ihren Möglichkeiten, die Schulpastoral personell und finanziell auszustatten, reagieren zu können.

Nach einer jeweils kurz einleitenden Beschreibung des Standortes der Schulpastoral in den entsprechenden Bistümern bzw. Diözesen werden im Folgenden die Grund- und Leitlinien der Schulpastoralkonzepte vorgestellt.

1. Rahmenordnung für Beratung und Seelsorge an Katholischen Schulen in der Trägerschaft des Bistums Münster

Gabriele Bußmann

Schulpastoral hat im Bistum Münster eine lange Tradition, sowohl an den Bischöflichen Schulen als auch an öffentlichen Schulen. Für die Bischöflichen Schulen existiert seit 1992 die »Rahmenordnung für Beratung und Seelsorge an Katholischen Schulen in der Trägerschaft des Bistums Münster« (RO), die sowohl inhaltliche, personelle, konzeptionelle und rechtliche Regelungen für beide Handlungsfelder beschreibt.[1]

Für die Pastoral an öffentlichen Schulen liegt keine vergleichbare Rahmenvereinbarung in schriftlicher Form vor. Grundlegende inhaltliche Optionen für die Arbeit an öffentlichen Schulen stimmen allerdings mit der RO überein. Für diejenigen öffentlichen Schulen, an denen ein/e beauftragte Schulseelsorger/in aus dem pastoralen Personal eingesetzt ist, wird das schulpastorale Konzept vor Ort mit der jeweiligen Schule unter Berücksichtigung der dortigen Gegebenheiten entwickelt. Die Fachaufsicht sowie die Fortbildung und Begleitung liegen

---

[1] 2009 wurde die Rahmenordnung geringfügig verändert.

bei der Hauptabteilung Schule und Erziehung / Abteilung Schulpastoral.

Die folgenden Ausführungen skizzieren ausschließlich die o.g. Rahmenordnung für die Bischöflichen Schulen.

Danach ist Schulpastoral ein wichtiges kategoriales Handlungsfeld der Seelsorge im Bistum Münster. Das wird daran deutlich, dass das Bistum Münster an den Bischöflichen Schulen hauptamtliche Schulseelsorger/innen einsetzt, die in der Regel Pastoralreferent/innen sind und eine offizielle Beauftragung über 12 bis 39,5 Std. für die Schulpastoral haben.

In der RO werden Beratung und Seelsorge als zwei wesentliche Profilmerkmale der kirchlichen Eigenprägung Bischöflicher Schulen bestimmt. Sie sind nicht Aufgabe einzelner Spezialisten, sondern Auftrag an das gesamte Kollegium und damit Bestandteil eines vom Schulträger an alle verantwortlichen Mitarbeiter/innen gerichteten Gesamtauftrages. Diese Aufgabe wahrzunehmen ist nur möglich mit Menschen, die in ihrem Handeln deutlich machen, dass sie versuchen, aus dem Geist des Evangeliums zu leben. Personales Angebot sein heißt in diesem Zusammenhang: Mit der eigenen Person die Botschaft des Evangeliums und die Tradition der Kirche in das Schulleben einbringen.[2]

1.1 Beratung

An jeder Bischöflichen Schule gibt es über diese allgemeine Aufgabenzuschreibung hinaus zudem speziell ausgebildete Beratungslehrer/innen. Ihre Aufgabe ist u. a. die Schullaufbahnberatung, die Einzelfallhilfe für Schüler/innen und die Vernetzung mit externen Beratungseinrichtungen.[3] Der Stundenumfang für die Beratungstätigkeit beträgt pro 200 Schüler/innen eine Bera-

---

[2] Vgl. Die deutschen Bischöfe: »Qualitätskriterien für Katholische Schulen. Ein Orientierungsrahmen«, hg. v. Sekretariat der Deutschen Bischofskonferenz, Bonn 2009.

[3] Vgl. Rahmenordnung für Beratung und Seelsorge an Katholischen Schulen in der Trägerschaft des Bistums Münster, 2009, 5 – 8.

tungsstunde. Diese Stunden werden vom Land NRW refinanziert.

In der RO sind hinsichtlich der Beratung folgende Aspekte grundgelegt und in ihren Bedingungen geregelt:

- Allgemeine Aufgabenbestimmung;
- Voraussetzungen und Rahmenbedingungen für die Tätigkeit: Qualifizierte Fortbildung des Beratenden und begleitende Supervisionen; zugesicherte Vertraulichkeit, Freiwilligkeit der Teilnahme von Seiten der Ratsuchenden, Neutralität;
- Die Rolle im Kollegium: Berichtspflicht über die Tätigkeit unter Wahrung der Vertraulichkeit und Zusammenarbeit mit den Kolleg/innen;
- Mitwirkung in den Schulgremien: Möglichkeit der Teilnahme an Schul- und Klassenkonferenzen und Klassenpflegschaftssitzungen;
- Schulübergreifende Zusammenarbeit: Kooperation mit Beratungslehrer/innen anderer Schulen und Beratungseinrichtungen;
- Das schulinterne Konzept für Beratung: Erstellung eines schulspezifischen Beratungskonzeptes mit konzeptionellen und inhaltlichen Ausführungen ebenso wie Ausführungen zu Räumlichkeiten und Etat;
- Befristung der Beratungstätigkeit: Eine Befristung gilt zunächst für drei Jahre.

1.2 Seelsorge

Schulpastoral richtet sich an alle Menschen, die in der Schule sind: Schüler/innen, Lehrer/innen, Eltern, Angestellte im verwaltenden und hauswirtschaftlichen Bereich. Es geht um die ›Kommunikation des Evangeliums‹ in der Schule – aus Interesse an den Menschen, im Interesse an den Menschen.

Für die Schulpastoral stellt der Schulträger zusätzliches Personal zur Verfügung. Jede Bischöfliche Schule hat eine/n hauptamtliche/n Schulseelsorger/in, der/die in der Regel aus dem pastoralen Personal gestellt wird. Eine besondere Situation liegt an den Bischöflichen Berufskollegs vor; hier ist die Schulpastoral grundsätzlich an Lehrer/innen delegiert. Alle Schulseelsorger/innen haben für ihre Tätigkeit eine spezielle Fortbildung durchlaufen, bilden sich ständig weiter und werden von der Abteilung Schulpastoral in ihrer Tätigkeit unterstützt.

Schulpastoral in den kirchlichen Grundvollzügen

Die Aufgaben des Schulseelsorgers bzw. der Schulseelsorgerin ergeben sich aus den kirchlichen Handlungsfeldern und aus dem Bedarf der jeweiligen Schule.

diakonia: Das Leben in der Schule wahrnehmen und kultivieren: Hierzu gehören z. B. beratende und begleitende Gespräche mit Schüler/innen, Eltern, Lehrer/innen und den schulischen Mitarbeiter/innen; Projekte, die den Aufbau einer gerechteren Welt und den verantwortlichen Umgang mit der Schöpfung fördern, Compassion-Projekte, Kontakte zu außerschulischen Beratungsstellen und Einrichtungen, religiöse Freizeiten.

martyria: Leben und Glauben aufeinander beziehen: u. a. durch die Mitarbeit in den Fachschaften kath. und ev. Religion, gegebenenfalls durch die Übernahme von Religionsunterricht oder Kontaktstunden, Tage religiöser Orientierung und religiöse Schulwochen, die Förderung eines fächerübergreifenden Dialogs.

liturgia: Leben und Feiern mit Gott verbinden: u. a. durch die Erarbeitung und Entwicklung eines der Schule und der jeweiligen Schülerschaft entsprechenden Gottesdienstkonzeptes, die Erprobung neuer liturgischer Formen, die Sorge um regelmäßige Möglichkeiten, als Christ/in in der Schule gemeinsam den Glauben zu feiern, Angebote zur Meditation, zu Gebet und Gottesdienst.

Der Schulseelsorger, die Schulseelsorgerin soll in den Kontakt zwischen Schule, Pfarreien (im Einzugsgebiet der Schule) und Bistum einbezogen sein, ebenso in den Kontakt zwischen Schule und Kommune, in den Kontakt zwischen Schule und anderen Gruppen und Verbänden, die teilweise identische Ziele verfolgen.[4]

Nähere Ausführungen zur inhaltlichen Ausgestaltung werden in den schulpastoralen Konzepten der Einzelschule konkretisiert.[5]

Rechtliche und materiale Regelungen

Die RO enthält darüber hinaus Regelungen zu folgenden Aspekten:

- Dienst- und Fachaufsicht;
- Stellung des Schulseelsorgers, der Schulseelsorgerin zum Schulleiter, zur Schulleiterin;
- Mitgliedschaft des Schulseelsorgers, der Schulseelsorgerin mit Unterrichtsverpflichtung in den Schulgremien;
- Mitgliedschaft des Schulseelsorgers, der Schulseelsorgerin ohne Unterrichtsverpflichtung in den Schulgremien;
- Raumangebot: Die Schule verpflichtet sich ein angemessenes Raumangebot zur Verfügung zu stellen;
- Finanzierung von Personal- und Sachkosten;
- Versicherungsschutz.[6]

Schulpastoral leistet einen wesentlichen Beitrag zur Realisierung einer zukunftsfähigen und einladenden Gestalt von Bischöflicher Schule und ist Ermutigung zu einem selbstbewussten und auskunftsfähigen Christsein.

1.3 Qualifizierung

Als Qualifizierungsmaßnahme bietet die Abteilung Schulpastoral das *Pastoralkolleg Schulseelsorge* an – eine modularisierte Fortbildung über eineinhalb Jahre, mit fünf Kurseinheiten über vier Tage,

---

[4] Vgl. Bischöfliches Generalvikariat Münster, Hauptabteilung Schule und Erziehung (Hg.): »Den Lebensraum Schule gemeinsam gestalten. Einladung an Katholische Schulen zur Kooperation mit Pfarreien, kirchlichen Einrichtungen und Verbänden«, Münster 2009.
[5] Vgl. Rahmenordnung, 9–11.
[6] Vgl. ebd., 11–15.

mit begleitenden Gruppensupervisionen, einer Abschlussarbeit, einem Abschlussgespräch und der Zertifikatsübergabe.

Alle Schulseelsorger/innen werden zur jährlichen *Fachtagung Schulpastoral* eingeladen, die immer ein für Schule und Schulpastoral relevantes Thema zum Gegenstand hat (z. B. »Arbeit essen Seele auf – Lehrergesundheit aus psychotherapeutischer und seelsorglicher Sicht«; »Umgang mit Tod und Trauer«).

Darüber hinaus finden für die Schulseelsorger/innen an allgemeinbildenden weiterführenden Schulen drei halbtägige *Arbeitsgemeinschaften* statt. Die Schulseelsorger/innen an Bischöflichen Berufskollegs treffen sich einmal im Jahr zu einer eineinhalbtägigen Veranstaltung.

Alle zwei bis drei Jahre werden die beauftragten Schulseelsorger/innen an ihren Schulen zu einem Gespräch (auch mit der Schulleitung) über ihre Tätigkeit aufgesucht – im Sinne eines Personalentwicklungsgespräches.

Alle diese Maßnahmen dienen dem gegenseitigen Austausch und der Förderung des kollegialen Zusammenhalts, der Vorstellung schulpastoraler Projekte und der Information über Entwicklungen in den einzelnen Schulen. Durch diese Maßnahmen nimmt die Abteilung Schulpastoral die Fachaufsicht der Schulseelsorger/innen wahr und bemüht sich damit um die Qualitätssicherung und Qualitätsentwicklung von Schulpastoral im Bistum Münster.

1.4 Die Fachstelle Schulpastoral

Die Fachstelle bietet personelle, konzeptionelle, inhaltliche und finanzielle Unterstützung sowohl für die kirchlichen als auch für die öffentlichen Schulen an, um das Anliegen der humanen Mitgestaltung in den Bereichen von Bildung und Erziehung, von Lehren und Lernen zu fördern.

Schulpastoral ist ein Angebot, mit dem die Kirche durch die Arbeit dieser Fachstelle die Bemühungen von Schulen zur Eigengestaltung und Eigenprägung unterstützt. Sie tut das, indem sie sich am Bedarf der jeweiligen Schule und den Bedürfnissen der Eltern, Schulleitungen, Lehrer/innen, Eltern und Schüler/innen orientiert. Gegenwärtig arbeiten hier sieben Referent/innen auf

sechseinhalb Stellen mit folgenden Schwerpunkten: Arbeit mit
Eltern an Fragen der Erziehung und Erziehungspartnerschaft
von Schule und Elternhaus – Arbeit mit Lehrer/innen im Sinne
von Professionalisierung und Supervision und spiritueller Begleitung – Durchführung und konzeptionelle Weiterentwicklung von
Tagen religiöser Orientierung und religiösen Schulwochen für
Schüler/ innen – Begleitung, Beratung und Fortbildung der Schul-
seelsorger/innen an den kirchlichen und öffentlichen Schulen.

1.5 Schulpastoral im Pastoralplan für das Bistum Münster[7] – »Entwicklung der Kirche vor Ort in den Sozial- und Lebensräumen der Menschen«

Der Pastoralplan (PP), der in 2012 verabschiedet wurde, weist
darauf hin, dass die pastorale Entwicklung im Bistum Münster
vor großen Herausforderungen und einem gewaltigen Umbau-
prozess steht – wie er vergleichbar in allen anderen Bistümern
stattfindet. Von diesen Entwicklungen bleibt auch die Schulpastoral nicht unberührt. Folgende Optionen des PP sind besonders für die weitere Entwicklung der Schulpastoral von Bedeutung: Die Option für eine ›aufsuchende‹ Pastoral und die
Option für einen entwicklungsoffenen Gemeindebegriff, der unterschiedliche Präsenzformen von Kirche begründet. Damit
bleibt Schule als ein Feld kategorialer Seelsorge weiterhin im
Blick. Denn die Sendung der Kirche hört nicht an den Grenzen
der Pfarrei auf.

»Wir fördern eine differenzierte Seelsorge in Orientierung an den Sozial- und Lebensräumen der Menschen. Diese realisiert sich an den unterschiedlichen Orten, bei unterschiedlichen Gegebenheiten, in unterschiedlichen Verbindlichkeits- und Kontinuitäts-
graden und richtet sich an Menschen aller sozialen Milieus. Wir vernetzen die
kirchlichen, d. h. pfarrlichen, gemeindlichen und weiteren kirchlichen Einrichtungen
und Angebote miteinander sowie mit anderen Akteuren im Sozial- und Lebensraum.«[8]

---

[7] Pastoralplan für das Bistum Münster. Münster 2012, http://www.pasto-
ralplan-bistum-muenster.de/aktuelles/aktuelles-2013/erster-entwurf-des-
pastoralplans (Zugriff:14.10.2014).
[8] Ebd., 29.

Inwieweit diese inhaltliche Option zukünftig umgesetzt wird, ist eine offene Frage: Die Zusage des Bistums, für alle Bischöflichen Schulen eine/n hauptamtliche/n Schulseelsorger/in zu beauftragen, gilt weiterhin als verbindlich. Anders sieht die Situation an den öffentlichen Schulen aus. Für diese sieht der Stellen- und Strukturplan des Bistums langfristig den Abbau aller für eine Einzelschule beauftragten hauptamtlichen Schulseelsorger/innen vor. Die Verantwortung für die kategoriale Seelsorge und damit auch für die Schulpastoral wird in die Verantwortung und Zuständigkeit der Pastoralteams gelegt. Diese sollen aus dem ihnen zugewiesenen Personalbestand eine geeignete Person bestimmen, die die Verantwortung für die Seelsorge an den Schulen in den pastoralen (Groß-) Räumen wahrnimmt. Es bleibt zu hoffen, dass Schule als Feld der Pastoral damit nicht unverbindlich wird oder nur noch im Sinne einer ›liturgischen Grundversorgung‹ mitversorgt werden kann, wenn ein Beauftragter für die Schulpastoral für fünf oder sieben oder noch mehr Schulen zuständig sein wird. Schulpastoral lebt ja – wie jede Form der Seelsorge – von qualifizierter Präsenz und Beziehung, von Verbindlichkeit und Kontinuität. Das gilt umso mehr für das sich so rasant wandelnde Schulsystem. Es bleibt zu hoffen, dass der umfassende Ansatz von Schulpastoral, wie ihn die deutschen Bischöfe in ihrem Schreiben zur Schulpastoral aus dem Jahr 1996 formuliert haben, auch weiterhin eine normative Orientierung bleibt. »Die humane Mitgestaltung aller Dimensionen von Bildung und Erziehung, von Lehren, Lernen und Leisten in der Schule ist der Weg der Schulpastoral schlechthin.«[9]

Die qualifizierte Präsenz von Kirche in der Schule ist ein hohes Gut. Denn sie ist ein Lebens- und Arbeitsraum, in den Menschen aller Altersgruppen (Schüler/innen, Lehrer/innen und Eltern) und aller soziokulturellen Milieus zusammenkommen. Zu der Vielfalt dieser Milieus hat die Kirche über ihre Gemeindepastoral nur sporadischen und selektiven Kontakt. Unter den

---

[9] Die deutschen Bischöfe – Kommission für Erziehung und Schule: »Schulpastoral – der Dienst der Kirche an den Menschen im Handlungsfeld Schule«, hg. v. Sekretariat der Deutschen Bischofskonferenz, Bonn 1996, 15.

öffentlichen Schulen, in denen die Schulseelsorger/innen zurzeit tätig sind, sind Hauptschulen, Förderschulen, Gesamtschulen und Schulen, die in einem ›Stadtteil mit besonderem Entwicklungs- bzw. Erneuerungsbedarf‹ (früher: ›Sozialer Brennpunkt‹) liegen. Den Menschen, die hier leben, sollte Kirche im Sinne der Option für Benachteiligte besonders verpflichtet sein.

2. Diözesane Konzeption für die Schulpastoral im Bistum Würzburg

Ulrich Geißler

2.1 Ausgangssituation und Entwicklung der Schulpastoral im Bistum Würzburg

Seit 1997 wurden die Bemühungen des Schulreferates im Bistum Würzburg verstärkt, viele bestehende vereinzelte Elemente der Schulseelsorge bzw. Schulpastoral zu koordinieren sowie staatliche und kirchliche Lehrkräfte für diesen Bereich zu motivieren, zu unterstützen und zu qualifizieren. Bis heute gilt dies in gleicher Weise für kirchliche und staatliche Schulen.

Im Schuljahr 1997/98 war Schulpastoral erstmalig Thema bei einer Klausurtagung der Mitarbeiter/innen des Schulreferates des Bistums Würzburg und bei mehreren Fortbildungsveranstaltungen. Im April 1998 erschien zum ersten Mal ein »RU-Kurier« zum Thema Schulpastoral. Das »Weiterbildungsprogramm Schulpastoral« im Rahmen von »Theologie im Fernkurs Würzburg« wurde entwickelt. 2000 begann der erste Kurs für das Bistum Würzburg. Seitdem wurden fünf Weiterbildungskurse durchgeführt und 78 staatliche und kirchliche Religionslehrer/innen, Diakone, Priester, Gemeinde- und Pastoralreferent(inn)en intensiv für schulpastorales Wirken qualifiziert.

Anfang 1997 wurde der überdiözesane bayerische Arbeitskreis Schulpastoral an Hauptschulen eingerichtet, der vom Religionspädagogischen Zentrum München geleitet wurde und in dessen Rahmen und Begleitung vier unterfränkische Religionslehrkräfte seit September 1998 an ihrer Hauptschule schulpastorale Akzente setzten. 2000 entwickelte sich daraus die

Konferenz der bayerischen Referent/inn/en für Schulpastoral, die sich viermal jährlich trifft und intensiv auf Bayernebene kooperiert.

1999 wurde das Referat Schulpastoral im Bistum Würzburg neu errichtet und mit einer Referentenstelle ausgestattet. Eine weitere Stelle (2004) und zwei Teilzeitstellen kamen durch neue Aufgaben sowie durch die Bereiche Krisenseelsorge (2005) und Ganztagsschule (2008) hinzu.

Die Schulpastoral gewann allmählich Konturen und Strukturen und entfaltete sich sowohl im Bistum Würzburg als auch in ganz Bayern.

2.2 Pastoraltheologische und schulpädagogische Grundlagen

Die Schule wird in Gesellschaft und Kirche immer mehr als ein wichtiger Lebensbereich wahrgenommen. Sie ist der einzige pastorale Ort, an dem wir als Kirche noch mit allen Kindern und Jugendlichen in Kontakt treten. Der Lernort Schule hat sich in den vergangenen Jahren verstärkt auch zum Lebensraum für viele Menschen entwickelt. Schülerinnen und Schüler, Lehrerinnen und Lehrer verbringen immer mehr Zeit in der Schule, die nach und nach Ganztagsschule wird.

Schule als soziale Wirklichkeit, als Lern- und Lebensraum rückt durch große Veränderungen der Schullandschaft zunehmend ins Zentrum der öffentlichen Aufmerksamkeit. Maßgebliche gesellschaftliche Interessensgruppen, z. B. die Wirtschaftsverbände, suchen ihren Einfluss im Raum der Schule geltend zu machen und Bildung aus ihrer jeweiligen Perspektive mitzuprägen.

In zunehmendem Maß sind Schulen ein Brennpunkt gesellschaftlicher Einflüsse und verschiedenster Notlagen, die »Zeichen der Zeit« im Sinne des Zweiten Vatikanischen Konzils darstellen, durch die sich die Kirche in ihrem diakonischen Anspruch herausgefordert weiß.

Staat und Kirche sehen sich dazu veranlasst, Schulleben, Schulkultur und Schulentwicklung mit unterschiedlichen Beiträgen zu fördern und zu unterstützen.

Schulpastoral geht auf diese Entwicklungen ein und setzt wichtige Akzente. Die Bedeutung der Schulpastoral hat seit den 1990er Jahren zugenommen.

Schulpastoral

1. geschieht im Auftrag der Kirche und findet unter schulischen Rahmenbedingungen statt,
2. ist lebensraumorientierte Pastoral mit den Menschen an der Schule,
3. realisiert durch engagierte Personen vor Ort den spezifisch christlichen Beitrag zur Humanisierung von Schulleben und Schulkultur,
4. fördert und stärkt Menschen ganzheitlich in ihrer Entwicklung,
5. stellt Erlebnis- und Erfahrungsräume für das Leben- und Glaubenlernen bereit,
6. kooperiert mit anderen Lern- und Lebensräumen des Glaubens.

Träger und Adressaten schulpastoralen Handelns können alle Menschen im Lebensfeld Schule sein: Schülerinnen und Schüler, Lehrerinnen und Lehrer, Eltern und weitere Angestellte in Technik und Verwaltung.

Die *praktische Verwirklichung* von Schulpastoral sieht an jeder Schule unterschiedlich aus, je nachdem, welche Schwerpunkte gesetzt werden und welche personellen Kräfte vorhanden sind.

2.3 Leitgedanken – Prinzipien schulpastoralen Handelns

Pastorales Handeln in der Schule ist ...

1. *situativ*: Die Wünsche und Bedürfnisse der Menschen in der jeweiligen Schule sind Grundlage für die Entwicklung schulpastoraler Angebote.
2. *freiwillig*: Die Teilnahme an schulpastoralen Angeboten ist freiwillig.
3. *ökumenisch / religionssensibel*: Schulpastorale Angebote sind i.d.R. ökumenisch bzw. religionssensibel ausgerichtet.

4. *gastfreundlich*: Alle Menschen sind zur Teilnahme an schulpastoralen Angeboten eingeladen.

5. *jesuanisch*: Die Frohe Botschaft Jesu Christi, sein Reden und
Handeln, ist Orientierung und Maßstab für die Schulpastoral.

2.4 Ziele

Zu den Zielen der Schulpastoral gehören Anliegen, die auch
jede staatliche und private Schule in Bayern verfolgt, da sie allgemeinen Zielen von Bildung und Erziehung entsprechen und
zur Entwicklung einer humanen Schule beitragen können. Darüber hinaus gibt es *genuine Ziele der Schulpastoral*, die verdeutlichen, dass sie zum einen alle kirchlichen Handlungsfelder
repräsentiert, zum anderen, dass die Katholische Kirche Schulpastoral vorrangig als diakonischen Dienst an der Schule versteht.

Ziele der Schulpastoral:[10]
1. Unterstützung im Bemühen um humanes Lehren und Lernen
2. Wertschätzung der Individualität – ungeachtet des Leis-
tungsvermögens
3. Beitrag zur Teilhabe (Inklusion, Bildungsgerechtigkeit)
4. Beitrag zu körperlichem und seelischem Wohlbefinden und
Heil-Sein / Heil-Werden des Menschen
5. Förderung von Beziehungen, Zusammenleben in Gemeinschaft, Kommunikation
6. Stärkung und Entwicklung der Persönlichkeit in ihren personalen und sozialen Dimensionen
7. Erfahrung von unverzweckter Zeit für Ruhe, Stille und
Atempausen

---

[10] Diese Ziele wurden von den bayerischen Referentinnen und Referenten
für Schulpastoral und den Leitern der Schulabteilungen gemeinsam formuliert und in den »Leitlinien der Schulpastoral in Bayern« im Dezember 2014
verabschiedet.

8. Eröffnung von religiösen Erfahrungsräumen und Deutung wichtiger Lebensstationen
9. Erleben von Kirche als möglicher Ort der Beheimatung
10. Sensibilisierung bzgl. Gerechtigkeit, Frieden, Bewahrung der Schöpfung
11. Wahrnehmen der Zeichen der Zeit und Reaktion auf gesellschaftliche Entwicklungen
12. Übernahme gesellschaftlicher und politischer Verantwortung
13. Beistand in schwierigen Lebenssituationen, Krisen und Konflikten

2.5 Profile

Im Mittelpunkt aller schulpastoralen Bemühungen steht der Mensch.

Schulpastoral ermöglicht und gestaltet
- *Erfahrungsräume* (z. B. Tage der Orientierung, Schulhausgestaltung oder Einrichtung eines Raumes der Stille)
- *Kommunikation* (z. B. Ausbildung und Begleitung von Konfliktlotsen, Pausenengeln oder Tutoren)
- *Schulentwicklung* (z. B. Mitwirkung im Leitbildprozess der Schule)
- *Kooperation* (z. B. Vernetzung mit außerschulischen Partnern wie Pfarrgemeinden, Kommunen, Einrichtungen der (kirchlichen) Jugendarbeit)
- *Wegbegleitung* (z. B. Beratungsgespräche und Trauerbegleitung)
- *Spirituelle Orientierung* (z. B. Schulkreuzweg, Frühschicht im Advent mit Frühstück)
- *Achtung fremder Kulturen* (z. B. Besuch einer Moschee oder Synagoge)
- *Bewahrung der Schöpfung* (z. B. Projekttage mit religionspädagogischen, naturkundlichen und künstlerischen Elementen).

2.6 Organisation und Struktur

Das Schulreferat des Bistums Würzburg qualifiziert Religionslehrer/innen und pastorale Berufe durch Ausbildung, Fortbildung und Begleitung und vergibt Anrechnungsstunden.

Qualifizierung

Angesprochen sind staatliche und kirchliche Religionslehrer/innen aller Schularten sowie Pastoral- und Gemeindereferent/innen, Diakone, Priester und Ordensleute, die im Bereich Schulpastoral einen Schwerpunkt setzen.

Um die oben genannten Prinzipien, Ziele und Profile der Schulpastoral zu verwirklichen, braucht es fachliche, pädagogische, didaktische, personale, kommunikative und spirituelle Kompetenzen.

Im Mittelpunkt aller Fortbildungsangebote steht das Lernen an der eigenen Person des Lehrers/der Lehrerin. Die Person ist wichtigstes ›Medium‹ im Umgang mit Menschen.

Zur Qualifizierung, Beratung und Vernetzung gibt es zahlreiche *Fortbildungsangebote*:

Regelmäßig wird die Weiterbildung Schulpastoral angeboten. Sie umfasst in einem Zeitraum von 1,5 Jahren 17 Kurstage, 10 Sitzungen Supervision, 6 Treffen in der Praxisgruppe, Literaturstudium und eine schriftliche Abschlussarbeit.

Jährlich findet in Würzburg ein diözesaner Schulpastoral-Tag für alle Berufsgruppen statt, die das Leben in der Schule mitgestalten.

Die Schulseelsorger/innen vernetzen sich durch Regionaltreffen und reflektieren dort ihre Arbeit. Religionspädagogische AGs dienen der Auseinandersetzung mit aktuellen Themen, z. B. »Spirituelle Angebote in der Schule«, »Kooperation Schule und Pfarrgemeinde«, »Zusammenarbeit von Schule und kirchlicher Jugendarbeit« oder »Schulpastoral in der Ganztagsschule«.

Bei Bedarf kann eine Supervision der Arbeit ermöglicht werden.

Ein Schwerpunkt der schulpastoralen Angebote liegt in der

Diözese Würzburg im Bereich der Krisenseelsorge in der Schule (KiS). Dafür werden in mehrtägigen Fortbildungen Lehrkräfte für den Umgang mit Tod und Trauer an der eigenen Schule qualifiziert, schulinterne Fortbildungen und pädagogische Konferenzen durchgeführt und die Bildung von Krisenteams an den Schulen unterstützt. Bei Bedarf werden auf Anforderung durch die Schulleitung die Trauerbegleitung und Krisenbewältigung für Schüler/innen, Klassen und Lehrerkollegien in den Schulen übernommen.

Anrechnungsstunden

Das Schulreferat der Diözese Würzburg ermöglicht Anrechnungsstunden für qualifizierte, engagierte *kirchliche* Religionslehrer/innen und vergibt sie in einem transparenten Verfahren nach schriftlichem Antrag. Dies ist im Beschluss der bayerischen Schulreferenten vom April 2001 geregelt.

Auch Gemeinde- und Pastoralreferent(inn)en, Diakone und Ordensleute können in einem Teilbereich ihrer Arbeit in der Schulpastoral tätig sein.

Wer Anrechnungsstunden bekommt, legt jährlich eine schriftliche Rechenschaft und Reflexion der schulpastoralen Arbeit ab, verbunden mit einer Grobplanung für das nächste Schuljahr.

Bisher wurde noch keine vergleichbare Handhabung für qualifizierte *staatliche* Lehrkräfte gefunden. Derzeit gibt es schulpastorale Projekte im Rahmen eines Wahlkurses, einer Arbeitsgemeinschaft oder eines Projektseminars an bayerischen Gymnasien. Da die schulpastorale Arbeit nachweislich einen Beitrag zur Schulentwicklung leistet, wäre eine Form der staatlichen Anerkennung, z. B. in Form von Anrechnungsstunden, förderlich.

Verantwortlichkeit in der Begleitung und Qualitätsentwicklung

Verantwortlich für die Begleitung, Qualifizierung, Vernetzung und Fachaufsicht sind die Mitarbeiter/innen im Referat Schulpastoral der Diözese Würzburg. Derzeit gibt es zwei Referent/innen für Schulpastoral, eine Referentin für Ganztagsschulbildung und einen Diözesanbeauftragten für Krisenseelsorge. In vielfältiger Weise ist die Arbeit vernetzt mit anderen Fachstellen für Schulpastoral in Bayern und auf Deutschlandebene. Eine enge Kooperation besteht mit anderen kirchlichen Trägern und der evangelischen Landeskirche, z. B. im Ganztagesschulbereich und der Krisenseelsorge. Eine Vernetzung existiert insbesondere mit kirchlichen Trägern, die schulbezogen arbeiten, z. B. mit der Kirchlichen Jugendarbeit, dem Familienbund, der Caritas, der Ehe-, Familien- und Lebensberatung, dem Referat Mission, Entwicklung, Frieden sowie Dekanaten und Pfarreien(gemeinschaften).

Das Referat Schulpastoral kooperiert ferner mit staatlichen schulbezogenen Institutionen wie der staatlichen Schulberatung, den Schulämtern und Dienststellen der Ministerialbeauftragten für Gymnasien, Realschulen und Beruflichen Schulen sowie mit der Universität Würzburg.

3. Schulpastoral an öffentlichen Schulen – Konzeption der Diözese Rottenburg-Stuttgart

Beate Thalheimer

Wo die Ursprünge für Schulpastoral in der Diözese Rottenburg-Stuttgart liegen, ist nicht einfach festzustellen. Zum einen gab es im Bereich der kirchlichen Jugendarbeit bis 1985 zwei Referent/inn/enstellen für Schüler/innen/arbeit, die thematisch orientierte Wochenendseminare durchführten und in Kooperation mit der KSJ (Katholische Studierende Jugend) Schülercafés als offene Angebote im Raum der Schule oder in eigens dafür vorgesehenen außerschulischen Räumen mitgestalteten. Daneben gab es an den Schulen selbst Angebote für Schüler/innen in Form von Gottesdiensten, sozialen Aktivitäten, Tagen im Kloster usw., die häufig von Religionslehrkräften durchgeführt wurden, die diese jedoch nicht als Schulseelsorge oder Schulpastoral bezeichnet hätten.

Die Institutionalisierung von zunächst »Schulseelsorge«, ab

1996 »Schulpastoral«[11], ging mit der Einrichtung und Besetzung einer Schülerpfarrer-Teilzeitstelle im Bischöflichen Jugendamt 1986 einher. 1988 wurde hier das Referat Schulseelsorge eingerichtet und in den folgenden Jahren Strukturen der
Vernetzung aufgebaut, bei Fort- und Weiterbildungsangeboten
schulpastorale Mitarbeiterinnen und Mitarbeiter qualifiziert,
Tage der Orientierung als Angebot profiliert, Publikationen
mit schulpastoralen Praxisbeispielen veröffentlicht und schulpastorale Projekte durchgeführt. 1999 wurde die Schulpastoral
der Hauptabteilung Schulen des Bischöflichen Ordinariates zugeordnet. Die genannten Aufgaben wurden fortgeführt und erweitert.

Da sich in diesem Zeitraum nicht nur das Selbstverständnis
und die Strukturen von Schulen weiter entwickelt haben, sondern auch die pastoralen Leitlinien und Organisationsformen
in der Diözese, erfolgte 2014 eine Aktualisierung des Schul-
pastoralkonzeptes.[12]

3.1 Grundlinien und Aufbau der Schulpastoralkonzeption

Wesentlich Züge der aktuellen Konzeption werden im Folgenden zusammenfassend dargestellt.

Schulpädagogische und schulrechtliche sowie pastoraltheologische Grundlagen
Die Schule wird als Lebensraum verstanden, in dem Kinder, Jugendliche und Erwachsene das Schulleben und Schulklima prägen, individuell verschieden ihr Leben orientieren und gestalten, Gemeinschaft erfahren und für sich und ihre Mitwelt
Verantwortung übernehmen.

Schulpädagogisch betrachtet leisten die Schulpastoral und
auch der Religionsunterricht hier einen Beitrag zur Gestaltung
des Erziehungs- und Bildungsauftrages. Rechtlich verankert
sich dieses kirchliche Angebot auf dem Boden des Grundgeset-

---

[11] 1996 wurde in der Diözese Rottenburg-Stuttgart das erste Schul-
pastoralkonzept verabschiedet.
[12] http://schulpastoral.drs.de/start.html, Zugriff: 10.10.2014.

zes der Bundesrepublik Deutschland (Artikel 140 GG iVm Artikel 141 WRV) sowie in der Verfassung (Artikel 12 Abs. 1) und im Schulgesetz des Landes Baden-Württemberg (§ 1 Artikel 2).

Dabei geht das pastorale Selbstverständnis davon aus, dass Christen und Christinnen zunächst als Mitmenschen das eigene Leben mit den Menschen in der Schule teilen. Es wird davon ausgegangen, dass sie als Gläubige bereit sind, in Beziehungen und Begegnungen ihr Leben aus dem Glauben zu verstehen. Sie selbst können dabei eine Aktualisierung des Evangeliums und eine Erneuerung des eigenen Glaubens erfahren und mit anderen darüber im Gespräch sein. Insbesondere weichen schulpastoral handelnde Christen und Christinnen in der Schule Notleidenden und Bedrängten nicht aus, sondern versuchen, Not zu lindern. Dabei vernetzen sie sich mit anderen Christen und Christinnen an der Schule und auch mit außerschulischen kirchlichen, kulturellen und sozialen Trägern. In diesem Tun vollziehen sie Kirche in den vier Grundfunktionen: der *diakonia*, der *liturgia*, der *martyria* und der *koinonia*. Die Schulpastoral orientiert sich an allen Menschen in der Schule. An erster Stelle steht das Engagement für und mit Kindern, Jugendlichen und jungen Erwachsenen. Mit Lehrerinnen und Lehrern, Eltern und Erziehungsberechtigten kann sie ebenso im Kontakt sein wie mit Mitarbeiter/innen im psychosozialen Diensten und auch mit dem Personal in den technischen Bereichen.

Prinzipien von Schulpastoral

Die grundlegenden Vollzüge folgen einigen Prinzipien, die sich aus einer lebensräumlich orientierten Pastoral und aus Grundlagen der kirchlichen Jugendarbeit ergeben. Danach werden nicht automatisch schulpastorale Angebote und Profile aus anderen Schulen übernommen, sondern es erfolgt zuerst eine Wahrnehmung der konkreten Schule als Lebensraum, in dem »Zeichen der Zeit« als bedrohende und als Hoffnungzeichen erkannt und beurteilt werden. In Abstimmung mit anderen ergeben sich daraus Handlungsimpulse, die auf der Basis von Freiwilligkeit und Gastfreundschaft, Partizipation und partnerschaftlicher Zusammenarbeit, Kooperation bzw. Teamarbeit, Reflexivität in einer offenen und ehrlichen Kommunikation zu bedürfnisorientierten Angeboten führen, die grundsätzlich offen und sensibel sind für Gläubige anderer Konfessionen und Religionen und für suchende Menschen.

Mögliche Angebote und Maßnahmen im Rahmen schulpastoralen Handelns

Im anschließenden Teil werden konkrete schulpastorale Angebote, die sich im Laufe der vergangenen Jahre entwickelt haben, unterschieden nach Angeboten im innerschulischen, außerunterrichtlichen und im außerschulischen Rahmen, vorgestellt. Dabei zeichnet sich ein gewachsenes vielfältiges Profil ab, das in seiner Breite erkennen lässt, dass Einzelne und die Gemeinschaft im Blick sind und kooperatives Handeln in der Schule, z. B. mit den evangelischen Mitchristen und mit den Beratungsdiensten sowie mit außerschulischen Partnerinnen wie den Kirchengemeinden und der Jugend(verbands)arbeit einer lebensräumlich orientierten Pastoral entsprechen.

Folgende schulpastorale Schwerpunkte werden genannt: liturgische Elemente, die sich am Kirchen- und Schuljahr orientieren, Unterstützung und Begleitung bei Tod, Trauer und Krisen in der Schule, Tage der Orientierung, Besinnungstage und Tage im Kloster und Pilgern als außerschulisches Angebot, Räume der Stille und Räume der Begegnung (z. B. Schülercafés) einrichten und gestalten, Aktivitäten, die junge, alte, kranke und gehandicapte Menschen verbinden, globales Lernen und faires Handeln und Umgehen miteinander und der Mitwelt.

Bestehende Strukturen und Organisationsformen und Perspektiven

In der Hauptabteilung Schulen des Bischöflichen Ordinariates ist ein Referat Schulpastoral eingerichtet. Seine Aufgaben bestehen in der Information, Beratung, Begleitung, Fortbildung und Vernetzung für diejenigen, die sich schulpastoral engagieren. Mit der Umsetzung der Konzeption »Schulpastoral an öffentlichen Schulen« ist eine Steuerungsgruppe »Kirche und Schule« beauftragt, in der sich die Zusammenarbeit mit der kirchlichen

Jugendarbeit und den Kirchengemeinden sowie anderen kirchlichen Trägern personell abbildet.

Zusammenfassend kann festgestellt werden, worin die Aktualisierung der Schulpastoralkonzeption besteht:

Schulpastoral versteht sich als Kirche am Ort Schule. Dadurch entsteht in mehrfacher Weise eine Weitung der Wahrnehmung. Zum einen nehmen Christen und Christinnen sich, die anderen Menschen in der Schule und die Schule als Lebensraum gemeinsam in den Blick. Die Verantwortung für schulpastorales Handeln fokussiert sich dadurch nicht mehr vorrangig auf Religionslehrkräfte, sondern nimmt den pastoralen Leitgedanken eines allgemeinen bzw. gemeinsamen Priestertums ernst. In der Folge kommt der Seelsorge, die Christen und Christinnen gemeinsam an Schulen leisten können, eine größere Bedeutung zu. Zum anderen ist Schulpastoral stärker als bisher mit einer sozialräumlichen Komponente verbunden, wenn Schule als Lebensraum und pastoraler Ort verstanden wird. Auch in der Schule sind Christen und Christinnen in ein Netzwerk Kirche eingebunden. Dieses Verständnis begünstigt Kooperationen mit (Kirchen-)Gemeinden, der Jugend(verbands)arbeit und anderen kirchlichen Trägern und Institutionen wie Klöstern, der Erwachsenenbildung, dem Caritasverband usw., die für Menschen in der Schule neue religiöse und spirituelle, soziale und bildende Erfahrungsräume erschließen und gestalten können. Schließlich stehen zum Dritten die neu in das Konzept eingeführten vier kirchlichen Grunddienste als Analyseelement und für die gemeinsame Orientierung schulpastoralen Handelns zur Verfügung.

3.2 Umsetzung der Schulpastoralkonzeption

Die Steuerungsgruppe

In der *Steuerungsgruppe »Kirche und Schule«* arbeiten Mitarbeiterinnen und Mitarbeiter aus den Abteilungen Schulen, Jugendarbeit, pastorale Konzeption und pastorales Personal an der Umsetzung der Schulpastoralkonzeption. Vielfältige Aufgabenfelder werden hier koordiniert:

- die Information zu und Kommunikation über Schulpastoral / Kirche und Schule in der Diözese,
- die Erarbeitung von Ausführungsbestimmungen, die die einzelnen Abteilungen betreffen. Z. B. regelt die Abteilung Schulen den Einsatz von Religionslehrkräften als Schulseelsorgerinnen und Schulseelsorger, die Abteilung Kirchliche Jugendarbeit/BDKJ die Profile und Durchführung von schulbezogener Jugendarbeit und die Abteilung ›Pastorales Personal‹ den Einsatz von Gemeinde- und Pastoralreferent/inn/en, Diakonen und Priestern in der Schulpastoral,
- die Vernetzung der schulbezogenen Initiativen auf der Ebene der Schulen, Kirchengemeinden, Jugend(verbands)arbeit, Dekanate und auf der Diözesanebene,
- die Durchführung von Tagungen zu Kirche und Schule – Schulpastoral in den Dekanaten und auf der Diözesanebene,
- die Initiierung, Begleitung und Durchführung von Projekten.

Die meisten Ausführungsbestimmungen sind noch im Entstehen begriffen. Um eine Vergleichbarkeit mit den Schulpastoralkonzeptionen aus dem Bistum Münster und der Diözese Würzburg zu ermöglichen, beziehen sich die folgenden Darstellungen exemplarisch auf die Ausführungsbestimmungen der Hauptabteilung Schulen.

Elemente aus den Ausführungsbestimmungen der Hauptabteilung Schulen
Auf der Diözesanebene arbeiten im Referat Schulpastoral ein bis zwei Referent/inn/en für Schulpastoral und für den Bereich Kirche und Schule[13], ein/e Referent/in mit einem Teilzeitauftrag für den Bereich Tage der Orientierung (TdO) und gelegentlich Projektleiter/innen. Von hier aus erfolgt auch eine Vernetzung mit staatlichen und kirchlichen Kooperationspartner/innen in Baden-Württemberg.

---

[13] »Kirche und Schule« bezeichnet die Kooperation zwischen Schulen und Kirchengemeinden, der Jugend(verbands)arbeit und anderen kirchlichen Trägern.

In den Regionen sind Religionslehrkräfte im Kirchendienst mit einem kleinen Teilauftrag in den Bereichen Schulungen, Fortbildungen und Beratung tätig.

In den meisten Dekanaten werden Dekanatsbeauftragte für Kirche und Schule – Schulpastoral mit einem jeweils etwa 25 % Auftrag für die Initiierung, Koordination, Vernetzung, Beratung und Begleitung im Bereich Schulpastoral zuständig sein.

An Schulen arbeiten zahlreiche Schulseelsorgerinnen und Schulseelsorger ehrenamtlich. An Schulen, in denen ein schulpastorales Engagement von der Schulleitung und der Fachschaft erwünscht ist und wo sich qualifizierte Schulseelsorgerinnen und Schulseelsorger am Ort befinden, ist es möglich, einen Schulpastoralauftrag von ein bis vier Deputatsstunden zu erteilen. Dieser Auftrag ist an eine Reihe von Bedingungen gebunden.[14]

Fort- und Weiterbildung: In regelmäßigen Abständen wird die dreijährige Weiterbildung Schulpastoral für Religionslehrkräfte und eine eineinhalbjährige Weiterbildung für Gemeinde- und Pastoralreferent/inn/en, Diakone und Priester angeboten.[15]

Bei Jahrestagungen für Schulseelsorger/innen erfolgt neben der Qualifikationserhaltung, ein Erfahrungsaustausch mit Elementen kollegialer Beratung und eine themenorientierte Weiterentwicklung schulpastoraler Kompetenzen, z. B. in den Bereichen der Gesprächsführung, Gewinnung von Mitarbeiter/innen, Spiritualität, schulpastoralen Projekten und Angeboten.

Fortbildungen und Informationsveranstaltungen zur Schulpastoral und zu schulpastoralen Themenbereichen haben auf allen Ebenen und darüber hinaus an Schulen, z. B. zum Thema

---

[14] Dazu gehören: die Durchführung von schulpastoralen Angeboten und Projekten, die Bildung eines (ökumenischen) »Pastoralteams« an der Schule, die Kooperation mit Beratungsdiensten in der Schule und außerschulischen kirchlichen, kulturellen und sozialen Kooperationspartner/innen, die Mitarbeit im Krisenteam der Schule, die jährliche Teilnahme an einer Jahrestagung für Schulseelsorger/innen und das Erstellen eines Jahresberichtes.

[15] Vgl. in diesem Band: Thalheimer / Lob: Fort- und Weiterbildung (5.8).

Umgang mit Tod und Trauer an der Schule, an Lehrerausbildungsseminaren, in der Ausbildung pastoraler Mitarbeiter/innen ihren Platz. Nicht selten werden sie in Kooperation mit religionspädagogischen Instituten und dem diözesanen Institut für Fort- und Weiterbildung durchgeführt.

Durchführung von Projekten: Exemplarisch für die gesamte Diözese werden Projekte durchgeführt, sodass aus den gewonnenen Erkenntnissen und Erfahrungen Impulse in andere Regionen weiter gegeben werden können. 2014 sind dies drei Projekte:

1. »Kirche und Schule im Kontakt« (2012–2015) – in sieben Dekanaten wird erkundet, wie die Zusammenarbeit zwischen Kirchengemeinden und Schulen verbessert werden kann.

2. »Ökumenische Schulseelsorge/Schulpastoral an Beruflichen Schulen« (2013–2016) entdeckt die Chancen, Stolpersteine und Möglichkeiten der Schulseelsorge/Schulpastoral, wenn sie von den Kirchen gemeinsam getragen und an großen Berufsschulzentren verwirklicht wird.

3. »Schüler/innen Orientierung geben« entwickelt in einem Dekanat Angebote für ein- und eineinhalbtägige Tage der Besinnung und Orientierung für Schulklassen. Dabei werden Studierende, angehende Lehrkräfte und Sozialarbeiter/innen unter Anleitung und Begleitung für die Leitung und Durchführung dieser jugendpastoralen Maßnahmen qualifiziert.

Erstellen von Publikationen: Die Dokumentation der Projekte und auch die Sammlung von schulpastoralen Praxiserfahrungen und -reflexionen werden als Arbeitshilfen publiziert.

Anstelle eines Nachworts

Lasst euch finden

Geht in euren Tag hinaus ohne vorgefasste Ideen,
ohne die Erwartung von Müdigkeit,
ohne Plan von Gott, ohne Bescheidwissen über ihn,
ohne Enthusiasmus,
ohne Bibliothek –
geht so auf die Begegnung mit ihm zu.

Brecht auf ohne Landkarte –
und wisst, dass Gott unterwegs zu finden ist
und nicht erst am Ziel.
Versucht nicht, ihn nach Originalrezepten zu finden,
sondern lasst euch von ihm finden
in der Armut eines banalen Lebens.

Madeleine Debrêl

Gebet in einem weltlichen Leben, in: Schleinzer, Annette (Hg.):
Gott einen Ort sichern. Texte – Gedichte – Gebete, Kevelaer 2007, 38.

Zur Person: Französische Schriftstellerin und Mystikerin,
* 24. Oktober 1904 in Mussidan; † 13. Oktober 1964 in Ivry-sur-Seine

6. Anhang

6.1 Literaturverzeichnis

Amtskirchliche Dokumente

Die deutschen Bischöfe: »Der Religionsunterricht vor neuen Herausforderungen«, hg. v. Sekretariat der Deutschen Bischofskonferenz, Bonn 2005.

Die deutschen Bischöfe: »Die bildende Kraft des Religionsunterrichts«, Zur Konfessionalität des katholischen Religionsunterrichts, hg. v. Sekretariat der Deutschen Bischofskonferenz, Bonn 1996.

Die deutschen Bischöfe: »Katechese in veränderter Zeit«, hg. v. Sekretariat der Deutschen Bischofskonferenz, Bonn 2004.

Die deutschen Bischöfe: »Kirchliche Richtlinien zu Bildungsstandards für den katholischen Religionsunterricht in den Jahrgangsstufen 5–10/Sekundarstufe I (Mittlerer Schulabschluss)«, hg. v. Sekretariat der Deutschen Bischofskonferenz, Bonn 2004.

Die deutschen Bischöfe: »Kirchliche Richtlinien zu Bildungsstandards für den katholischen Religionsunterricht in der Grundschule/Primarstufe«, hg. v. Sekretariat der Deutschen Bischofskonferenz, Bonn 2006.

Die deutschen Bischöfe – Kommission für Erziehung und Schule: »Bildung in Freiheit und Verantwortung«, hg. v. Sekretariat der Deutschen Bischofskonferenz, Bonn 1993.

Die deutschen Bischöfe – Kommission für Erziehung und Schule: »Schulpastoral – der Dienst der Kirche an den Menschen im Handlungsfeld Schule«, hg. v. Sekretariat der Deutschen Bischofskonferenz, Bonn 1996.

Die deutschen Bischöfe: »Leitlinien für das Gebet bei Treffen von Christen, Juden und Muslimen«, hg. v. Sekretariat der Deutschen Bischofskonferenz, Bonn 2008.

Die deutschen Bischöfe – Pastoralkommission: »Leitlinien zur Jugendpastoral«, hg. v. Sekretariat der Deutschen Bischofskonferenz 1991.

Die deutschen Bischöfe: »Qualitätskriterien für Katholische Schulen. Ein Orientierungsrahmen«, hg. v. Sekretariat der Deutschen Bischofskonferenz, Bonn 2009.

EKD: »Identität und Verständigung. Standort und Perspektiven des Religionsunterrichts in der Pluralität«. Denkschrift der EKD zum Religionsunterricht, Frankfurt a.M. 1994.

EKD: »Religiöse Orientierung gewinnen. Evangelischer Religionsunterricht als Beitrag zu einer pluralitätsfähigen Schule«. Eine Denkschrift des Rates der EKD, Gütersloh 2014.

Gemeinsame Synode der Bistümer in der Bundesrepublik: »Das katechetische Wirken« 1974, in: Bertsch, Ludwig u. a. (Hg.): Gemeinsame Synode der Bistümer in der Bundesrepublik: Ergänzungsband: Arbeitspapiere der Sachkommissionen. Offizielle Gesamtausgabe II, Freiburg/Basel/Wien 1977, 37–97. (http://www.dbk-shop.de/de/ Deutsche-Bischofskonferenz/Synodenteyxte/Gemeinsame-Synode-der-Bistuemer.html).

Gemeinsame Synode der Bistümer in der Bundesrepublik: »Der Religionsunterricht in der Schule« 1974, in: Bertsch, Ludwig u. a. (Hg.): Gemeinsame Synode der Bistümer in der Bundesrepublik: Beschlüsse der Vollversammlung. Offizielle Gesamtausgabe I, Freiburg/Basel/Wien 1976, 123–152 (http://www.dbk-shop.de/de/Deutsche-Bischofskonferenz/Synodenteyxte/Gemeinsame-Synode-der-Bistuemer.html).

Gemeinsame Synode der Bistümer in der Bundesrepublik: »Schwerpunkte kirchlicher Verantwortung im Bildungsbereich« 1975, in: Bertsch, Ludwig u. a. (Hg.): Gemeinsame Synode der Bistümer in der Bundesrepublik: Beschlüsse der Vollversammlung. Offizielle Gesamtausgabe I, Freiburg/Basel/Wien 1976, 518–548.

Gemeinsame Synode der Bistümer in der Bundesrepublik: »Ziele und Aufgaben kirchlicher Jugendarbeit« 1975, in: Bertsch, Ludwig u. a. (Hg.): Gemeinsame Synode der Bistümer in der Bundesrepublik: Beschlüsse der Vollversammlung. Offizielle Gesamtausgabe I, Freiburg/Basel/Wien 1976, 289–311 (http://www.dbk-shop.de/de/Deutsche-Bischofskonferenz/Synodenteyxte/Gemeinsame-Synode-der-Bistuemer.html).

Kongregation für die Bischöfe: Direktorium für den Hirtendienst der Bischöfe v. 22. Februar 2004, Nr. 206.

Kongregation für das Katholische Bildungswesens, Erziehung Heute und Morgen. Eine immer neue Leidenschaft, Vatikanstadt 2014.

Congregazione per l'Educazione cattolica: Educare insieme nella scuola cattolica, Roma 2007.

Papst Benedikt XVI: Enzyklika »Deus Caritas est« – An die Bischöfe, an die Priester und Diakone, an die gottgeweihten Personen und an alle Christgläubigen über die christliche Liebe, 2006; hg. v. Sekretariat der Deutschen Bischofskonferenz, Bonn 2008.

Papst Franziskus: Apostolisches Schreiben »Evangelii Gaudium« an die Bischöfe, an die Priester und Diakone, an die Personen geweihten Lebens und an die christgläubigen Laien über die Verkündigung des Evangeliums in der Welt von heute, Bonn 2013 (http://www.vatican.va/holy_father/francesco/apost_exhortations/documents/papa-francesco_esortazione-ap_20131124_evangelii-gaudium_ge.html).

Papst Johannes Paul II.: Enzyklika »Redemptoris missio« über die fortdauernde Gültigkeit des missionarischen Auftrages, 1990.

Vatikanum II: Die Erklärung über die christliche Erziehung »Gravissimum educationis«, in: Rahner, Karl / Vorgrimler, Herbert (Hg.): Kleines Konzilskompendium, 18. Aufl., Freiburg i.Br. 1985, 335–348.

Literatur

Artikel »Religionsunterricht in Deutschland«, in: Mette, Norbert / Rickers, Folkert (Hg.): Lexikon der Religionspädagogik, Bd. 2, Neukirchen-Vluyn 2001, 1776–1833.

Arbeitsstelle für Jugendseelsorge der Deutschen Bischofskonferenz: Jugendpastorale Perspektiven. Fachgespräche der Jugendkommission, Düsseldorf 2011.

Barkowski, Thomas: Wenn der Notfall eintritt. Handbuch für den Umgang mit Tod und anderen Krisen in der Schule, München 2006.

Baumert, Jürgen: Deutschland im internationalen Bildungsvergleich, in: Killius, Nelson / Kluge, Jürgen / Reisch, Linda (Hg.): Die Zukunft der Bildung, Frankfurt a.M. 2002, 100–150.

BDKJ / Misereor (Hg.): Sinus-Milieustudie U 27 – Wie ticken Jugendliche?, Düsseldorf 2008.

Becker, Manfred / Schwarz, Volker / Schwertner, Anke: Theorie und Praxis der Personalentwicklung: aktuelle Beiträge aus Wissenschaft und Praxis, München 2002.

Becker, Patrick / Mokry, Stephan (Hg.): Jugend heute – Kirche heute? Konsequenzen aus der Jugendforschung für Theologie, Pastoral und (Religions-)Unterricht, Würzburg 2010.

Benner, Dietrich: Bildung und Religion. Überlegungen zu ihrem problematischen Verhältnis und zu den Aufgaben eines öffentlichen Religionsunterrichts heute, in: Battke, Achim u. a.: Schulentwicklung – Religion – Religionsunterricht, Freiburg i.Br. 2002, 51–70.

Berger, Peter L.: Auf den Spuren der Engel, Freiburg/Basel/Wien 2001.

Berghaus, Margot: Luhmann leicht gemacht. Eine Einführung in die Systemtheorie, 3. Aufl., Stuttgart 2011.

Bickmann, Bernward: Schulpastoral – Antrieb zur Weiterentwicklung von Schule, in: Kläden, Tobias / Könemann, Judith / Stoltmann, Dagmar (Hg.): Kommunikation des Evangeliums. Festschrift für Udo F. Schmälzle, Berlin 2008, 101–116.

Biemer, Günter: Inkarnatorische Pastoral, in: Diakonia 20 (1989), 15–22.

Biesinger, Albert / Schmidt, Joachim (Hg.): Schulpastoral an beruflichen Schulen. Religionsunterricht an berufsbildenden Schulen. Schriften des Institutes für berufsorientierte Religionspädagogik, Band 4, Norderstedt 2006.

Bildungskommission NRW: »Zukunft der Bildung – Schule der Zukunft«. Denkschrift der Kommission beim Ministerpräsidenten des Landes Nordrhein-Westfalen, Neuwied u. a. 1995.

Bilinski, Wolfgang: Phönix aus der Asche. Resilienz – wie erfolgreiche Menschen Krisen für sich nutzen, Freiburg 2010.

Binotto, Thomas: Ist der heutige Mensch liturgiefähig? Liturgie, Eskapismus und der Reiz der Wiederholung, in: http://www.kath.ch/index.php?na=12,0,244,0,d,9901.

Bischöflichen Generalvikariat Münster, Abteilung Jugendseelsorge (Hg.): Voll der Kult. Von der Kunst, mit Jugendlichen Liturgie zu feiern, Münster 2000.

Bischöflichen Generalvikariat Münster, Hauptabteilung Schule und Erziehung (Hg.): Zeigen, wofür wir stehen. Schule als Ort kirchlicher Präsenz, in: Kirche und Schule 39 (2012), H. 162.

Bischöflichen Generalvikariat Münster: Pastoralplan für das Bistum Münster, Münster 2012.

Bischöfliches Generalvikariat Münster, Hauptabteilung Schule und Erziehung (Hg.): Kirche und Schule 35 (2008), H. 147: »Zum Wohl: Leben – lernen – lehren«.

Bischöfliches Generalvikariat Münster, Hauptabteilung Schule und Erziehung (Hg.): Kirche und Schule 37 (2010), H. 155: »Schwammige Sache: Schule – Seele – Sorge«.

Bischöfliches Generalvikariat Münster, Hauptabteilung Schule und Erziehung (Hg.): Den Lebensraum Schule gemeinsam gestalten. Einladung an Katholische Schulen zur Kooperation mit Pfarreien, kirchlichen Einrichtungen und Verbänden, Münster 2009.

Bischöfliches Ordinariat der Diözese Rottenburg-Stuttgart (Hg.): Kirche und Schule in Kontakt – eine Handreichung, Rottenburg-Stuttgart 2006, 12–42 (Download unter http://schulen.drs.de).

Bitter, Gottfried: Schulseelsorge. Unterschiedliche Konzeptionen, in: Lebendige Seelsorge 54 (2003), H. 2, 70–77.

Blasberg-Kuhnke, Martina / Ucar, Bülent u. a. (Hg.): Islamischer Religionsunterricht in Deutschland. Fachdidaktische Konzeptionen: Ausgangslage, Erwartungen und Ziele, Göttingen 2010.

Blasberg-Kuhnke, Martina: Pastorales Handeln im Lebensraum Schule, in: Diakonia 41 (2010), 154–157.

Böckenförde, Ernst-Wolfgang: Die Entstehung des Staates als Vorgang der Säkularisation, in: Säkularisation und Utopie. Erbacher Studien, Ernst Forsthoff zum 65. Geburtstag, Stuttgart/Berlin/Köln/Mainz 1967, 75–94. Wiederabdruck in: Böckenförde, Ernst-Wolfgang: Der säkularisierte Staat. Sein Charakter, seine Rechtfertigung und seine Probleme im 21. Jahrhundert, München 2007, 213–230.

Böhm, Winfried: Geschichte der Pädagogik, München 2010.

Böpple, Friedhelm / Knüfer, Ralf: Generation XTC: Techno und Ekstase, München 1988.

Brandl, Marianne (Hg.): Engagement & Performance. Kirchliche Jugend(verbands)arbeit heute, Düsseldorf 2007.

Brenner, Dietrich / Oelkers, Jürgen (Hg.): Historisches Wörterbuch der Pädagogik, Weinheim / Basel 2010.

Bucher, Anton A.: Religionsunterricht zwischen Lernfach und Lebenshilfe, Stuttgart 2000.

Bucher, Rainer: Jenseits der Idylle. Wie weiter mit den Gemeinden?, in: Bucher, Rainer (Hg.): Die Provokation der Krise. Zwölf Fragen und Antworten zur Lage der Kirche, 2. Aufl., Würzburg 2005, 106–130.

Bundesordnung – Bund der Deutschen Katholischen Jugend, in: http://www.bdkj.de/fileadmin/redakteur/Dokumente/Bundesordnung_2010_280710.pdf.

Burkard, Joachim / Wehrle, Paul (Hg.): Schulkultur mitgestalten. Pastorale Anregungen und Modelle, Freiburg i.Br. 2005.

Burkard, Joachim: Die Mitgestaltung der Schulkultur als Aufgabe der Kiche, in: Burkhard, Joachim / Wehrle, Paul (Hg.): Schulkultur mitgestalten. Pastorale Anregungen und Modelle, Freiburg 2005, 10–34.

Burkard, Joachim: Schulpastoral als Beitrag zur Schulkultur. Eine theologisch-pneumatologische Handlungsorientierung, Freiburg i.Br. 2002 (www.freidokuni-freiburg.de/volltexte/484).

Burrichter, Rita: Zwischen Schule und Kirche – Rahmenbedingungen und Selbstverständnis von Religionslehrkräften im Horizont des katholischen und evangelischen Religionsunterrichts, in: Burrichter, Rita / Grümme, Bernhard / Mendl, Hans u. a.: Professionell Religion unterrichten. Ein Arbeitsbuch, Stuttgart 2012, 52–71.

Bußmann, Gabriele / Schrimpf, Verena: Das Pastoralkolleg Schulseelsorge. Die berufsbegleitende Fortbildung für PastoralreferentInnen, Priester und (Religions-)LehrerInnen im Bistum Münster, in: engagement. Zeitschrift für Erziehung und Schule (2012), H. 4, 256–263.

Bußmann, Gabriele: Inkarnationen. Wenn Arbeit krank macht – oder gesund hält, in: Bischöfliches Generalvikariat, Hauptabteilung Schule und Erziehung (Hg.): Kirche und Schule, Münster, Nr. 147, 35 (2008), 3–5.

Bußmann, Gabriele: Schulpastoral – Kirche als Partner(in) der Schule im Sinne ›kritischer Zeitgenossenschaft‹, in: Biesinger, Albert / Schmidt, Joachim (Hg.): Schulpastoral an beruflichen Schulen, Books on Demand 2006, 30–38.

Calmbach, Marc u. a.: Wie ticken Jugendliche? Lebenswelten von Jugendlichen im Alter von 14 bis 17 Jahren in Deutschland, Düsseldorf 2012.

Campenhausen, Axel Freiherr von / Unruh, Peter, in: Mangoldt, Hermann von / Klein, Friedrich / Starck, Christian (Hg.): Das Bonner Grundgesetz, 3. Aufl., München 2010, Bd. 3, 2390.

Campenhausen, Axel Freiherr von: Staat und Religion nach dem Grundgesetz, in: www.humboldt-forum-recht.de/english/12–2008/beitrag.html.

Casel, Odo: Besinnung, in: Herbstbrief der Abtei vom Heiligen Kreuz zu Herstelle, Herstelle 1948.

Casel, Odo: Besinnung, in: Herbstbrief der Abtei vom Heiligen Kreuz zu Herstelle; 1948, in: Gozier, André: Odo Casel. Künder des Christusmysteriums, Regensburg 1996, 11.

Casel, Odo: Die Liturgie als Mysterienfeier, Freiburg 1922.

Cimşit, Mustafa: Islamische Seelsorge – Eine theologische Begriffsbestimmung; in: Bülent Ucar / Martina Blasberg-Kuhnke, (Hg.): Islamische Seelsorge zwischen Herkunft und Zukunft. Von der theologischen Grundlegung zur Praxis in Deutschland, Frankfurt a.M. u. a. 2013, 13–26.

Classen, Claus Dieter: Religionsrecht, Tübingen 2006.

Corsa, Mike: Bildung ist mehr als Schule – Ganztagsschule ist mehr als Unterricht, in: Zeitschrift für Pädagogik und Theologie 57 (2005), H. 2, 141–155.

Corsa, Mike: Kirchliche Jugendarbeit, in: Arbeitsfelder der Kinder- und Jugendarbeit, Weinheim u. a. 2013, 212–237.

Cüper, Frank / Tekaath, Christoph: Baustelle Ökumenische Schulpastoral, Erfahrungen aus Magdeburg, in: Diakonia 41 (2010), 190–194.

Cyrill von Jerusalem: Die heiligen Geheimnisse. Die Taufe (1. Unterweisung), in: Vericel, Maurice: Cyrill von Jerusalem, Stuttgart 1963, 91–97.

D'Sa, Francis X.: Regenbogen der Offenbarung. Das Universum des Glaubens und das Pluriversum der Bekenntnisse, Frankfurt a.M. / London 2006.

Dam, Harmjan / Spenn, Matthias (Hg.): Qualifizierung Schulseelsorge. Eine Veröffentlichung des Comenius-Instituts, Münster 2009.

Dam, Harmjan / Spenn, Matthias (Hg.): Seelsorge in der Schule – Begründungen, Bedingungen, Perspektiven. Eine Veröffentlichung des Comenius-Instituts, Münster 2011.

Dam, Harmjan / Spenn, Matthias: Evangelische Schulseelsorge. Hintergründe, Erfahrungen, Konzeptionen (Schnittstelle Schule, 2). Eine Veröffentlichung des Comenius-Instituts, Münster 2007 (Online verfügbar unter http://www.ci-muenster.de/biblioinfothek/open_access_pdfs/Evangelische_Schulseelsorge.pdf).

Dam, Harmjan: Evangelische Schulseelsorge: für gelingendes Leben und Humanität in der Schule, in: Lebendige Seelsorge 54 (2003), 124–128.

Dedecius, Karl (Hg.): Stanislaw Jerzy Lec: Unfrisierte Gedanken, München 1990.

Deinet, Ulrich / Treichel, Martin L.: Kooperation von Jugendhilfe und Schule, in: Kansteiner-Schänzlin, Katja (Hg.): Schule im gesellschaftlichen Spannungsfeld, Baltmannsweiler 2011, 233–248.

Demmelhuber, Helmut: Schulseelsorge und Schulsozialarbeit, in: Koerrenz, Ralf / Wermke, Michael (Hg.): Schulseelsorge – ein Handbuch, Göttingen 2008, 55–59.

Demmelhuber, Helmut: Sozialarbeit und Seelsorge in der Schule – Neue Wege der Kirche, 3. Aufl., Oberried 1999.

Demmich, Matthias: Der Schulgottesdienst im Kontext der Schulpastoral, München 2013 (Online verfügbar unter http://ebooks.ciando.com/book/index.cfm/bok_id/506322.)

Dessoy, Valentin / Lames, Gundo: Strategische Organisationsentwicklung – Kernthemen und Lösungsansätze, in: Dessoy, Valentin / Lames, Gundo (Hg.): Denn sicher gibt es eine Zukunft (Spr 23,18), Trier 2008, 110–115.

Dietzsch, Andrea: Evangelische Schulseelsorge. Impulse für Theorie und Praxis, Hamburg 2013.

Domsgen, Michael: Systemische Perspektiven als Rahmen einer neuen Verhältnisbestimmung von schulischer und außerschulischer Religionspädagogik, in: Theo-Web. Zeitschrift für Religionspädagogik (2010), H. 2, 9–22.

Dressler, Bernhard: Unterscheidungen. Religion und Bildung, Stuttgart 2006.

Ebach, Jürgen: Nicht das Letzte herausholen! Biblische Erinnerungen zum Thema Arbeits- und Ruhezeit, in: Rinderspacher, Jürgen; u. a. (Hg.): Das Ende gemeinsamer Zeit? Risiken neuer Arbeitszeitgestaltung und Öffnungszeiten, Bochum 1988, 83–99.

Ebertz, Michael N. / Fuchs, Ottmar / Sattler, Dorothea (Hg.): Lernen, wo die Menschen sind. Wege lebensraumorientierter Seelsorge, Mainz 2005.

Ebertz, Michael N. / Ullrich, Peter-Otto: Lebensraum, sozialer Nahraum und Organisationsraum, in: Ebertz, Michael N. / Fuchs, Ottmar / Sattler, Dorothea (Hg.): Lernen, wo die Menschen sind, Wege lebensraumorientierter Seelsorge, Mainz 2005, 121–145.

Ebertz, Michael N.: Die Dispersion des Religiösen; in: Kochanek, Hermann (Hg.): Ich habe meine eigene Religion. Sinnsuche jenseits der Kirchen, Zürich / Düsseldorf 1999, 210–231.

Eich, Klaus-Gerd: Der Einsatz Pastoraler Mitarbeiter des Bistums Trier in der Schule. Ein religionspädagogischer Entwurf und ein empirischer Beitrag zur Rezeption und Evaluation von Qualitätsmanagementsystemen für Religionsunterricht und Schulseelsorge, Neuwied 2003.

Eick-Wildgans, Susanne: Anstaltsseelsorge. Möglichkeiten und Grenzen des Zusammenwirkens von Staat und Kirche im Strafvollzug (Staatskirchenrechtliche Abhandlungen 22), Berlin 1993.

Einig, Andreas: Wie im Himmel so auf Erden, Baden-Baden 2014.

Englbrecht, Arthur; u. a.: Führung und Verantwortung bei schulischen Krisen – ein Leitfaden für Schulleitung, Schulaufsicht und Schulberatung, Nürnberg 2008.

Erikson, Erik H.: Identität und Lebenszyklus. (Engl. Originalausg. 1959), Frankfurt a.M. 2003.

Erikson, Erik H.: Kindheit und Gesellschaft, Stuttgart 1981.

Eulenberger, Klaus: Bücher schreiben oder Windeln waschen – wenn man vor lauter Kram nicht zum eigentlichen kommt, in: NDR-Kultur ›Glaubenssachen‹ 14.06.2008; http://nek.gottesdienstinstitut-nek.de/wp-content/uploads/2014/06/Windeln-waschen-oder.de.

Eulenberger, Klaus: Von Gott reden, ohne Gott herbeizuzitieren, in: Pastoraltheologie. Monatszeitschrift für Wissenschaft und Praxis in Kirche und Gesellschaft 101 (2012), H. 9, 371–383.

Feifel, Erich: Hintergründe. Entstehung und Tendenzen der Erklärung »Schulpastoral« der Kommission für Erziehung und Schule der Deutschen Bischofskonferenz vom 22. Januar 1996, in: Katechetische Blätter 121 (1996), 337–341.

Feige, Andreas / Gennerich, Carsten: Lebensorientierungen Jugendlicher. Alltagsethik, Moral und Religion in der Wahrnehmung von Berufsschüler/innen in Deutschland, Münster 2008.

Fend, Helmut: Neue Theorie der Schule. Einführung in das Verstehen von Bildungssystemen, 2. Aufl., Wiesbaden 2008.

Fend, Helmut: Theorie der Schule, München 1980.

Fischer, Dietlind: Wie entwickelt sich Schule?, in: Diakonia 41 (2010), H. 3, 158–165.

Fischer, Wolfgang: Das missionarische Projekt der Lebensraumorientierten Seelsorge in Mainz (LOS), in: missio konkret 2 (2007), 14–16.

Fischer, Wolfgang: Ein Mittel der Mystagogie. Die spirituelle Dimension der Gottesdienstübertragung im Fernsehen, in: Gottesdienst 26 (1992), 156–157.

Forneck, Hermann J.: Selbstgesteuertes Lernen und Modernisierungsimperative, in: Zeitschrift für Pädagogik 48 (2002), H. 2, 242–261.

Foucault, Michel: Die Heterotopien. Der utopische Körper, Frankfurt a.M. 2005.

Freitag, Michael / Hamachers-Zuba, Ursula / Hobelsberger, Hans

(Hg.): Lebensraum Jugendkirche. Institution und Praxis, Hannover 2012.

Fröhling, Edward: »Weite Räume unseren Füßen«? Schulseelsorge – Ein grundsätzlicher Blick auf ein »kirchliches Handlungsfeld« aus pallottinischer Perspektive, in: Ordenskorrespondenz 47 (2006), H. 2, 150–159.

Fuchs, Ottmar: Botschaftsorientierung: »Um unserer Hoffnung willen insbesondere zu denen zu gehen, die einer besonderen Hoffnungslosigkeit ausgesetzt sind«, in: Zwischenräume. Projektzeitung – Lebensraumorientierte Seelsorge in Mainz I (2003), 12.

Fuchs, Ottmar: Dabeibleiben oder weggehen? Christen im Konflikt mit der Kirche, München 1989.

Gandlau, Thomas / Rüttiger, Gabriele: Schulpastoral an Hauptschulen – christliche Impulse und Beiträge für den Lebensraum Schule, in: Religionspädagogisches Zentrum im Bayern (Hg.): Schulpastoral an Hauptschulen. Dokumentation und Ergebnisse des Erprobungsversuches 1998/99–2000/01, München 2002, 5–10.

Gandlau, Thomas: Bayernweites Projekt Schulpastoral an Hauptschulen, in: Lebendige Seelsorge 54 (2003), H. 2, 89–93.

Geißler, Ulrich: Aufgaben und Ziele der Schulpastoral und Konsequenzen für das Ausbildungs- und Fortbildungskonzept zur Schulpastoral im Bistum Würzburg, in: Lebendige Seelsorge 54 (2003), 103–107.

Geißler, Ulrich: Schule ist mehr … Der Beitrag der Schulpastoral zur Schulentwicklung, in: Putz, Günter (Hg.): Pausenzeichen. Reflexionen über den Dienst der Kirche in der Schule, Würzburg 2002, 107–134.

Geißler, Ulrich: Spiritualität in der Schulpastoral, in: Lebendige Seelsorge 54 (2003), 117–120.

Geißler, Ulrich: Wachsen und wachsen lassen – Einblicke und Ausblicke in das Arbeitsfeld Schulpastoral, in: Putz, Günter (Hg.): Meldezeichen. Der Dienst der Kirche in der Schule, Würzburg 1998, 237–266.

Gerstner, Hans-Peter / Wetz, Martin: Einführung in die Theorie der Schule, Darmstadt 2008.

Giesenkamp, Johanna-Elisabeth / Leicht-Eckardt, Elisabeth / Nachtwey, Thomas: Inklusion durch Schulverpflegung. Interreligiöse Perspektiven 6, Berlin / Münster 2013.

Goeudevert, Daniel: Der Horizont hat Flügel. Die Zukunft der Bildung, München 2001.

Görtz, Philipp: Ignatianische Schulpastoral. Anregungen für eine spirituelle Praxis an konfessionellen Schulen, Würzburg 2014.

Görtz, Philipp: Nach den Sternen greifen. Ignatianische Schulpastoral und Kollegsseelsorge. Konzeptionelle Erwägungen und Konkretisierungen, Bonn 2010.

Görtz, Philipp: Schule des Betens. Ein Angebot ignatianischer Schulpastoral, in: Lebendige Seelsorge 58 (2007), H. 5, 316–319.

Gozier, André: Odo Casel. Künder des Christusmysteriums, Regensburg 1996.

Grethlein, Christian: Praktische Theologie, Berlin / Boston 2012, 367–373.

Groß, Engelbert: Akzente moderner Jugendpastoral. Schülerseelsorge und Schülergottesdienst, Kevelaer 1976.

Groß, Hermann-Josef / Russel, Yvonne: Personalentwicklung und Veränderungsmanagement in der Kirche, in: Dessoy, Valentin / Lames, Gundo (Hg.): Denn sicher gibt es eine Zukunft (Spr 23,18), Trier 2008, 88–109.

Großbölting, Thomas: Der verlorene Himmel, Göttingen 2013.

Gutmann Hans-Martin / Kuhlmann, Birgit / Meuche Katrin (Hg.): Praxisbuch Schulseelsorge, Göttingen 2014.

Gutmann, Hans-Martin / Kuhlmann, Birgit / Meuche, Katrin: Praxisbuch Schulseelsorge, Göttingen 2014.

Guttenberger, Gudrun / Schroeter-Wittke, Harald (Hg.): Religionssensible Schulkultur, Jena 2011.

Hallermann, Heribert: Pfarrei und pfarrliche Seelsorge. Ein kirchenrechtliches Handbuch für Studium und Praxis, Paderborn u. a. 2004.

Hallermann, Heribert: Schulpastoral. Der Dienst der Kirche an den Menschen im Handlungsfeld Schule, in: Katechetische Blätter 121 (1996), 332–336.

Haunhorst, Benno: Glaube macht Schule. Schulpastoral als Profilierung christlicher Schulen, in: Lebendige Seelsorge 58 (2007), 291–295.

Helbling, Dominik / Kropač, Ulrich / Jakobs, Monika / Leimgruber, Stephan (Hg.): Konfessioneller und bekenntnisunabhängiger Religionsunterricht. Eine Verhältnisbestimmung am Beispiel Schweiz, Zürich 2013.

Hemmerle, Klaus: Was fängt die Jugend mit der Kirche an? Was fängt die Kirche mit der Jugend an?, in: Göllner, Reinhard / Trocholepczy, Bernd (Hg.): Spielräume Gottes und der Menschen. Beiträge zu Ansatz und Schwerpunkt kirchlichen Handelns (ausgewählte Schriften IV), Freiburg i.Br. 1996.

Hempelmann, Heinzpeter: Gott im Milieu, Gießen 2013.

Hentig, Hartmut von: Bildung. Ein Essay, Weinheim/Basel 1999.

Hermann, Inger: »Halt's Maul, jetzt kommt der Segen ...« Kinder auf der Schattenseite des Lebens fragen nach Gott, 3. Aufl., Stuttgart 2000.

Hermanutz, Leo: Bedeutung und Möglichkeit des Religionsunterrichts als Element der Schulpastoral, in: Rüttiger, Gabriele (Hg.): Schulpastoral, München 1992, 50–54.

Hermes, Christian: Konkordate im vereinigten Deutschland, Ostfildern 2009.

Hilberath, Bernd Jochen / Kohl, Johannes / Nikolay, Jürgen (Hg.): Grenzgänge sind Entdeckungsreisen. Lebensraumorientierte Seelsorge und kommunikative Theologie im Dialog: Projekte und Reflexionen, Mainz 2011.

Hilberath, Bernd Jochen: Der dreieine Gott als Orientierung menschlicher Kommunikation angesichts der Kommunikationswelten »Weltgesellschaft« und »Weltkirchen«, in: Hilberath, Bernd Jochen / Kraml, Martina / Scharer, Matthias (Hg.): Wahrheit in Beziehung. Der dreieine Gott als Quelle und Orientierung menschlicher Kommunikation, Mainz 2003, 71–78.

Hilger, Georg/ Leimgruber, Stephan / Ziebertz, Hans-Georg u. a.: Religionsdidaktik. Ein Leitfaden für Studium, Ausbildung und Beruf, München 2010.

Hobelsberger, Hans / Lechner, Martin / Tzscheetzsch, Werner (Hg.): Ziele und Aufgaben kirchlicher Jugendarbeit. Bilanz und Auftrag 20 Jahre nach dem Synodenbeschluß, München 1996.

Hobelsberger, Hans: Bildung in Jugendarbeit und Schule, in: Arbeitsstelle für Jugendseelsorge der Deutschen Bischofskonferenz: Jugendpastorale Perspektiven. Fachgespräche der Jugendkommission, Düsseldorf 2011.

Hobelsberger, Hans: Plädoyer für diakonische Jugendarbeit, in: Lebendige Seelsorge 58 (2007), H. 2, 116–121.

Hochmuth, Uwe / Mangold, Michael: Bildung ungleich Humankapital, München 2012.

Hoffmann, Veronika (Hg.): Die Gabe: ein »Urwort« der Theologie?, Frankfurt a.M. 2009.

Hohm, Hans-Jürgen: Urbane soziale Brennpunkte, Exklusion und soziale Hilfe, Opladen 2003.

Höring, Patrik C.: Kirchliche Jugendarbeit vor dem Aus? Einige Überlegungen angesichts aktueller Herausforderungen, in: Stimmen der Zeit 231 (2013), H. 2, 85–95.

Horx, Matthias: Das Megatrendprinzip, München 2011.

Hotze, Gerhard: Jesus als Gast. Studien zu einem christologischen Leitmotiv im Lukasevangelium, Würzburg 2007.

Jäggle, Martin: Lebenswerte Schule: Schulpastoral in Österreich, in: Diakonia 41 (2010), 184–189.

Jobs, Steve: Über Leben und Tod, Rede in Stanford 2005, in: http://

www.stern.de/digital/computer/rede-in-stanford-steve-jobs-ueber-leben-und-tod-1735741.html.

Juen, Barbara / Kratzner, Dietmar / Beck, Thomas (Hg.): Krisenintervention und Notfallpsychologie bei Großschadenslagen und Katastrophen. Ein Handbuch für KriseninterventionsmitarbeiterInnen und psychosoziale Fachkräfte, Innsbruck 2013.

Jung, Martina / Kittel, Joachim (Hg.): Schulpastoral konkret. Eine jugendverbandliche Perspektive, Düsseldorf 2004.

Kalloch, Christina / Leimgruber, Stephan / Schwab, Ulrich: Lehrbuch der Religionsdidaktik. Für Studium und Praxis in ökumenischer Perspektive, 3. überarb. Aufl., Freiburg i.Br., 2014.

Kamm, Thomas: Gestaltungsprinzipien und Arbeitsformen von Schulpastoral. Methodisch-didaktische Überlegungen zur personen- und prozeßorientierten Arbeit mit Gruppen und Einzelnen, Würzburg 1998.

Katholische Arbeitsstelle für missionarische Pastoral (Hg.): Milieus fordern heraus, Erfurt 2013.

Kaufmann, Franz-Xaver: Wie überlebt das Christentum? Freiburg i.Br. 2000.

Kaupp, Angela / Leimgruber, Stephen / Scheidler, Monika: Handbuch der Katechese. Für Studium und Praxis, Freiburg i.Br. 2011.

Kaupp, Angela: »Wikipedia-Religion«? – Die Religiosität heutiger Jugendlicher als Herausforderung für die Praktische Theologie, in: Theologisch-praktische Quartalschrift 128 (2010), 282–291.

Kaupp, Angela: Beten im Religionsunterricht? Formen gelebten Glaubens in pluralen Lerngruppen, in: Rendle, Ludwig (Hg.): Standorte finden – Religionsunterricht in der pluralen Gesellschaft. 5. Arbeitsforum für Religionspädagogik, Donauwörth 2010, 86–98.

Kaupp, Angela: Schulpastoral, in: Först, Johannes / Schöttler, Heinz-Günther (Hg.): Einführung in die Pastoraltheologie. Ein Studien- und Lehrbuch, Münster 2012, 191–212.

Kaupp, Angela: Schulreligion – nicht für alles. Firmvorbereitung in der Schule? Eine Erwiderung auf Hans Mendl, in: Katechetische Blätter 138 (2013), 377–381.

Kaupp, Angela: Sitzen zwischen allen Stühlen? – Zum Profil der Schulpastoral, in: RU-Kurier, Diözese Würzburg (2013), H. 42, 46–55.

Kaupp, Angela: Unterschiedliche ›Spielfelder‹ religiöser Bildung und Erziehung: Chancen und Risiken einer Kooperation von Religionsunterricht und Gemeinde, in: RU heute. Informationen des Dezernats Schulen und Hochschulen im Bischöflichen Ordinariat Mainz (2006), H. 3–4, 31–35.

Kierkegaard, Sören: Die Leidenschaft des Religiösen, Ditzingen 1968.

Kittel, Joachim (Hg.): Werkbuch Schulpastoral. Methoden, Modelle und Ideen für die Praxis mit CD-ROM, Freiburg i.Br. / Basel / Wien 2011.

Kittel, Joachim: Ignatianische Experimente: Zur Grundlegung einer Pädagogik ignatianischer Spiritualität in der Kinder- und Jugendarbeit, in: Jung, Martina / Kittel, Joachim (Hg.): Schulpastoral konkret. Eine jugendverbandliche Perspektive, Düsseldorf 2004, 96–114.

Klauer, Karl: Über das Konzept einer humanen Schule, in: Olechowski, Richard / Garnitschnig, Karl (Hg.): Humane Schule, Frankfurt 1999, 21–37.

Klieme, Eckhard u. a.: Zur Entwicklung nationaler Bildungsstandards. Eine Expertise, hg. v. Bundesministerium für Bildung und Forschung, Berlin 2003.

Knoke, Andreas / Wichmann, Maren (Hg.): Bildungserfolge an Ganztagsschulen, Schwalbach/Ts 2013.

Koerrenz, Ralf / Wermke, Michael (Hg.): Schulseelsorge – ein Handbuch, Göttingen 2008.

Kohl, Johannes: Gott kommt nahe: Botschaftsorientierung, in: Hilberath, Bernd Jochen / Kohl, Johannes / Nikolay, Jürgen (Hg.): Grenzgänge sind Entdeckungsreisen. Lebensraumorientierte Seelsorge und kommunikative Theologie im Dialog: Projekte und Reflexionen, Mainz 2011, 31–35.

Kollig, Manfred: Als Ebenbild Gottes in der Schule, aber erst ab einem Notendurchschnitt von 1,5? Christliche Perspektiven zum Beurteilen, Bewerten und Benoten, in: engagement 2 (2009), 144–148.

Kollig, Manfred: Resonanzräume für Gott und Mensch, in: Religionsunterricht an höheren Schulen 52 (2009), 163–167.

Kollig, Manfred: Schulpastoral an Katholischen Schulen. Wenn ja, warum nicht, in: engagement. Zeitschrift für Erziehung und Schule, Münster (2009), H. 4, 342–349.

Korioth, Stefan, in: Maunz, Theodor / Dürig, Günter: Grundgesetz, Loseblattsammlung (Lfg. 42, Februar 2003), Art. 140 GG/Art. 141 WRV, Rdnr. 5.

Köster, Peter, SJ: Geistliche Begleitung. Eine Orientierung für die Praxis, 3. Aufl., Sankt Ottilien 2013.

Krämer, Peter: Nichtpfarrliche Gemeinschaften – Ein Gegensatz zur Pfarrstruktur? Zur Interpretation von c. 516 § 2, in: Archiv für Katholisches Kirchenrecht 163 (1994), 351–364.

Krappmann, Lothar: Die Identitätsproblematik nach Erikson in einer interaktionistischen Sicht, in: Keupp, Heiner / Höfer, Renate (Hg.): Identitätsarbeit heute. Klassische und aktuelle Perspektiven der Identitätsforschung, Frankfurt a.M. 1998, 66–92.

Krappmann, Lothar: Soziologische Dimensionen der Identität. Strukturelle Bedingungen für die Teilnahme an Interaktionsprozessen, Stuttgart 2000.

Krawczack, Peter: Schulpastoral? Die neue kirchliche »Frontgroup« als Träger und Adressat!, in: Diözese Aachen: Pastoralblatt für die Diözesen Aachen, Berlin, Essen, Hildesheim, Köln, Osnabrück 59 (2007), H. 10, 306–310.

Kreutzer, Ansgar: Gnade für das »unternehmerische Selbst«. Eine theologische Kritik der überzogenen Leistungsgesellschaft, in: Stimmen der Zeit 139 (2014), H. 8, 547–557.

Krochmalnik, Daniel: Abrahamische Gastfreundschaft in Bibel und Talmud, in: Schmid, Hans / Verburg, Winfried (Hg.): Gastfreundschaft. Ein Modell für den konfessionellen Religionsunterricht der Zukunft, München 2010.

Kropp, Ursula / Lutz, Bernd: Katechese im Miteinander aller Generationen, in: Katechetische Blätter 139 (2014), 300–303.

Kumher, Ulrich: »Fürchte dich nicht, du kleine Herde« (Lk 12,32): Anforderungen an Schulpastoral in der Minderheitensituation, in: Diakonia 41 (2010), 174–177.

Kumher, Ulrich: Schulpastoral und religiöse Pluralität – Religionen ganzheitlich entdecken, in: Rendle, Ludwig (Hg.): Ganzheitliche Methoden in der Schulpastoral, München 2013, 243–252.

Kumher, Ulrich: Schulpastoral und religiöse Pluralität. Ein Konzeptentwurf für die Auseinandersetzung mit religiöser Pluralität, Würzburg 2008.

Kurt, Hüseyin / Weber, Edmund (Hg.): Die Zukunft der Muslime in Deutschland. Tagungen der Kommunalen Ausländer- und Ausländerinnenvertretung der Stadt Frankfurt am Main (KAV) und der Arbeitsgemeinschaft der Ausländerbeiräte Hessen (agah). Eine Dokumentation ausgewählter akademischer und politischer Beiträge, Frankfurt a.M. u. a. 2011.

Kutting, Dirk: Lehrer sein. Spirituelle Lösungen, Göttingen 2008.

Lambert, Willi: Aus Liebe zur Wirklichkeit. Grundworte ignatianischer Spiritualität, Mainz 1998.

Lambert, Willi: Marianische Kongregationen, in: Lexikon für Theologie und Kirche, Freiburg i.Br. 1997, Bd. 6, 1359f.

Lambert, Willi: Zeiten zum Aufatmen. Seelsorge und christliche Lebenskultur, Ostfildern 2008.

Lames, Gundo: Kirche im Kontext des Systems Schule – zum Ansatz einer Schulpastoral, in: Trierer Theologische Zeitschrift 109 (2000), H. 4, 295–307.

Lames, Gundo: Schulseelsorge als soziales System, in: Büttner, Gerhard / Scheunpflug, Annette / Eisenbast, Volker (Hg.): Zwischen Erziehung und Religion, Berlin 2007, 232–242.

Lames, Gundo: Schulseelsorge als soziales System. Ein Beitrag zu ihrer praktisch-theologischen Grundlegung, Stuttgart 2000.

Langer, Wolfgang: Schulpastoral Dienst und Zeugnis aus dem Glauben. In: Ordensnachrichten 37 (1998), H. 2, 3–17.

Lasogga, Frank / Gasch, Bernd (Hg.): Notfallpsychologie, Lehrbuch für die Praxis, Berlin, Heidelberg, New York 2011.

Latour, Bruno: Jubilieren. Über religiöse Rede, Berlin 2011.

Lechner, Martin: Pastoraltheologie der Jugend. Geschichtliche, theologische und kairologische Bestimmung der Jugendpastoral einer evangelisierenden Kirche (Studien zur Jugendpastoral, Bd. 1), München 1992.

Lechner, Martin: Was ist überhaupt »Jugendpastoral«? Eine erste Annäherung?, in: Jugend@pastoral – Standortbestimmung und Perspektiven. Pastoraltheologische Informationen 29 (2009), H. 1, 10–15.

Lehmann, Karl Kardinal: 40 Jahre Konzilsbeschluss »Gravissimum educationis« – Perspektiven und Auftrag für die katholischen Schulen, in: Pollak, Gertrud / Sajak, Clauß Peter: Katholische Schule heute. Perspektiven und Auftrag nach dem zweiten Vatikanischen Konzil, Freiburg i.Br. 2006, 32–54.

Lehmann, Karl: Register. Erläuterung verfahrenstechnischer Begriffe, in: Gemeinsame Synode der Bistümer in der Bundesrepublik Deutschland. Beschlüsse der Vollversammlung. Offizielle Gesamtausgabe I, Freiburg u. a. 1976, 915–917.

Lenz, Werner: Wertvolle Bildung, Wien 2011.

Lewin, Kurt: Die Feldtheorie in der Psychologie, vermutl. 1944; in: Lewin, Kurt: Werkausgabe, Bd. IV: Feldtheorie, hg. v. Graumann, Carl Friedrich, Bern/Stuttgart 1982.

Lob, Brigitte: Ein Pflaster für die unerfüllten Sehnsüchte. Religion und Schulpastoral an Brennpunktschulen, in: Rendle, Ludwig (Hg.): Was heißt religiöses Lernen? Religionsunterricht zwischen den Bildungsstandards und der Unverfügbarkeit des Glaubens, Donauwörth 2007, 102–110.

Lob, Brigitte: Gestaltungsprinzipien und Qualitätskriterien in der Schulpastoral, in: engagement 4 (2012), 247–255.

Lob, Brigitte: Grundsätzliche Herausforderungen für Schule und Schulpastoral; in: Rendle, Ludwig (Hg.): Ganzheitliche Methoden der Schulpastoral, München 2013, 27–33.

Luhmann, Niklas: Die Religion der Gesellschaft, Frankfurt a.M. 2000.

Luhmann, Niklas: Einführung in die Systemtheorie, in: Baecker, Dirk (Hg.): Transskribierte Tonbandaufzeichnung WS 1991/92 an der Universität Bielefeld, Heidelberg 2002.

Luther, Henning: Identität und Fragment. Praktisch-theologische Überlegungen zur Unabgeschlossenheit von Bildungsprozessen, in: Luther, Henning: Religion und Alltag. Bausteine zu einer Praktischen Theologie des Subjekts, Stuttgart 1992, 160–184.

Lutz, Bernd: Gemeinde in Zeiten der Individualisierung – Auslaufmodell oder Notwendigkeit, in: Kaupp, Angela / Leimgruber, Stephen / Scheidler, Monika: Handbuch der Katechese. Für Studium und Praxis, Freiburg i.Br. 2011, 52–64.

Lutz, Bernd: Perspektiven einer lebensbegleitenden Gemeindekatechese, in: Bitter, Gottfried / Gerhards, Albert (Hg.): *Glauben lernen – Glauben feiern. Katechetisch-liturgische Versuche und Klärungen*, Stuttgart u. a. 1998, 235–252.

Maschke, Sabine / Schulz-Gade, Gunild / Stecher, Ludwig (Hg.): Jahrbuch Ganztagsschule 2014. Inklusion. Der Pädagogische Umgang mit Heterogenität, Schwalbach/Ts 2014.

Mendl, Hans: Religion erleben. Ein Arbeitsbuch für den Religionsunterricht, 20 Praxisfelder, 2. Aufl., München 2013.

Mendl, Hans: Schulleben mitgestalten – zur schulkulturellen Kompetenz, in: Burrichter, Rita / Grümme, Bernhard / Mendl, Hans u. a.: Professionell Religion unterrichten. Ein Arbeitsbuch, Stuttgart 2012, 188–203.

Mendl, Hans: Schulpastoral. Schulpädagogische, theologische und religionspädagogische Rahmendaten, in: Jung, Martina / Kittel, Joachim (Hg.): Schulpastoral konkret. Eine jugendverbandliche Perspektive, Altenberg 2004, 8–34.

Mendl, Hans: Schulreligion für alle. Die Chancen von Schulpastoral an öffentlichen Schulen, in: Lebendige Seelsorge 58 (2007), H. 5, 274–278.

Mertek, Muhammet: Trauerbesuch bei einer muslimischen Familie. Ein Erfahrungsbericht, in: Bischöfliches Generalvikariat, Hauptabteilung Schule und Erziehung (Hg.): Kirche und Schule 39. Jg. Münster 2012, Nr. 163, 26–27.

Mertes, Klaus: Schulseelsorge. Anregungen zur Praxis, in: Jung, Martina / Kittel, Joachim (Hg.): Schulpastoral konkret, Düsseldorf 2004, 51–60.

Mertes, Klaus: Verantwortung lernen: Schule im Geist der Exerzitien (= Ignatianische Impulse 6), Würzburg 2004.

Merz, Michael B.: Liturgie und Mystagogie. Eine vergessene Form der Spiritualität, in: Schilson, Arno (Hg.): Gottes Weisheit im Mysterium. Vergessene Wege christlicher Spiritualität, Mainz 1989, 298–314.

Mette, Norbert: Divini illius magistri, in: Mette, Norbert / Rickers, Folkert (Hg.): Lexikon der Religionspädagogik, Bd. 1, Neukirchen-Vluyn 2001, 350–352.

Mette, Norbert: Individualisierung und Enttraditionalisierung als (religions-)pädagogische Herausforderung, in: Becker, Ulrich / Scheilke, Christoph Th. (Hg.): Aneignung und Vermittlung, Gütersloh 1993, 69–84.

Mette, Norbert: Schulbezogenes Engagement. Kooperation zwischen Kirche und Schule als pastorale Aufgabe, in: Pastoraltheologische Informationen 27 (2007), H. 1, 150–167.

Metz, Johann Baptist: Hoffnung als Naherwartung oder der Kampf um die verlorene Zeit. Unzeitgemäße Thesen zur Apokalyptik [in Original Großschreibung], in: Metz, Johann Baptist: Glaube in Geschichte und Gesellschaft, München 1977, 149–158.

Meyer-Blanck, Michael: Religion im Kanon der anderen Fächer, in: Baumann, Ulrike u. a.: Religionsdidaktik. Praxishandbuch für die Sekundarstufe I und II, 5. Aufl., Berlin 2009, 35–47.

Ministerium für Schule und Weiterbildung des Landes Nordrhein-Westfalen (Hg.): Notfallpläne für die Schulen Nordrhein-Westfalen. Hinsehen und Handeln, Düsseldorf 2007.

Ministerium für Schule und Weiterbildung des Landes Nordrhein-Westfalen (Hg.): Hinsehen und Handeln, Krisenmanagement und Prävention, Beilage SCHULE NRW, Januar 2010 (Download unter: www.schulministerium.nrw.de>Publikationen).

Nauer, Doris: Seelsorgekonzepte im Widerstreit, Stuttgart 2001.

Nestor, Ingrid: Evangelische Schulseelsorge. Positionen und Perspektiven. Ein Mutmachbuch, Stuttgart 2009.

Neudert, Helga: Service-learning oder »Lernen durch Engagement« – eine Methode auch für den Religionsunterricht?, in: RU-Kurier, Zeitschrift für den Religionsunterricht in der Diözese Würzburg (2013), H. 42, 62–64.

Neulinger, Thomas (Hg.): Wissen – Gewissen – Gespür: Dokumente zur ignatianischen Pädagogik, Thaur 1998.

Neuschäfer, Reiner Andreas: Das brennt mir auf der Seele. Anregungen für eine seelsorgliche Schulkultur, Göttingen 2007.

Nikolay, Jürgen: Differenziert, vernetzt, zielgerichtet und an den Ressourcen orientiert: vier weitere LOS-Standards, in: Hilberath, Bernd Jochen / Kohl, Johannes / Nikolay, Jürgen (Hg.): Grenzgänge sind Entdeckungsreisen. Lebensraumorientierte Seelsorge und kommunikative Theologie im Dialog: Projekte und Reflexionen, Mainz 2011, 43–48.

Nikolay, Jürgen: Mitten unter den Menschen: Adressatenorientierung, in: Hilberath, Bernd Jochen / Kohl, Johannes / Nikolay, Jürgen (Hg.): Grenzgänge sind Entdeckungsreisen. Lebensraumorientierte Seelsorge und kommunikative Theologie im Dialog: Projekte und Reflexionen, Mainz 2011, 36–42.

Oberdorfer, Bernd: Kontingenzformel »Gott«. Der christliche Gottesgedanke unter systemtheoretischer Beobachtung – trinitätstheologisch beobachtet, in: Thomas, Günter / Schüle, Andreas (Hg.): Luhmann und die Theologie, Darmstadt 2006, 107–116.

Obermeyer, Martin: Schule und Seelsorge. Eine pastoraltheologische Verhältnisbestimmung aus katholischer Perspektive, in: Koerrenz, Ralf / Wermke, Michael (Hg.): Schulseelsorge – ein Handbuch, Göttingen 2008, 47–54.

Obst, Gabriele: Kompetenzorientiertes Lehren und Lernen im Religionsunterricht, 3. Aufl., Göttingen 2010.

Otto, Werner: »Boah, ist das schön – gar nicht wie in der Kirche«. Wie Jugendkirchen auf kirchenferne Jugendliche zugehen, in: Theologisch-praktische Quartalschrift 159 (2011), H. 3, 285–292.

Overesch, Anne: Wie die Schulpolitik ihre Probleme (nicht) löst, Münster 2007, in: Ruep, Margret: Bildungspolitische Trends und Perspektiven, Hohengehren 2011, 113–118.

Panikkar, Raimon: Begegnungen der Religionen. Das unvermeidliche Gespräch, in: Dialog der Religionen 1 (1991), 9–39.

Panikkar, Raimon: Gott, Mensch und Welt. Die Drei-Einheit der Wirklichkeit, Petersberg 1999.

Pankoke, Eckart: Polis und Regio. Sozialräumliche Dimension kommunaler Kultur; in: Sociologia internationalis 15 (1977), H. 1/2, 31–61.

Petermann, Anna-Christina: Schulseelsorge – ein junges kirchliches Handlungsfeld im Schulalltag und in Krisenzeiten. Der Trauer-Koffer – in der Trauer füreinander da sein, neue Wege der evangelischen Schulseelsorge nach dem Tod eines Schülers, 2. Aufl., Berlin 2013.

Philipp, Elmar: Multiprofessionelle Teamentwicklung. Erfolgsfaktoren für die Zusammenarbeit in der Schule, Weinheim 2014.

Pollak, Gertrud / Sajak, Clauß Peter (Hg.): Katholische Schule heute. Perspektiven und Auftrag nach dem Zweiten Vatikanischen Konzil, Freiburg i.Br. 2006.

Provinzialskonferenz der Zentraleuropäischen Assistenz (Hg.): Satzungen der Gesellschaft Jesu und Ergänzende Normen: Deutsche Übersetzung der im Auftrag der 34. Generalkongregation herausgegebenen lateinischen Ausgabe, München 1997.

Rahner, Karl: Frömmigkeit früher und heute, in: Rahner, Karl: Schriften zur Theologie, Bd. VII, Einsiedeln 1971, 11–31.

Rahner, Karl: Gotteserfahrung heute; in: Rahner, Karl: Sämtliche Werke. Bd. 23. hg. v. Raffelt, Albert u. a. Freiburg/Basel/Wien 1996, 138–149.

Rebholz, Ralph: Von Architekten und Brückenbauern. Sieben Rollenbilder für Verantwortliche in der Schulpastoral, in: Burkard, Joachim / Wehrle, Paul (Hg.): Schulkultur mitgestalten. Pastorale Anregungen und Modelle, Freiburg 2005, 157–166.

Referat Schulpastoral, Diözese Rottenburg-Stuttgart (Hg.): Schule als Lebensraum mitgestalten, 2007.

Reismann, Hendrik: Jugendarbeit und Schule zwischen Nähe und Distanz. Konzept- und strukturtheoretische Voraussetzungen und Formen der schulbezogenen Jugendarbeit, Hamburg 2009.

Rendle, Ludwig: Ganzheitliche Methoden in der Schulpastoral, München 2013.

Reuter, Ingo: Bildungsökonomisierung und Schulseelsorge, in: Evangelische Theologie 68 (2008), 383–400.

Rod, Christine: Was macht eine Leitung zu einer geistlichen Leitung?, in: Lebendige Seelsorge 64 (2014), H. 3, 200–204.

Roeger, Carsten: Mystagogische Schulpastoral. Grundlagen und Realisierungsmöglichkeiten, Berlin 2009.

Rosa, Hartmut: Soziale Beschleunigung. Die Veränderung der Zeitstrukturen in der Moderne, Frankfurt a.M. 2004.

Rosenberg, Marshall B.: Gewaltfreie Kommunikation. Eine Sprache des Lebens, Paderborn 2005.

Röser, Johannes: Sex des Lebens. Revolutionen des Geschlechtlichen und die Religion, in: Christ in der Gegenwart 21 (2003), 163–164.

Roth, Kristina: Sinnhorizonte christlich gestalteter Schule. Eine schulpädagogische Begründung der Schulpastoral aus staatlicher Sicht, Hamburg 2013.

Ruep, Magret: Die Schule als Lernende Organisation. Lehrfilm (DVD) von Dietmar Treichel. Tomcom GmbH, Lindau 2003.

Ruep, Margret: Innere Schulentwicklung, Donauwörth 1999.

Rühle, Johanna-Luise / Dill, Laura-Sophia: Ganztagsschule und demografischer Wandel im Bildungsprozess, in: Maschke, Sabine / Schulz-Gade, Gunild / Stecher, Ludwig (Hg.): Jahrbuch Ganztagsschule 2014. Inklusion. Der Pädagogische Umgang mit Heterogenität, Schwalbach/Ts 2014, 114–127.

Rüttiger, Gabriele (Hg.): Schulpastoral, München 1992.

Rüttiger, Gabriele: Schulpastoral – ein selbstloser Dienst von ChristInnen, in: Amann, Hans / Kruip, Gerhard / Lechner, Martin (Hg.): Kundschafter des Volkes Gottes. Studien zur Jugendpastoral, Bd. 4, München 1998, 274–279.

Rüttiger, Gabriele: Schulpastoral – Konzepte und Profile, in: Kirchliche Arbeitsstelle für Fernstudien/Theologie im Fernkurs bei der Domschule Würzburg e.V. (Hg.): Schulpastoral. Befähigung zum Dienst von Christinnen und Christen in der Schule. Studieneinheit VII, Würzburg 2002.

Rüttiger, Gabriele (Bearb.): Standortbestimmung zur Schulpastoral,

München und Freising 2009, in: http://www.erzbistum-muenchen.de/Page003932.aspx (Zugriff: 06.10.2014).

Rüttiger, Gabriele: Von der Schulseelsorge zur Schulpastoral, in: Lechner, Martin, u. a. (Hg.): Benediktbeurer Beiträge zur Jugendpastoral, Bd. 3, München 1992, 13–21.

Sajak, Clauß Peter (Hg.): Bildungsstandards für den Religionsunterricht – und nun? Perspektiven für ein neues Instrument im Religionsunterricht, Berlin 2007.

Schambeck, Mirjam: Mystagogisches Lernen, in: Hilger, Georg / Leimgruber, Stephan / Ziebertz, Hans-Georg (Hg.): Religionsdidaktik. Ein Leitfaden für Studium, Ausbildung und Beruf, München 2001, 373–384.

Schambeck, Mirjam: Mystagogisches Lernen. Aufmerksam werden für Gotteserfahrungen, in: Münchener Theologische Zeitschrift 51 (2000), 221–230.

Schambeck, Mirjam: Warum Bildung Religion braucht ... Religionspädagogische Einmischungen in bildungspolitisch sensiblen Zeiten, in: Theo-Web. Zeitschrift für Religionspädagogik 9 (2010), H. 1, 249–263.

Schaupp, Klemens: Bedürfnisse wahrnehmen – der Spur der Sehnsucht folgen. Ein spiritueller Übungsweg, Würzburg 2010.

Scheidler, Monika: Schule – Ort kommunikativen Handelns und christlicher Communio, in: Katechetische Blätter 120 (1995), H. 10, 683–690.

Schilson, Arno: »Gedachte Liturgie« als Mystagogie. Überlegungen zum Verhältnis von Dogmatik und Liturgie, in: Schockenhoff, Eberhard / Walter, Peter (Hg.): Dogma und Glaube. Bausteine für eine theologische Erkenntnislehre (FS für Bischof Walter Kasper), Mainz 1993, 213–234.

Schilson, Arno: Liturgie und Menschsein. Überlegungen zur Liturgiefähigkeit des Menschen am Ende des 20. Jahrhunderts, in: Liturgisches Jahrbuch 39 (1989), 206–227.

Schilson, Arno: Odo Casel. Leben aus liturgischer Erfahrung, in: Pauly, Stephan (Hg.): Theologen unserer Zeit, Stuttgart / Berlin / Köln 1997, 139–153.

Schilson, Arno: Theologie als Sakramententheologie. Die Mysterientheologie Odo Casels, Mainz 1982.

Schmälzle Udo Fr.: Schüler – Lehrer – Eltern: Beschwörungsformel oder Handlungskonzept?, in: Lebendige Katechese (1997), H. 19, 78–85.

Schmälzle, Udo Fr.: »Was hat das mit Religion zu tun?« Zum Profil der Schulpastoral in der pluralisierten Gesellschaft, in: Lebendige Seelsorge 58 (2007), H. 5, 279–284.

Schmälzle, Udo Fr.: Miteinander Leben und Glauben lernen. Grundlagen der Evangelisation in der Schule, in: Wittenbruch, Wilhelm (Hg.): Münstersche Gespräche zu Themen der wissenschaftlichen Pädagogik. Schule – gestalteter Lebensraum. Pädagogische Reflexionen und Orientierungen, Münster 1994, 9–79.

Schmälzle, Udo Fr.: Schulpastoral im Lernprozess. Eine Standortbestimmung, in: Diakonia 41 (2010), H. 3, 166–173.

Schmitz, Stefan: Schulpastoral kontrovers. Ein kritischer Blick auf ungeklärte Verhältnisse zwischen Religionsunterricht, Schulseelsorge und Gemeindepastoral, Berlin 2006.

Schmitz, Stefan: Was macht die Kirche in der Schule? Religionsunterricht und Schulpastoral 30 Jahre nach dem Würzburger Synodenbeschluss, Münster 2004.

Schnabel, Michael: Alltagsrituale in Familien. Oasen der Zuneigung und Geborgenheit; in: Fthenakis, Wassilios E. / Textor, Martin R. (Hg.): Das Online-Familienhandbuch des Staatsinstituts für Frühpädagogik (IFP), http://www.familienhandbuch.de /erziehungsbereiche /moralische-und-religiose-erziehung/alltagsrituale-in-familien -oasen-der-zuneigung-und-geborgenheit.

Schnabel, Michael: Wie Familien Rituale gestalten können; in: Fthenakis, Wassilios E. / Textor, Martin R. (Hg.): Das Online-Familienhandbuch des Staatsinstituts für Frühpädagogik (IFP), http://www.familienhandbuch.de/erziehungsbereiche/moralische-und-religioseerziehung/wie-familien-rituale-gestalten-konnen.

Schneider, Tom / Fuchs, Ottmar: Atmende Zwischenräume. Schulpastoral als lebensraumorientierte Seelsorge, in: Katechetische Blätter 132 (2007), H. 2, 132–139.

Schneider, Jan Heiner: Lehrer und Lehrerinnen in der Schulseelsorge, in: Katechetische Blätter 110 (1985), 319–327.

Schneider, Jan Heiner: Vor allem Zuwendung und Solidarität. Intentionen und Konzeptionen der »Schulseelsorge« in der »Schule für alle«, in: Wittenbruch, Wilhelm (Hg.): Münstersche Gespräche zu Themen der wissenschaftlichen Pädagogik. Schule – gestalteter Lebensraum. Pädagogische Reflexionen und Orientierungen, Münster 1994.

Schneider, Jan-Heiner: Schule – Kirche – Seelsorge. Schulbezogene Arbeit der Kirchen im Übergang, Düsseldorf 1976.

Schneider, Jan-Heiner: Zur Diskussion der Schulseelsorge, in: Katechetische Blätter 120 (1995), H.1, 22–28.

Schrappe, Christine: Personalentwicklung im Bereich Seelsorgepersonal, Würzburg 2012.

Schreiner, Martin: Bekenntnisschule, Bekenntnisfreie Schule, 2. Historisch und gegenwärtige Situation, in: Lexikon der Religionspädagogik, Bd. 1, 143–146.

Schröder, Bernd: Religionspädagogik, Tübingen 2012.

Seeliger, Magdalena: Art. Schulseelsorge, in: Campenhausen, Axel Freiherr von u. a. (Hg.): Lexikon für Kirchen- und Staatskirchenrecht,
Paderborn u. a. 2000–2004, Bd. 3, 525–527.

Seibt, Markus: Schulpastoral an berufsbildenden Schulen des dualen
Schulsystems. Eine qualitativ-empirische Untersuchung zur Entwicklung von Qualitätskriterien für eine gelingende Schulpastoral
an Berufsschulen, Berlin / Münster 2008.

Sekretariat der KMK (Hg.): Bildungsstandards der Kultusministerkon-
ferenz (Beschluss vom 16.12.2004), Bonn 2004.

Sinus-Milieu®-Studie 2014, Düsseldorf 2014.

Sölle, Dorothee: Das Recht ein anderer zu werden, Neuwied 1971.

Specker, Tobias: Ist »immer mehr« immer mehr? Zum Verständnis des
ignatianischen »magis«, in: Geist und Leben 77/2 (2004), 140–153.

Spenlen, Klaus: Integration muslimischer Schülerinnen und Schüler
durch allgemein bildende öffentliche Schulen der Bundesrepublik
Deutschland, Berlin/Münster 2010.

Spenn, Matthias: Die Ganztagsschule – Kirchliche Arbeit vor neuen Herausforderungen, in: Zeitschrift für Pädagogik und Theologie 57
(2005), H. 2, 99–128.

Spenn, Matthias: Evangelische Schulseelsorge: ein kirchliches Handlungsfeld in der Schule gewinnt an Bedeutung, in: Praxis der Ge-
meindepädagogik 61 (2008), 54–55.

Stankiewicz, Anna: Regionale Treffen zwischen Jugendarbeit und Schule, in: RU-Kurier, Zeitschrift für den Religionsunterricht in der
Diözese Würzburg (2013), H. 43, 61–62.

Starke, Magdalena / Roeger, Carsten: Religiöse Erfahrungen an der Schule? Ein Projekt in fünf Schulstunden, in: Rendle, Ludwig (Hg.): Ganzheitliche Methoden der Schulpastoral, München 2013, 180–185.

Staude, Walter / Dettmar, Volker / Zwickel, Anke / Dam, Harmjan: Damit keiner verloren geht – 25 Jahre Schulseelsorge in der EKHN. Religionspädagogisches Institut der EKHN, Dietzenbach 2013.

Steffensky, Fulbert: Der Schatz im Acker. Gespräche mit der Bibel,
Stuttgart 2010.

Steffensky, Fulbert: Lehrer sein heißt zeigen, was man liebt, in: Bick,
Amet: Gott gibt die Fischstäbchen. Erfahrungen mit religiöser Erziehung, Berlin 2004, 15–27.

Steffensky, Fulbert: Mut zur Endlichkeit. Sterben in einer Gesellschaft
der Sieger, Stuttgart 2007.

Steffensky, Fulbert: Schwarzbrotspiritualität, Stuttgart 2005.

Stöhr, Michaela: Im Spannungsfeld von schulischem Religionsunterricht und gemeindlicher Katechese. Zur Kooperation zwischen Verantwortlichen in Grundschulen und in kirchlichen Gemeinden,
Frankfurt a.M. 2006.

Stosch, Klaus von: Komparative Theologie als Wegweiser in die Welt der Religionen, BKT 6, Paderborn u. a. 2012.

Thalheimer, Beate / Denner, Detlev / Wicker, Achim: Kirche in der Welt von heute – bei den Menschen in der Schule, in: Bischöfliches Ordinariat der Diözese Rottenburg-Stuttgart, Hauptabteilung Schulen (Hg.): notizblock 56 (2014), 43–48.

Thalheimer, Beate: Als Religionslehrerin Schulseelsorgerin sein. Gedanken zur Rolle zwischen Beratungslehrer, Vertrauenslehrerin und Schulsozialarbeit, in: Katechetische Blätter 120 (1995), 696–699.

Thalheimer, Beate: Begegnung mit Hindernissen. Zum Verhältnis von Kirchlicher Jugendarbeit und Schulpastoral, in: Lebendige Seelsorge 51 (2000), H. 2, 127–129.

Thalheimer, Beate: Bildungsstandards: Neue Herausforderungen für Schulpastoral und Religionsunterricht, in: Katechetische Blätter 129 (2004), H. 4, 297–302.

Thalheimer, Beate: Blick zurück – Blick nach vorne, in: Lebendige Seelsorge 54 (2003), 77–81.

Thalheimer, Beate: Schulpastoral – Schulseelsorge, in: Handbuch der Erziehungswissenschaft, Band II/1 Schule, Paderborn / München / Wien / Zürich 2009, 575–581.

The Society of Jesus in the United States (Hg.): Jesuit Conference: What makes a Jesuit School jesuit? The Relationship between Jesuit Schools and the Society of Jesus: Distinguishing Criteria for Verifying the Jesuit Nature of Contemporary Schools, hg. v. 2. Version, Washington 2007.

Thomas-Morus-Akademie (Hg.): Nicht nur Unterricht – pastorales Engagement in der Schule. Aspekte der Schulseelsorge, Bergisch Gladbach 1992.

Ucar, Bülent: Religionen in der Schule und die Bedeutung des Islamischen Religionsunterrichts, Göttingen 2010.

Unruh, Peter: Religionsverfassungsrecht, 2. Aufl., Baden-Baden 2012.

Van den Berk, Tjeu: Die mystagogische Dimension religiöser Bildung, in: Tzscheetzsch, Werner / Ziebertz, Hans-Georg (Hg.): Religionsstile Jugendlicher und moderne Lebenswelt, München 1996, 211–229.

Van Hooff, Anton: Zur Grundlegung der Schulpastoral, in: RU heute, Mainz (2005), H. 1, 10–15.

Verburg, Winfried: »Vergesst die Gastfreundschaft nicht, denn durch sie haben einige, ohne es zu ahnen, Engel beherbergt, in: Schmid, Hans / Verburg, Winfried (Hg.): Gastfreundschaft. Ein Modell für den konfessionellen Religionsunterricht der Zukunft, München 2010, 57–66.

Vereinigung Deutscher Ordensobern (Hg.): Schulpastoral in katholischen Schulen in freier Trägerschaft (Orden) in der Bundesrepublik

Deutschland: Grundlagentext, in: Ordenskorrespondenz 31 (1990), 426–432.

Vierling-Ihrig, Heike: Was hat die Kirche von der Schulseelsorge?, in Dam, Harmjan / Spenn, Matthias: Evangelische Schulseelsorge, Münster 2006, 35–42.

Vinzent, Markus: Schulen im Mittelalter, in: Lexikon der Religionspädagogik, Bd. 2, Neukirchen-Vluyn 2001, 1945–1949.

Wächter, Jörg-Dieter (Hg.): Pastorales Handeln in der Schule, Münster 2012.

Waldenfels, Hans: Sprechen Sie kirchisch?, in: Stimmen der Zeit 138 (2013), H. 9, 577–578.

Weger, Karl-Heinz: Karl Rahner. Eine Einführung in sein theologisches Denken, Freiburg / Basel / Wien 1978.

Weinert, Franz E.: Vergleichende Leistungsmessung in Schulen – eine umstrittene Selbstverständlichkeit, in: Weinert, Franz E. (Hg.): Leistungsmessungen in Schulen, Weinheim / Basel 2001, 17–31.

Weiß, Helmut: Grundlagen interreligiöser Seelsorge, in: Weiß, Helmut / Federschmidt, Karl / Temme, Klaus (Hg.): Handbuch Interreligiöser Seelsorge, Neukirchen-Vluyn 2010.

Weißenberger, Clemens: Schulseelsorge und Schulpastoral – unterschiedliche Begriffe für denselben Inhalt? Begründung einer unterschiedlichen Terminologie der Begriffe »Schulseelsorge« und »Schulpastoral« unter Berücksichtigung biblischer Quellen und praxisorientierter Notwendigkeit, in: Wege zum Menschen 59 (2007), H. 3, 235–250.

Wenz, Georg / Kamran, Talat (Hg.): Seelsorge und Islam in Deutschland. Herausforderungen, Entwicklungen und Chancen, Speyer 2012.

Werning, Rolf / Urban, Michael: Inklusive Pädagogik in der Ganztagsschule, in: Maschke, Sabine / Schulz-Gade, Gunild / Stecher, Ludwig (Hg.): Jahrbuch Ganztagsschule 2014. Inklusion. Der Pädagogische Umgang mit Heterogenität, Schwalbach/Ts 2014, 11–21.

Wiater, Werner: Aufgaben und Funktionen von Schule, in: Kansteiner-Schänzlin, Katja (Hg.): Schule im gesellschaftlichen Spannungsfeld, Baltmannsweiler 2011, 19–32.

Wiater, Werner: Das Schulsystem in Deutschland und internationale Einflüsse auf die Schule, in: Kansteiner-Schänzlin, Katja (Hg.): Schule im gesellschaftlichen Spannungsfeld, Baltmannsweiler 2011, 61–70.

Wiater, Werner: Theorie der Schule. Prüfungswissen – Basiswissen Schulpädagogik, 5.überarb. Aufl., Donauwörth 2012.

Wienhardt, Thomas: Kirche kann Jugendarbeit!, in: Lebendige Seelsorge 62 (2011), H. 2, 115–119.

Willke, Helmut: Systemtheorie, Stuttgart / Jena 1993.

Winkel, Rainer: Theorie und Praxis der Schule. Oder: Schulreform konkret – im Haus des Lebens und Lernens, Baltmannsweiler 1997.

Winkler, Klaus: Seelsorge, Berlin u. a. 2000.

Wittenbruch, Wilhelm (Hg.): Münstersche Gespräche zu Themen der wissenschaftlichen Pädagogik. Schule – gestalteter Lebensraum. Pädagogische Reflexionen und Orientierungen, Münster 1994.

Wittenbruch, Wilhelm: Theorie des Schullebens – Schule als Lebensraum, in: Böhm, Winfried u. a. (Hg.): Handbuch der Erziehungswissenschaft, Band II/1 Schule, Paderborn / München / Wien / Zürich 2009, 521–539.

Wittenbruch, Wilhelm: Was erwartet die Schule von der Seelsorge?, in: Lebendige Seelsorge 54 (2003), 84–88.

Zeiher, Helga: Die vielen Räume der Kinder. Zum Wandel räumlicher Lebensbedingungen seit 1945, in: Preuss-Lausitz, Ulf / Geulen, Dieter / Zeiher, Helga) (Hg.): Kriegskinder, Konsumkinder, Krisenkinder. Zur Sozialisationsgeschichte seit dem Zweiten Weltkrieg, Weinheim / Basel 1983, 176–194.

Ziebertz, Hans-Georg: Wer initiiert religiöse Lernprozesse? Rolle und Person der Religionslehrerinnen und –lehrer, in: Ders. / Hilger, Georg / Leimgruber, Stephan (Hg.): Religionsdidaktik, München 2010, 206–226.

Zwergel, Herbert: Christinnen und Christen im Dienst der Schule. Selbstverständnis und Spiritualität, in: Kirchliche Arbeitsstelle für Fernstudien/Theologie im Fernkurs bei der Domschule Würzburg e.V. (Hg.): Schulpastoral. Befähigung zum Dienst von Christinnen und Christen in der Schule. Lehrbrief 10, Würzburg 1999.

Internetadressen

http://alt.drs.de/fileadmin/IFBW/Bundschuh/Arbeitshilfe_Missionarische_Gemeindeentwicklung.pdf.

http://de.statista.com/statistik/daten/studie/3385/umfrage/bevoelkerung-nach-migrationshintergrund-und-schulabschluss/.

http://dejure.org/gesetze/GG (Grundgesetz der Bundesrepublik Deutschland).

http://dejure.org/gesetze/Verf (Landesverfassung Baden-Württemberg).

http://www.deutsche-islam-konferenz.de/DIK/DE/Magazin/Jugend/JungeDIK/JIK2013/GrussGauckJIK2013/gauck-jik-2013–node.html.

http://kath-gefaengnisseelsorge.de/download/Thesen%20Seelsorge%20f%FCr%20Muslime.pdf.

http://nek.gottesdienstinstitut-nek.de.

http://schule.erzbistum-koeln.de/ursulinenschule_koeln/gymnasium/unsere_schule/ schulpastorales_konzept.

http://schulpastoral.drs.de/start.html.

http://schulpsychologie.nrw.de/krisenintervention/index.html.

http://www.72stunden.de/informieren/die-ziele-der-72-stunden-aktion.
html.

http://www.bdkj.de/bdkjde/der-bdkj/ueber-uns.html.

http://www.bdkj.info/fachstellen/jugendarbeit-schule/werde-weltfair-
aenderer/.

http://www.bertelsmann-stiftung.de/cps/rde/xchg/bst/hs.xsl/nachrich-
ten_98435.htmgl (Länderberichte der Bertelsmannstiftung).

http://www.bildungsregionen.bayern.de.

http://www.bmbf.de/de/15619.php.

http://www.chrislages.de/pdf/Notfallseelsorge_2009_Doku_Auszug.pdf.

http://www.deutsche-islam-konferenz.de/DIK/DE/DIK/ArbeitDIK/Ak-
tuelles/aktuelles-node.html.

http://www.deutsche-islam-konferenz.de/DIK/DE/Magazin/Lebens-
welten/Seelsorge/seelsorge-mld-node.html.

http://www.deutsche-islam-konferenz.de/DIK/DE/Magazin/Medien
Politik/Diskussion/ImameThelogie/Kommentare/kommentar-cim-
sit-inhalt.html.

http://www.fuerth.de/Home/Leben-in-Fuerth/newsarchiv/Archiv2013-
LebenInFuerth/Erfreuliche-Entwicklung-der-Schullandschaft.aspx.

http://www.gesetze-im-internet.de/sgb_8/__1.html.

http://www.kcid.de/veranstaltungen/index.php?kal_Aktion=detail&
kal_Intervall=[]&kal_Nummer=534.

http://www.kirchenrecht-ekiba.de/show document/id/26514 (Grundsätze der ›Christlichen Gemeinschaftsschule‹ Baden-Württemberg).

http://www.kmk.org (Ganztagsschulbericht der Kultusministerkon-
ferenz vom 5.3.2013).

http://www.lernen-durch-engagement.de.

http://www.notfallseelsorge.de/.

http://www.oecd.org/berlin/themen/pisa-internationaleschulleistungs-
studiederoecd.htm.

http://www.ohne-große-worte.de (Fastenaktion 2014 »Sieben Wochen
ohne große Worte« des Zentrums für evangelische Predigtkultur).

http://www.schueler-zeit.de.

http://www.schulministerium.nrw.de/docs/Recht/Schulrecht/Erlasse/
21-13Nr6-Schulsozialarbeit.pdf.

http://www.servicelearning.de.

http://www.un.org/depts/german/grunddok/ar217a3.html (Allgemeine
Erklärung der Menschenrechte der UNO von 1948).

http://www.vativan.va/holy_father/francesco/speeches/2013/july/docu-
mentes/papa-francesco_20130727_gmg-classe-dirigente-rio_ge.html.

Themenhefte von Zeitschriften zur Schulpastoral
Lebendige Seelsorge 54 (2003), H. 2: Schulseelsorge
Lebendige Seelsorge 58 (2007), H. 5: Schulpastoral und religiöse Pluralität
Lebendige Seelsorge 62 (2012), H. 2: Schule und Pastoral
engagement. Zeitschrift für Erziehung und Schule, 2012, H. 4, Pastorales Handeln in der Schule.
Diakonia. Internationale Zeitschrift für die Praxis der Kirche 41 (2010), H. 3: Schulpastoral.

Kirchliche Arbeitsstelle für Fernstudien/Theologie im Fernkurs bei der Domschule Würzburg e.V. (Hg.): Schulpastoral. Befähigung zum Dienst von Christinnen und Christen in der Schule. 10 Lehrbriefe, Würzburg
Kirchliche Arbeitsstelle für Fernstudien / Theologie im Fernkurs bei der Domschule Würzburg e.V. (Hg.): Schulpastoral – Befähigung zum Dienst von Christinnen und Christen in der Schule. Das Programm – Aufbau und Verwendung, Würzburg 1996.
Schneider, Jan Heiner: Lebenswelt Schule – Religionsunterricht – Schulpastoral. Grundlegung und Übersicht, Würzburg 1997; Nachdruck 2001 (= Studieneinheit I).
Tzscheetzsch, Werner: Kinder und Jugendliche – Ihre Kulturen und ihre Religiosität, Würzburg 1998 ; Nachdruck 2008 (= Studieneinheit II).
Bönsch, Manfred: Schule als System, Institution, Lernort, Lebenswelt, Würzburg 1999 (= Studieneinheit III).
Kamm, Thomas: Gestaltungsprinzipien und Arbeitsformen von Schulpastoral. Methodisch-didaktische Überlegungen zur personen- und prozessorientierten Arbeit mit Gruppen und Einzelnen, Würzburg 1998; Nachdruck 2009 (= Studieneinheit IV).
Nickel, Hermann: Kommunikation und ihre Störungen in der Schule – Wahrnehmung, Beratung, Begleitung, Würzburg 2003 (= Studieneinheit V).
Schmälzle, Udo: Theologische Grundlagen für den Dienst von Christinnen und Christen in der Schule, Würzburg 2000 (= Studieneinheit VI).
Rüttiger, Gabriele: Schulpastoral – Konzepte und Profile, Würzburg 2002 (= Studieneinheit VII).
Thalheimer, Beate: Aufbau von Schulpastoral vor Ort – Konzeptentwicklung, Würzburg 1998; Nachdruck 2009 (= Studieneinheit VIII).
Linsen, Achim: Schulkultur und Gestaltung des Schullebens, Würzburg 1998; Nachdruck 2009 (= Studieneinheit IX).
Zwergel, Herbert A.: Christinnen und Christen im Dienst in der Schule – Selbstverständnis und Spiritualität. Würzburg 1999 (= Studieneinheit X).

Bistumskonzeptionen zur Schulpastoral

Osnabrück: Konzept einer Schulpastoral, 2011.

Aachen: Rahmenordnung, 2013.

Trier: Leitlinien für die Schulpastoral im Bistum Trier, 2011.

Köln: Grundlagen, Ziele, Impulse, 2006.

Rottenburg-Stuttgart: Schulpastoral an öffentlichen Schulen, 2014.

Bayerische Diözesen: Leitlinien der Schulpastoral in Bayern, München/ Würzburg 2014.

Münster: Rahmenordnung für Beratung und Seelsorge an Katholischen Schulen in der Trägerschaft des Bistums Münster (1/1992/ überarb. 2/2009), Münster 2009.

6.2 Stichwortverzeichnis

6.3 Autorinnen und Autoren

Abdel-Rahman, Annett, Staatsexamen und Master Islamische Religionspädagogik, Lehrerin Drei-Religionen Grundschule, Lehrbeauftragte für Fachdidaktik Islamische Religion.

Bußmann, Gabriele, Dr. theol., Referentin für Schulpastoral in der Abteilung Schulpastoral im Bischöflichen Generalvikariat Münster.

Cimşit, Mustafa, M.A Religionswissenschaft und Pädagogik, Seelsorgeausbildung, Gefängnisseelsorger, Trainer für muslimische Jugendbildung.

Dam, Harmjan, Dr., Pfarrer, Studium der Geografie und Theologie, Studienleiter im Religionspädagogischen Institut der Ev. Kirche in Hessen Nassau (RPI).

Geißler, Ulrich, Dipl. Theol., Dipl. Päd., Pastoralreferent, Diözesanreferent für Schulpastoral im Bistum Würzburg.

Görtz, Philipp, SJ, Dr. theol., Pater, seit 2014 Internatsleiter am Kolleg St. Blasien (Schwarzwald).

Kaupp, Angela, Dr. theol., Dipl. Päd., Pastoralreferentin, Professorin für Praktische Theologie, Religionspädagogik und Bibeldidaktik an der Universität Koblenz-Landau.

Kollig, Manfred, SS.CC, Pater, seit 2010 Leiter der Hauptabteilung Seelsorge im Bischöflichen Generalvikariat Münster.

Kumher, Ulrich, Dr. theol., Dipl. Theol., Staatsexamen in Theologie und Germanistik, Akademischer Rat im Arbeitsbereich Religionspädagogik und Katechetik an der Theologischen Fakultät der Universität Freiburg.

Lames, Gundo, Dr. theol., Direktor des Strategiebereiches Ziele und Entwicklung im Bischöflichen Generalvikariat Trier, Organisationsberater und Psychodramaleiter.

Lob, Brigitte, Dr. theol., Pastoralreferentin, Referentin für Schulpastoral im Dezernat Schulen und Hochschulen im Bischöflichen Ordinariat Mainz.

Mette, Norbert, Prof. i.R., Dr. theol., Dr. theol. h.c., bis 2011 Professor für Praktische Theologie/Religionspädagogik am Institut für Katholische Theologie der TU Dortmund.

Molzberger, Mathias, Dipl. Theol., Oberstudienrat für Geschichte und Katholische Religionslehre, seit 2001 Lehrer am Aloisiuskolleg Bonn.

Neudert, Helga, Studium der Katholischen Theologie und Romanistik, Religionslehrerin im Kirchendienst und Referentin für Ganztagsschulbildung im Referat Schulpastoral der Diözese Würzburg.

Roeger, Carsten, Dr. theol., Priester, seit 2009 leitender Pfarrer in Dorsten, beauftragt zur Mitarbeit in der Schulpastoral.

Ruep, Margret, Dr., Dozentin an der Universität Karlsruhe (Allgemeine Pädagogik), Hochschulrektorin a.D., Ministerialdirektorin a.D.

Schneider, Tom, Dipl. Theol., Pastoralreferent, Referent für Schulpastoral des Erzbistums Bamberg.

Schrimpf, Verena, Dipl. Religionspädagogin; Dipl. Sozialarbeiterin, Pastoralreferentin, beauftragt für die Schulpastoral an der städtischen Sophie-Scholl-Gesamtschule in Hamm und Referentin in der Abteilung Schulpastoral im Bischöflichen Generalvikariat Münster.

Thalheimer, Beate, Dipl. Religionspädagogin, Supervisorin, Mediatorin, Referentin für Schulpastoral in der Hauptabteilung Schulen im Bischöflichen Ordinariat der Diözese Rottenburg-Stuttgart.

Verburg, Winfried, Dr. theol., Staatsexamen in Katholischer Theologie und Griechisch, Leiter der Abt. Schulen & Hochschulen Bischöfliches Generalvikariat Bistum Osnabrück.

Witsch, Norbert, PD Dr. theol., Privatdozent für Kirchenrecht, Kirchenrechtsgeschichte und Staatskirchenrecht an der Katholisch-Theologischen Fakultät der Johannes Gutenberg-Universität Mainz.